示范性职业教育“十四五”建设项目

高速铁路接触网
设备运行与维护

（智媒体版）

主　编　游　刚　梅　飞　魏玉梅
副主编　陈静捷　任　杨　李　慧

西南交通大学出版社
·成 都·

图书在版编目（CIP）数据

高速铁路接触网设备运行与维护：智媒体版 / 游刚，梅飞，魏玉梅主编. —成都：西南交通大学出版社，2022.1（2024.7 重印）

ISBN 978-7-5643-8476-0

Ⅰ. ①高… Ⅱ. ①游… ②梅… ③魏… Ⅲ. ①高速铁路－接触网－运行－高等职业教育－教材②高速铁路－接触网－维护－高等职业教育－教材 Ⅳ. ①U238②U225

中国版本图书馆 CIP 数据核字（2021）第 270732 号

Gaosu Tielu Jiechuwang Shebei Yunxing yu Weihu（Zhimeiti Ban）

高速铁路接触网设备运行与维护（智媒体版）

主编　游　刚　梅　飞　魏玉梅

责任编辑　张文越
封面设计　吴兵

出版发行　西南交通大学出版社
（四川省成都市金牛区二环路北一段 111 号
西南交通大学创新大厦 21 楼）
邮政编码　610031
发行部电话　028-87600564　028-87600533
网址　http://www.xnjdcbs.com
印刷　四川森林印务有限责任公司

成品尺寸　185 mm × 260 mm
印张　20.25
字数　503 千
版次　2022 年 1 月第 1 版
印次　2024 年 7 月第 2 次
定价　59.00 元
书号　ISBN 978-7-5643-8476-0

课件咨询电话：028-81435775
图书如有印装质量问题　本社负责退换
版权所有　盗版必究　举报电话：028-87600562

贵阳职业技术学院教材建设委员会

主　　任：刘　雁

常务副主任：代　琼

副 主 任：陈开明　张正保　杨　鹏　陈　刚

委　　员：熊光奎　马　骏　杨竹君　邓　涛　王德义

徐　敏　王絮飞　邓军琳　凌泽生　张书凤

吴　焱　郁盛梅　胡　然　余　萍　陈　健

彭再兴　刘裕红　童永坤　郑全才　董作君

吴仕萍　田小刚

资源目录

前 言

高速铁路具有速度快、安全性好、正点率高、舒适方便、能耗较低等优点，在世界各国正得到广泛的应用。截至 2020 年年底，我国高铁营运里程达 3.8 万千米。预计到 2025 年年底，中国的高铁将达到 17.5 万千米。届时，我国高铁将形成“八横八纵”的客运专线。

接触网是高速电气化铁路的重要组成部分，其特点是高空高压，点多线长，无备用，维修保养复杂、难度大。接触网质量的优劣，将直接影响行车安全和运行经济效益，做好接触网的检修与维护是确保接触网质量的重要手段。

本书以铁道供电专业“接触网结构”“接触网设备检修与维护”的课程大纲及“接触网工岗位标准”为基础，以接触网运营中的设备检修工艺为主线，按照认知的客观规律，结合铁道供电技术专业人才培养方案基本要求，以现场教学法、演示教学法等进行教学，将学习与实际工作过程结合起来，实现“教、学、做”一体化。

本书根据接触网工作任务，将学习任务划分为 15 个项目 37 个任务，其中：项目一为接触网支柱与吊柱；项目二为接触网支撑定位装置；项目三为接触悬挂；项目四为接触网吊弦；项目五为接触网中心锚结；项目六为接触网隔离开关及电连接；项目七为接触网补偿装置；项目八为接触网分段绝缘器；项目九为接触网锚段关节；项目十为接触网关节式电分相；项目十一为接触网线岔；项目十二为接触网避雷器；项目十三为接触网接地装置；项目十四为接触网附加悬挂；项目十五为接触网应急处置。

本书在编写中，从实际生产需要解决的问题入手，阐述任务分析及与其对应的理论知识，淡化理论产生的过程及演变，强调理论知识的结论，重视任务实施及解决实际生产中问题的能力。每章后附思考练习题，直接检验学生的理论水平，打破学科原有的传统体系，在基础理论知识上，以“必须够用”为原则，摒弃了烦琐的计算，用大量的应用插图形式加以说明，根据实际工作任务，将各个知识点分解到有关的项目。充分利用现代信息技术，在每个项目的作业程序、检查维护等学习任务中用视频、动画形式展示每一个作业步骤及安全注意事项，注重学员动手能力和操作技能的培养，同时，将安全及职业教育贯穿于每一个项目中。

本书内容安排合理，针对性强、理论深度适中，可作为高职高专院校电气化铁道技术专业教材，也可作为电气化铁道技术相关专业工程技术人员的培训、参考用书。

本书由贵阳职业技术学院游刚、魏玉梅、贵阳供电段梅飞任主编，贵阳职业技术学院陈静捷、任杨、李慧任副主编。贵阳供电段卢卫东、六盘水工电段姜远强亦参与编写。其中，项目一、项目二、项目三由魏玉梅、李慧、卢卫东三人共同编写，项目四、项目五、项目六、项目七由任杨、陈静捷、姜远强三人共同编写，项目八、项目九由任杨、李慧、卢卫东三人共同编写，项目十、项目十一由游刚、陈静捷、梅飞三人共同编写，项目十二、项目十三、项目十四、项目十五和附录由游刚、卢卫东、梅飞三人共同编写。

在本书的编写过程中，得到了有关人士的帮助和指导，特别是一些现场从事接触网维修和大修的技术人员，为本书提供了许多参考资料并提出很多宝贵的意见和建议，在此表示衷心的感谢。

由于时间仓促，书中不妥之处在所难免，诚请读者给予指正。

作 者

2021 年 8 月 1 日

目　录

项目一
接触网支柱与吊柱

任务一　接触网支柱及吊柱的认知

【任务描述】

本任务旨在认识接触网支柱及吊柱。通过本任务的学习，学生对接触网支柱及吊柱结构、作用和技术标准要求等有比较全面的认知，为后续任务的执行奠定坚实的基础。

【任务目标】

（1）掌握高铁接触网支柱的特点、型号及分类。
（2）掌握高铁接触网支柱的技术标准。
（3）掌握接触网吊柱的分类、特点及技术标准。

【任务内容】

一、接触网支柱作用

接触网支柱是接触网结构中应用最广泛的支撑设备。接触悬挂被支柱支撑在轨道线路上方，支柱承担接触悬挂与支持装置的负荷。

二、接触网支柱分类

（一）接触网支柱按材质结构类型分类

接触网支柱按材质结构类型分为：格构式钢支柱、环形等径圆杆、H 形钢支柱等几种。

1. 格构式钢柱

格构式钢柱，如图 1-1 所示。其一般用角钢制成，其优点是质量小、容量大、耐碰撞、运输及安装方便，缺点是用钢量大、造价高、耐腐蚀性能差，需定期进行除锈、涂漆防腐，且维修不便等。

其表示方法为：

$$G\frac{200\text{-}250}{15}$$

G——格构式钢柱；
200——垂直线路方向的支柱标称容量（kN·m）；
250——顺线路方向的支柱标称容量（kN·m）；
15——支柱高度（m）。

图 1-1　格构式钢柱

2. 环形等径圆杆

环形等径圆杆，如图 1-2 所示，常用于新建线路，有高强度混凝土等径圆杆和圆形钢管柱两种材质，这种支柱分为一般支柱、锚柱和超长支柱。

图 1-2　环形等径圆杆

一般支柱主要分为两类：① 高度为 11 m，标准弯矩值有 60 ~ 300 kN·m、80 ~ 300 kN·m 和 100 ~ 300 kN·m 三种；② 高度为 13.5 m，标准弯矩值有 60 kN·m、100 kN·m 两种。

锚柱主要分为两类：高度为 11 m 的，标准弯矩值有 60 ~ 300 kN·m、80 ~ 300 kN·m 两种；高度为 13.5 m 的，标准弯矩值只有 80 ~ 300 kN·m 一种。

超长支柱，高度为 16.5 m，由下段 14 m 和上段 2.5 m 组装而成。等径圆形支柱型号及规格，见表 1-1 所示。

表 1-1　超高强度等径预应力钢筋混凝土圆形支柱型号规格

型号	尺寸					
	杆径/mm	壁厚/mm	长度/mm	最大设计弯矩/（kN·m）	质量/kg	备注
$GQ\frac{100}{13.5+3}$下段	400	75	14	104.5	2 680	

续表

型号	尺寸					
	杆径/mm	壁厚/mm	长度/mm	最大设计弯矩/（kN·m）	质量/kg	备注
$GQ\frac{100}{13.5+3}$上段	400	75	2.5	35	479	
$GQ\frac{100}{11+3}$	400	75	14	104.5	2680	与$GQ\frac{100}{13.5+3}$相同
$GQ\frac{80}{13.5+3}$下段	400	70	14	81.6	2540	
$GQ\frac{80}{13.5+3}$上段	400	70	2.5	30	454	
$GQ\frac{80}{11+3}$	400	70	14	84	2540	与$GQ\frac{60\text{-}300}{11+3}$相同
$GQ\frac{60}{11+3}$	400	70	14	61.2	2394	

例如：

$$GQ\frac{100}{11+3}$$

GQ——高强度混凝土柱；

100——垂直线路方向的支柱容量（kN·m）；

11——支柱露出地面高度（m）；

3——支柱埋深（m）。

3. H 形钢支柱

H 形钢支柱如图 1-3 所示，其表示方法为：

图 1-3　H 形钢支柱

$$GH\frac{240A}{7.4}$$

GH——H 形钢支柱；

240——垂直线路方向的支柱容量（kN·m）；

A——法兰盘型号；

7.4——支柱高度（m）。

（二）按用途分类

接触网支柱按用途分为：中间柱、锚柱、转换柱、中心柱、定位柱、道岔柱、软横跨柱、硬横梁柱。

1. 中间柱

在中间柱上，只安装一个腕臂，悬吊一支接触悬挂，并把承力索和接触线定位在所要求的位置上，这种支持装置称为中间柱支持装置。在直线区段，支柱一般立于线路的同一侧，接触线呈“之”字形布置，其之字值在支柱点处要变换方向，定位为一正一反。

2. 锚柱

锚柱在锚段关节处或其他接触悬挂下锚的地方采用。它承受两个方向的负荷，在垂直于线路方向上起中间柱作用，在平行线路方向上承受接触悬挂下锚的全部拉力。

3. 转换柱

转换柱位于锚段关节处两锚柱之间，它悬吊两支接触悬挂，其中一支为工作支，另一支为非工作支。工作支的接触线与受电弓接触，非工作支的接触线抬高，不与受电弓接触，通过转换柱拉向锚柱下锚。

4. 中心柱

中心柱在锚段关节的两转换柱之间的支柱称为中心柱，它同时承受两工作支接触悬挂的重力和水平力，并使两工作支在此定位处呈水平（等高）状，且线间的距离符合要求。两支接触悬挂在中心柱两侧均经转换支柱向锚支柱下锚。

5. 定位柱

定位柱是当接触线由于某些原因相对线路中心偏斜过大时，为确保电力机车受电弓正常接触取流而专门设立定位支柱。它仅承受水平分力而不承受垂直分力，一般多设在站场两端，为了统一支柱型号，采用中间柱代替。

6. 道岔柱

道岔柱在站场两端的道岔处，为使接触线线岔符合技术的规定位置，需设立道岔支柱，同时承受两工作支接触悬挂的重力和水平力。

7. 软横跨支柱和硬横跨支柱

软横跨支柱多用于多股道的站场，硬横跨支柱一般用于运行速度高于 200 km/h 的多股道站场。

三、接触网支柱的技术标准

1. 支柱位置

（1）支柱的侧面限界应符合设计规定，允许偏差 $^{+100}_{-60}$ mm，但最小不得小于《铁路技术管理规程（高速铁路部分）》规定限值。跨距允许偏差±500 mm。

（2）每组软横跨两支柱中心连线应垂直于正线，偏角不大于 3°；每组硬横跨两支柱中心连线应垂直于正线，偏角不大于 2°。

（3）支柱应尽量设在侧沟限界以外，若客观条件限制必须设在侧沟中，应留有排水通道，排水通道与排水沟应统一设计，避免对路基防排水系统的影响。支柱根部应用砂浆砌石加固。

（4）支柱埋设深度应符合设计要求，允许偏差±100 mm。

2. 支柱本体

（1）横腹杆式钢筋混凝土支柱表面应光洁、平整。横腹板破损应及时修补，翼缘破损和露筋不超过两根且长度不超过 400 mm 应及时修补；露筋达两根以上但不超过 4 根且长度不超过 400 mm 可以修补后降级使用；露筋超过 4 根或者露筋长度超过 400 mm 应及时更换。

支柱翼缘不得有横向、斜向和纵向裂纹。支柱翼缘与横腹板结合处裂纹及横腹板宽度不超过 0.3 mm 时，要及时补修，大于 0.3 mm 时应更换。

混凝土支柱破损不露筋者，可以用水泥砂浆修补后使用。

（2）环形等径预应力混凝土支柱表面应光洁平整。合缝处不得漏浆，不应有混凝土剥落、露筋等缺陷。支柱弯曲度不大于 2‰，杆顶封堵良好。支柱应具有防止安装设备扭转及滑动措施。

横向裂纹宽度不超过 0.2 mm 且长度不超过 1/3 圆周长的支柱要及时修补，否则应更换；纵向裂纹宽度大于 0.2 mm 但不超过 1 mm 的支柱要及时修补，纵向裂纹宽度大于 1 mm 的支柱应更换。修补支柱破损部位的混凝土等级比支柱本身混凝土高一级。

（3）金属支柱及硬横梁支柱本体不得弯曲、扭转、变形，各焊接部分不得有裂纹、开焊，主角钢不应有扭转现象，弯曲不得超过 5‰，副角钢弯曲不得超过 2 根；表面防腐层剥落面积不得超过 5%。

（4）整正支柱使用的垫片不得超过 3 块。每块垫片的面积不小于 50 mm×100 mm，厚度不大于 10 mm。

3. 支柱倾斜率

（1）接触网各种支柱顺线路面允许偏差不大于±0.5%，锚柱顶部向拉线侧倾斜不应大于 1%。横向方向曲线外侧和直线上的腕臂柱柱顶应向受力反向倾斜，允许偏差 0 ~ 0.5%；锚段关节中心柱、曲线内侧支柱及转换柱均应直立，柱顶应向受力反向倾斜，允许偏差 0 ~ 0.5%。

（2）硬横跨支柱横、顺线路方向均应直立，允许偏差 0 ~ 0.5%；支柱顶端安装高度应符合设计要求，允许偏差+100 mm。

（3）隔离开关支柱应直立，允许偏差 0 ~ 0.5%。

（4）H 形钢柱端面应垂直于线路中心线，允许偏差±2°。

4. 支柱防撞

（1）道口两侧、经常有机动车辆运行的场所以及装卸货物站台上等易被碰撞的支柱，均应设置强度较高的防护桩。防护高度原则上不小于 1.5 m，道口两侧支柱防护桩的高度为 2 m。

（2）支柱防护宜采用混凝土防护墩或钢结构防护，不应采用外围砖砌、内填石渣或砂土的封闭式防护方式。采用混凝土防护墩防护时，厚度不小于 0.4 m 并采用混凝土灌注基础，基础满足稳固要求，混凝土标号不小于 C20 并植入钢筋网；采用钢结构防护时，埋设深度应满足稳固要求并采用混凝土灌注基础。

（3）防护桩内壁与支柱保持 0.5 m 的距离，且不得侵入铁路建筑限界。

（4）防护桩外表面应有黄黑相间的警示标识。

（5）需防护支柱装有开关操作机构时，需同时将开关操作支架纳入防护保护范围。

5. 支柱护坡

（1）填方地段的支柱外缘距路基边坡的距离不小于 500 mm，否则应培土或砌石，其坡度应与原路基相同，高填方地段培土困难、流失严重或土质强度不够者，应采用砂浆砌石护坡加固，片石应挤压紧密、堆砌整齐，砂浆应饱满、标号符合规定。

支柱护坡应延伸至地面，并做深度不小于 0.6 m 护坡基础。上部宽度为支柱中心两侧各不小于 1 m，下部宽度为支柱中心两侧各不小于 2 m，厚度不小于 300 mm。距边坡坡底 1 m 处应设置 100 mm×100 mm 的泄水孔。

（2）路地段的基础外侧与水沟外侧的间距不小于 300 mm。

四、接触网吊柱的分类、特点及技术标准

接触网吊柱主要分为：硬横跨及多线路腕臂用吊柱、隧道内用吊柱，如图 1-4、图 1-5 所示。

图 1-4　硬横跨及多线路腕臂用吊柱

图 1-5　隧道内吊柱

1. 硬横跨及多线路腕臂用吊柱

（1）硬横跨及多线路腕臂用吊柱规格为 160×120×10×3000[①]，所用钢材的材质为 Q235B。

（2）表面防腐技术采用热浸镀锌防腐工艺，表面防腐处理应符合 GB/T 18592—2001《金属覆盖层钢铁制品热浸镀铝技术条件》中的要求。

（3）结构性能要求。

① 吊柱加载至标准检验弯矩时，导高处挠度不大于 50 mm。

② 吊柱加载至承载力检验弯矩（为标准检验弯矩的 150%）时，各构件不应产生明显的屈服，锌层不剥离、不凸起。

③ 采用螺纹连接紧固的零件，其紧固件应有有效的防缓及防松措施。

2. 接触网隧道内吊柱

1）用途及结构形式

---

① 此类表示钢型号的尺寸均以毫米（mm）为单位，为简便起见，不再注明单位。

双线隧道内悬挂支撑腕臂结构用吊柱规格为 100×180×8×2200 或 160×120×10×2200 矩形钢管，所用钢材的材质为 Q235A 钢。用于电气化铁道接触网系统中隧道内全补偿链形悬挂处单腕臂支撑悬挂结构、三角旋转腕臂结构。安装在隧道内壁上，用于安装固定接触悬挂。

2）性能要求

（1）吊柱的水平工作荷重为 8.0 kN，吊柱的垂直工作荷重为 4.9 kN。

（2）吊柱的水平破坏荷重不小于 24.0 kN，垂直破坏荷重不小于 14.7 kN。

（3）吊柱耐拉伸（压缩）荷重时的挠度值 $f \leqslant 0.7L\%$。其中，L 为吊柱长度。

3. 吊柱的技术标准要求

（1）吊柱型号、规格、防腐措施符合设计要求，锈蚀面积不超过 20%。当采用圆吊柱时，腕臂底座处应采取防扭转及滑动措施。

（2）吊柱法兰盘与隧道壁应结合密贴，吊柱固定螺栓应采用双螺母，拧紧螺帽后螺栓外露长度不得小于 30 mm；螺栓紧固力矩符合设计要求。吊柱调整使用的镀锌闭环垫片不超过 2 片，垫片的面积不小于 50 mm×100 mm，厚度不大于 10 mm。

（3）吊柱不得扭曲，宜向受力反方向倾斜不大于 1°，限界符合设计要求，允差偏差 0 ~ 20 mm，但不得侵入邻线基本建筑限界。

（4）单根吊柱不允许悬挂带中心锚结的双支接触悬挂。

（5）吊柱上应有防滑措施，防止腕臂底座滑移。

任务二　接触网吊柱的检查维护

一、作业准备

1. 人员准备

一个作业组（一般不少于 10 人）。

2. 工具准备

工具清单，如表 1-2 所示。

表 1-2　工具清单

序号	工具名称	型号	单位	数量	备注
1	个人工具		套	1	标准化着装
2	作业工具包		套	4	
3	作业车		台	1	
4	扭力扳手		把	2	配齐相应套筒
5	卷尺	5 m	把	1	
6	水平尺		把	1	
7	除锈刀		把	2	
8	油漆刷		把	2	
9	油桶		个	1	

续表

序号	工具名称	型号	单位	数量	备注
10	激光测量仪		台	1	
11	人字梯	3 m	台	1	
12	斜率尺		把	1	

3. 材料准备

材料清单，如表 1-3 所示。

表 1-3　材料清单

序号	工具名称	型号	单位	数量	备注
1	黄油		袋	若干	
2	螺帽	M20	个	若干	
3	防锈漆		kg		视具体情况定量

二、作业流程图

接触网吊柱的检查维护作业流程图，如图 1-6 所示。

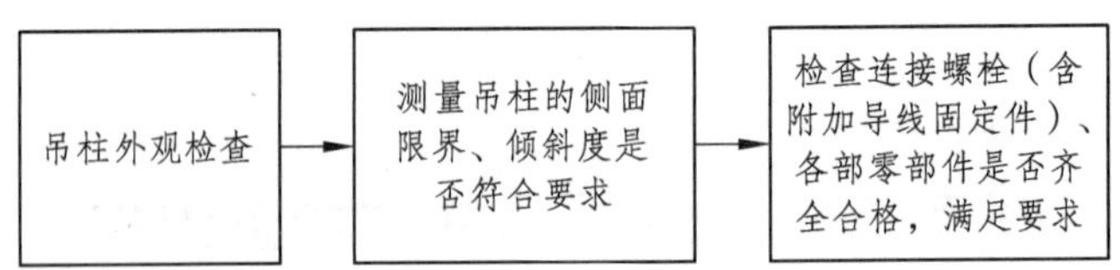

图 1-6　接触网吊柱的检查维护作业流程

三、检修标准

（1）吊柱型号、规格、防腐措施符合设计要求，锈蚀面积不超过整体的 20%。当采用圆吊柱时，腕臂底座处应采取防扭转及滑动措施。

（2）吊柱法兰盘与隧道壁应结合密贴。吊柱固定螺栓应采用双螺母，拧紧螺帽后，螺栓外露长度不得小于 30 mm；吊柱调整使用的镀锌闭环垫片不得超过 2 片，垫片的面积不小于 50 mm×100 mm，厚度不大于 10 mm。

（3）吊柱不得扭曲，宜向受力反方向倾斜不大于 1°。限界符合设计要求，允许偏差 0～20 mm，但不得侵入邻线基本建筑限界，具体限界规定如表 1-4 所示。

表 1-4　吊柱限界

序号	外轨超高（d/mm）	$0<d\leqslant 50$	$50<d\leqslant 80$	$80<d\leqslant 115$	$115<d\leqslant 145$
1	曲外悬挂吊柱中心距线路中心距离（C_x）	2 800 mm	2 700 mm	2 600 mm	2 500 mm
2	曲内悬挂吊柱中心距线路中心距离（C_x）	2 800 mm	2 900 mm	3 000 mm	3 100 mm

四、检修步骤

（1）检查吊柱的镀锌层是否具有实用性光滑，是否有锌刺、滴瘤和多余结块，是否有脱落、凸起、过酸洗现象；吊柱本体是否锈蚀。其外观质量指标如表 1-5 所示。

表 1-5　吊柱外观质量

序号	内　容	外观质量指标
1	表面	目测锌层表面应连续完整，具有实用性光滑，无粗糙、无起皮、无残留的溶剂渣。允许存在发暗或浅灰色的色彩不均匀区域
2	漏镀	每根吊柱漏镀面不应超过 10 处，每个漏镀面的面积不应超过 10 cm²
3	锌刺	不允许（如有，应清除锌刺部分）
4	滴瘤、结块	不允许
5	过酸洗	不允许

（2）测量吊柱的侧面限界、倾斜度是否符合要求。

（3）检查连接螺栓（含附加导线固定件）是否有松动、锈蚀现象，连接螺栓的力矩是否符合规定的紧固力矩；螺栓垫片、螺帽是否齐全，质量符合要求。

（4）隧道内吊柱维修示意图（图 1-7）。

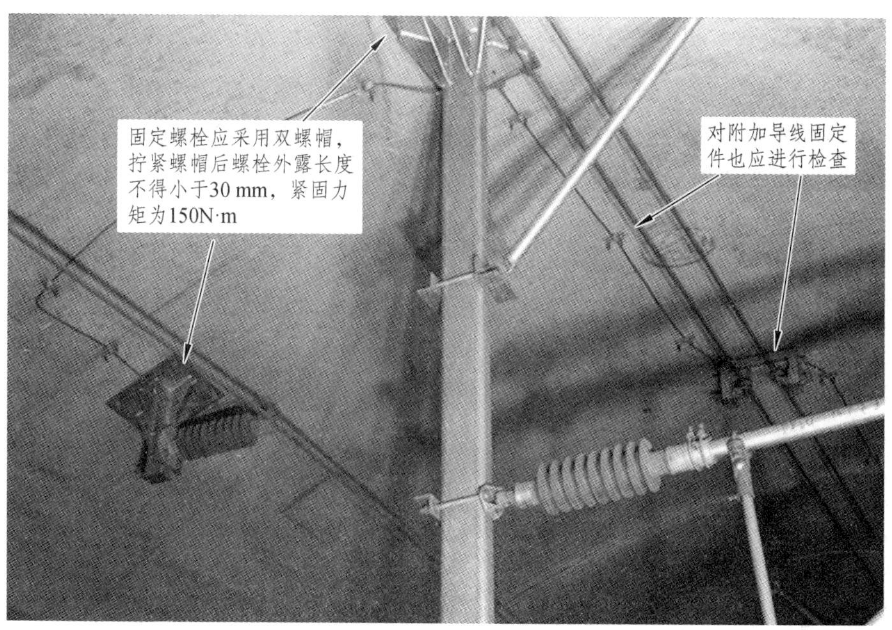

图 1-7　隧道内吊柱维修示意图

五、安全注意事项

（1）高空作业应按规定使用双钩安全带，做好过渡中的保护，安全带应系在安全可靠的位置。

（2）严禁踩踏接触线或给接触线施加外力，以保证接触线的平直度。

（3）作业车移动或作业平台升降、旋转时，严禁作业人员上、下作业平台，需要上、下时，应征得作业平台操作负责人同意；作业平台在升降和转动过程中注意与接触线保持距离，防止碰刮伤线。

（4）作业平台防护门应有闭锁装置，作业须锁闭好作业平台的防护门。

（5）使用人字梯应有专人扶梯，保证梯脚稳固，防止滑移。

（6）夜间作业照明设施应满足作业需要，所有进出物品必须粘贴反光标识，严格遵循进出物品管理制度。

（7）认真执行图示分工制度，所有作业人员必须明确、掌握本次作业的程序。

接触网吊柱的检修作业
视频

思考练习题

一、填空题

1. 接触网中吊柱主要分为：________________及多线路腕臂用吊柱、隧道内用吊柱。

2. 双线隧道内悬挂支撑腕臂结构用吊柱规格为 100×180×8×2200 或 160×120×10×2200 矩形钢管，所用钢材的材质为__________________钢。

二、选择题

1. 硬横跨及多线路腕臂用吊柱，吊柱加载至标准检验弯矩时，导高处挠度不大于（　　）。

A. 50 mm　　B. 40 mm　　C. 30 mm　　D. 20 mm

2. 接触网隧道内吊柱，吊柱的水平破坏荷重不小于(　　)，垂直破坏荷重不小于 14.7 kN。

A. 20.0 kN　　B. 24.0 kN　　C. 30.0 kN　　D. 35.0 kN

三、简答题

1. 支柱按用途分为哪些？

2. 支柱的作用是什么？

四、论述题

1. 吊柱的维修标准是什么？

2. 吊柱维修时有哪些安全注意事项？

项目二 接触网支撑定位装置

任务一　接触网支撑定位装置的认知

【任务描述】

本任务旨在认识接触网支撑定位装置，通过本任务的学习，使学生对接触网支撑定位装置有比较全面的认识，为后续任务的执行奠定坚实的基础。

【任务目标】

（1）掌握支撑定位装置的组成结构。
（2）熟练掌握支撑定位装置的定位方式。

【任务内容】

支柱、支持（支撑）装置和定位装置是使接触悬挂导线相对于线路中心保持在所要求的位置上的设备。支柱布置在线路一侧，与线路中心保持一定的距离。因此，为了把承力索与接触线悬挂到支柱并固定在一定位置上，必须有一套中间装置，这就是所谓的支持（支撑）装置。为了使接触线在水平面上相对于受电弓中心保持在所要求的位置上，还需采用定位装置。

一、腕臂支持装置

腕臂支持装置安装在支柱上部，包括斜腕臂下底座、平腕臂上底座、斜腕臂、平腕臂及其连接部件、腕臂支撑、承力索支持零部件、管帽等。腕臂一般使用高强度铝合金加工制成，用以支持接触悬挂，并起传递负荷的作用。其规格为外径 70 mm 铝合金腕臂。

腕臂要有足够的机械强度；结构尽量简单、轻巧；易于施工安装和维修更换，且经济合理。腕臂的长度与接触悬挂的结构高度、支柱侧面限界、支柱所在位置等因素有关。

（一）支持装置

腕臂支持装置一般采用三角支持结构（简称腕臂结构）包括斜腕臂、平腕臂及其连接部件、腕臂支撑、承力索底座、管帽等（但不包含接触线定位装置和腕臂绝缘子及其以外的连接部分），起到承载接触网荷重和定位、调整承力索等导线的空间位置、连接和固定接触线定位装置等作用。

平腕臂：用于组成腕臂支持结构三角形上部水平安装的腕臂，平腕臂悬臂一端通过承力索座支撑承力索，另一端通过棒式绝缘子与腕臂上底座相连接，其结构形式如图 2-1 所示。

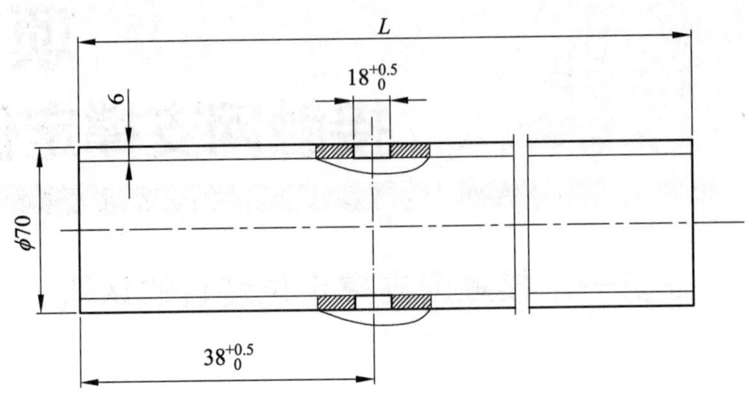

图 2-1　平腕臂示意图（单位：mm）

斜腕臂：用于组成腕臂支持结构三角形斜边倾斜安装的腕臂，斜腕臂一端通过腕臂套管座与平腕臂相连接，另一端通过棒式绝缘子与下腕臂底座相连接，其结构形式如图 2-2 所示。

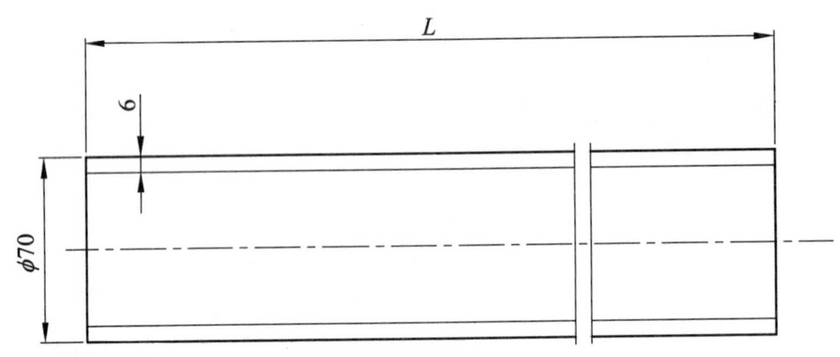

图 2-2　斜腕臂示意图（单位：mm）

平腕臂及斜腕臂的材料为铝合金材质，按 GB/T 6892—2006 采用牌号为 6082、热处理状态为 T6 的铝合金圆管，规格为：外径 70 mm，壁厚 6.0 mm。

承力索底座：固定在外径为 70 mm 的平腕臂上，用于支撑并固定截面为 95 ~ 120 mm^2 的铜合金承力索，一般由承力索座本体、压线夹板、固定轴及紧固螺栓组成，其结构如图 2-3 所示。

腕臂支撑：用于平腕臂与斜腕臂之间的支撑固定，由支撑管及支撑管卡子组成，其结构形式如图 2-4 所示。支撑管由外径 42 mm 铝合金圆管与端部双耳通过螺栓连接构成。

套管单耳：用螺栓固定在平或斜腕臂上连接腕臂支撑。套管单耳应与连接腕臂或支撑的尺寸相配合，其结构如图 2-5 所示。

双套管连接器：用于平腕臂与斜腕臂之间的连接。由两个套筒式结构的连接单耳组成，一个连接单耳套在平腕臂上，另一个连接单耳套在斜腕臂上，连接单耳与腕臂管通过杯口型顶紧螺栓紧固，其结构如图 2-6 所示。

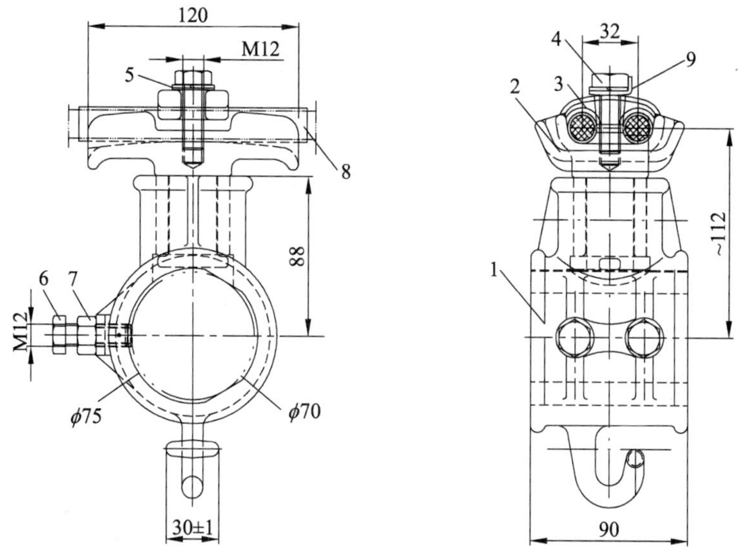

1—ϕ70 型支撑线夹本体；2—托线夹；3—压块；4—压紧螺栓；5—垫圈；6—杯口螺栓；7—锁紧螺栓；8—铜铝衬垫；9—止动垫圈。

图 2-3　承力索底座示意图（单位：mm）

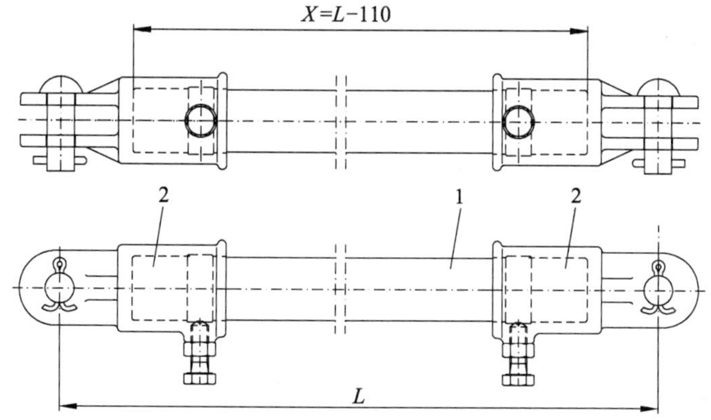

1—支撑管本体；2—双耳套筒本体。

图 2-4　腕臂支撑示意图

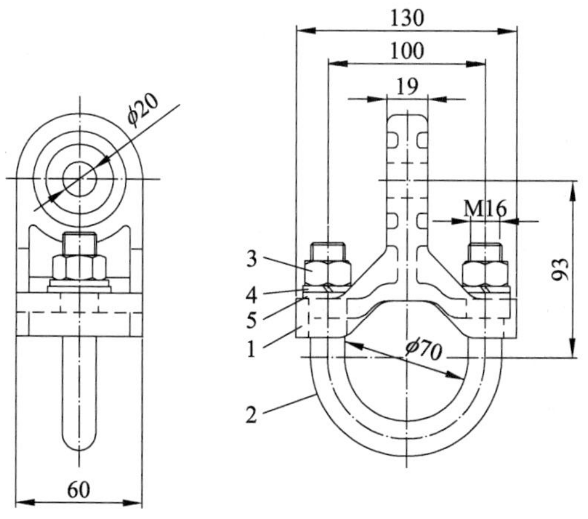

（a）70 型套管单耳

1—套管单耳本体；2—U 形螺栓；3—螺母；4—平垫圈；5—弹簧垫圈。

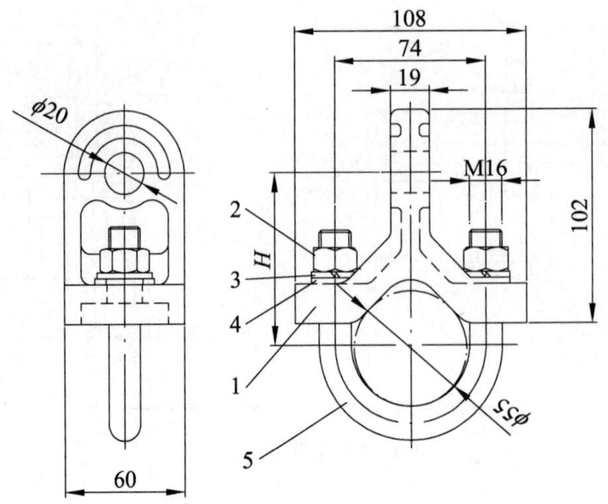

（b）55 型套管单耳

1—套管单耳本体；2—螺母；3—平垫圈；4—弹簧垫圈；5—U 形螺栓。

图 2-5 套管单耳

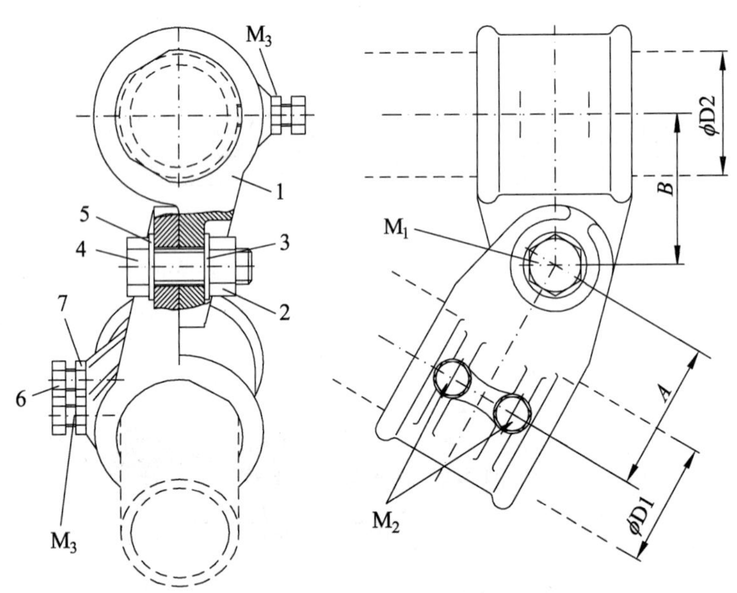

1—套管座本体；2—螺母；3—平垫圈；4—螺栓；5—弹簧垫圈；
6—顶紧螺栓；7—薄螺母。

图 2-6 双套管连接器

管帽：用于平腕臂、斜腕臂及定位管端部的密封，外形结构呈圆弧帽状，可以套入腕臂管端头，其结构如图 2-7 所示。

腕臂结构，如图 2-8 所示。

（二）常见腕臂支柱装配

腕臂支柱装配根据用途的不同分为中间柱、转换柱、中心柱、锚柱、道岔定位柱、硬横跨柱等的装配，直线与曲线支柱装配方式不一样。

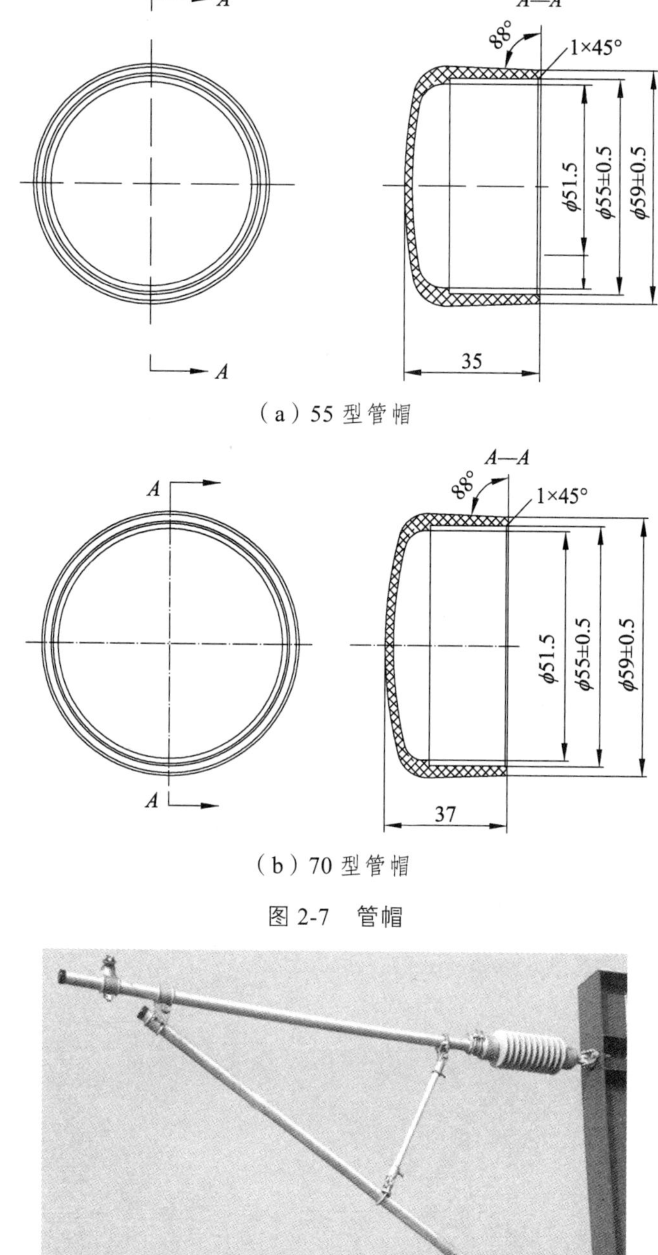

（a）55 型管帽

（b）70 型管帽

图 2-7　管帽

图 2-8　腕臂结构

当支柱位于曲线内侧时，常采用反定位器，此时连接接触线的零部件受拉。在锚段关节位置上，腕臂上承载两支接触悬挂。在锚段绝缘关节位置上的转换腕臂，由于两支链形悬挂在电气上要分开，因此除上述要求外，还要加大腕臂的长度。至于在转换支柱上如何将导线悬挂到腕臂上，腕臂本身采用什么样的结构，则与锚段关节是在直线还是曲线区段上、关节是否实现电分段以及支柱限界等条件有关。

根据不同工作条件，腕臂支柱装配及定位装置形式主要分为以下 3 类：

（1）一般中间柱（正/反定位）安装如图 2-9、图 2-10 所示。

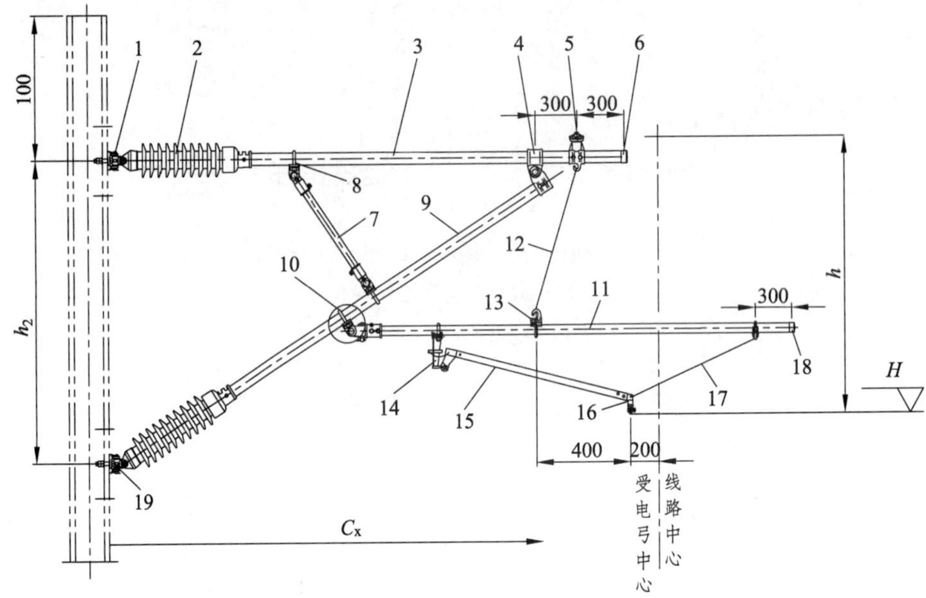

1—平腕臂底座；2—棒式绝缘子；3—平腕臂；4—套管座；5—承力索座；6—管帽；7—腕臂支撑；8—套管单耳；9—斜腕臂；10—套管单耳；11—定位管；12—定位管斜拉线；13—斜拉线定位钩；14—定位支座；15—定位器；16—定位线夹；17—防风拉线；18—管帽；19—斜腕臂底座。

图 2-9　中间柱正定位典型安装图

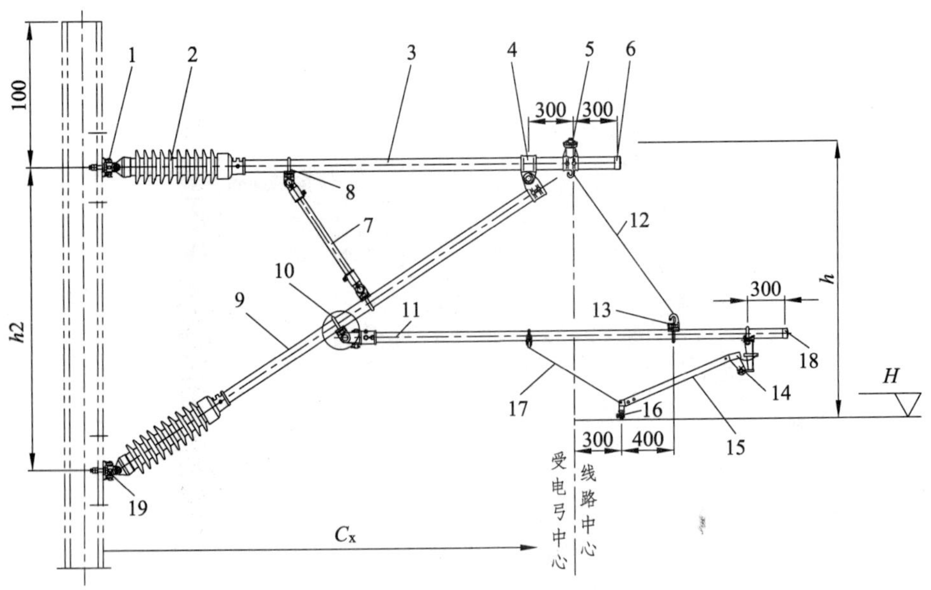

1—平腕臂底座；2—棒式绝缘子；3—平腕臂；4—套管座；5—承力索座；6—管帽；7—腕臂支撑；8—套管单耳；9—斜腕臂；10—套管单耳；11—定位管；12—定位管斜拉线；13—斜拉线定位钩；14—定位支座；15—定位器；16—定位线夹；17—防风拉线；18—管帽；19—斜腕臂底座。

图 2-10　中间柱反定位典型安装图

（2）中心柱安装，如图 2-11 所示。

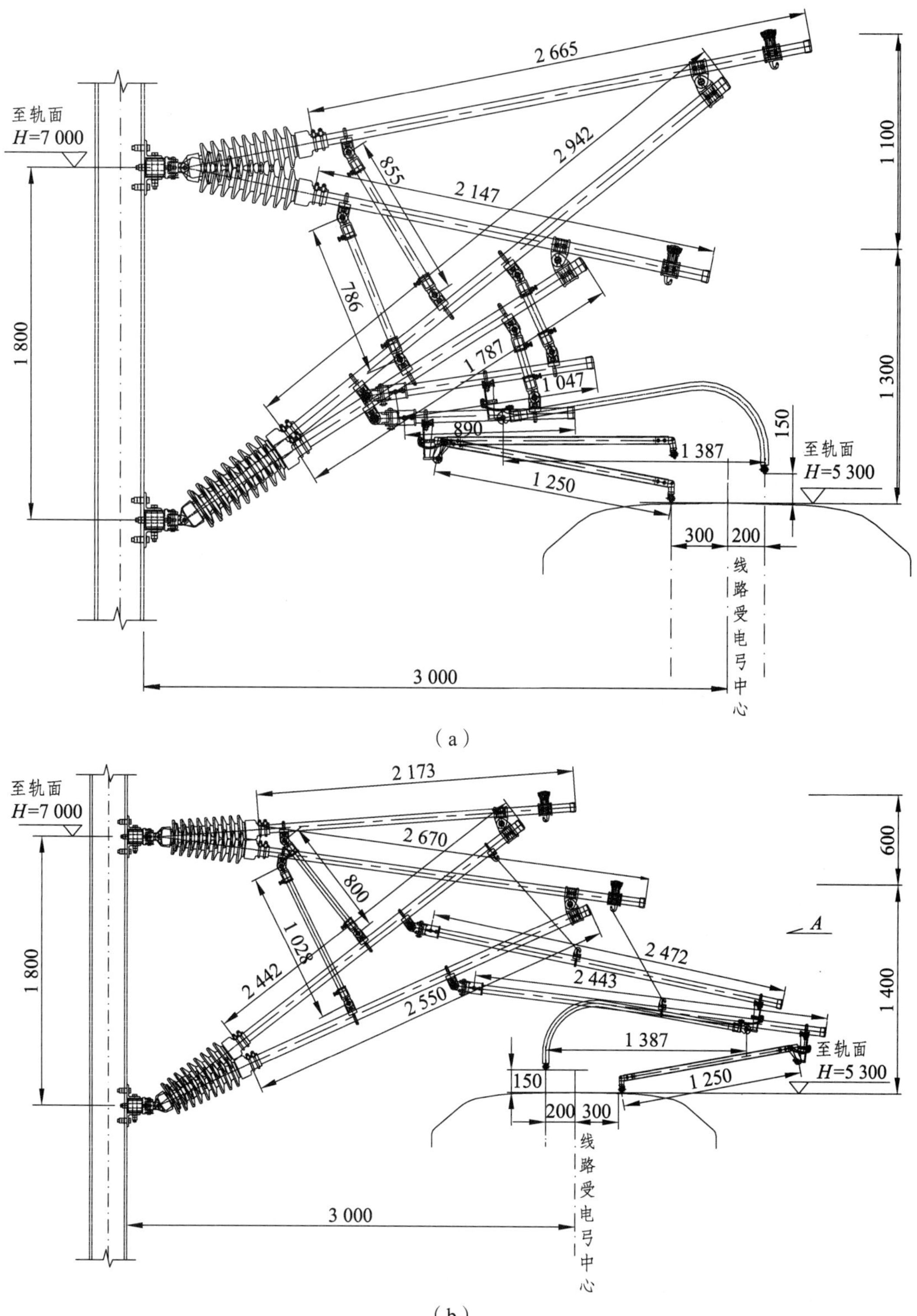

图 2-11　中心柱典型安装图

（3）转换柱安装，如图 2-12 所示。

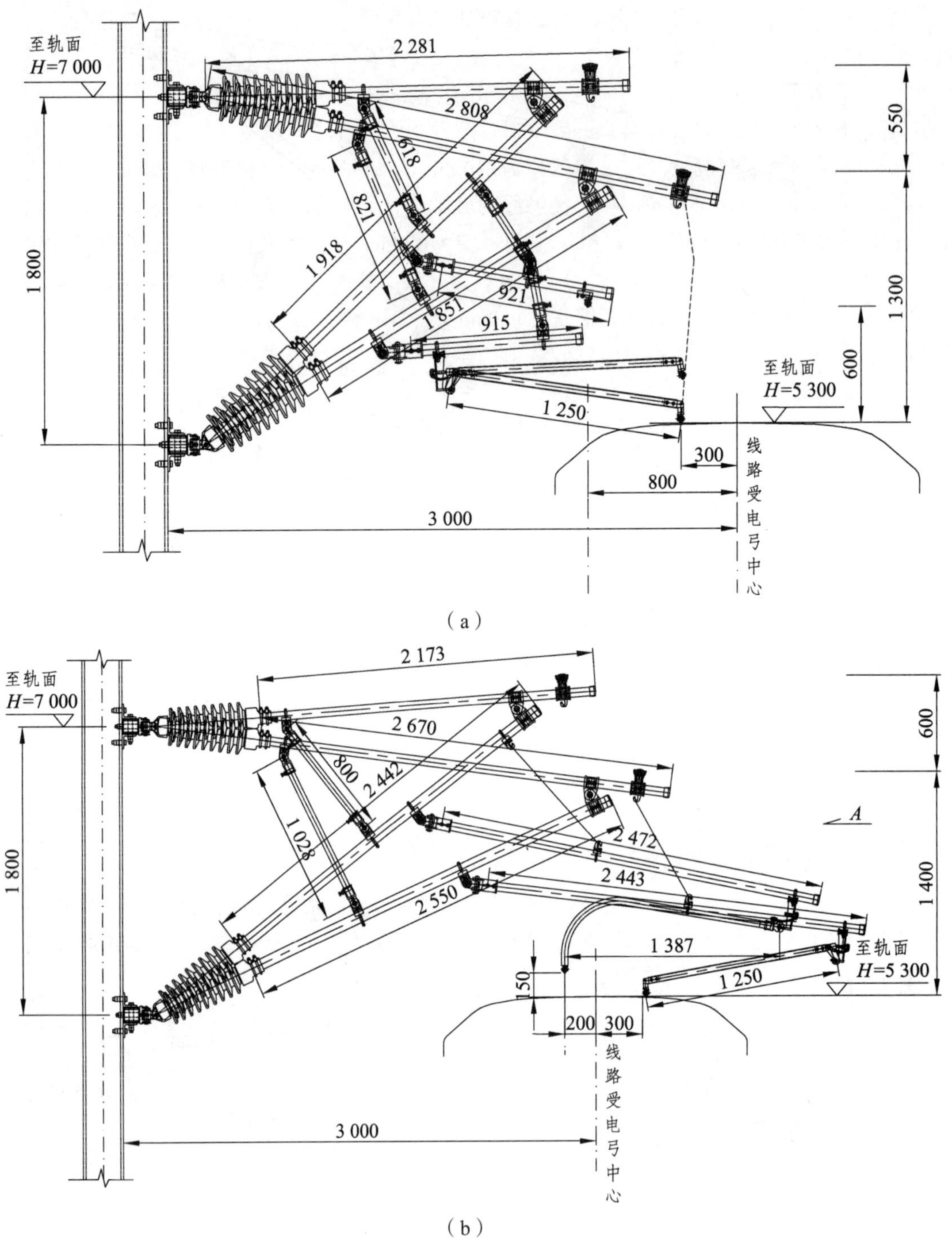

图 2-12　转换柱典型安装图

（三）腕臂支柱装配的参数

影响腕臂支柱装配的参数有：导线高度、承力索高度、支柱斜率、支柱侧面限界、结构高度等。

1. 导高

导高是接触线定位点高度的简称，是指接触线无弛度时定位点（或悬挂点）处接触线距轨面的垂直高度，一般用 H 表示。

接触线最高高度，是根据受电弓的最大工作高度确定的。接触线最低高度的确定，是考虑了带电体对接地体之间的空气绝缘距离及通过超限货物的要求。高速铁路接触网的导高一般取 5 300 mm，接触线高度的允许施工偏差为±30 mm，对于高速铁路接触网，对施工误差要求更加严格。为保证动车组的良好取流，接触线的坡度不宜大于 2‰；有困难时，不宜大于 4‰，坡度变化率不大于 0.5‰，相邻吊弦之间高差不大于 10 mm，接触线平直无硬弯，当隧道间距不大于 1 000 m 时，隧道内、外的接触线取同一高度。定位点两侧第一吊弦处接触线高度应相等，相对该定位点的接触线高度施工偏差为±10 mm，但不得出现“V”形。接触线水平面内偏角不得大于 4°，困难情况下不得超过 6°，在变坡区段的始末跨，接触线坡度变化不宜大于变坡区段最大坡度之半。

2. 支柱侧面限界

支柱侧面限界是指轨平面处，支柱内缘至线路中心的距离，一般用 C_x 表示。高速铁路接触网是沿铁路上方架设的，接触网支柱的安装必须符合要求，允许误差为+100 mm、−60 mm。为了确保行车安全，要求接触网支柱及其他电气装置的建筑不得侵入铁路建筑限界。为了安全起见，支柱侧面限界的设计取值比建筑限界规定值要大。

3. 结构高度

链形悬挂的结构高度是指接触网悬挂点处承力索和接触线间的铅垂距离，用符号 h 表示。

确定一个技术、经济都合理的结构高度，一般应考虑几个方面的因素：

（1）最短整体载流吊弦长度不要过小，在极限温度时，其顺线路方向与垂直方向的偏移角标准值为 0 mm，安全值为 20 mm，任意温度下吊弦应垂直安装。

（2）在条件许可时，尽可能减少支柱高度。

（3）便于调整和维修。

设计中所指的结构高度是指接触线无弛度时，在悬挂点处承力索至接触线的垂直距离，高速电气化铁道中，为了改善定位点接触线弹性，结构高度一般取值较 1 600 mm 大。可由式（2-1）表示：

$$h = F_0 + C_{\min} \tag{2-1}$$

式中 h——结构高度（mm）；

F_0——接触线无弛度时承力索弛度（mm）；

$C_{\min}$——最短吊弦长度（mm）。

由式（2-1）可知，结构高度与承力索的弛度有关。在已知 F_0 时，就可以确定结构离度 h。任意温度情况下整体载流吊弦均应垂直安装，允许误差不得超过 20 mm。

二、定位装置

为了使动车组受电弓滑板在运行中与接触线良好地接触取流，需将接触线按受电弓的运行要求进行定位，这种对接触线进行横向定位的装置称为定位装置。

定位装置的主要作用是：使接触线始终在受电弓滑板的工作范围内，并且使接触线对受电弓的磨耗均匀，将接触线所产生的水平力传递给腕臂。

定位装置对于接触悬挂的工作性能及动车组顶部的受电弓的工作状态有很大影响。因此，我们对定位装置的要求是：定位装置应保证将接触线固定在要求的位置上；动作灵活（当温度变化时，定位管不影响接触线沿线路方向的移动）；质量尽量轻，定位点弹性良好（当动车受电弓通过时，能使接触线均匀升高，不形成硬点，且不与该装置发生碰撞）；具有一定的风稳定性。高速铁路接触网定位器一般采用矩形限位定位器，限位间隙应符合设计要求，允许偏差为±1 mm，且应满足受电弓最大动态抬升量的限位要求，在 1.5 倍最大动态抬升量时限位间隙为 0。定位器的安装应满足受电弓动态包络线的要求，须满足运行中的受电弓在最大抬升及摆动时的轮廓线，受电弓不得打碰定位器端部。

1. 定位装置的组成及其作用

定位装置一般由定位管连接器、定位管、定位管帽、定位管支撑或吊线装置、定位器支座、定位器、定位线夹和定位器电气连接跳线组成。

定位管连接器：用于定位管与斜腕臂之间的连接，由连接器单耳、连接器双耳或抱箍及连接双耳组成，其结构形式如图 2-13 所示。

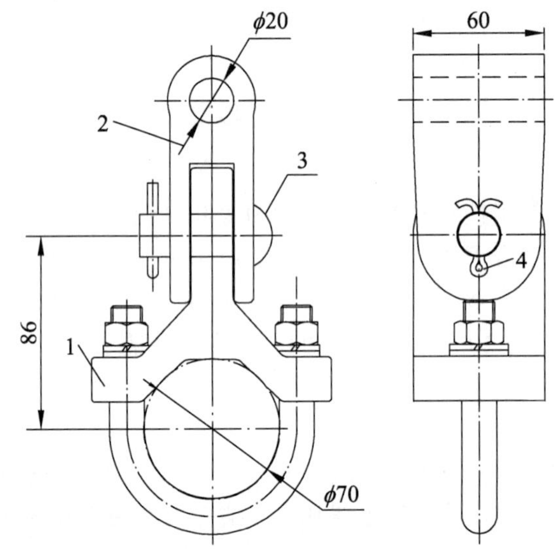

1—连接器单耳本体；2—连接器双耳本体；3—圆头销钉；4—开口销。

图 2-13　定位管连接器示意图（单位：mm）

定位管吊线装置：用于定位管的悬吊固定。定位管吊线装置由吊线本体、心形环、钳压管、压接端子、吊线固定钩所组成，其结构形式如图 2-14 所示。

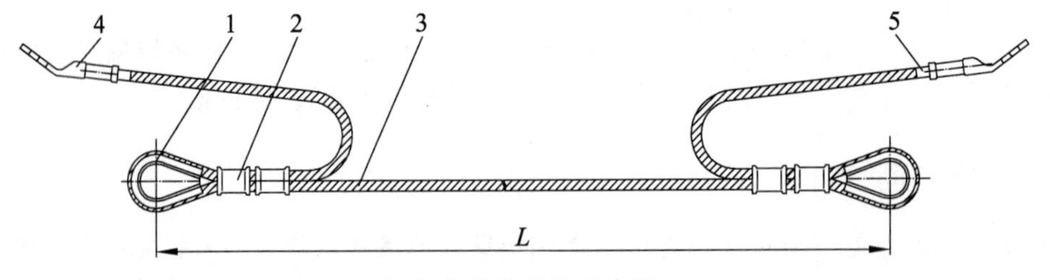

（a）定位管吊线示意图

1—心形环；2—钳压管；3—吊线本体；4—压接端子；5—吊线固定钩。

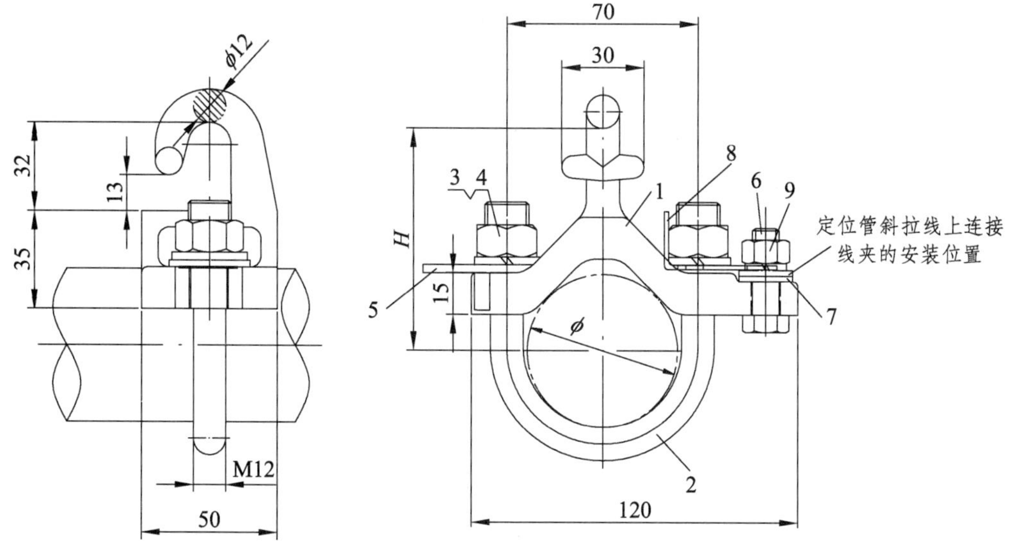

（b）吊线固定钩示意图（单位：mm）

1—吊线固定钩本体；2—U 形螺栓；3—螺母；4—垫圈；5—止动垫片；
6—螺栓；7—垫圈；8—止动垫片；9—弹簧垫圈。

图 2-14　定位管吊线

定位管：作用是固定定位器并且使其在水平方向便于调节，通常与定位器支座连接以固定定位器。其两端分别通过定位管连接器、腕臂支撑或吊线与腕臂支持结构相连接，其结构如图 2-15 所示。

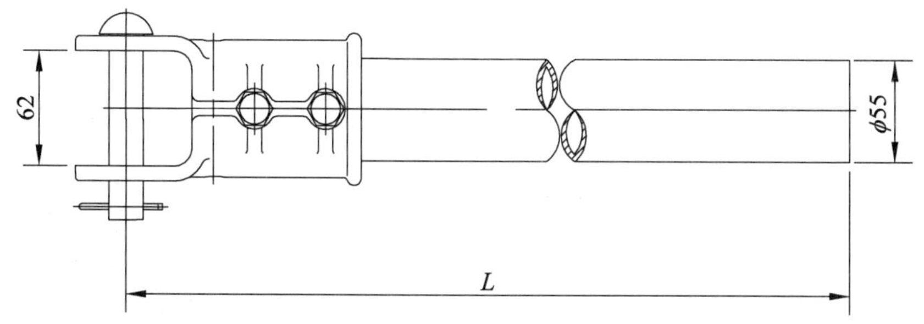

图 2-15　定位管示意图（单位：mm）

定位管支撑：用于定位管与斜腕臂（或平腕臂）之间的支撑连接。

吊线装置：由定位管吊线及吊线钩组成，用于定位管的悬吊固定。

定位器支座：用于定位管与定位器之间的连接。采用矩形铝合金定位器时为带限位的抱箍型定位器支座，由抱箍（或 U 形螺栓）与定位支座本体组成；采用圆管铝合金定位器时为弯刀型焊接式定位器支座或其他结构形式，焊接式定位器支座由焊接式定位器支座与螺栓组成，其结构如图 2-16 所示。

定位器：通过定位线夹将定位器与接触线连接起来，并按要求将接触线固定到一定位置上。矩形铝合金定位器由矩形铝合金管、定位钩、定位销钉套筒等组成；圆管铝合金定位器由圆形铝合金管、带弹簧装置的定位钩环、定位销钉等组成，其结构如图 2-17 所示。

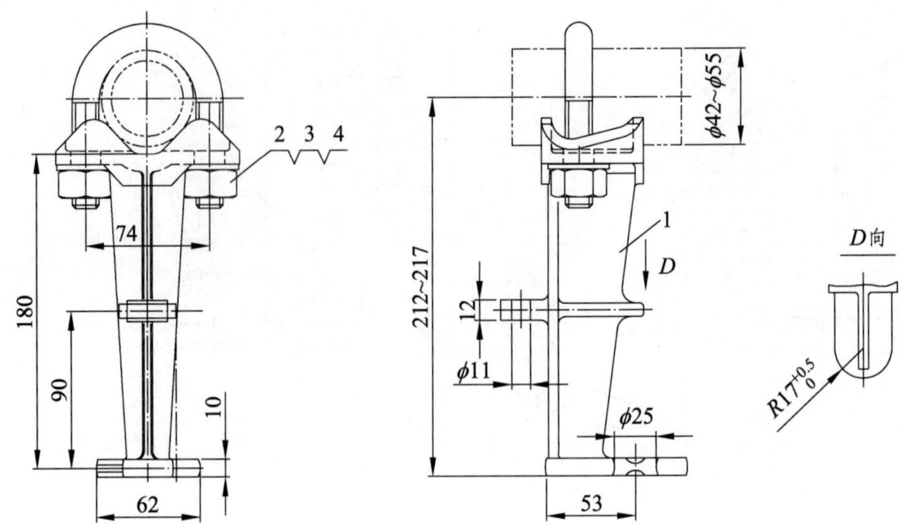

1—定位支座本体；2—U 形螺栓；3—止动垫片；4—压紧螺栓。

图 2-16　Z 型定位支座示意图（单位：mm）

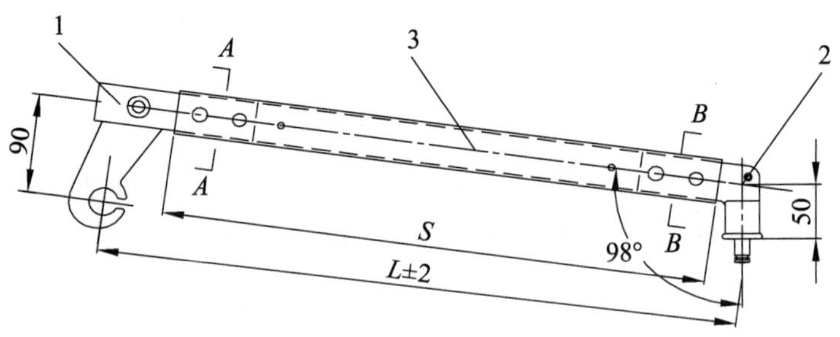

（a）矩形定位器

1—XL 型定位钩；2—定位套筒；3—定位器管。

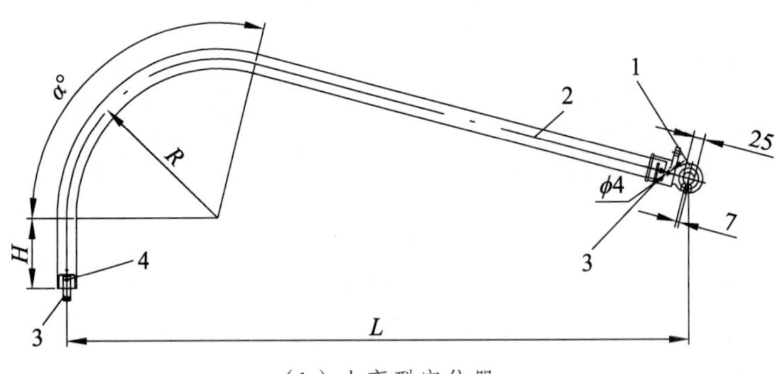

（b）大弯型定位器

1—定位钩；2—定位器管；3—定位销钉；4—定位套筒。

图 2-17　定位器示意图

定位器电气连接跳线：用于定位器与定位器支座之间的电气连接。由连接线、压接端子、螺栓、螺母、垫圈及弹簧垫圈组成，其结构如图 2-18 所示。

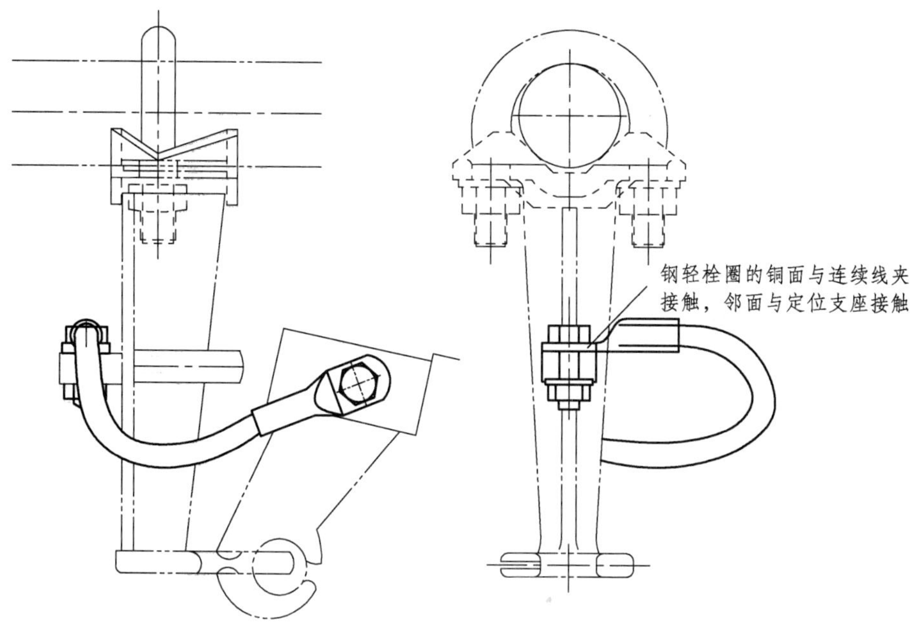

图 2-18　定位器电气连接跳线示意图

锚支定位卡子：与定位管连接后用于固定非工作支接触线的位置，其结构如图 2-19 所示。

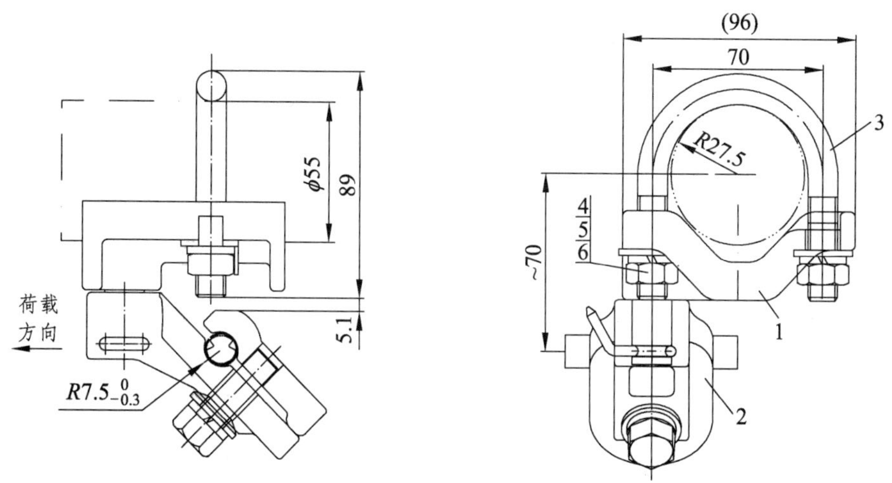

1—锚支定位卡子本体；2—定位线夹；3—U 形螺栓。

图 2-19　锚支定位卡子示意图

定位线夹：用于固定工作支接触线的位置。矩形铝合金定位器用定位线夹由线夹夹板、U 形销、连接螺栓等组成；圆管铝合金定位器用定位线夹由线夹夹板、连接螺栓等组成。其结构如图 2-20 所示。

2. 定位方式

支柱所在的位置不同，其定位方式也不相同。高速铁路定位方式大体分为以下几种：

正定位：通过定位管和定位器将接触线拉向支柱侧的定位方式成为正定位，此时定位管受拉。

反定位：通过定位管和定位器将接触线拉向支柱反侧的定位方式成为反定位，此时定位管受压。

双定位：锚段关节处，两支接触线在同一支柱上定位的方式称为双定位。

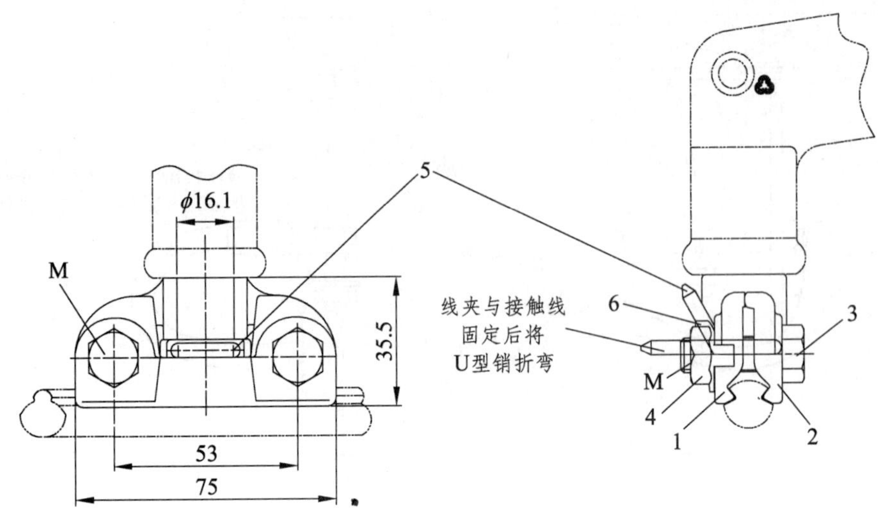

1—有环夹板；2—无环夹板；3—螺栓；4—螺母；5—U 型固定销；6—止动垫圈。

图 2-20　定位线夹示意图

3. 拉出值

为了使受电弓摩擦均匀并使接触线不超出受电弓的工作范围，需要将接触线固定在相对于受电弓中心一定的位置上。在定位点处，接触线偏移受电弓中心的距离称为拉出值。在直线区段也称为“之”字值。

在直线区段拉出值为±200 mm 或±300 mm，沿线路中心对称布置。在任何情况下，拉出值不得大于 450 mm。

在曲线区段，为解决列车在圆周运动中产生离心力的问题，故将曲线外轨抬高，称为外轨超高。外轨超高值由线路上列车可能通过的最大速度和线路曲线半径而定，可按式（2-2）计算：

$$h = 7.6v_{\max}^2 / R \tag{2-2}$$

式中　h——外轨超高（mm）；

R——线路曲线半径（m）；

$v_{\max}^2$——最大行车速度（km/h）。

曲线上，由于外轨超高，使机车向内轨方向倾斜，动车受电弓中心线与线路中心线有一位置偏移值。接触网施工中在对接触线按拉出值进行定位时，需要以线路中心为依据。所以，应先计算出受电弓中心偏移线路中心的距离后，再确定接触线定位点距线路中心的距离。

受电弓中心对线路中心的偏移可由式（2-3）计算：

$$c = h \times H / L \tag{2-3}$$

式中　c——受电弓中心偏移线路中心的距离（mm）；

h——外轨超高（mm）；

H——接触线到轨面高度（mm）；

L——两轨条中心之间的距离即轨距（一般取 1 500 mm）。

接触线对线路中心的距离可由式（2-4）计算：

$$m=a-c \tag{2-4}$$

式中　m——接触线偏移线路中心的距离（mm）；

a——拉出值（mm）。

当 m 值为正时，说明接触线的位置在线路中心至外轨间；当 m 为负时，说明接触线位置在线路中心至内轨间。

三、技术标准

（一）支持装置

1. 腕臂底座

腕臂底座应与支柱密贴，呈水平状态，两端高差不大于 10 mm。安装高度符合设计要求，允许偏差±50 mm。多线路腕臂底座及连接件安装高度应满足最高轨面至横梁下缘的设计高度，允许偏差±50 mm。

双腕臂底座间距应满足要求。极限温度时，两支悬挂及零部件间距不得小于 60 mm。

2. 腕臂

（1）腕臂不得明显弯曲且无永久性变形。平腕臂端部余长为 200 mm，平腕臂绝缘子端头距套管单耳 100 mm，承力索座距双套筒连接器一般为 300 mm，接触线悬挂点距吊钩定位环一般为 400 mm。防风拉线环距定位器头水平距离 600 mm，允许偏差 $^{+50}_{-100}$ mm 。

双线路腕臂应保持水平状态，其允许仰高不超过 100 mm，无永久性变形。定位立柱应保持铅垂状态。

（2）平腕臂安装位置满足承力索悬挂点（或支撑点）距线路中心的水平距离规定；距轨面距离（即导线高度加结构高度）满足下述要求：

标准值：设计值。

标准状态：标准值±50 mm。

警示值：标准值±200 mm。

限界值：（以跨距中最短吊弦长度为依据界定）最短吊弦长度不小于 300 mm。

3. 腕臂偏移

标准值：符合安装曲线要求。

标准状态：标准值±50 mm。

警示值：标准值±100 mm。

限界值：任何情况下不得超过腕臂垂直投影长度的 1/3。

4. 平腕臂

抬头时平腕臂和斜腕臂应安装管帽，水平或低头时不宜安装管帽。

5. 支持装置

支持装置各部件组装正确。腕臂上的各部件应与腕臂在同一垂直面内，铰接处转动灵活。

（1）定位管吊线钩开口，正定位时朝远离支柱侧，反定位时朝支柱侧。

（2）腕臂棒式绝缘子排水孔朝下。

（3）承力索座内的承力索置于受力方向指向轴心的槽内。

6. 定位管

定位管吊线两端均装设心形环，线鼻子采用压接方法固定。

（二）定位装置

1. 定位器

（1）定位器应与腕臂顺线路偏移的方向、角度相一致。

（2）定位器限位间隙应符合设计要求，允许偏差为±1 mm，且应满足受电弓最大动态抬升量的限位要求，即在 1.5 倍最大动态抬升量时限位间隙为 0。非限位定位器根部与接触线高差符合设计要求，允许偏差为±10 mm。

（3）定位器应处于受拉状态（拉力≥80 N），定位器静态角度（定位器与轨面连线之间的夹角）标准如下，对于非限位、弓形等定位器，安装应符合设计要求。

标准值：8°；

标准状态：6 ~ 10°；

警示值：6 ~ 13°；

限界值：4 ~ 15°。

（4）定位器偏移。

标准值：平均温度时垂直于线路中心线，温度变化时沿接触线纵向偏移与接触线在该点的伸缩量相一致；

标准状态：标准值±偏移量的 10%；

警示值：同标准状态；

限界值：极限温度时，偏移值不得大于定位器（定位管）长度的 1/3。

（5）转换支柱处两定位器能分别随温度变化自由转动，不得卡滞；非工作支和工作支定位器、管之间的间隙不小于 50 mm。

2. 定位管

（1）正、反定位管状态均应符合设计要求。定位管应与腕臂在同一垂面内。

（2）定位管端部余长为 50 ~ 150 mm。吊钩定位环距接触线悬挂点一般为 400 mm。吊钩定位环开口，正定位时朝支柱侧，反定位时朝远离支柱侧。

3. 其他

（1）防风拉线环的 U 形螺栓穿向补偿下锚方向（以中心锚结为界），防风拉线长环在定位管端，短环在定位器端。

（2）防风拉线固定环与定位器端头的水平距离为 600 mm，允许误差 $^{+50}_{-100}$ mm 。面向下锚侧安装，防风拉线与水平方向呈 45°。防风拉线短环端回头 100 mm；长环端回头 250 mm，防风拉线固定环应位于长环中间位置。

（3）定位管吊线应顺直受力，与弹性吊索间隙大于 50 mm。

（4）定位环应垂直于线路方向安装，避免与旋转平双耳出现剪切力。

（5）定位管水平或抬头时应安装管帽，低头时不宜安装管帽。

（6）定位器支座处电气连接线安装符合设计要求，且不应与定位支座限位止钉相互摩擦，铜铝双面垫片安装正确，铝面与定位器和底座接触，铜面与电气连接线鼻子接触。

（7）定位线夹安装正确，与接触线接触面应涂导电介质。定位线夹或锚支定位卡子受力面符合要求，有环夹板远离定位钩和定位支座侧。U 形销向上弯折 60°。

任务二　支撑定位装置的安装与调整

一、作业准备

1. 人员准备

一个作业组（一般不少于 10 人）。

2. 工具准备

工具清单，如表 2-1 所示。

表 2-1　工具清单

序号	名　称	规格或型号	单位	数量	备　注
1	作业车		台	1	
2	力矩扳手（含开口力矩扳手一个）	20～100 N·m	套	各 1	配 16、17、18、19、24 套筒子各 2 个，且放置在作业平台上
3	大绳	10 m	条	1	
4	锉刀		把	1	
5	扭面器		套	2	
6	五轮直弯器		台	1	
7	梅花扳手	16～24 mm	套	2	
8	压接钳	专用	套	1	
9	手扳葫芦	1.5 t	台	1	
10	水平尺	600 mm	把	1	
11	安全带		条		现场作业人员每人 1 条
13	短接线		套	1	
14	画线笔	红色	支	2	
15	钢丝套	600 mm	根	1	
16	个人工具		套	1	
17	防松胶		瓶	2	
18	相机		台	1	
19	激光测量仪		台	1	
20	电工胶		卷	1	

续表

序号	名　称	规格或型号	单位	数量	备　注
21	铝包带		扎	1	
22	螺帽	M10/M12	个	若干	
23	撑杆		根	1	放置在作业平台上

3. 材料准备

材料清单，如表 2-2 所示。

表 2-2　材料清单

序号	名　称	规格	单位	数量	备　注
1	旋转双耳	定位管连接处	个	1	
2	定位线夹		个	1	
3	定位支座	含 ϕ55 套管单耳	套	1	
4	防风拉线固定钩	水平定位环 ϕ55	个	1	
5	套管单耳	定位管连接处 ϕ70	个	1	
6	定位双耳	定位管连接处 ϕ55	个	1	
7	承力索座	ϕ70	个	1	
8	吊钩定位环	斜拉线固定钩 ϕ55	个	1	
9	中锚线夹		个	1	
10	开口销		个	10	
11	螺母、垫片	各种型号	套	各 5	
12	电力复合脂		盒	1	
13	斜拉线材料	未压接	套	2	含斜拉线、斜拉线鸡心环、压接管
14	定位器线		根	2	

二、作业程序图及要求

1. 作业程序图（图 2-21）

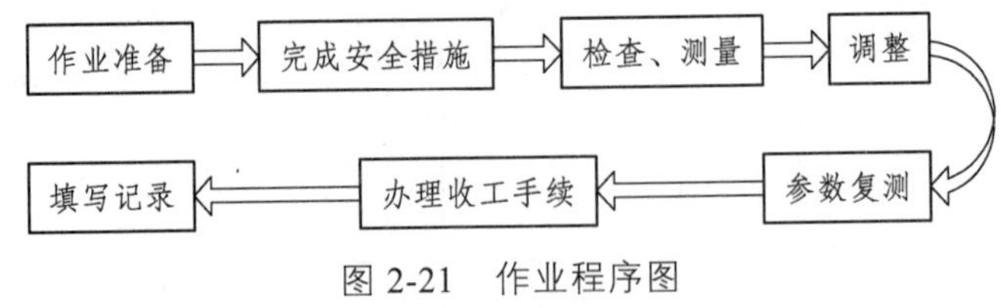

图 2-21　作业程序图

2. 检查

（1）支撑装置进行检查时应按照标准流程进行检查，如图 2-22 所示。

（2）人员到达支柱定位点处开始作业，作业人员（A）检查铁锚压板、棒式绝缘子、腕臂斜撑套管单耳和双耳套筒、套管单耳和旋转接头及双耳套筒组件，对没有画线标记的位置应进行补画，对零部件缺失的进行补装。

（3）同时作业人员（B）检查定位支座、定位器及定位线夹、防风拉线固定环、斜拉线及拉线钩、双套筒连接器组件和承力索底座，对没有画线标记的位置应进行补画，对零部件缺失的进行补装。

（4）互检人对作业过程进行监督并记录，作业完毕后作业平台复位，作业车行至下一作业点。

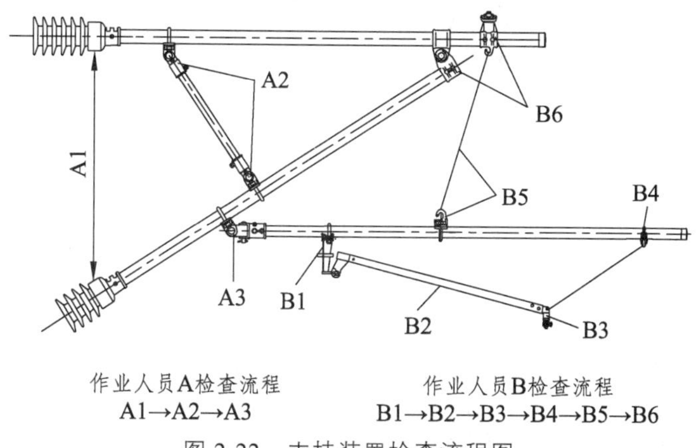

图 2-22　支持装置检查流程图

3. 画线标准

（1）线条均匀，笔直，且画在成像拍照中能拍摄到的位置（画在面向来车方向，不能面向来车方向则画在面向底部）；套管、套筒与腕臂结合部，顶紧螺栓，缺垫片的螺母（含垫片安装不正确的）处画线。划线宽度为 2 ~ 3 mm，套管、套筒处位置是面向来车方向的半个圆，顶紧螺栓从螺栓顶部画向螺母处。

（2）其他事项：原则上不再进行螺栓紧固力矩的检查，仅进行状态检查。

三、检查内容及要求

（1）上、下部腕臂底座及绝缘子铁锚压板的检查。

① 上、下部腕臂底座穿钉是否紧固，弹簧垫片是否压平，有无副螺帽。

② 上、下部腕臂底座棒式绝缘子顶部铁锚压板安装是否正确，弹簧垫片是否压平，如图 2-23 所示。

图 2-23　腕臂铁锚压板

③ 绝缘子是否破损，有无脏污，如图 2-24 所示。

图 2-24　棒式绝缘子

（2）腕臂支撑、定位支撑、双耳套管的外观检查：无裂纹变形，零部件连接状态是否良好，螺栓顶丝、锁紧螺母等是否缺失，如图 2-25（a）所示。

（3）套管单耳（支撑管卡子）的外观整体检查：检查本体有无开裂、单耳部分应垂直大地、不得顺线路偏斜，垫片是否压平；紧固螺帽是否缺失，如图 2-25（b）所示。

（a）高速腕臂支撑、定位支撑

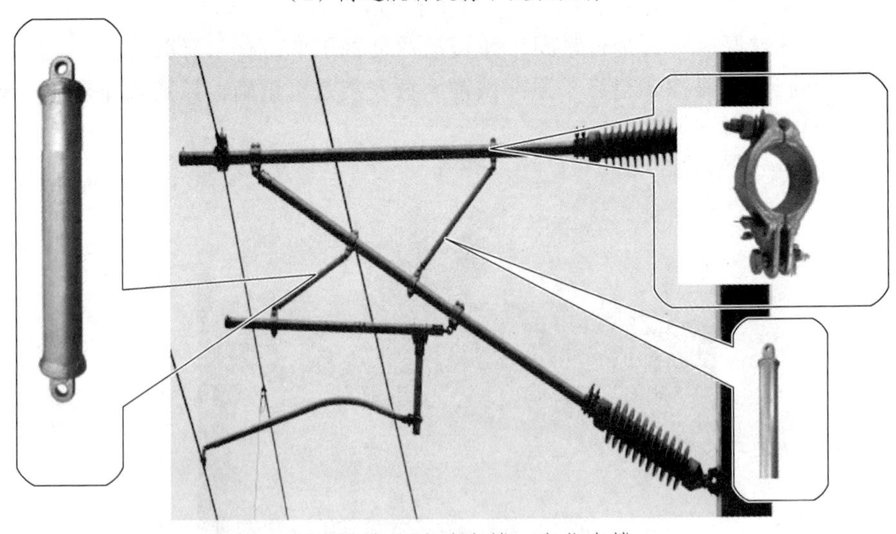

（b）客运专线腕臂支撑、定位支撑

图 2-25　腕臂支撑和定位支撑

（4）旋转双耳和双耳套筒检查（图 2-26）：

① 对旋转双耳和套筒双耳检查外观整体检查，检查本体有无开裂，用手纵向推动一下定位管，观察旋转双耳状态，如果转动或受不正常的力，则易造成旋转双耳开裂，需进一步检查分析。

② 检查顶紧螺栓及锁紧螺帽是否松动，对防松线没有画线或不明的应进行补画。

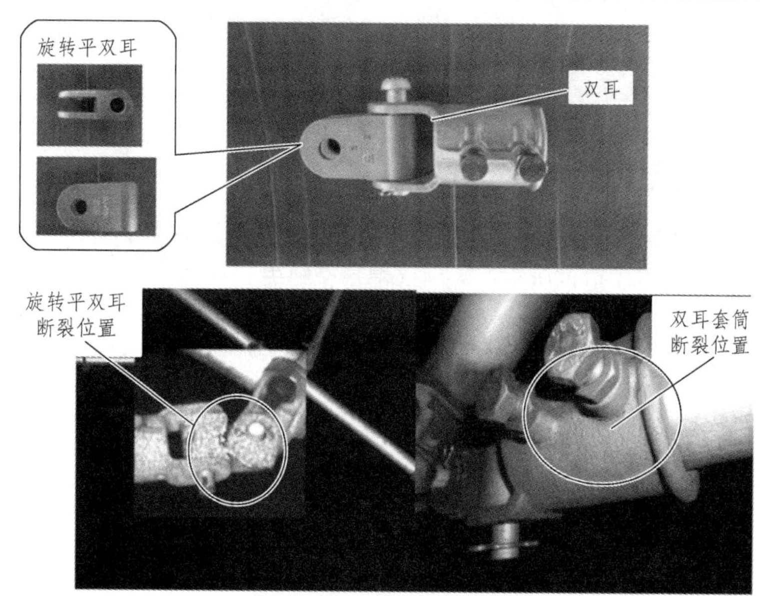

图 2-26　旋转双耳和双耳套筒

（5）电气连接跳线固定螺栓是否紧固到位，有无松动。对线端头顶紧限位定位器座的，应松开等电位连接线并进行调整，如图 2-27 所示。定位支座的外观整体检查，是否开裂（若存在开裂、磨损，详细记录外部环境情况，如曲线、附加设备等）。检查螺栓是否紧固，垫片是否压平，紧固螺帽是否缺失；定位器支座必须垂直大地，不得顺线路偏斜，如图 2-28 所示。

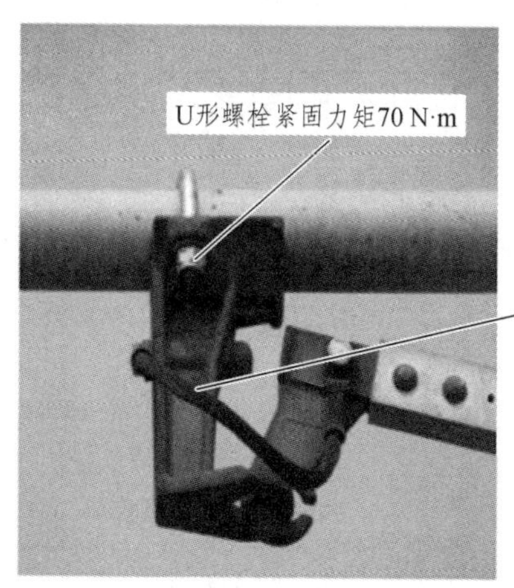

图 2-27　定位支座及电气连接跳线

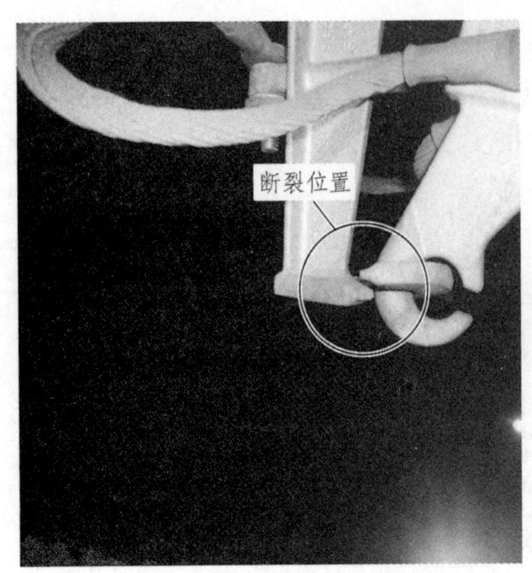

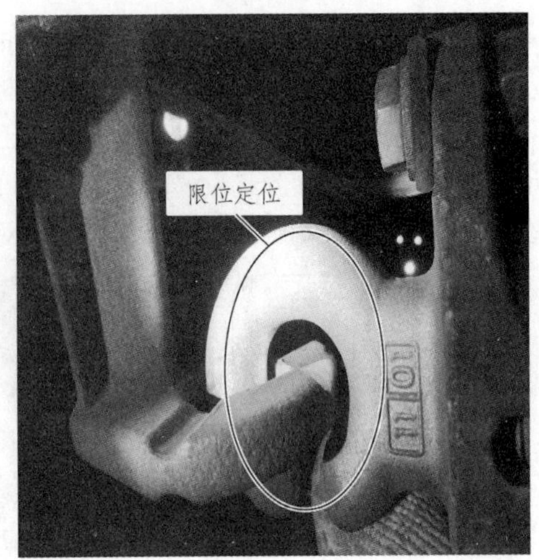

图 2-28　定位支座

（6）检查定位器外观是否破损，有无放电烧伤痕迹，如图 2-29 所示。

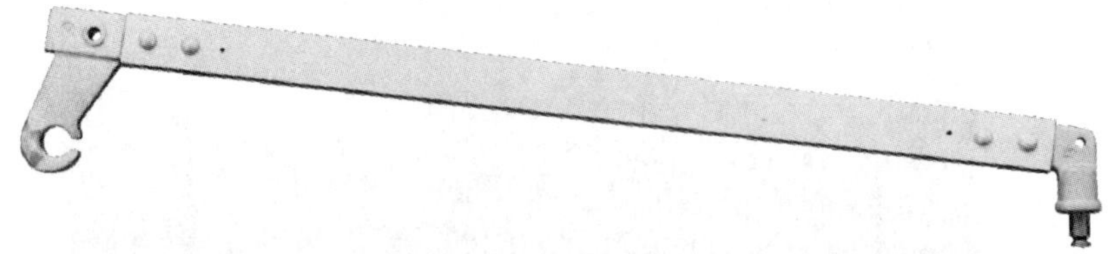

（a）矩形铝合金定位器

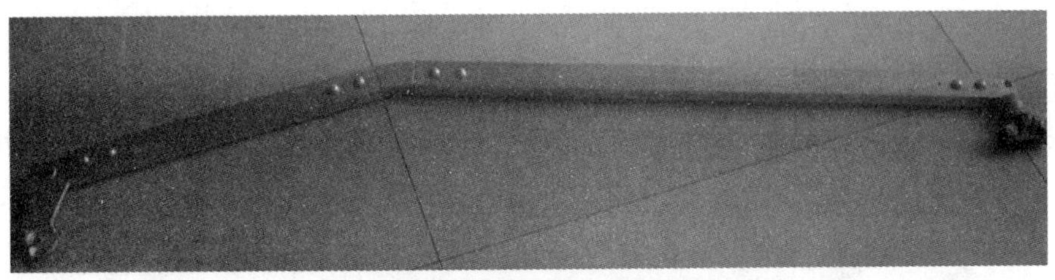

（b）折角矩形铝合金定位器

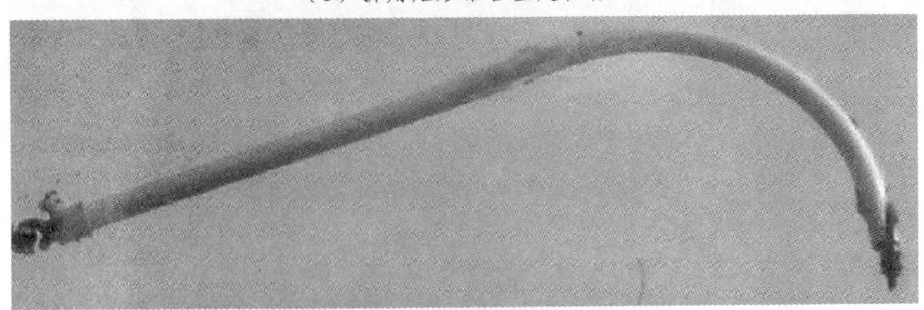

（c）特型定位器

图 2-29　铝合金定位器

（7）对防风定位环外观进行整体检查，检查螺栓是否紧固，垫片压紧固螺帽是否齐全，检查防风拉线与固定环相磨程度，如图 2-30 所示。

（8）进行拉线定位钩外观整体检查，检查螺栓是否紧固，垫片是否压平，紧固螺帽是否缺失（U 形螺栓的螺母处垫片缺装或无法调整到位则使用油漆笔画红线防滑），定位管拉线有无受力，下部压接管是否压紧压。检查标准：如图 2-31 所示，要压两道，宽 5 mm，回头外露 10 mm。

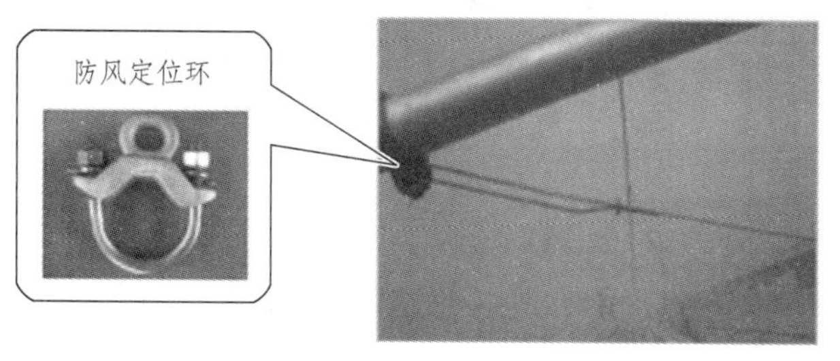

长环侧安装于方风拉线定位环上

短环侧安装在定位器上

图 2-30　定位环

拉线定位钩U形螺栓的紧固力矩为35 N·m。

M12螺栓紧固力矩为44 N·m

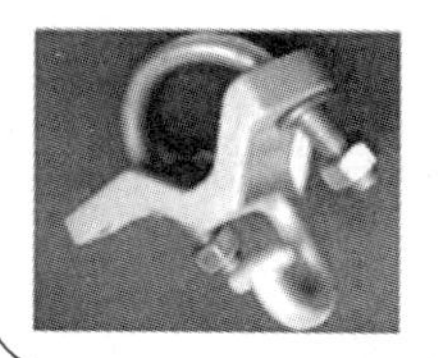

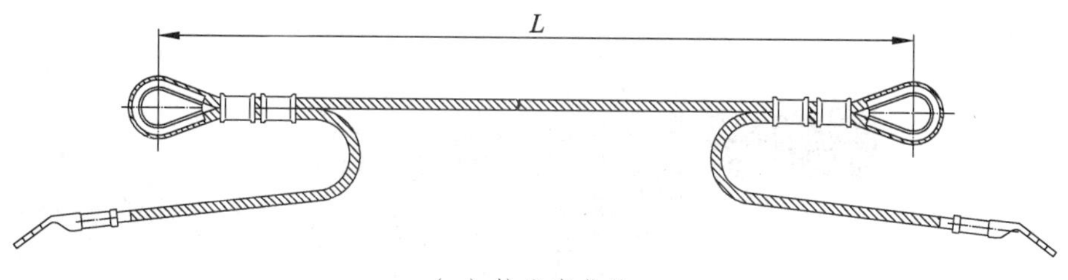

（a）拉线定位钩

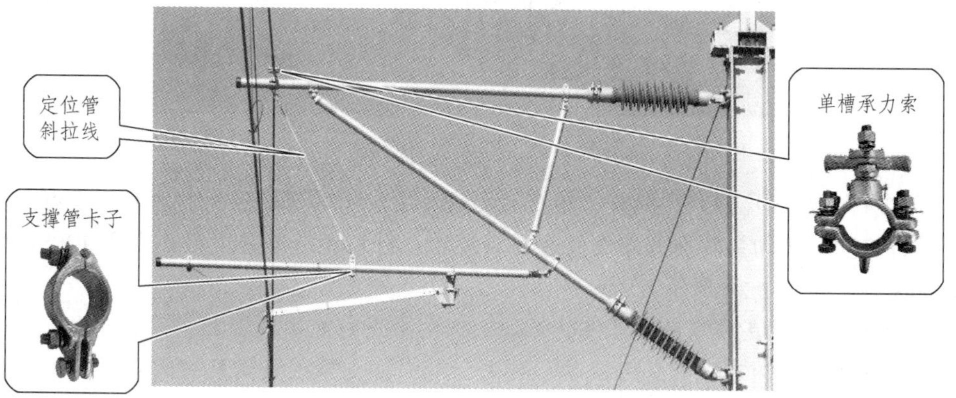

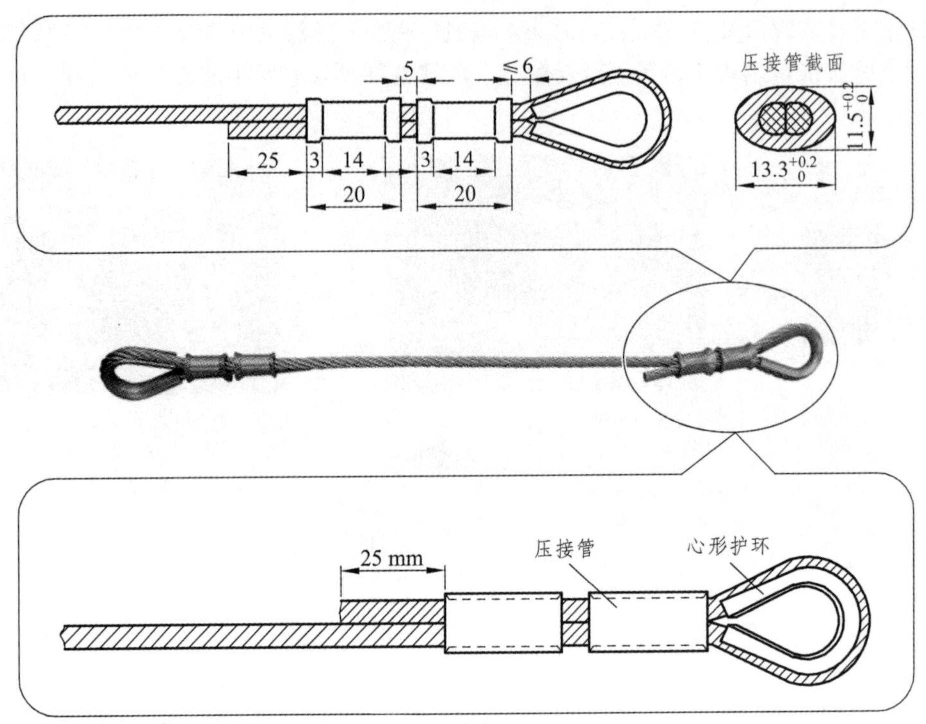

（b）客专定位管斜拉线安装图

图 2-31　定位管斜拉线

（9）进行双套筒连接器的外观检查，检查有无裂纹变形，零部件连接状态是否良好，顶丝、锁紧螺母等是否松动、缺失；连接器本体连接后，部件竖直面上应垂直于轨面；划线处是否滑移，如图 2-32 所示。

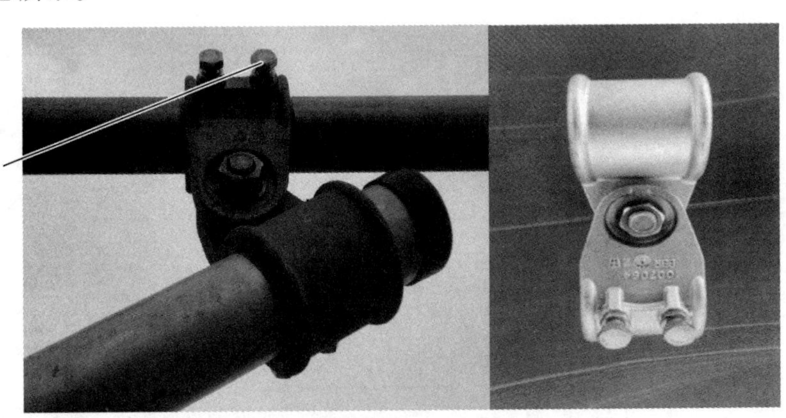

图 2-32　双套筒连接器

（10）进行套管双耳的外观检查，检查有无裂纹变形，零部件连接状态是否良好，螺母、弹垫等是否松动，止动垫片掰开角度是否符合要求，开口销分开角度是否小于 120°，螺栓画线处是否移位，如图 2-33 所示。

（11）进行承力索支撑线夹零部件的外观检查，检查有无裂纹变形，零部件连接状态是否良好，螺栓处顶丝、锁紧螺母是否松动、缺失；承力索支撑线夹安装方向应正确（底座处钩头开口处正定位时朝向线路侧、反定位时朝向田野侧）；安装好的承力索支撑线夹应竖直向上；副线、铜铝过渡套无缺失，平衡线是否与定位器方向异侧；压线盖板螺栓无松动、承力索有无从支座中脱出。如图 2-34 所示。

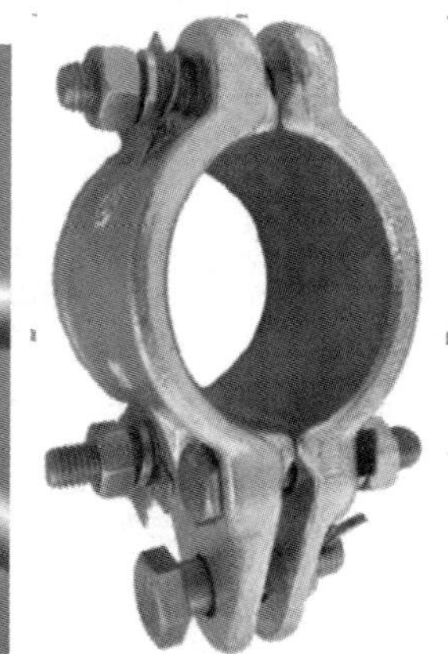

图 2-33　套管双耳

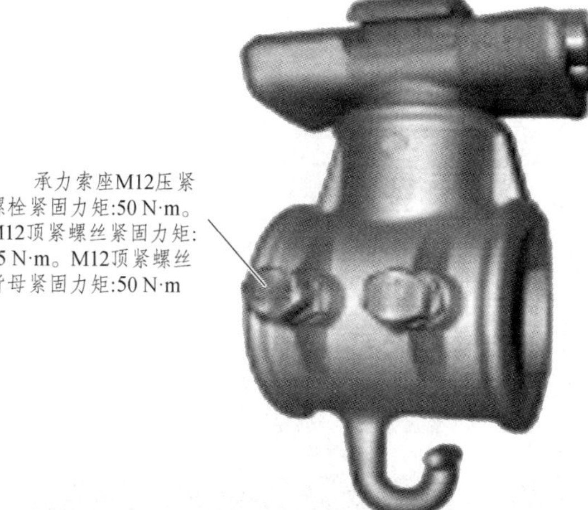

（a）高速双槽承力索线夹及承力索铜铝衬垫安装

（b）客专单槽承力索线夹及承力索预绞丝安装

图 2-34　客专承力索

（12）检查 U 形螺栓锚支定位卡子（仅锚段关节处），如图 2-35 所示。

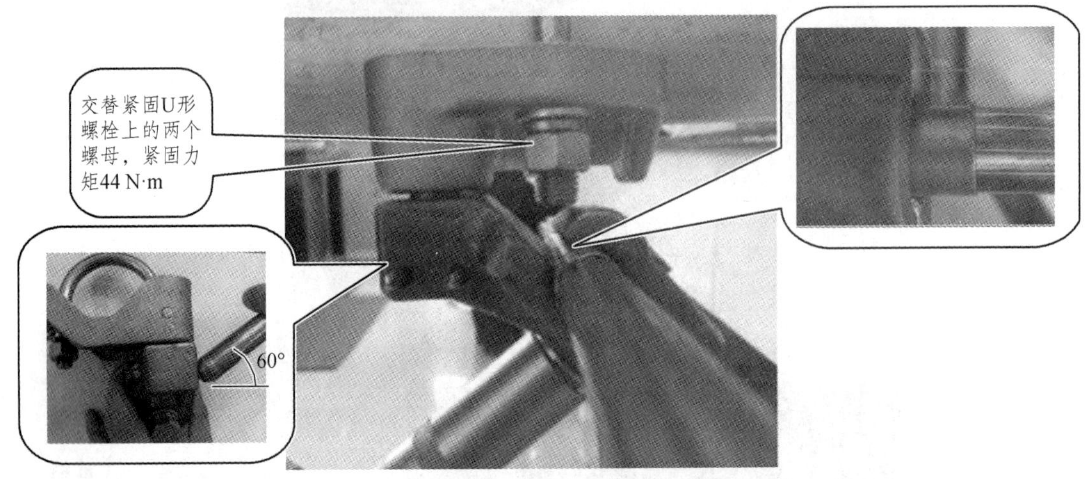

图 2-35　高速使用锚支卡子

（13）对锚支定位卡子的外观进行整体检查，检查螺栓是否紧固，垫片是否压平，紧固螺帽是否缺失，螺母在受压侧（U 形螺栓的螺母处垫片缺装或无法调整到位则使用油漆笔画红线防滑），如图 2-36 所示。

（14）开口销安装方法：

① 用手或钳子将开口销插入圆柱销内，不能用榔头将开口销打进去。

② 用螺丝刀将开口销掰开。

③ 掰开开口销的角度，原则上不小于 120°（两边对称），见图 2-37 所示。

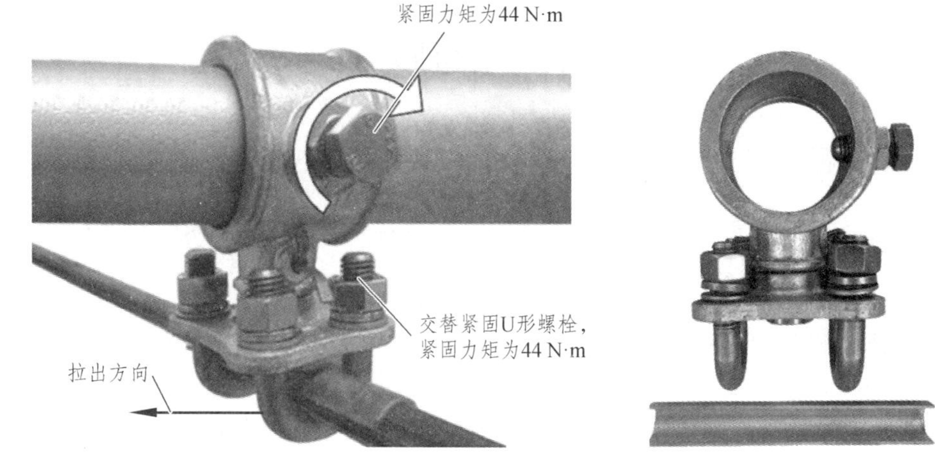

图 2-36　客运专线使用锚支卡子

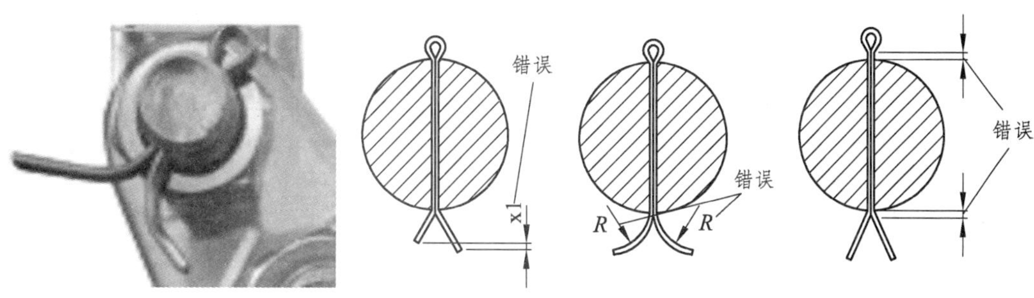

图 2-37　开口销

四、安全注意事项

（1）严格执行“两纪一化”等基本安全制度。

（2）严格执行群体作业、专人防护制度，作业人员必须服从防护员指挥，一旦来车能及时撤离线路，防止发生车辆伤害。

（3）严禁脚踩定位器、定位管、接触线。

（4）严禁使用作业车平台将接触线向上抬起。

（5）夜间作业必须严格执行夜间作业劳动安全规定。

（6）作业中应做好工具材料保管工作，不得抛掷工具材料，作业完毕必须清点工具材料，撤出栅栏外时对工具材料再清点一遍。

支撑定位装置的地面组装

支撑定位装置的吊装视频

支撑定位装置的检查维护视频

思考练习题

一、填空题

1. 支柱、支持（支撑）装置和定位装置是使________相对于线路中心保持在所要求的位置上的设备。

2. 支持装置包括________装置和硬横跨支持装置（硬横梁）。

3. 为了使接触线在水平面上相对于受电弓中心保持在所要求的位置上，需采用________装置。

4. 腕臂支持装置安装在支柱上部，包括斜腕臂下底座、平腕臂上底座、斜腕臂、________、腕臂支撑装置、承力索支持零部件、管帽等。

5. 腕臂一般使用高强度铝合金加工制成，用以支持________，并起传递负荷的作用。

6. 腕臂支持装置一般采用________结构（简称腕臂结构）。

7. 平腕臂悬臂一端通过承力索座支撑承力索，另一端通过________与腕臂上底座相连接。

8. 承力索底座用于固定在平腕臂上，并固定截面为 95 ~ 120 mm^2 的________。

9. 当支柱位于曲线______侧时，常采用反定位器。

10. 导高是________高度的简称。

11. 支柱侧面限界是指轨平面处，________至线路中心的距离。

12. 定位管连接器用于定位管与________之间的连接。

二、选择题

1. 接触线的最高高度，是根据受电弓的（　　）确定的。

A. 最大工作高度　　B. 最大抬升量　　C. 最大工作压力

2. 接触线高度的允许施工偏差为（　　）mm。

A. ±30　　B. ±40　　C. ±50

3. 接触网悬挂点处承力索和接触线的铅垂距离称为（　　）。

A. 结构高度　　B. 导高　　C. 弛度

4. 下列选项不属于定位装置的是（　　）。

A. 定位管连接器　　B. 定位管　　C. 承力索座

5. 下列选项不属于支持装置的是（　　）。

A. 斜腕臂、平腕臂　　B. 承力索底座　　C. 定位器

6. 保证动车组的良好取流，相邻吊弦之间高差不大于（　　）mm。

A. 10　　B. 15　　C. 20

7. 腕臂底座应与支柱密贴，呈水平状态，两端高差不大于（　　）mm。

A. 10　　B. 15　　C. 20

8. 平腕臂端部余长为 200 mm，承力索座距双套筒连接器一般为（　　）mm。

A. 300　　B. 400　　C. 500

9. 下列对定位装置描述错误的是（　　）。

A. 动作灵活　　B. 质量尽量轻　　C. 不能让接触线沿线路方向移动

10. 双线路腕臂应保持水平状态，其允许仰高不超过（　　）mm。

A. 100　　B. 200　　C. 300

三、判断题

1. 接触网定位装置的作用是将接触线所产生的水平力传递给腕臂。(　　)
2. 定位管的作用是固定定位器并且使其在垂直方向便于调节。(　　)
3. 定位器跳线用于定位器与定位器支座之间的电气连接。(　　)
4. 采用正定位时，定位管受压。(　　)
5. 腕臂棒式绝缘子排水孔应朝上。(　　)
6. 定位管应与腕臂在同一垂面内。(　　)
7. 定位管水平或抬头时应安装管帽，低头时不宜安装管帽。(　　)
8. 接触线的最低高度的确定，是考虑了带电体对接地体之间的空气绝缘距离及通过超限货物的要求。(　　)
9. 为保证动车组的良好取流，接触线的坡度不宜大于 6‰。(　　)
10. 腕臂支撑用于平腕臂与斜腕臂之间的支撑固定。(　　)

四、论述题

1. 支撑定位装置检调过程中的注意事项有哪些？

项目三 接触悬挂

任务一 接触悬挂的认知

【任务描述】

本任务旨在认识接触悬挂装置，通过本任务的学习，使学生对接触悬挂装置有比较全面的认识，为后续任务的执行奠定坚实的基础。

【任务目标】

（1）掌握接触悬挂装置的组成结构。

（2）熟练掌握各类接触悬挂的特点。

【任务内容】

接触悬挂是指安设于接触网支持和定位装置之上的，直接参与弓网受流完成电能传输的，由接触网线索及其悬挂零部件组成的结构的总称。接触悬挂包括接触线、吊弦、承力索和补偿器等。动车组运行时，受电弓顶部的滑板紧贴接触线摩擦滑行取流。因此，要求接触线弹性均匀，弛度变化小，保证在任何条件下都能不间断地给动车组供电。

接触悬挂的组成、结构二维动画

接触悬挂的弹性是其质量优劣的主要标志。接触悬挂的弹性是指悬挂中某一点在受电弓的压力下，每单位垂直力使接触线升高的程度。

衡量接触悬挂的弹性有两个指标：一是弹性的大小，取决于接触线的张力；二是弹性的均匀程度，取决于接触悬挂的结构。

为了改善接触悬挂弹性，保证滑板的良好取流，接触悬挂应达到下列要求：

（1）尽量使受电弓对接触线的压力不随受电弓的起伏波动而变化。在受电弓抬升力的作用下，接触线的升高应尽量相等，且接触线在悬挂点间应无硬点存在。

（2）受电弓沿接触线滑行时接触点的轨迹，尽可能地接近于水平直线。接触线对轨面的高度应尽量相等，若受悬挂条件限制时，接触线高度变化应避免出现陡坡。

（3）接触悬挂在受电弓压力及风力作用下应有良好的稳定性，即动车组运行时，接触线不发生剧烈的上下振动，影响正常取流。

（4）减轻接触悬挂（特别是接触线上）的集中重量，采用轻型零件。零件应具有一定的抗腐蚀能力和耐磨性，以延长使用年限。

一、接触线

接触线是接触网中直接和受电弓滑板摩擦接触取流的部分，电力机车从接触线上取得电能。接触线的材质、工艺及性能对接触网起着重要作用，要求它具有较小的电阻率、较大的导电能力；要有良好的抗磨损性能，具有较长的使用寿命；要有高强度的机械性，具有较强的抗张能力。

接触线制成上部带沟槽的圆柱状，沟槽是为了便于安装固定接触线的线夹，同时又不影响受电弓取流。接触线底面与受电弓接触的部分呈圆弧状。

1. 接触线按照材质的分类

按照材质不同，接触线主要分为铜接触线、钢铝接触线和铜合金接触线（银铜合金、镁铜合金、锡铜合金）。目前我国高速铁路普遍采用铜合金接触线，其结构如图 3-1 所示。

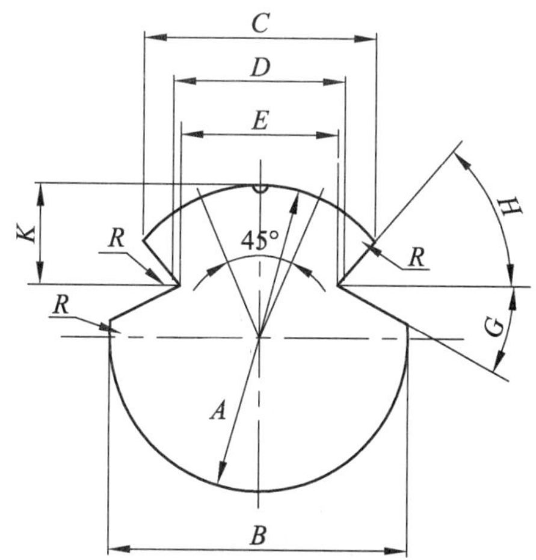

图 3-1　铜合金接触线截面图

铜合金接触线主要参数如表 3-1 所示。

表 3-1　铜合金接触线参数图

尺寸	类型								
	A/mm	B/mm	C/mm	D/mm	E/mm	K/mm	R/mm	G/（°）	H/（°）
150 mm² 铜合金接触线	14.40	14.40	9.71	7.24	6.80	4.00	0.40	27	51
120 mm² 铜合金接触线	12.90	12.90	9.76	7.24	6.80	4.35	0.40	27	51

2. 接触线的主要性能

高速接触网要求使用受流性能好、稳定性能好、抗张性能好、导电性能好、电流强度大的接触线，因而要求具备下述主要技术性能：

1）抗拉强度高

为了提高接触线的波动速度，因此需相应提高接触线的张力，要求抗张强度在 500 N/m 左右。在考虑选择高强度材料以提高其应力的同时，还要注意其线密度要低。

2）电阻系数低

高速接触网中电流强度较大，为此，必须要求接触线的电阻率要低，一般在工作温度 20 °C 时，电阻率应在 0.017 68 ~ 0.020 00（$\Omega mm^2/m$）以适应流经大电流的需要。

3）耐热性能好

高速接触网一般都具有列车运行速度高、密度大、持续时间长的特点，因而，接触线内长时间流经大电流。接触网在持续流过较大的电流以后，自然引起导线发热，在温升达到一定程度时，导线的材质会软化，强度会降低，严重时，接触线会产生因温度影响形成的蠕动性伸长，从而破坏正常的受流。因此，选择的接触线材质应具有较好的耐热性能，一般要求软化点在 300 °C 以上，以适应较高载流量。

4）耐磨性能好

接触线和受电弓是滑动接触的，接触压力大，速度高，要求接触线具有良好耐磨性的同时注意其抗腐蚀性能，尽量延长接触线的使用寿命。

5）制造长度长

为了保证高速电气化区段的良好受流，消除硬点及断线隐患，一般要求在一个锚段内不允许有接头，这就要求接触线的制造长度在 1 800 ~ 2 000 m，以适应锚段长度需要。

二、承力索

承力索的作用是通过吊弦将接触线悬挂起来，故要求承力索能够承受较大的张力和具有抗腐蚀能力，并且在温度变化时弛度变化较小。

承力索根据材质一般可分为铜承力索、钢承力索、铝包钢承力索和镁铜合金承力索，有多种规格。按照设计时是否通过牵引电流，可以将承力索分为载流承力索和非载流承力索。

目前我国高速电气化铁路均采用镁铜合金承力索，其由 19 根单线绞合而成，截面如图 3-2 所示。

图 3-2　承力索断面图

镁铜合金承力索的主要技术性能如表 3-2 所示。

表 3-2　镁铜合金承力索主要技术性能表

序号	项目	120 mm²	95 mm²	备注
1	标称截面积/mm²	120	95	
2	计算截面积/mm²	116.99	93.27	
3	绞线单位质量/（kg/km）	1 065	849	允许偏差为±3%
4	线胀系数/（1/°C）	17×10^{-6}	17×10^{-6}	
5	弹性模量/MPa	10 500	105 000	

续表

序号	项目	120 mm²	95 mm²	备注
6	绞线最小计算拉断力/kN	67.57	54.76	
7	单丝抗拉强度/MPa	≥578	≥587	绞后
8	单丝弯曲（至开裂）次数	≥6	≥6	
9	单丝弯曲（至断开）次数	≥8	≥8	
10	单丝扭转次数	≥20	≥20	
11	单丝缠绕圈数	≥8	≥8	
12	绞线 20 °C 时直流电阻/（Ωmm²/m）	≤0.242	≤0.303	
13	载流量/A	＞545	＞475	
14	疲劳/次	5×10^5	5×10^5	
15	振动/次	2×10^5	2×10^5	

三、高速电气化铁路接触网的悬挂类型

按接触线和承力索布置的相对位置关系分为：直链形悬挂、半斜链形悬挂、斜链形悬挂。直链形悬挂承力索和接触线布置在同一个垂直平面内；半斜链形悬挂承力索沿铁路的线路中心正上方布置；斜链形悬挂接触线、承力索均布置成“之”字形，但两者的“之”字布置方向相反。

高速电气化铁路接触网均采用全补偿弹性链形接触悬挂，即接触线通过吊弦悬挂在承力索上，定位点接触线通过布置安装整体载流吊弦连接在弹性吊索上，弹性吊索固定在承力索上，承力索在接触线的上方。

目前，世界各国为满足高速受流的要求，都根据自己国家高速铁路规划的动力设置（动力集中式或动力分散式）和受电弓的结构及性能的不同，而采用了不同的悬挂类型。

高速接触网的悬挂类型就其现有的情况而言，有弹性链形悬挂、简单链形悬挂和复式链形悬挂（或称双链形悬挂）。

（一）弹性链形悬挂模式

德国高速电气化铁路（ICE）接触网采用的悬挂类型是弹性链形悬挂，代表类型为 Re250 型和 Re330 型，它们适应的速度分别为 250 km/h 和 330 km/h，其结构图如图 3-3 所示。其中 Re250 型的主要技术参数见表 3-3。

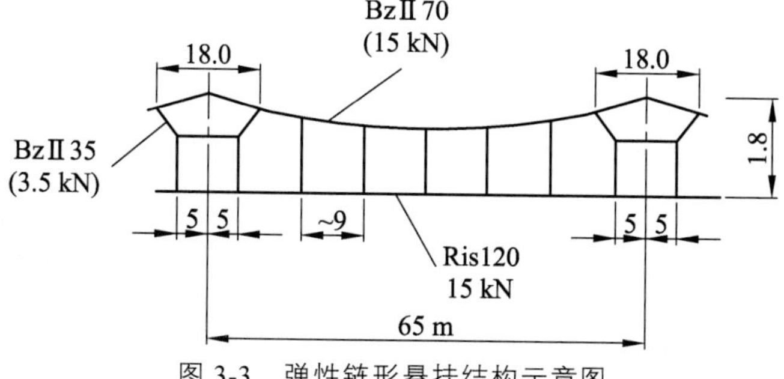

图 3-3　弹性链形悬挂结构示意图

表 3-3　Re250 型接触悬挂的技术参数

名称	量值	名称	量值
接触线 CuAgRi	120	最大跨距/m	65/（44）
接触线张力/kN	15	结构高度/m	1.8/（1.1）
承力索 $B_zⅡ$	72	接触线高度/m	5.3
承力索张力/kN	15	弹性变形（跨中）/（mm/N）	0.6/（0.4）
弹性吊弦 $B_zⅡ$	35	弹性变形（支柱点）/（mm/N）	0.5/（0.5）
弹性吊弦张力/kN	3.5	非均匀度/%	10/（6）
弹性吊弦长度/m	18	载流量/A	970

注：括号（　）内的数字为隧道内数据。

从表 3-3 可以知道，Re250 型接触悬挂，其最大跨距为 65 m，弹性吊索长度为 18 m，导线的张力为 15 kN，承力索的材质为青铜丝，张力为 15 kN，这些参数比原有 Re160 型都有较大的提高。

Re250 型适应的运行速度为 250 km/h，随着 ICE 列车运行速度的提高，后来又研发了 Re330 型接触网，就其基本结构而言未有多大变化，但是在技术参数上有所调整，导线材质也有所改进。

（二）简单链形悬挂模式

法国在修建大西洋新干线时采用了简单链形悬挂。从结构上看，简单链形悬挂与弹性链形悬挂的主要区别是取消了弹性吊索。法国采用简单链形悬挂的主要原因是其结构简单，造价较便宜，不仅一次性投资减小，而且运营费也有所降低，这是牺牲有限的受流质量来换取经济效益，在同样的运行条件下，接触线寿命会有所缩短。为了得到良好的受流，采用了调整承力索和接触线张力的办法，以达到沿跨距内的弹性尽量均匀，最后使接触线的张力达到了 20 kN。其结构如图 3-4 所示。

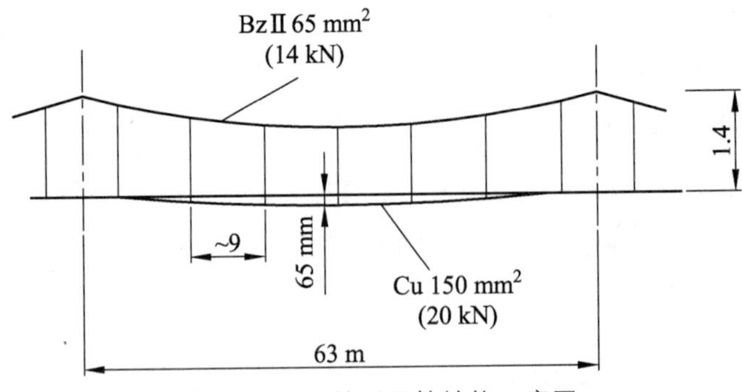

图 3-4　简单链形悬挂结构示意图

（三）复式链形悬挂模式

日本高速铁路是唯一采用简单复链形悬挂类型的国家。日本在开始建造电气化铁路线时，曾对简单复链形悬挂、弹性复链形悬挂、带空气弹簧吊弦的复链形悬挂及三链形等四种悬挂类型进行选择性试验。经过运行试验，很快淘汰了后三种类型，保留了复式链形悬挂，其结构如图 3-5 所示。

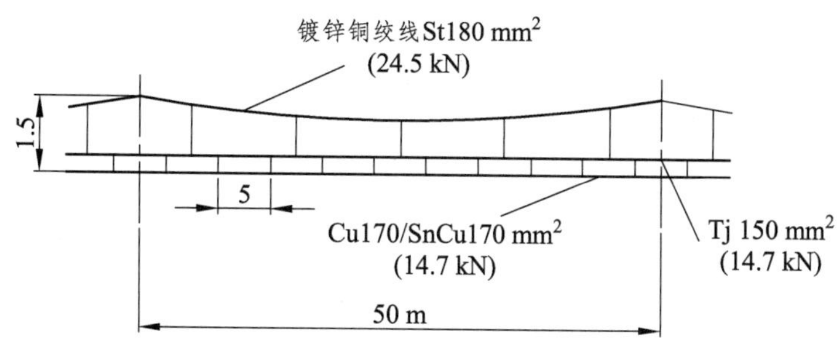

图 3-5　复链形悬挂接结构示意图

日本当初采用复链形悬挂，是因为复链形悬挂对日本有着特殊的优点，主要是由于它受流稳定性及风稳定性都较为优越，弹性均匀度较好。日本在动力配置方面采用动力分散式，四动四拖的动车组。同时，日本又是一个岛国，风速普遍较大，这是采用复链形悬挂的主要原因，也是新干线首次取得受流成功的基础。但复链形悬挂单位长度质量较大，造成波动速度无法提升，影响列车速度进一步提高，而且也会造成接触线较大的波磨耗，进而影响使用寿命。

上述三种代表性的接触网悬挂模式，运行实践证明，都能适应 200 km/h 以上的运行速度，而且这种不同的悬挂类型都是根据各国的具体情况决定的，并且都选择了与悬挂类型相匹配的高速受电弓。

京津高速铁路是我国第一条城际高速铁路，于 2008 年正式投入运营，全线长约 117 km，从北京到天津需要 29 min，是连接北京至天津的主要客运通道，是 2008 年奥运会的客运干线之一，同时也是加快我国铁路现代化建设的重点工程项目，在我国铁路发展史上是具有重要意义的一件大事。

京津接触网采用简单链型悬挂，分高速和常速两种类型，即 SICAT HAC、SICAT SAC 型接触网。SICAT HAC 采用 CuMg0.5AC 120 接触线和 BZⅡ120 承力索；承力索张力为 21 kN，接触线张力为 27 kN。接触网波动传播速度为 572 km/h，最高速度 350 km/h，低于 70%的接触悬挂的波动传播速度。

在 2003 年中国高速铁路发展开始时，一直存在全补偿简单链形悬挂及全补偿弹性链形悬挂之争。曾经一段时间，简单链形悬挂结构因简单、施工维护方便而获得了业内的认可。在此前提下，京津城际铁路采取了简单链形悬挂（原型 Re330 为弹性链形悬挂）。然而在应用中逐渐发现，简单链形悬挂需要设置的预留弛度不并好调整，因此实际施工工作量基本与弹性链形悬挂相同。同时，由于双弓运行，采用简单链形悬挂方式时后弓运行状态不理想，故目前我国高速电气化铁路区段接触网一般采用全补偿弹性链形悬挂方式。

四、技术标准

（一）承力索

1. 材质

承力索应采用铜合金材质，容许载流量符合运能需要。

2. 承力索位置

标准值：直链形悬挂位于接触线正上方；

标准状态：标准值±50 mm；
警示值：标准值±150 mm；
限界值：标准值±200 mm。

3. 承力索磨耗及损伤

承力索损伤后不能满足该线通过的最大电流时，若系局部损伤，可以加电气补强线，若系普遍损伤则应更换；承力索损伤后不能满足规定的机械强度安全系数时，可以加补强线或切除损坏部分重新接续，若系普遍损伤则应更换。

4. 悬吊滑轮

承力索在悬吊滑轮处应转动灵活、无卡滞，悬吊滑轮与线索相匹配。

5. 预绞丝护线条

承力索在承力索座、悬吊滑轮等处悬吊固定时，应加装与承力索材质匹配的预绞丝护线条。
标准值：无损伤；
标准状态：无损伤；
警示值：无散股、损伤 3 股；
限界值：断股。

6. 承力索接头和断股补强的总数量

一个锚段内，承力索接头和断股补强的总数量应符合以下规定（不包括分段及下锚接头）：
标准值：0 处；
标准状态：0 处；
警示值：2 处；
限界值：4 处。
承力索的接头距悬挂点应不小于 2 m，同一跨距内不允许有两个接头。

7. 保护条

隧道口、棚洞口、跨线桥涵处、上跨线路下方、关节式分相中性区承力索应加装保护条。

（1）隧道口、棚洞口、跨线桥涵处安装范围不小于 8 m。向构筑物内侧延伸 1 m，外部延伸 7 m。

（2）跨越接触网线缆下方以投影点为中心，各向外延伸 10 m。

（3）关节式分相在有电区与无电区转换区段内加装不低于 8 m。

（二）接触线

1. 材质

接触线应采用铜合金材质、容许载流量符合运能需要。

2. 拉出值

接触线拉出值（含最大风偏时跨中偏移值）标准值：设计值；
标准状态：标准值±30 mm；
警示值：400 mm；
限界值：450 mm。

3. 接触线高度

接触线高度标准值：设计值；

标准状态：标准值±30 mm；

警示值：标准值±60 mm；

限界值：标准值±100 mm 且小于 6 500 mm。

4. 接触线坡度

接触线坡度（工作支接触线相邻悬挂点高度变化）标准值：$V \leqslant 250$ km/h 时，坡度≤1‰，$V > 250$ km/h 时，坡度为 0；

标准状态：$V \leqslant 250$ km/h 时，坡度≤1‰，$V > 250$ km/h 时，坡度≤0.5‰；

警示值：$V \leqslant 250$ km/h 时，坡度≤1‰，$V > 250$ km/h 时，坡度≤0.5‰；

限界值：$V \leqslant 250$ km/h 时，坡度≤1.5‰，$V > 250$ km/h 时，坡度≤1‰。

5. 接触线偏角

接触线偏角（水平面内改变方向）标准值：设计值；

标准状态：标准值±1°且≤4°；

警示值：6°；

限界值：8°。

6. 接触线局部磨耗、变形及损伤

（1）接触线允许最大局部磨耗面积如表 3-4 所示。

表 3-4　接触线局部磨耗表

设计速度	导线材质	工作张力	标准值	警示值	限界值
200 ~ 250 km/h	CTS	—	无磨损	15%	20%
300 ~ 350 km/h	CTSH-150	28.5 kN	无磨损	11%	15%
	CTMH-150	28.5 kN	无磨损	17%	23%
	CTMH-150	30 kN	无磨损	14%	19%
	CTCZ-150	31.5 kN	无磨损	19%	25%
	CTCZ-150	33 kN	无磨损	16%	21%
	RiM 120	27 kN	无磨损	13%	17%

接触线局部磨耗达到或超出限界值，应立即进行更换；达到或超出警示值，进行重点监控，纳入三级修（精测精修）更换。

（2）检查接触线与检测尺之间的间隙，其间隙不得大于 0.1 mm/m。

（3）接触线扭面角度标准值：0°；

标准状态：5°；

警示值：15°；

限界值：20°。

7. 接触线接头

正线接触线不允许有接头。侧线一个锚段内接触线接头的总数量应符合以下规定（不包括分段、分相及下锚接头）：

标准值：0处；

标准状态：0处；

警示值：1处；

限界值：2处。

任务二　接触悬挂的检查维护

一、作业准备

1. 人员准备

一个作业组（一般不少于10人）。

2. 工具准备

工具清单，如表3-5所示。

表3-5　工具清单

序号	名 称	规 格	单 位	数 量	备 注
1	吊弦压接钳（含模块）		套	1	作业车/梯车检修
2	梯车		台	1	
3	力矩扳手	0～100 N·m	套	2	带数显功能
4	五轮直弯器		台	1	作业车
5	划线笔		支	3	
6	千分尺		把	1	
7	短接线		组	1	
8	防松胶		瓶	2	
9	相机		台	1	
10	手扳葫芦	3T、1.5T	台	各一	
11	钢丝套子		个	2	
12	紧线器		个	2	

3. 材料准备

材料清单，如表3-6所示。

表3-6　材料清单

序号	名 称	规 格	单 位	数 量	备 注
1	中锚线夹		个	1	

续表

序号	名 称	规 格	单 位	数 量	备 注
2	吊弦	未压接	套	5	含吊弦线夹、线鼻子、压接管、心形环、铜绞线
3	开口销		个	10	
4	螺母、垫片	M8-M16	套	各 5	
5	贴温片		张	1	
6	铜绑线		根	若干	
7	弹吊线夹		套	2	

二、检修作业内容及标准

1. 承力索检修标准

（1）检查承力索本体状态是否良好，如图 3-6 所示。

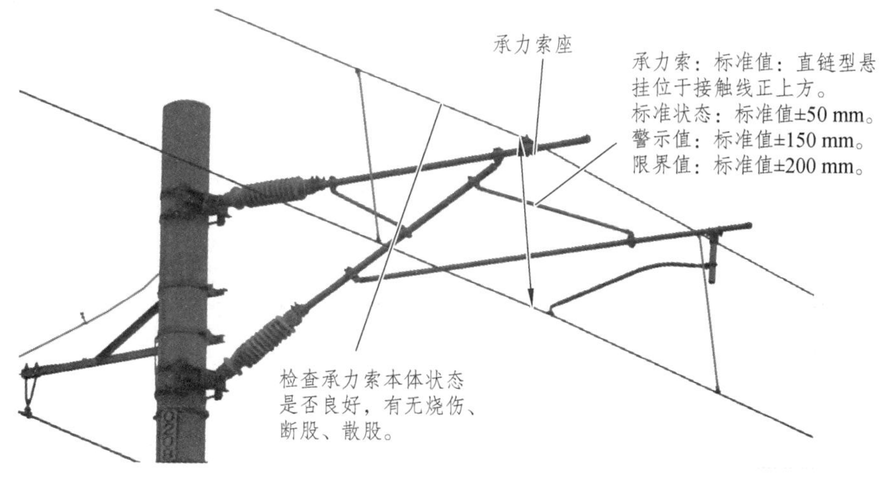

图 3-6　承力索

（2）检查承力索是否互磨或承力索与腕臂互磨，如图 3-7 所示。

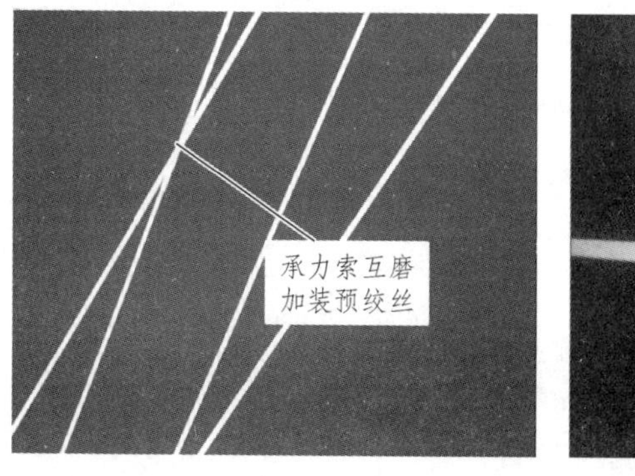

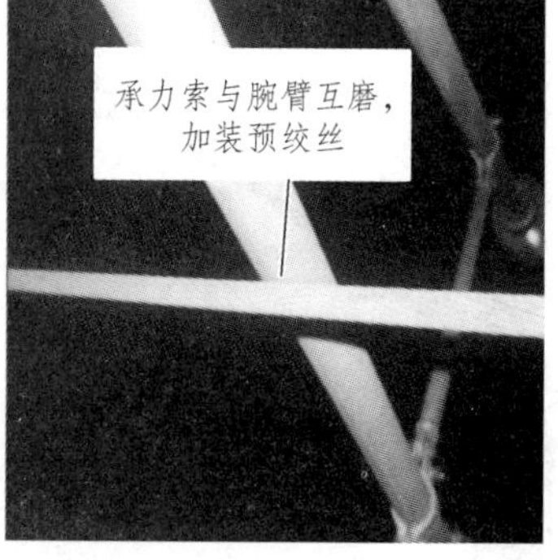

图 3-7　承力索预绞线

（3）承力索（铜承力索）互磨处理方案：

① 两支承力索交叉间距小于 50 mm 的处所，采取加大两线间距的措施。如调整平腕臂、

吊弦，改变两支承力索悬挂高度，同时要调整结构高度，保证接触网导高不发生变化。

② 两支承力索交叉间距小于 50 mm 的处所（确认不能调整），两支承力索均加装预绞丝。相邻跨距内有的加装铜材质等位线，相邻跨距内没有的加装门型电连接。

（4）承力索技术要求：

① 承力索损伤后不能满足该线通过的最大电流时，若是局部损伤，可以加电气补强线，若是普遍损伤则应更换。

② 承力索损伤后不能满足规定的机械强度安全系数时，可以加补强线或切除损坏部分重新接续，若是普遍损伤则应更换。

③ 承力索在悬吊滑轮处应转动灵活、无卡滞现象，悬吊滑轮与线索相匹配。

④ 承力索在承力索座、悬吊滑轮等处悬吊固定时，应加装与承力索材质匹配的预绞丝条。

标准值：无损伤。

标准状态：无损伤。

警示值：无散股、损伤 3 股。

限界值：断股。

⑤ 一个锚段内，承力索接头和断股补强的总数量应符合以下规定（不包括分段及下锚接头）：

标准值：0 处。

标准状态：0 处。

警示值：2 处。

限界值：4 处。

⑥ 承力索的接头距悬挂点应不小于 2 m，同一跨距内不允许有两个接头。

⑦ 当承力索状态超出限界值时，在损伤部位制作承力索接头。

2. 接触线检修标准

（1）检查接触线参数，主要是检查接触线高度和拉出值，如图 3-8 所示。

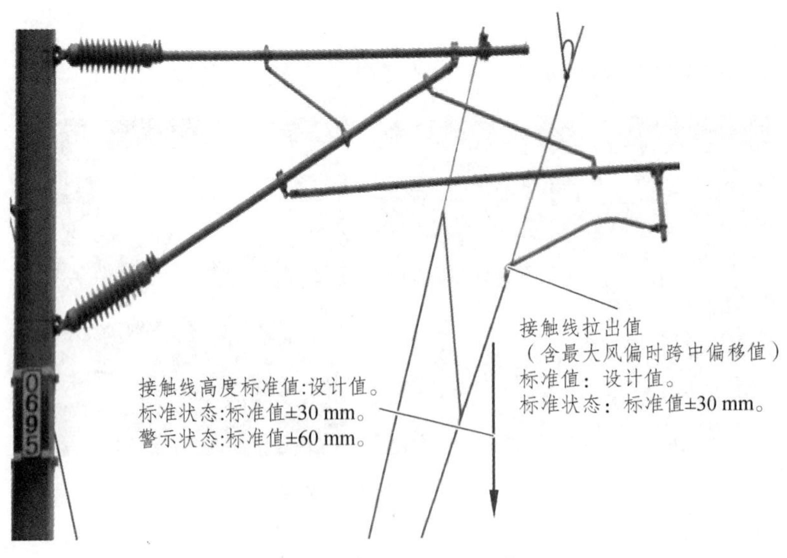

图 3-8　接触线导高、拉出值

（2）接触线线面有无扭面、偏磨、互磨、明显硬点及线索制造缺陷，如图 3-9 所示。

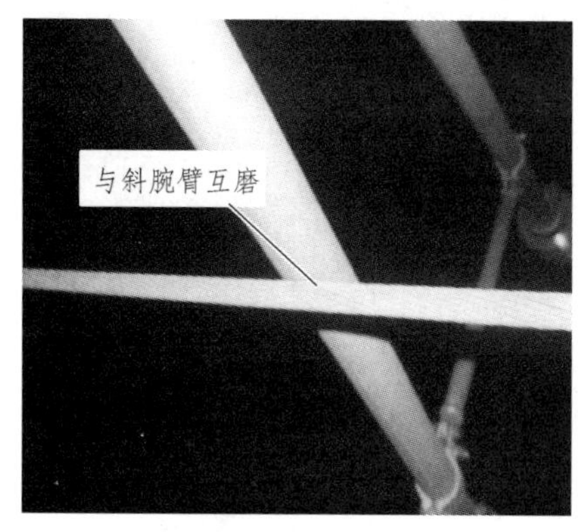

图 3-9 接触线与腕臂、定位管互磨

处理方法：接触线与斜腕臂、防风支撑、定位管互磨时，通过调整腕臂、防风支撑、定位管位置消除互磨。悬挂间距不小于 100 mm。

（3）接触线无电弧烧伤痕迹，如图 3-10 所示。

图 3-10　接触线电弧烧伤

处理方法：用砂纸进行打磨，消除拉弧烧伤痕迹。

（4）正线接触线不允许有接头。

测量接触线导线磨耗：锚段关节开口方向工作支 2 根之间，中心锚节处，机械或电气损伤处，硬点造成磨耗严重处，导线扭面、扭弯造成的磨耗严重处，动检超限数据处。

接触线技术要求：

① 接触线坡度（工作支接触线相邻悬挂点高度变化）。

标准值：$V \leqslant 250$ km/h 时，坡度≤1‰；$V > 250$ km/h 时，坡度为 0。

② 接触线偏角（水平面内改变方向）。

标准值：设计值；

标准状态：标准值±1°且≤4°；

警示值：6°；

限界值：8°。

③ 接触线局部磨耗、变形及损伤。

接触线允许最大局部磨耗面积。接触线局部磨耗达到或超出限界值，立即进行整锚段更换；达到或超出警示值，进行重点监控，纳入三级修（精测精修）更换。

3. 中心锚结的检查

（1）防断中心锚结（如图 3-11 所示）：

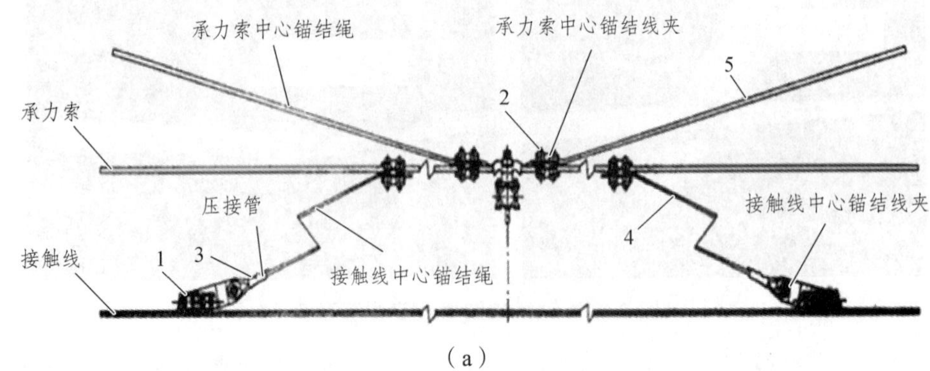

（a）

1—接触线中心锚结线夹；2—承力索中心锚结线夹；3—压接管；
4—接触线中心锚结绳；5—承力索中心锚结绳。

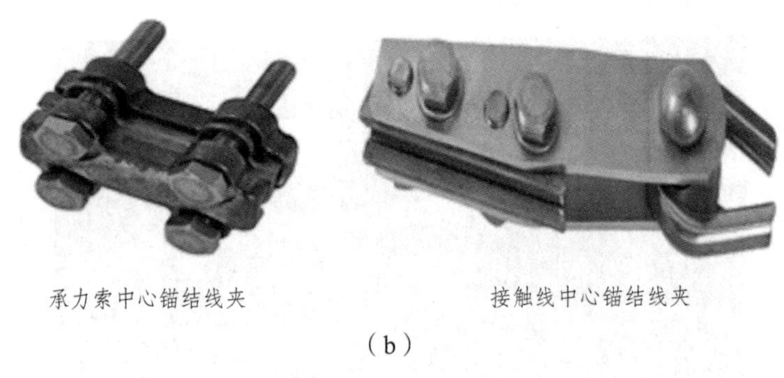

（b）

图 3-11　防断中心锚结及中心锚结线夹

① 承力索中心锚结绳。

中心锚结绳范围内承力索不得有接头和补强，无断股、散股、电气烧伤现象。

中心锚结绳、固定线夹应与承力索材质匹配，其设置位置符合设计要求。承力索中心锚结线夹辅助绳外露长度不小于 50 mm。

中心锚结绳弛度应等于或略高于该处承力索弛度，承力索中心锚结绳在其垂直投影与线路钢轨交叉处，应高于接触线 300 mm 以上。

② 接触线中心锚结绳。

中心锚结所在的跨距内接触线不得有接头和补强，无断股、散股、电气烧伤。

中心锚结绳范围内不得安装吊弦和电连接。两端距相邻的吊弦或电连接距离不得小于 500 mm。

中心锚结线夹两边锚结绳的长度和张力力求相等。中心锚结绳处于受力状态，不得触及弹性吊索，不得改变相邻吊弦受力和接触线高度。接触线中心锚结绳不受力情况，如图 3-12 所示。

中心锚结绳两端与承力索固定线夹的设置和间距符合设计要求。接触线侧锚结绳压接后回头外露长度不小于 20 mm。

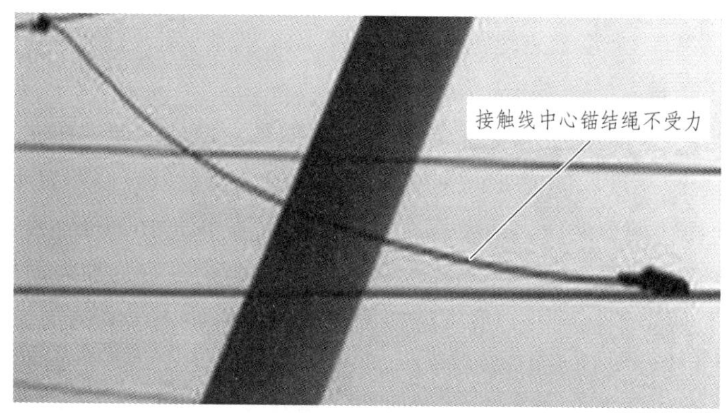

图 3-12　接触线中心锚结不受力情况

③ 中心锚结线夹。

接触线中心锚结线夹应安装牢固，无断裂。在直线上保持铅垂状态，在曲线上与接触线的倾斜度一致。接触线中心锚结线夹破裂现象，如图 3-13 所示。

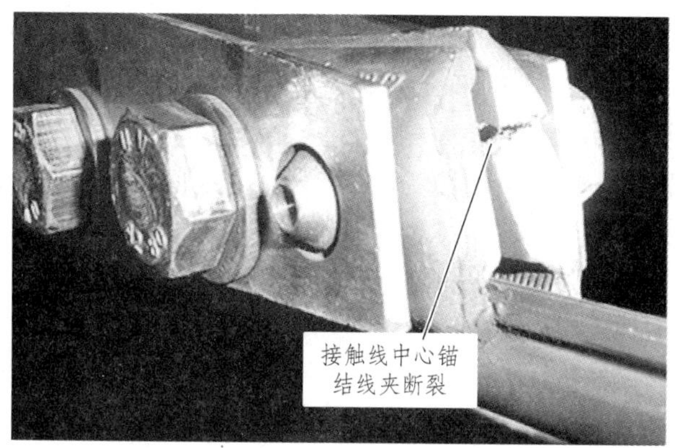

图 3-13　接触线中心锚结线夹断裂

中心锚结线夹处接触线高度与相邻吊弦接触线高度应相等，允许偏差 0 ~ 10 mm。

（2）防窜式中心锚结，如图 3-14 所示。

① 防窜绳两端固定线夹的设置位置符合设计要求。

② 接触线中心锚结绳与防断式相同。

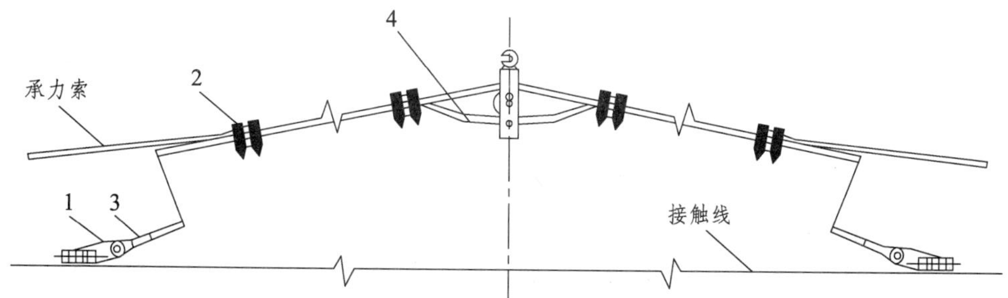

1—C 形接触线中心锚结线夹；2—承力索中心锚结线夹；
3—铜合金绞线型接触线中心锚结绳；4—防窜型中心锚结绳。

图 3-14　防窜式中心锚结

4. 线索交叉互磨（所有交叉处）处置方案

1）承力索交叉互磨

① 两支承力索交叉间距小于 60 mm 的处，应采取加大两线间距的措施。如调整平腕臂、吊弦，两支承力索悬挂高度，同时要调整结构高度，保证接触网导高不发生变化。

② 调整后对于旋转腕臂处所，两支承力索交叉间距不小于 100 mm。

③ 两支承力索交叉间距 60 ~ 200 mm 交叉处，相邻跨距内有的加装铜材质等位线，等位线采用 TJ95 型号，使用铜材质并沟线夹连接固定。相邻跨距内没有的加装 TJR1（95）型门型电连接（承力索并沟线夹均采用铜材质）。

④ 两支承力索交叉间距小于 60 mm 交叉处（确认不能调整），采取临时措施：两支承力索均加装预绞丝，相邻跨距内有的加装铜材质等位线，等位线采用 TJ95 型号，使用铜材质并沟线夹连接固定。相邻跨距内没有的加装 TJR1（95）型门型电连接（承力索并沟线夹均采用铜材质）。

⑤ 交叉处所的承力索有烧伤时，加装与承力索同材质的接续条。

⑥ 两支承力索交叉间距小于 60 mm 不能调整，采取临时措施的，做好台账，由接触网技术科和车间技术人员共同勘察现场，确定调整方案后，进行处理。

2）接触线交叉下锚互磨处置方案

① 通过调整结构高度（调整吊弦长度）加大两接触线间距。间距保证在 100 mm 以上。

② 对于线岔处的接触线交叉，随线岔检修进行检查。

③ 接触线与腕臂柱的防风支撑、斜拉线、定位管互磨整治方案。

④ 接触线与防风支撑、斜拉线、定位管互磨时，通过调整防风支撑、斜拉线、定位管位置消除互磨。悬挂间距不小于 100 mm。

3）软横跨处非工作支接触线与下部固定绳间距小、互磨处置方案

① 非工作支接触线在下部固定绳下方，在下部固定绳上安装单横承力索线夹，加装双股垂吊线，通过调整垂吊线增大非工作支接触线与下部固定绳的间距，间距不小于 60 mm；在下部固定绳上安装预绞丝。

② 非工作支接触线在下部固定绳下方并紧密接触，下部固定绳不能调整、调整结构高度不能保证接触线几何参数情况下，将非工作支接触线调整到下部固定绳上方。方法：拆开下部固定绳一端，安装到非工作支接触线下方，再将下部固定绳连接恢复。间距不小于 60 mm。

三、注意事项

（1）检修作业中严禁踩踏定位器、定位管、接触线。

（2）严禁使用作业车平台将接触线向上抬起。

（3）发现缺陷的设备进行拍照并在更换后再次拍照确认，设备照片进行存档。

（4）作业完毕后，清点人员机具材料，撤出栅栏外时再次对人员机具材料进行清点。

思考练习题

一、填空题

1. 接触悬挂是指安设于接触网支持和定位装置之上的，直接参与弓网受流，完成电能传输的，由_____组成的结构的总称。

2. 衡量接触悬挂的弹性有两个指标：一是弹性的大小；二是___________。

3. 接触线主要分为铜接触线、钢铝接触线和______________。

4. 接触线材质应具有较好的耐热性能，一般要求熔点在_______ °C 以上。

5. 我国高速电气化铁路均采用_______合金承力索，由 19 根单线绞合而成。

6. 接触网悬挂类型按接触线和承力索布置的相对位置关系分为：直链形悬挂、半斜链形悬挂、_______________ 。

7. 直链形悬挂承力索和接触线布置在________垂直平面内。

8. 目前我国高速电气化铁路区段接触网一般采用_______________悬挂方式。

9. 承力索的接头距悬挂点应不小于______m，同一跨距内不允许有两个接头。

10. 接触线坡度（工作支接触线相邻悬挂点高度变化）标准值：$V \leqslant 250$ km/h 时，坡度≤_____ ‰。

二、选择题

1. 下列对接触悬挂描述错误的是（　　）。

A. 弹性均匀　　B. 无硬点　　C. 张力越大越好

2. 目前我国高速铁路普遍采用接触线是（　　）。

A. 铜接触线　　B. 钢铝接触线　　C. 铜合金接触线

3. 目前我国高速电气化铁路均采用（　　）承力索。

A. 铜承力索　　B. 铝包钢承力索　　C. 铜合金承力索

4. 下列不属于接触线主要性能的是（　　）。

A. 稳定性能好　　B. 抗张性能好　　C. 电流强度小

5. 我国高速电气化铁路均采用镁铜合金承力索，由（　　）根单线绞合而成。

A. 9　　B. 13　　C. 19

6. 我国高速铁路接触网普遍采用的悬挂类型是（　　）。

A. 复链形悬挂　　B. 全补偿简单链形悬挂　　C. 全补偿弹性链形悬挂

7. 承力索和接触线布置在同一个垂直平面内的悬挂方式为（　　）。

A. 斜链形悬挂　　B. 半斜链形悬挂　　C. 直链形悬挂

8. 一个锚段内，承力索接头和断股补强的总数量不得超过（　　）处。

A. 4　　B. 5　　C. 6

9. $V > 250$ km/h 时，接触线坡度不得高于（　　）。

A. 1‰　　B. 2‰　　C. 3‰

10. 接触线拉出值的限界值为（　　）mm。

A. 400　　B. 450　　C. 500

三、判断题

1. 镁铜合金接触线的电阻率较铜接触线的电阻率小。（　）
2. 为了提高接触线的波动速度，要求接触线抗张强度在 500 N/m 左右。（　）
3. 为保证高速电气化区段良好受流，要求接触线的制造长度在 1800 ~ 2000 m。（　）
4. 承力索上不允许通过牵引电流。（　）
5. 斜链形悬挂承力索沿铁路的线路中心正上方布置。（　）
6. 京津接触网采用的是简单链型悬挂。（　）
7. 日本高速铁路是唯一采用简单复链形悬挂类型的国家。（　）
8. 直链形悬挂接触线、承力索均布置成“之”字形。（　）

四、论述题

1. 接触悬挂检修作业中的注意事项有哪些？

项目四 接触网吊弦

任务一 整体吊弦的认知

【任务描述】

本任务旨在认识整体载流吊弦，通过本任务的学习，使学生对整体载流吊弦有比较全面的认识，为后续任务的执行奠定坚实的基础。

【任务目标】

（1）掌握吊弦的作用、类型。

（2）熟练掌握整体吊弦的组成、吊弦的布置。

【任务内容】

吊弦是接触网中承力索和接触网的连接部分。

一、吊弦的作用

吊弦的作用是通过吊弦线夹及吊弦线，将接触线悬挂到承力索上。利用吊弦的长短来保证接触悬挂的结构高度、接触线的弛度、接触线距轨面的高度以及线岔处的水平、抬高，改善接触悬挂的弹性，使接触线与受电弓良好接触，提高动车组受电弓取流质量。整体载流吊弦将承力索和接触线多点并联，减轻接触线的载流负荷。

二、整体吊弦

我国高速铁路接触网目前均采用截面积为 10 mm^2 的 JTMH10 型的镁铜合金裸绞线制成的不可调式整体载流吊弦。整体吊弦由承力索吊弦线夹本体（带 U 形螺纹防滑卡子及止动垫片）、接触线吊弦线夹本体（带止动垫片）、吊线双耳、心形环、钳压管、连接线夹及吊弦线组成，其结构如图 4-1 所示。

整体吊弦是将铜绞线、C 形线夹和 J 形线夹通过压接机压接在一起的，一端与铜合金绞线承力索相连接，另一端与铜合金接触线相连接。整体吊弦的不可调性，要求吊弦长度的精确控制和支持装置的安装一次到位。

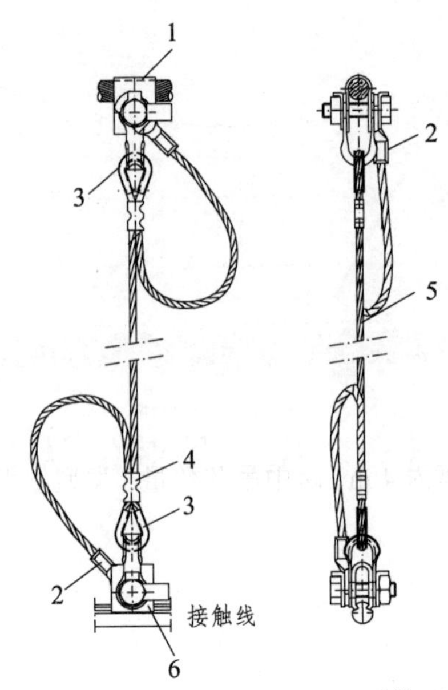

1—承力索吊弦线夹；2—压接端子；3—心形护环；4—钳压管；
5—吊弦线；6—接触线吊弦线夹。

图 4-1　整体吊弦结构示意图

在京郑线施工时，结合国外的运行经验，在施工中，首次在正线上采用整体载流吊弦。在吊弦线的材质上使用机械强度高、耐腐蚀性强的铜合金绞线，增长使用寿命；线材与线夹的连接改用压接工艺，连接可靠；采用扼流圈，将吊弦与线索进行短接，整体性好，在电气上没有环节的断点，避免了磨损及电火花烧伤，确保了可靠的电气连接和防护措施。吊弦的长度根据不同的跨距和悬挂点高度可利用专门的计算软件进行计算、预制，使接触网处于受控状态。施工安装一次到位，通常不需再进行调整，因此可大大提高接触悬挂的运行可靠性，为运营的少维修、无维修创造条件。

铜合金整体吊弦一般采用截面面积为 10 mm^2 的带心形环的铜合金整体式载流吊弦。

承力索的高度及横向偏移宜采用激光测量仪测量，精确到毫米。

整体吊弦的下料、测量、制作宜工厂化，采用整体吊弦制作专用平台，压接应采用恒压力控制的接触网液压压力机。整体吊弦的制作长度误差不超过±1.5 mm。

吊弦线夹在直线处应保持铅垂状态，曲线应垂直于接触线工作面；整体吊弦的吊弦线夹螺栓穿向一致，由田野侧穿向线路侧；定位线夹螺栓穿向应符合设计要求；吊弦载流环应固定在吊弦线夹螺栓的外侧，接触线吊弦线夹处载流环应与列车前进方向一致，线鼻子与接触线夹角保持 30° ~ 45°，承力索吊弦线夹处载流环应与列车前进方向相反。

整体吊弦的安装位置测量应从悬挂点向跨中进行，偏差应积累在跨中，最大偏差不得超过±10 mm；吊弦应竖直安装，顺线路方向允许偏斜不得超过 20 mm。

吊弦顺线路方向的安装位置误差：±100 mm。

三、吊弦的布置

（一）简单链形悬挂吊弦布置

简单链形悬挂吊弦布置如图 4-2 所示。

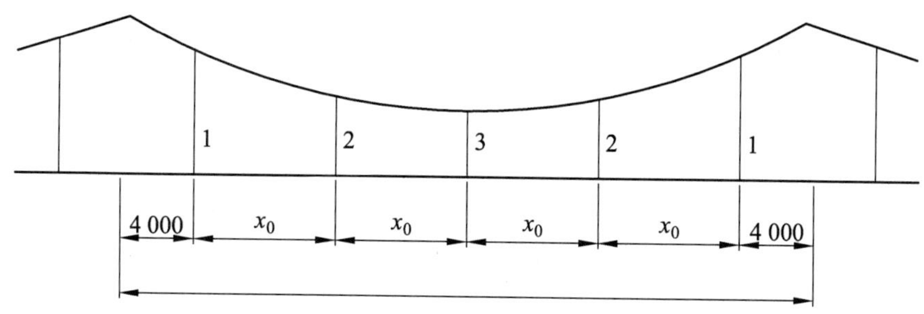

1、2、3—吊弦编号

图 4-2　简单链形悬挂吊弦布置图（单位：mm）

第一根吊弦距悬挂点的距离为 4 m，跨中吊弦数量、类型根据跨距长度从设计吊弦选用表中查出，如表 4-1 所示。

表 4-1　简单链形悬挂吊弦类型及数量选用表

跨距/m	35～39		40～49			50～59			60～65			
吊弦编号	1	2	1	2	3	1	2	3	1	2	3	4
长度/mm	1 650	1 500	1 600	1 450	1 400	1 600	1 350	1 250	1 550	1 300	1 200	1 100

注：本表适用于结构高度为 1.5～1.7 m 的简单链形悬挂。

简单链形悬挂的吊弦间距可根据式（4-1）计算：

$$x_0 = \frac{l-2\times4}{k-1} \tag{4-1}$$

式中　x_0——吊弦间距（m）；

l——跨距长度（m）；

k——跨距内吊弦布置根数（查表 4-1 得）。

（二）弹性链形悬挂吊弦布置

弹性链形悬挂吊弦布置如图 4-3 所示。

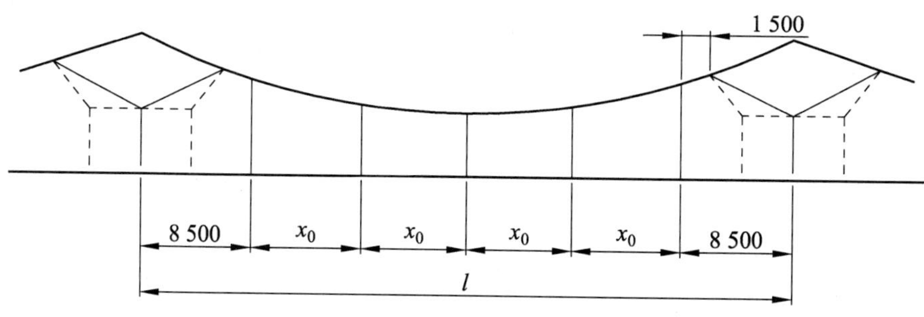

图 4-3　弹性链形悬挂吊弦布置图（单位：mm）

第一根吊弦距悬挂点的距离为 8.5 m，跨中吊弦数量、类型根据跨距长度从设计吊弦选用表中查出，如表 4-2 所示。

弹性链形悬挂的吊弦间距可根据式（4-2）计算：

$$x_0 = \frac{l-2\times8.5}{k-1} \tag{4-2}$$

式中　x_0——吊弦间距（m）；

l——跨距长度（m）；

k——跨距内吊弦布置根数（查表 4-2 得）。

表 4-2　弹性链形悬挂吊弦类型及数量选用表

跨距/m		35～39		40～49		50～59			60～65		
吊弦编号		1	2	1	2	1	2	3	1	2	3
h=1 300 mm	长度/mm	1130	1050	1100	1100	1050	950	950	1050	900	750
h=1 500 mm	长度/mm	1400	1300	1350	1250	1300	1200	1100	1250	1100	1000
h=1 700 mm	长度/mm	1600	1500	1550	1450	1500	1350	1300	1450	1300	1250

注：h——结构高度。

（三）隧道内链形悬挂吊弦布置

隧道内全补偿链形悬挂跨距 l 通常为 40 m，一般布置 6 根吊弦（含弹性吊索上布置安装的吊弦），吊弦与悬挂点距离为 $l/8$，吊弦间距为 $l/4$。

四、技术标准

（一）吊弦偏移

接触线与承力索同材质时，顺线路方向吊弦偏移达到以下技术标准（交叉吊弦除外）。

标准值：在无偏移温度时垂直；

标准状态：在极限温度时，顺线路方向偏移值不得大于 20 mm；

警示值：50 mm；

限界值：100 mm。

（二）吊弦状态

吊弦的长度要能适应在极限温度范围内接触线的伸缩和弛度的变化，否则应采用滑动吊弦。吊弦预制长度应与计算长度相等，偏差应不大于±1.5 mm。

（三）吊弦线夹状态

吊弦线夹在直线处应保持铅垂状态，曲线处应垂直于接触线工作面。曲线处接触线吊弦线夹螺栓应穿向曲线外侧。

（四）载流环

吊弦载流环应固定在吊弦线夹螺栓的外侧，接触线吊弦线夹处载流环应与列车前进方向一致，线鼻子与接触线夹角保持 30°～45°。承力索吊弦线夹处载流环应与列车前进方向相反。

（五）吊弦位置

标准值：设计值；

标准状态：标准值±50 mm；

警示值：标准值±100 mm；
限界值：标准值±200 mm。

（六）两相邻吊弦点接触线高差

标准值：0；
标准状态：相邻吊弦高差≤10 mm；
警示值：10 mm；
限界值：15 mm。

定位点两侧第 1 吊弦处（弹性链型悬挂时为弹性吊索外第 1 吊弦）接触线高度应相等。相对于定位点处接触线高度±10 mm，且不得出现“V”形。

（七）吊弦损伤

标准值：无损伤；
标准状态：无损伤；
警示值：断 3 根单丝；
限界值：断 7 根单丝。

任务二　整体吊弦的检查维护

一、作业准备

1. 人员准备

一个作业组（一般不少于 10 人）。

2. 工具准备

工具清单，如表 4-3 所示。

表 4-3　工具清单

序号	名 称	规 格	单 位	数 量	备 注
1	绝缘绳	10 米	根	1	
2	吊弦压接钳（含模块）		套	1	
3	梯车		台	1	作业车/梯车检修
4	力矩扳手	0～100 N·m	套	2	带数显功能
5	安全带		根	2	
6	划线笔	红色	支	3	
7	挂梯		台	1	只带有挂钩那一节
8	短接线		组	1	
9	防松胶		瓶	2	
10	相机		台	1	

3. 材料准备

材料清单，如表 4-4 所示。

表 4-4　材料清单

序号	名 称	规 格	单 位	数 量	备 注
1	吊弦	未压接	套	2	含吊弦线夹、线鼻子、压接管、心形环、铜绞线
2	螺母、垫片	M10	套	各 5	

二、作业流程图

作业流程图，如图 4-4 所示。

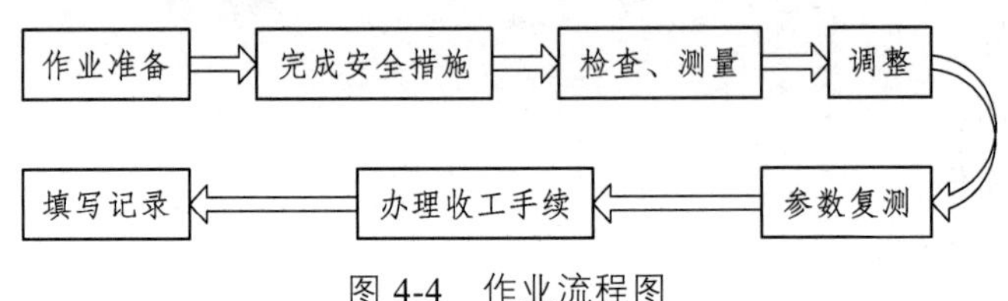

图 4-4　作业流程图

高空人员对吊弦逐根进行检查，检查承力索及承力索吊弦部分线夹、导流环、线鼻子、吊弦本线上部；检查接触线吊弦部分线夹、导流环、线端头、吊弦本线下部，由地面人员负责记录。遇锚段关节非工作支吊弦等不便于检查的处所，采用加挂梯等方式进行检查。

三、作业内容与要求

检查吊弦，如图 4-5 所示。

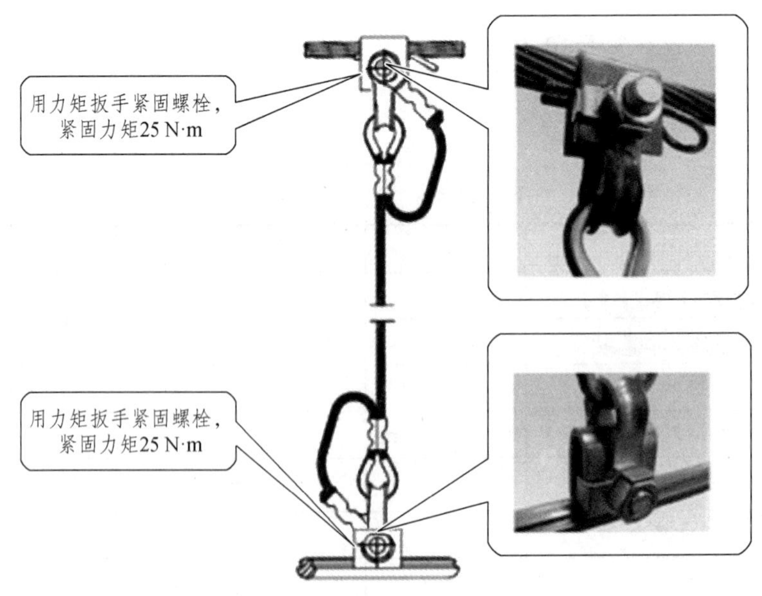

图 4-5　整体吊弦及线夹

（1）吊弦偏移。

接触线与承力索材质相同时，顺线路方向吊弦偏移达到以下技术标准（交叉吊弦除外）。

标准值：0。

标准状态：20 mm。

警示值：50 mm。

限界值：100 mm。

（2）吊弦状态。

吊弦的长度要能适应在极限温度范围内接触线的伸缩和弛度的变化，否则应采用滑动吊弦。吊弦预制长度应与计算长度相等，偏差应不大于±1.5 mm。

吊弦线夹状态，如图 4-6 所示。

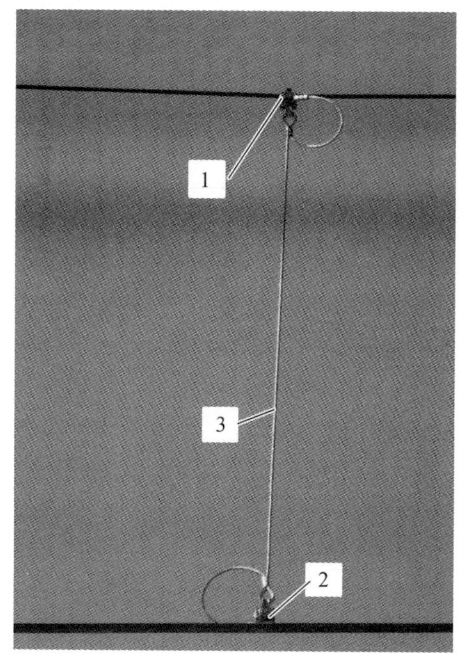

1—承力索吊弦线夹；2—接触线吊弦线夹；3—吊弦线。

图 4-6 整体吊弦

a. 吊弦外观状态。检查线夹本体及螺栓有无损伤、变形、裂纹、烧伤或其他不良状态，止动垫片是否安装到位（如无止动垫片且未涂防松胶，则涂防松胶），如图 4-6 所示“1”。

b. 检查压接管及鸡心环开口处吊弦线是否有损伤及断股、断丝，吊弦断 3 丝及以上必须更换，少于 3 丝需实时记录跟踪；检查线鼻子压接情况是否良好，是否抽脱及断裂，吊弦与鸡心环接触是否密贴；压接是否按要求本线及载流辅线一次压接成型，且一个压槽在主线上两个压槽在辅线上，如图 4-6 所示“2”。

c. 顺线路方向吊弦偏移达到以下技术标准（交叉吊弦除外），如图 4-6 所示“3”。

标准值：0。

标准状态：20 mm。

警示值：50 mm。

限界值：100 mm。

d. 吊弦线夹在直线处应保持铅垂状态，曲线处应垂直于接触线工作面。曲线处接触线吊弦线夹螺栓应穿向曲线外侧，如图 4-7 所示。

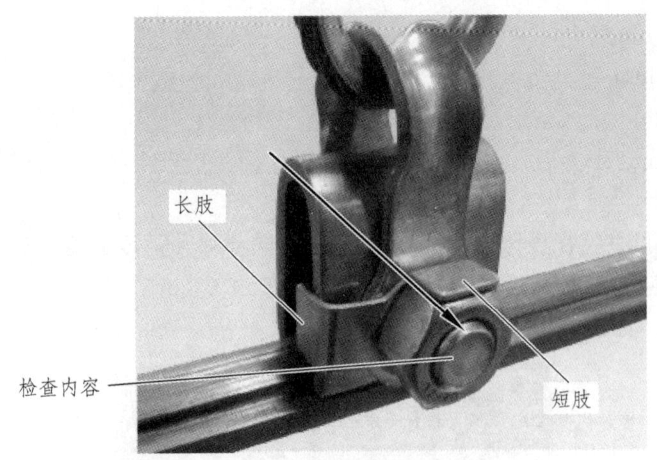

图 4-7　接触线吊弦线夹

（3）载流环状态。

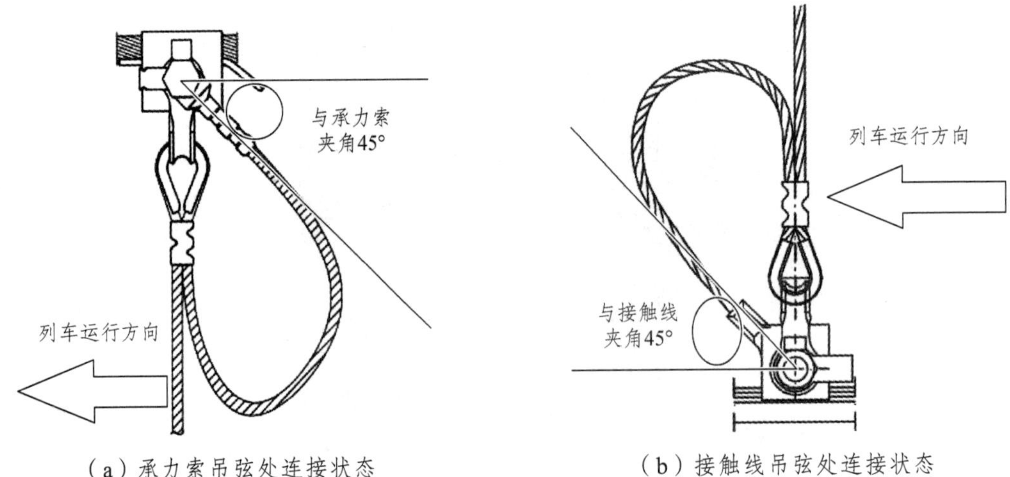

（a）承力索吊弦处连接状态

（b）接触线吊弦处连接状态

图 4-8　整体吊弦载流环

a. 线夹应与承力索成 45°角，如图 4-8（a）所示，线夹应在接触线上方并与接触线成 45°角，如图 4-8（b）所示。

b. 吊弦载流环应固定在吊弦线夹螺栓的外侧，接触线吊弦线夹处载流环应与列车前进方向一致，线鼻子与接触线夹角保持 30° ~ 45°，承力索吊弦线夹处载流环应与列车前进方向相反。

（4）吊弦位置。

吊弦位置布置如图 4-9 所示。

标准值：设计值。

标准状态：标准值±50 mm。

警示值：标准值±100 mm。

限界值：标准值±200 mm。

（5）两相邻吊弦点接触线高差。

标准值：0。

标准状态：10 mm。

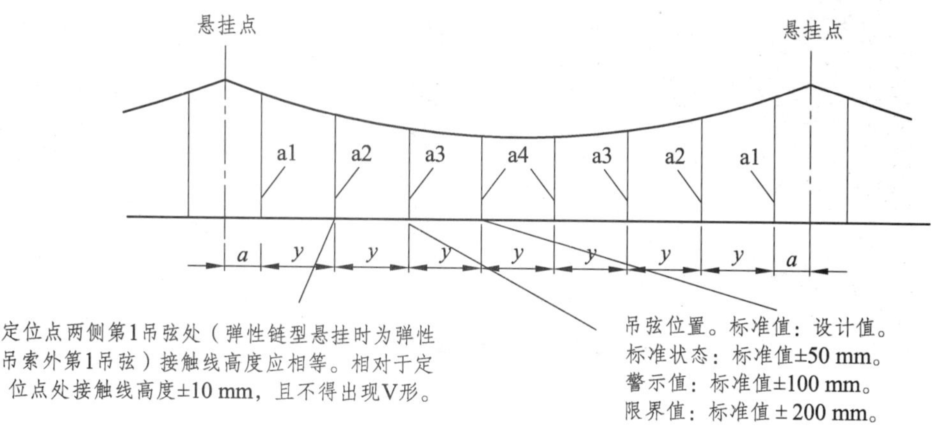

图 4-9　吊弦位置布置图

警示值：10 mm。

限界值：15 mm。

定位点两侧第 1 吊弦处（弹性链型悬挂时为弹性吊索外第 1 吊弦）接触线高度应相等。相对于定位点处接触线高度±10 mm，且不得出现“V”形。

（6）吊弦损伤。

标准值：无损伤。

标准状态：无损伤。

警示值：断 3 根单丝。

限界值：断 7 根单丝。

a. 检查吊弦线状态，是否存在折断现象，如图 4-10 所示。

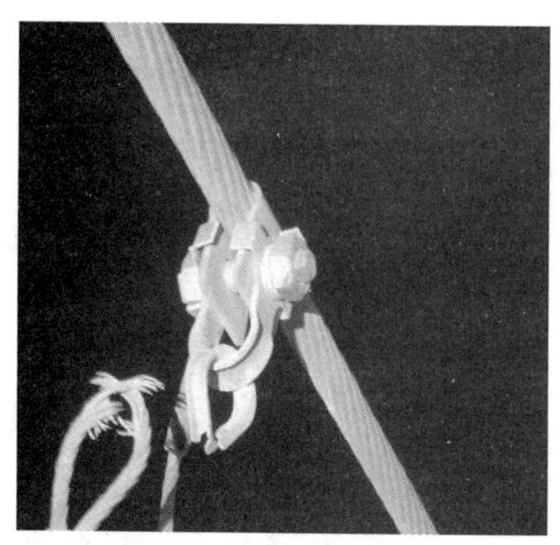

（a）吊弦上部折断

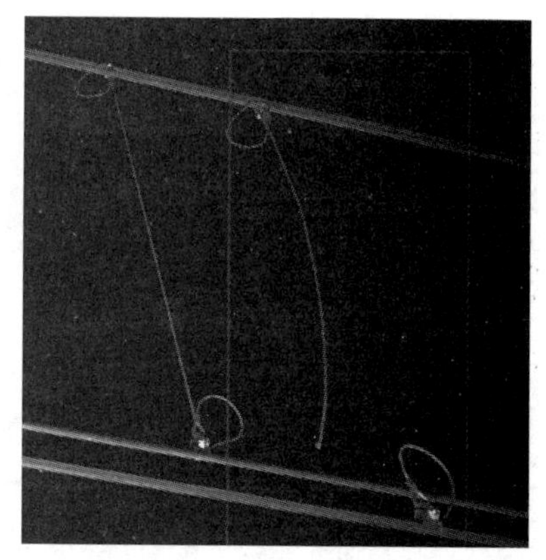

（b）吊弦下部折断

图 4-10　吊弦折断

b. 检查压接管处吊弦线是否存在断股、断丝现象，如图 4-11 所示。

c. 检查心形环处是否存在磨损断丝现象，如图 4-12 所示。

d. 检查心形环处吊弦压接质量是否合格，心形环处吊弦线应在心形环槽内且密贴、无松动现象，如图 4-13 所示。

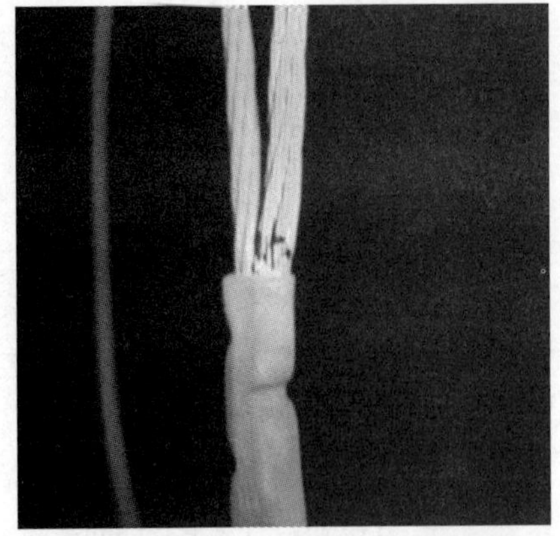

图 4-11　吊弦压接检查

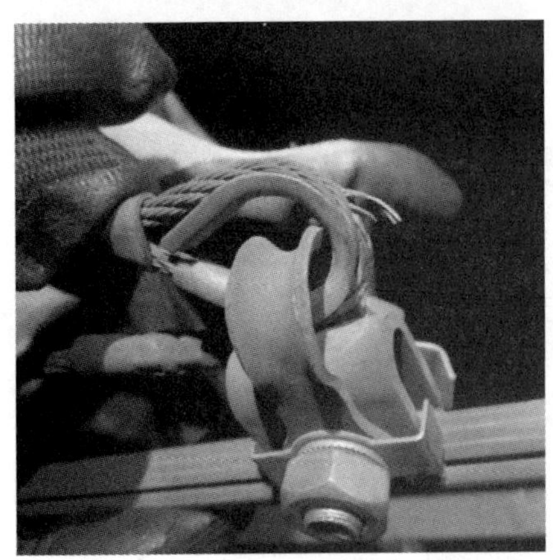

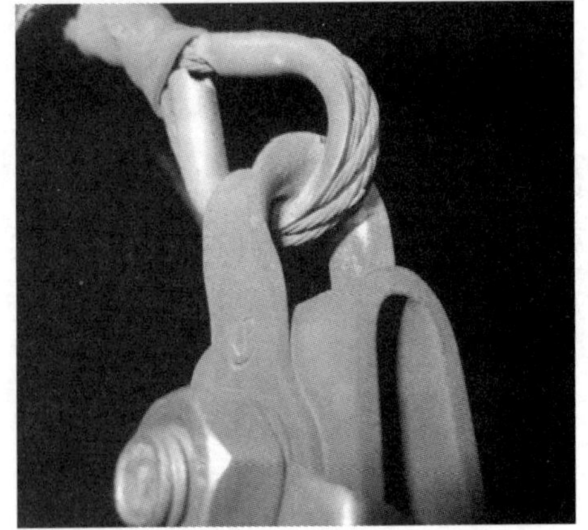

图 4-12　心形环顶部磨损断丝现场照片

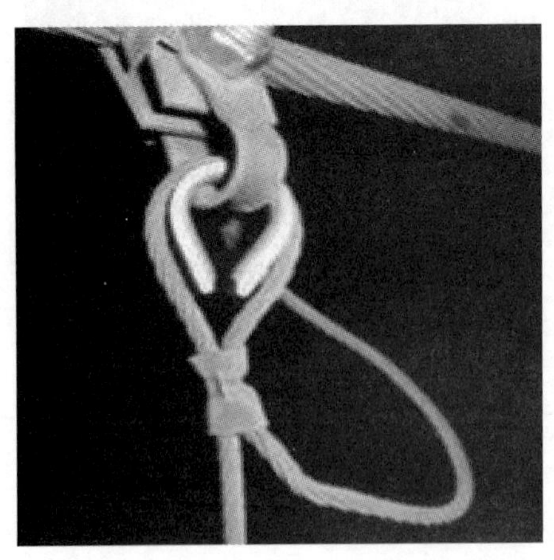

（a）压接不到位

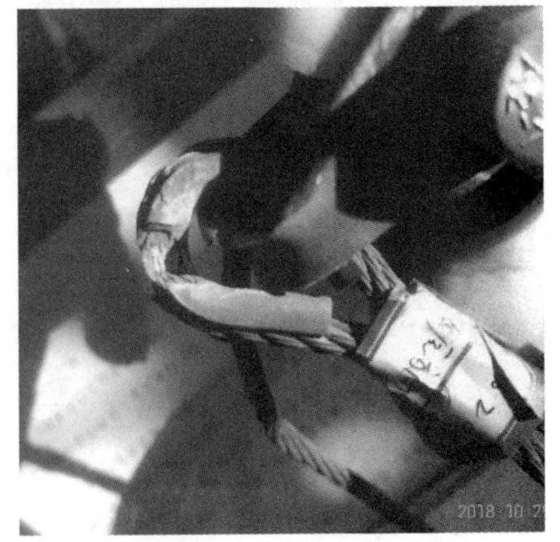

（b）心形环与吊弦 U 形环磨损

图 4-13　心形环处吊弦压接检查

e. 检查连接线夹（线鼻子）及吊弦线状态，如图 4-14 所示。

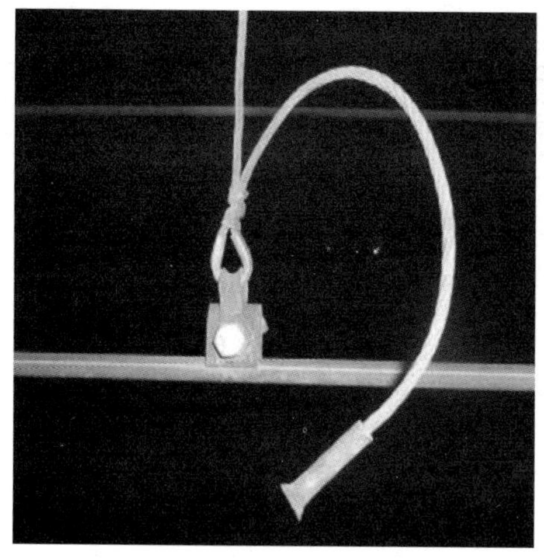

（a）线鼻子折断

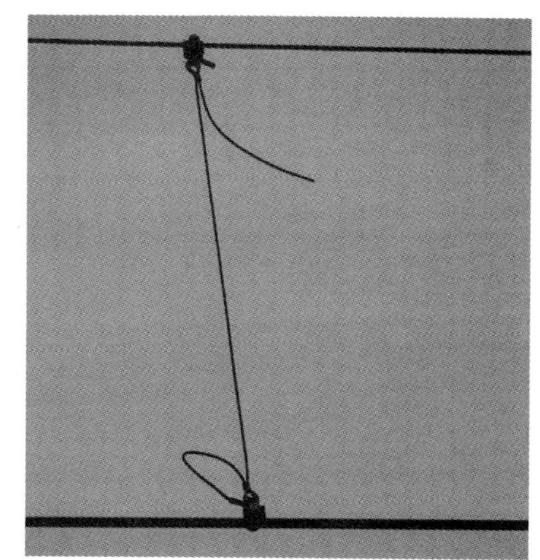
（b）载流环抽脱

图 4-14　吊弦连接线夹及吊弦线状态检查

整体吊弦的制作方法视频

整体吊弦的安装视频

整体吊弦的检调视频

任务三　弹性吊弦及吊索的检查维护

一、作业准备

1. 人员准备

一个作业组（一般不少于 10 人）。

2. 工具准备

工具清单，如表 4-5 所示。

表 4-5　工具清单

序号	工具名称	单位	数量	备注
1	个人工具	套	1	标准化着装
2	工具包	套	1	
3	木板	块	1	规格以具体情况而定
4	作业车	台	1	或梯车
5	测量工具	套	1	激光测量仪
6	扭力扳手	把	2	配备适用套筒

续表

序号	工具名称	单位	数量	备注
7	扭面器	把	1	
8	钢卷尺	把	1	
9	安全防护用具	套	1	
10	梅花扳手	把	2	
11	砂纸	张	若干	
12	钢丝刷	把	1	
13	绝缘吊绳	根	1	
14	断线钳	把	1	
15	弹性吊索张力测量仪	套	1	
16	弹性吊索安装装置	套	1	

3. 材料准备

材料清单，如表 4-6 所示。

表 4-6　材料清单

序号	材料名称	单位	数量	备注
1	垫圈	个	若干	各种型号
2	螺栓、螺帽	套	若干	各种型号
3	整体吊弦	套	3	可调式
4	弹性吊弦（含线夹）	套	2	
5	电力复合脂	瓶	1	

二、作业流程图

作业流程图，如图 4-15 所示。

三、检修标准

1. 吊弦状态

吊弦的长度要能适应在极限温度范围内接触线的伸缩和弛度的变化，否则应采用滑动吊弦。吊弦预制长度应与计算长度相等，偏差应不大于±1.5 mm。

2. 吊弦线夹状态

吊弦线夹在直线处应保持铅垂状态，曲线处应垂直于接触线工作面。曲线处接触线吊弦线夹螺栓应穿向曲线外侧。

3. 载流环

吊弦载流环应固定在吊弦线夹螺栓的外侧，接触线吊弦线夹处载流环应与列车前进方向一致，线鼻子与接触线夹角保持 30° ~ 45°。承力索吊弦线夹处载流环应与列车前进方向相反。

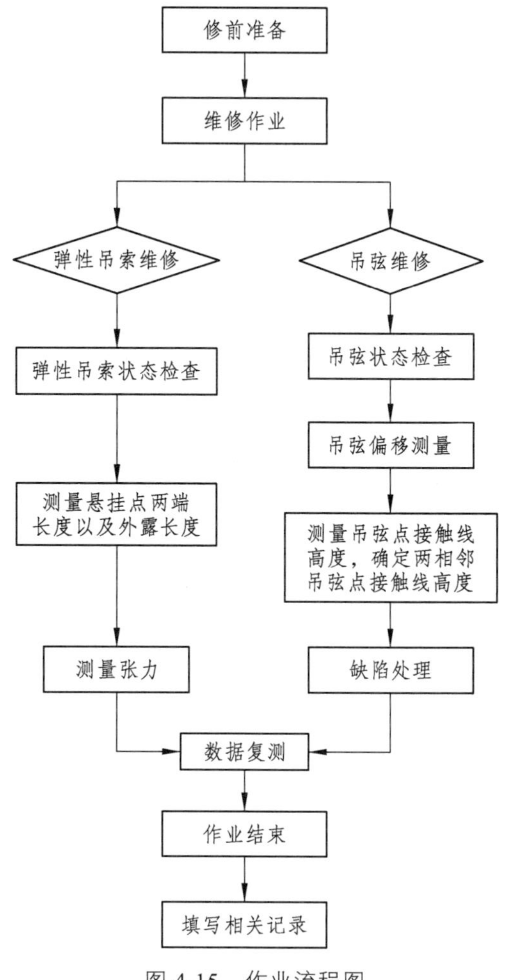

图 4-15　作业流程图

4. 吊弦偏移

接触线与承力索同材质时，顺线路方向吊弦偏移达到以下技术标准（交叉吊弦除外）。

标准值：在无偏移温度时垂直。

标准状态：在极限温度时，顺线路方向偏移值不得大于 20 mm。

警示值：50 mm。

限界值：100 mm。

5. 吊弦位置

标准值：设计值。

标准状态：标准值±50 mm。

警示值：标准值±100 mm。

限界值：标准值±200 mm。

6. 两相邻吊弦点接触线高差

标准值：0。

标准状态：相邻吊弦高差≤10 mm。

警示值：10 mm。

限界值：15 mm。

定位点两侧第 1 吊弦处（弹性链型悬挂时为弹性吊索外第 1 吊弦）接触线高度应相等。相对于定位点处接触线高度±10 mm，且不得出现“V”形。

7. 吊弦损伤

标准值：无损伤。

标准状态：无损伤。

警示值：断 3 根单丝。

限界值：断 7 根单丝。

8. 弹性吊索及弹性吊索吊弦

（1）弹性吊索长度应符合设计要求，悬挂点两端长度相等，允许偏差为±20 mm。

（2）弹性吊索线夹处吊索外露中锚端为 20 mm，下锚端为 150 mm，允许偏差为±5 mm。

（3）弹性吊索工作张力符合设计规定，不得松弛。允许偏差为标准值（3.5 kN）±10%。

（4）弹性吊索不得有散股、断股（丝）、接头、补强、硬弯。

（5）第 1 吊弦与相邻弹性吊索吊弦的高度差小于 10 mm。弹性吊弦与定位点处接触线高度相等，如图 4-16 所示。

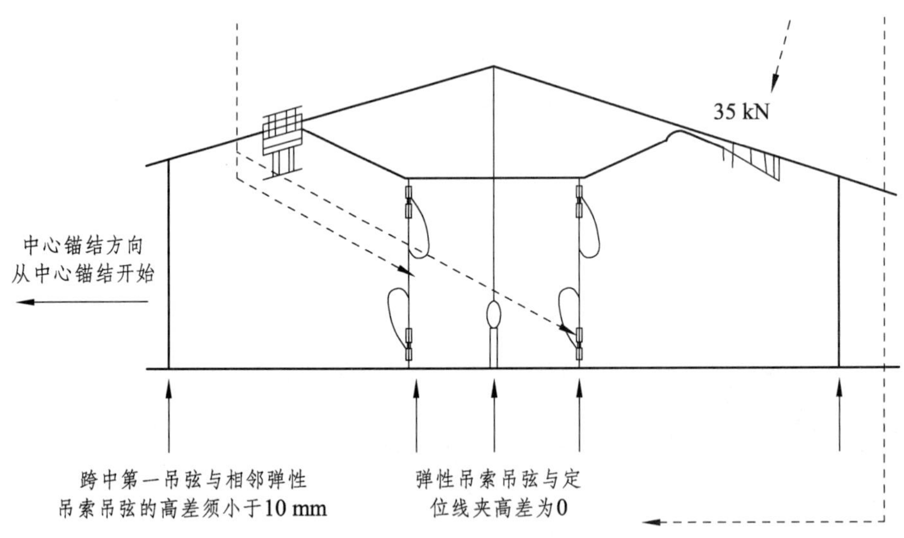

图 4-16　弹性吊索吊弦与定位线夹高度差示意图

（6）弹性吊索两端与承力索的连接符合设计规定。

9. 无交叉线岔处交叉吊弦

（1）交叉吊弦应安装在正线接触线距侧线线路中心线，侧线接触线距正线线路中心线水平投影 550 ~ 600 mm 的范围内，两交叉吊弦间距一般为 2 m。交叉吊弦与其他吊弦间距（始触区反侧）不大于 6 ~ 8 m。

（2）交叉吊弦的安装顺序应保证在受电弓从道岔开口方向进入时，先经过侧线承力索与正线接触线间的吊弦。

（3）交叉吊弦的承力索端采用滑动吊弦线夹时，绝缘垫块应安装正确，保证滑动灵活；

交叉吊弦接触线端的吊弦线夹螺栓及载流环应朝向远离另一支接触线的方向，线夹倾斜角最大不得超过 15°。

四、检修步骤

1. 检修整体吊弦步骤

（1）测量定位点两侧第 1 吊弦处（弹性链型悬挂时为弹性吊索外第 1 吊弦）接触线高度相等。相对于定位点处接触线高度±10 mm，且不得出现“V”形。

（2）检查吊弦布置间距，数量是否符合设计要求。

（3）检查吊弦线夹在直线处是否保持铅垂状态，曲线处是否垂直于接触线工作面，且曲线处接触线吊弦线夹螺栓穿向曲线外侧，如图 4-17 所示。

图 4-17　吊弦线夹状态示意图

（4）检查吊弦偏移，若接触线和承力索为同材质时，顺线路方向吊弦偏移限界值为 100 mm。

（5）外观状态检查整体吊弦线有无损伤、变形、散股、断股、烧伤或其他不良状态。

（6）检查整体吊弦线鼻子有无断裂、变形，如图 4-18 所示。

图 4-18　整体吊弦线鼻子断裂

（7）检查吊弦的螺帽、鸡心环等零部件是否齐全，如图 4-19 所示。

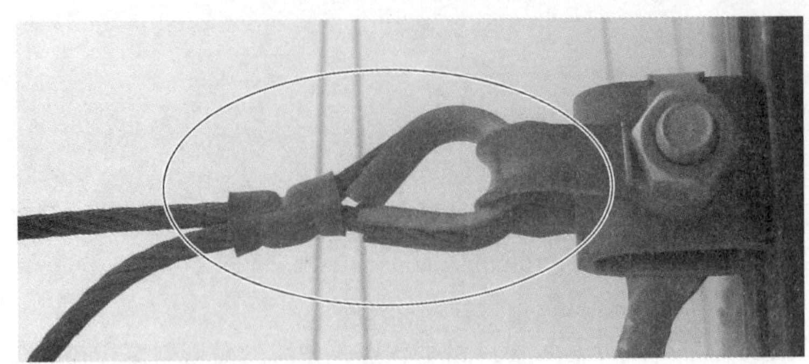

图 4-19　整体吊弦螺帽、鸡心环检查

（8）检查各部螺栓是否紧固、有油，是否符合力矩标准。

2. 检修弹性吊索的步骤

（1）用弹性吊索张力测量仪检查弹性吊索张力是否为 3.5 kN，否则进行调整。长度是否符合规定，否则更换。

（2）检查测量弹性吊索、吊弦的长度和位置是否符合规定，否则进行调整或更换。

（3）检查弹性吊索和弹性吊弦有无烧伤、断股、散股及其他损伤，否则进行更换。

（4）检查吊索线夹和吊弦线夹有无裂纹和变形现象，否则进行更换。

五、处理方法

1）吊弦偏移的计算

$$E=La(t_x-t_P) \tag{4-3}$$

式中　E——吊弦偏移值（m）；

L——吊弦到中心锚结的距离（m）；

a——线胀系数（1/°C），全补偿时，$a=(a_j-a_c)$；

t_x——调整时温度（°C）；

t_P——平均温度（°C）；

a_j——接触线线胀系数（1/°C）；

a_c——承力索线胀系数（1/°C）。

2）吊弦偏移方向的确定及调整

当 $t_x>t_P$ 时，E 为正值，吊弦下端应向下锚方向偏移；当 $t_x<t_P$ 时，E 为负值，吊弦下端应向中心锚结方向偏移；当 $t_x=t_P$ 时，吊弦顺线路方向应无偏移。

3）弹性吊索处导高及张力的处理方法

在下锚侧，加挂张力紧线器，松开弹性吊索线夹螺母，将弹性吊索张力调整到 3.5 kN，同时在靠近中心锚结侧跨中用激光测量仪，测量导高，达标后，拧紧弹性吊索螺母，使其紧固力矩到 23 N · m。

4）鼻子倾斜可能引起打弓

调整接触线吊弦线夹线鼻子至顺线路方向 45°以上。

六、安全注意事项

（1）严禁踩踏接触线或给接触线施加外力，以保证接触线的平直度。

（2）高空作业系好安全带，严禁将安全带系在拆卸的接触网部件上。

（3）作业车移动或作业平台升降、旋转时，严禁作业人员上、下作业平台，需要上、下时，应征得作业平台操作人或监护人同意；作业平台在升降和转动过程中注意与接触线保持距离，防止碰刮伤线。

（4）作业人员超出作业平台防护栅外作业时，必须将安全带系在牢固可靠部位。

（5）作业平台防护门应有闭锁装置，作业及运行时须关好作业平台防护门。

（6）夜间施工照明设施应满足施工需要。

（7）认真执行图示分工制度，所有作业人员（包括轨道车司乘人员）必须明确、掌握本次作业的程序。

（8）调整弹性吊索张力时，作业车和作业人员不得与线索接触，以免增加外力，影响调整精度。

（9）整体吊弦的更换应通过预检、计算、预制后一次性安装到位，避免反复调整。强调压接制作时按要求，本线及载流辅线一道压接成“W”型，且一个压槽在本线，两个压槽在载流辅线。

思考练习题

一、填空题

1. 吊弦的作用是通过吊弦线夹及吊弦线，将______________悬挂到承力索上。
2. 整体载流吊弦将______________和接触线多点并联，减轻接触线的载流负荷。
3. 我国高速铁路接触网目前均采用截面积为__________mm^2的整体载流吊弦。
4. 吊弦应竖直安装，顺线路方向允许偏斜不得超过__________mm。
5. 简单链形悬挂，第一根吊弦距悬挂点的距离为_________m。
6. 弹性链形悬挂，第一根吊弦距悬挂点的距离为________m。
7. 弹性链形悬挂的吊弦间距的计算式为______________。
8. 吊弦线夹在直线处应保持铅垂状态，曲线处应垂直于______________。
9. 接触线吊弦线夹处载流环应与列车前进方向 _____________。
10. 两相邻吊弦点接触线高差的标准值为_____________。

二、选择题

1. 下列对整体吊弦描述错误的是（　　）。

   A. 将接触线悬挂到承力索上　　B. 不能通过牵引电流　　C. 保证接触线的弛度

2. 吊弦线夹在曲线处应（　　）。

   A. 垂直于接触线工作面　　B. 保持铅垂状态　　C. 垂直于接触线底面

3. 整体吊弦的吊弦线夹螺栓穿向一致，由（　　）。

A. 由田野侧穿向线路侧　　B. 由线路侧穿向田野侧　　C. 无任何规定

4. 整体吊弦的安装位置测量应从悬挂点向跨中进行，最大偏差不得超过（　　）。

A. ±10 mm　　B. ±20 mm　　C. ±30 mm

5. 弹性链形悬挂，跨距为 55 m，吊弦根数为 5 根，吊弦间距是（　　）。

A. 6.6 m　　B. 7.6 m　　C. 8.5 m

6. 在极限温度时，顺线路方向偏移值不得大于（　　）mm。

A. 20　　B. 30　　C. 40

7. 吊弦预制长度应与计算长度相等，偏差应不大于（　　）mm。

A. ±1.5　　B. ±2　　C. ±2.5

8. 两相邻吊弦点接触线高差的限界值为（　　）mm。

A. 10　　B. 15　　C. 20

9. 定位点两侧第 1 吊弦处相对于定位点处接触线高度运行误差（　　）mm，且不得出现 V 形。

A. ±10　　B. ±15　　C. ±20

三、判断题

1. 我国高速铁路接触网目前均采用铜绞线整体载流吊弦。（　）
2. 吊弦线夹在直线处应保持铅垂状态。（　）
3. 承力索吊弦线夹处载流环应与列车前进方向一致。（　）
4. 接触线吊弦线夹处载流环应与列车前进方向一致。（　）
5. 吊弦应竖直安装，顺线路方向允许偏斜不得超过 20 mm。（　）
6. 吊弦的长度要能适应在极限温度范围内接触线的伸缩和弛度的变化，否则应采用滑动吊弦。（　）
7. 曲线处接触线吊弦线夹螺栓应穿向曲线外侧。（　）
8. 接触线吊弦线夹处载流环的线鼻子与接触线夹角保持 45° ~ 60°。（　）

四、论述题

弹性吊弦及吊索检修维护时的注意事项有哪些？

项目五
接触网中心锚结

任务一　接触网中心锚结的认知

【任务描述】

本任务旨在认识接触网中心锚结，通过本任务的学习，使学生对接触网中心锚结有比较全面的认识，为后续任务的执行奠定坚实的基础。

【任务目标】

（1）掌握接触网中心锚结的作用、类型。
（2）熟练掌握中心锚结的布置原则、结构。

【任务内容】

在全补偿弹性链型悬挂的锚段中部，将接触线对承力索进行死固定，同时承力索对支柱进行死固定，这种固定形式称为中心锚结。

一、中心锚结的作用

（1）使锚段线索张力更均匀，保证接触悬挂处于良好工作状态。

（2）防断功能，即当一侧发生断线事故时不至于影响中心锚结另一侧悬挂线路，从而缩小事故范围及抢修时间。

（3）防窜功能，可防止线索在外力作用下向一侧窜动（如因风力、受电弓摩擦力、坡道和自身重力引起的窜动）。

二、锚段偏移的危害性

（1）它破坏了接触悬挂的弹性性能，导致接触悬挂的弹性不均匀，不利于高速受流。

（2）容易造成受电弓脱弓或钻弓事故。锚段偏移会引起腕臂偏移，导致定位点处的拉出值（或“之”字值）改变。

（3）腕臂的严重偏移，会导致承力索与接地物（如硬横梁上的吊柱、腕臂上的跳线等）间的距离不够而引起放电，造成馈线侧的断路器动作及承力索断线等严重的接触网事故。

三、中心锚结的结构和要求

中心锚结的安装形式有多种，对于不同的悬挂形式，中心锚结的结构形式也不同，一般分为简单悬挂中心锚结、半补偿链形悬挂中心锚结、全补偿链形悬挂中心锚结和站场防窜中心锚结，目前我国高速电气化铁路普遍采用全补偿中心锚结。

（一）全补偿中心锚结

全补偿中心锚结的应用，是因为全补偿链形悬挂时，接触线、承力索均设有补偿装置，因此，都应设置中心锚结。在全补偿悬挂时，接触线中心锚结结构与半补偿相同。中心锚结装置主要组成有：接触线中心锚结线夹、承力索中心锚结线夹、接触线中心锚结绳、承力索中心锚结辅助绳。

接触线中心锚结线夹：用于接触线中心锚结绳与接触线之间的连接固定。由接触线中心锚结线夹本体、不锈钢连接板、心形环及压接管组成。通过压接管将接触线锚结绳与接触线中心锚结线夹本体连接固定，其结构如图 5-1 所示。

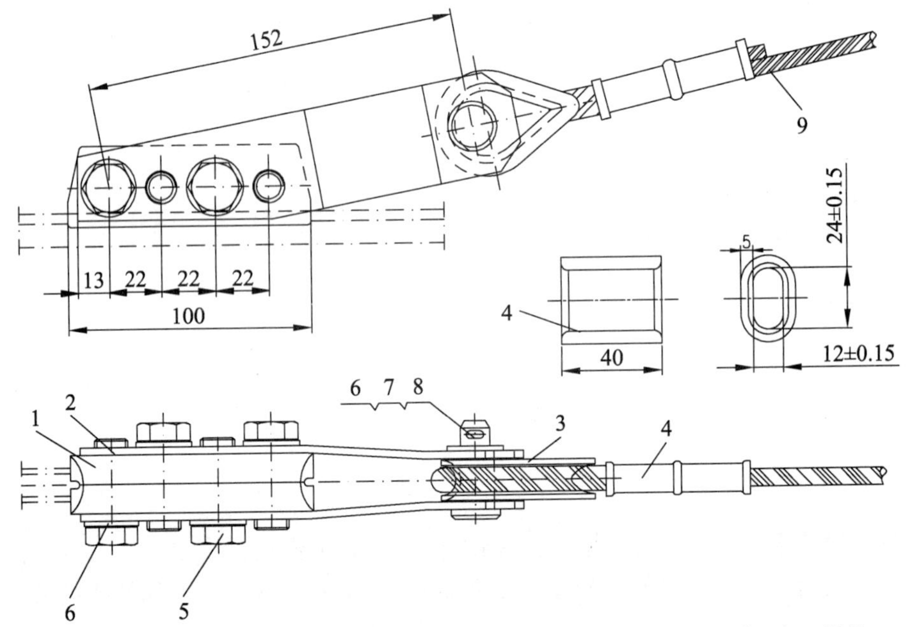

1—接触线中心锚结线夹；2—不锈钢连接板；3—心形环；4—压接管；5—螺栓；6—垫片；7—开口销；8—销钉；9—接触线中心锚结绳。

图 5-1 接触线中心锚结线夹示意图（单位：mm）

承力索中心锚结线夹：用于承力索与接触线中心锚结绳、承力索与承力索中心锚结绳之间的连接固定，由上夹板、中夹板、下夹板、螺栓组成，其结构下图 5-2 所示。

接触线中心锚结绳采用截面 70 mm^2 的镁铜合金绞线，承力索中锚绳用于连接中锚点和下锚支柱固定点，采用与承力索规格一致的线材。

全补偿中心锚结按其结构分为三跨式和二跨式。

三跨式中心锚结在跨距中间，相邻两悬挂点和跨中用钢线卡子将辅助绳与承力索固定在一起。辅助绳两端各通过一串悬式绝缘子硬锚在最外侧支柱上，两支柱均为锚柱应安装下锚拉线，具备防断功能。三跨式全补偿中心锚结结构如图 5-3 所示。

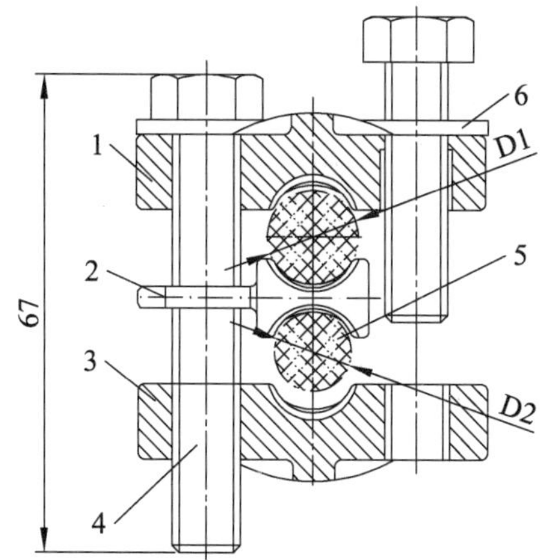

1—带孔线夹本体；2—隔板；3—带螺纹线夹本体；4—螺栓；5—弹性吊索；6—垫片。

图 5-2　承力索中心锚结线夹示意图

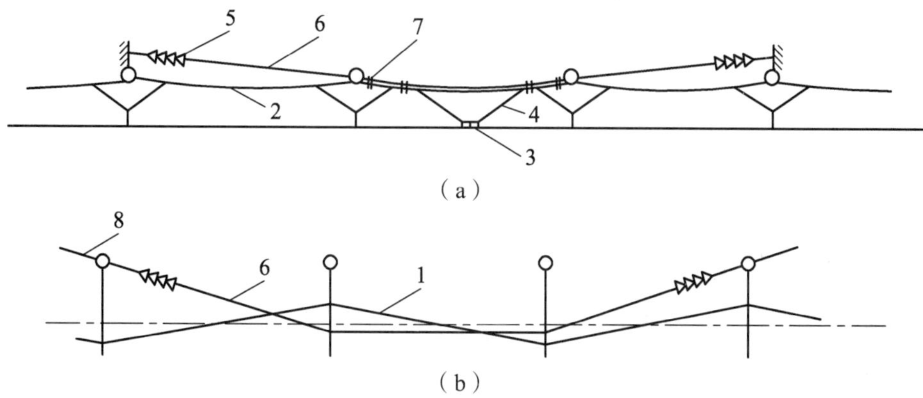

1—接触线；2—承力索；3—中心锚结线夹；4—接触线辅助绳；5—悬式绝缘子串；6—承力索辅助绳；7—钢线卡子；8—下锚拉线。

图 5-3　三跨式全补偿中心锚结结构图

二跨式中心锚结固定方式同三跨式中心锚结一样，由接触线中心锚结和承力索中心锚结两部分组成，其结构如图 5-4 所示。接触线的中心锚结辅助绳采用不锈钢软绞线（截面面积不小于 50 mm^2），在定位点两端用专用的中心锚结线夹与接触线固定（中心锚结绳与中心锚结线夹压接连接）。而承力索的中心锚结材质和型号选用与所在的承力索相同，通过在接触线中心锚结所在的跨距内增加一根承力索，在该定位点的腕臂上固定后，使该跨距的承力索不产生移动，因此承力索中心锚结由两个跨距组成。承力索辅助绳固定在定位点两端支柱上，安装时辅助绳应抬高锚固，一般不低于承力索高度。

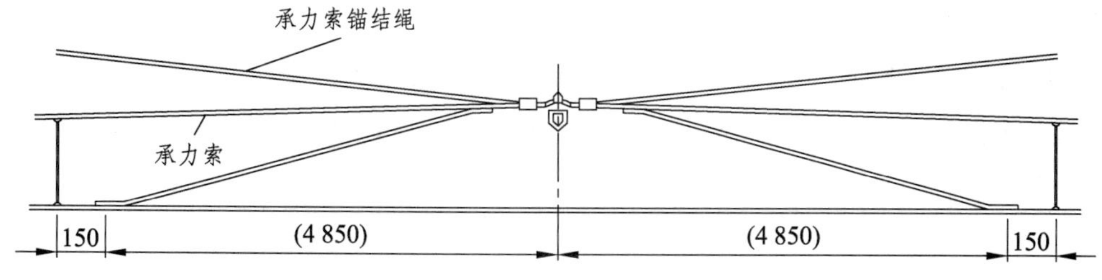

图 5-4　二跨式全补偿中心锚结结构图（单位：mm）

（二）站场防窜中心锚结

当站场上的接触网均为全补偿链形悬挂时，承力索全部设中心锚结是不可能的，因此站场一般采用防窜不防断式中心锚结。中心锚结处腕臂上底座设计成三底座并增加 2 根斜腕臂形成三角形，当中心锚结两端张力发生变化时，形成对三底板的扭矩，其结构如图 5-5 所示。防窜不防断式中心锚结的优点是结构简单、安便、节省投资。其缺点是不能防止断线事故，而且施工和运行经验表明，目前设计的防窜不防断式中心锚结的防窜效果不好。实际运行中，中心锚结会发生偏移，当偏移到一定程度时，双腕臂道岔柱的一支定位管会失去作用，使线岔的参数超过标准而发生弓网事故。

图 5-5　三腕臂防窜式中心锚结

四、中心锚结布置原则

（1）中心锚结两边线索的张力应该尽量相等。

（2）尽量设在锚段中部，直线区段一般设在锚段中间处；曲线区段一般设在靠曲线多、半径小的一侧。

在两端装设补偿器的接触网锚段中，必须加设中心锚结。每个锚段中心锚结安设位置应根据线路情况和线索的张力增量计算确定。一般布置原则是使中心锚结固定点两侧线索的张力尽量相等，并尽可能靠近锚段中部。

当锚段全部在直线区段或整个锚段布置在曲线半径相同的曲线区段时，该锚段中心锚结应安设在锚段的中间位置。

当锚段布置在既有直线又有曲线的区段且曲线半径不等时，该锚段的中心锚结应设在曲线多、曲线半径小的一侧。在特殊情况下，锚段长度较短时（一般定为锚段长度 800 m 以下），可不设中心锚结，视为半个锚段，可将锚段一端硬锚，另一端线索安装补偿器，此时的硬锚就相当于中心锚结。

五、技术标准

（一）防断中心锚结

正线、站线、联络线一般采用防断中心锚结。中心锚结安装位置、形式、采用的线材及连接件规格、型号应符合设计要求。

1. 承力索中心锚结绳

（1）中心锚结绳范围内承力索不得有接头和补强。

（2）中心锚结绳、固定线夹应与承力索材质匹配，其设置位置符合设计要求。承力索中心锚结线夹辅助绳外露长度不小于 50 mm。

（3）中心锚结绳弛度应等于或略高于该处承力索弛度，承力索中心锚结绳在其垂直投影与线路钢轨交叉处，应高于接触线 300 mm 以上。

（4）中心锚结绳的张力符合设计要求。

2. 接触线中心锚结绳

（1）中心锚结所在的跨距内接触线不得有接头和补强。

（2）中心锚结绳范围内不得安装吊弦和电连接。两端距相邻的吊弦或电连接距离不得小于 500 mm。

（3）中心锚结线夹两边锚结绳的长度和张力尽量相等。中心锚结绳处于受力状态，不得触及弹性吊索，不得改变相邻吊弦受力和接触线高度。

（4）中心锚结绳两端与承力索固定线夹的设置和间距符合设计要求。接触线侧锚结绳压接后回头外露长度不小于 20 mm。

3. 中心锚结线夹

（1）接触线中心锚结线夹应安装牢固。在直线上保持铅垂状态，在曲线上与接触线的倾斜度一致。

（2）中心锚结线夹处接触线高度与相邻吊弦接触线高度应相等，允许偏差 0 ~ 10 mm。

（二）防窜式中心锚结

（1）防窜绳两端固定线夹的设置位置符合设计要求。

（2）接触线中心锚结绳与防断式相同。

任务二　中心锚结的检查维护

一、作业准备

1. 人员准备

人员清单，如表 5-1 所示。

表 5-1　人员清单

序号	项目	单位	数量	备注
1	工作领导人	人	1	
2	驻站联络员	人	1	
3	作业人员	人	8	
4	作业车司机	人	2	正、副司机各 1 人

2. 工具准备

工具清单，如表 5-2 所示。

表 5-2 工具清单

序号	项目	规格及型号	单位	数量	备注
1	激光测量仪	DJJ-8	台	1	
2	校正器		台	1	
3	工具包		套	1	
4	钢卷尺		把	1	
5	大绳		根	1	
6	滑轮		个	1	
7	力矩扳手		把	1	配各种型号套筒

3. 材料准备

材料设备清单，如表 5-3 所示。

表 5-3 材料清单

序号	项目	规格及型号	单位	数量	备注
1	承力索中心锚结线夹		个	1	
2	接触线中心锚结线夹		个	1	
3	中心锚结绳	50#（19 股）	米		根据实际情况准备
4	悬吊滑轮		个	1	
5	ϕ3.5 软态不锈钢丝		根	1	
6	ϕ1.6 铁线		卷	1	
7	黄油		桶	1	

二、作业流程图

作业流程图，如图 5-6 所示。

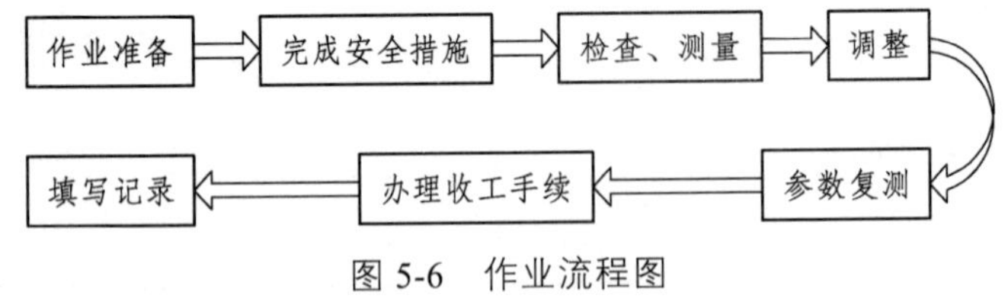

图 5-6 作业流程图

三、中心锚结安装图

中心锚结安装图，如图 5-7 所示。

四、中心锚结的设置

直线区段一般设在锚段中间处；曲线区段一般设在靠曲线多、半径小的一侧。在特殊情况下，锚段长度较短时（一般定为锚段长度 800 m 以下），可不设中心锚结，视为半个锚段，可将锚段一端硬锚，另一端线索安装补偿器，此时的硬锚就相当于中心锚结。

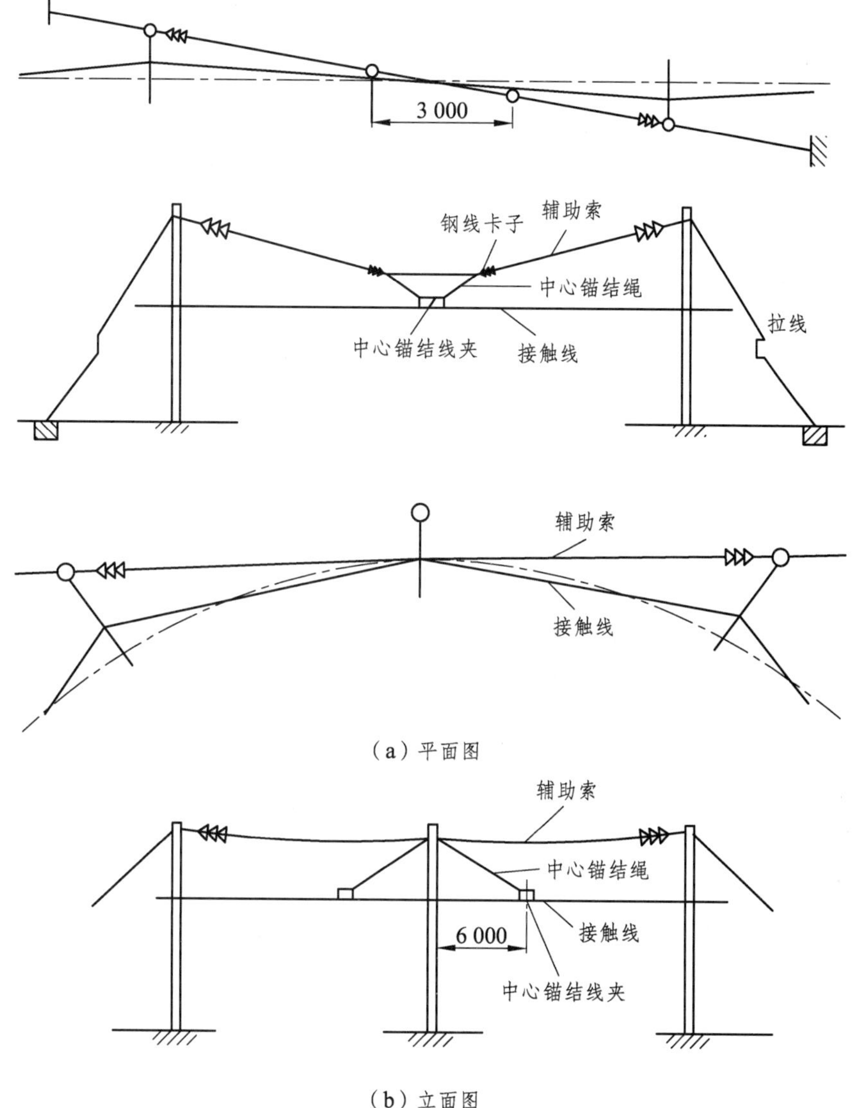

图 5-7　中心锚结安装图（单位：mm）

（1）中心锚结绳范围内承力索不得有接头和补强。

（2）“V”形中心锚结在跨距中部与承力索用 3 个线夹固定，在悬挂点两侧各用 2 个线夹固定；“人”字形中心锚结在悬挂点两侧各用 2 个线夹固定；线夹间距 80 ~ 120 mm。

（3）中心锚结范围内不得安装吊弦和电连接器。

（4）中心锚结绳不应松弛，两边长度和张力尽量相等。

（5）中心锚结绳两端与承力索各用 2 个线夹连接，绳头伸出线夹 100 ~ 150 mm。

（6）中心锚结线夹应安装牢固，直线上应保持铅垂状态；曲线上与接触线的倾斜度一致。

（7）中心锚结处的接触线高度比两侧吊弦点高出 0 ~ 20 mm。

（8）防窜式中心锚结的防窜绳两端各用 2 个线夹连接，线夹间距 30 ~ 50 mm，绳头伸出线夹 20 ~ 50 mm。

五、检修及更换步骤

1. 作业程序

（1）检查中心锚结绳有无断股，两侧张力、长度是否相等，是否有松弛情况，不符合要求时，进行调整或更换。

（2）更换防断型中心锚结绳（接触线）。

① 打开中锚线夹，使两边的中心锚结绳充分松弛。

② 两人在作业车平台上拆卸旧中心锚结绳及线夹。

③ 在预制的锚结绳中间位置，将锚结绳做出中心锚结线夹的弧线。

④ 将接触线中心锚结绳的中心（即做出的弧线部分），用中心锚结线夹（钢绞承力索时一边 2 个钢线卡子）在接触线上已确定的中心位置进行安装。

⑤ 作业车上人员分别拉紧中心锚结绳的两边端部，用承力索中锚线夹将中心锚结按技术要求在承力索上进行固定。

⑥ 安装完毕后，测量中锚线夹接触线高度是否符合要求，不符合要求则进行调整。

（3）更换防窜型中心锚结绳。

① 两人上轨道车或车梯工作台，其中 1 人携带大绳、滑轮上车，拆卸旧承力索中心锚结绳。

② 拆除完毕后，另一人将安全带系在承力索上，用钢卷尺测量软横跨处两侧承力索距悬吊滑轮中心各 200 mm 处位置，并做好记号。

③ 将承力索中心锚结绳和 2 个中心锚结线夹（钢绞承力索时为 4 钢线卡子）吊上作业平台，以中心锚结绳中心对悬吊滑轮中心，在一端记号处拧紧中心锚结线夹（第 1 个钢线卡子，靠外侧倒置安装第 2 个），在软横跨另一侧，使中心锚结绳通过悬吊滑轮槽的下部用力拉紧，在记号处拧紧中心锚结线夹（第 3 个钢线卡子，最后在外侧倒置安装第 4 个）。

④ 作业平台人员分别拆卸相邻两跨的接触线中心锚结绳。

⑤ 地面人员测量安装中心锚结的悬挂点相邻两跨距的中点位置，将接触线中心锚结绳的一端做出如中心锚结线夹的弧形。

⑥ 作业平台上两人将安全带系在承力索上，在其中一跨距测量好的中点位置，安装中心锚结绳端部，要求朝向本组软横跨。

⑦ 一人用力抬起承力索，另一人用 $\phi 4.0$ 镀锌铁线将承力索与接触线做临时连接，使之相距 100 ~ 200 mm。

⑧ 作业车向软横跨方向行驶，当驶至中心锚结端部时停车，一人用力拉紧中心锚结绳与承力索并拢，另一人在其端部安装中心锚结线夹（钢线卡子），将其与承力索固定，线夹安装完毕后，作业车返回中心锚结线夹处松开临时绑扎线。

⑨ 在软横跨另一侧跨距内按以上步骤安装接触线中心锚结绳。

⑩ 安装完毕后，测量中心锚结线夹处的接触线高度是否符合要求，否则进行调整。

（4）检查中心锚结线夹安装是否端正，有无裂纹缺陷。若中心锚结线夹偏斜，使用校正扳手整正线夹处接触线线面，使线夹符合要求。

（5）检查各部螺栓紧固状态是否良好，是否有油，否则用力矩扳手紧固，然后涂油。

（6）检查各线夹安装是否正确，螺栓是否紧固、有油，锚结绳露头是否绑扎。

（7）测量中心锚结线夹处接触线高度是否符合要求，不符合要求则按以下步骤进行调整：

① 用ϕ4.0镀锌铁线将接触线轻轻抬起，使两边锚结绳充分松弛，然后拆除锚结绳绑线。

② 对于中心锚结线夹处接触线低于要求时，松动承力索中锚线夹，使锚结绳向外窜动一定距离，然后紧固承力索中锚线夹。

③ 对于中心锚结线夹处接触线高于要求时，松动承力索中锚线夹，使锚结绳向内侧窜动一定距离，然后紧固承力索中锚线夹。

④ 不符合要求时，反复进行调整，直至符合要求。

2. 重点控制事项

（1）针对线索不同选择线夹。紧固线夹时，按标准力矩紧固，以免损伤承力索。

（2）安装中心锚结时，注意接触悬挂不得向一侧滑移，两边补偿坠砣高度要符合要求。

（3）调整过程中，注意不得使锚结绳抽脱。

（4）安装时注意锚结绳不得侵入邻线限界，并与带电体保持规定安全距离。

六、安全注意事项

（1）严格执行“两纪一化”等基本安全制度。

（2）严格执行群体作业、专人防护制度，作业人员必须服从防护员指挥，一旦来车能及时撤离线路，防止发生车辆伤害。

（3）严禁脚踩定位器、定位管和接触线。

（4）严禁向上抬、顶接触线。

（5）重点检查吊弦线有无断丝情况，检查弹吊线夹有无开裂、松动现象。

（6）夜间作业必须严格执行夜间作业劳动安全规定。

（7）作业中应做好工具材料保管工作，不得抛掷工具材料，作业完毕必须工完料清，撤出栅栏外时对工具材料清点一遍。

中心锚结的检调
二维动画

中心锚结的安装
二维动画

思考练习题

一、填空题

1. 在全补偿弹性链型悬挂的锚段中部，将接触线对承力索进行死固定，同时承力索对支柱进行死固定，这种固定形式称为________________。

2. 中心锚结的作用是使锚段线索张力________________。

3. 中心锚结可防止线索在外力作用下________________。

4. 全补偿中心锚结按其结构分为三跨式和____________________。

5. 接触线中心锚结绳采用截面 70 mm^2 的______________绞线。
6. 三跨式中心锚结，相邻两悬挂点和跨中用____________将辅助绳与承力索固定在起。
7. 中心锚结两边线索的张力应该_________________。
8. 曲线区段中心锚结一般设在___________________________一侧。
9. 中心锚结绳两端距相邻的吊弦或距离不得小于____________mm。
10. 中心锚结绳范围内承力索不得有接头和__________。

二、选择题

1. 曲线区段中心锚结一般设（　　）一侧。
   A. 曲线多、半径小　　B. 曲线少、半径大　　C. 中间　　D. 曲线中部
2. 承力索中心锚结线夹辅助绳外露长度不小于（　　）mm。
   A. 40　　B. 50　　C. 60　　D. 70
3. 承力索中心锚结绳在其垂直投影与线路钢轨交叉处，应高于接触线（　　）mm 以上。
   A. 200　　B. 300　　C. 400　　D. 500
4. 接触线侧锚结绳压接后回头外露长度不小于（　　）mm。
   A. 10　　B. 20　　C. 30　　D. 50

三、判断题

1. 当一侧发生断线事故时，中心锚结能缩小故范围。（　）
2. 中心锚结不能防止因风力、受电弓摩擦力、坡道和自身重力引起的窜动。（　）
3. 锚段偏移容易造成受电弓脱弓或钻弓事故。（　）
4. 承力索中心锚结线夹用于承力索与接触线中心锚结绳、承力索与承力索中心锚结绳之间的连接固定。（　）
5. 承力索的中心锚结材质和型号选用与所在锚段的承力索相同。（　）
6. 锚段长度较短时（一般定为锚段长度 800 m 以下），可不设中心锚结。（　）
7. 中心锚结绳弛度应等于或略低于该处承力索弛度。（　）
8. 中心锚结所在的跨距内接触线不得有接头和补强。（　）
9. 中心锚结绳处于受力状态，可以改变相邻吊弦受力和接触线高度。（　）
10. 中心锚结线夹处接触线高度与相邻吊弦接触线高度应相等。（　）

四、论述题

1. 中心锚结在检修维护时的注意事项有哪些？

项目六 接触网隔离开关及电连接

任务一　隔离开关的认知

【任务描述】

本任务旨在认识隔离开关，通过本任务的学习，使学生对隔离开关有比较全面的认识，为后续任务的执行奠定坚实的基础。

【任务目标】

掌握高速铁路接触网隔离开关的作用、要求及类型。

【任务内容】

高速铁路接触网隔离开关具有一般隔离开关的特点，其作用是连通或切断接触网供电分段间的电流，增加供电的灵活性，以满足检修和不同供电方式运行的需要。隔离开关在分闸状态下有明显的断口，在合闸状态下能可靠地通过额定电流和短路电流。因隔离开关没有灭弧装置、不能切断负荷电流和短路电流，严禁隔离开关带负荷操作。为了实现开关便捷操作，高速铁路接触网隔离开关一般采用调度端集中"远动"控制方式，其结构如图 6-1 所示。

图 6-1　隔离开关示意图

一、隔离开关的要求

隔离开关的主要用途是当需要接触网停电作业检修时，用它来实现接触网线路的可靠隔离，以保证作业及检修人员的安全和运行部分的正常工作。按照隔离开关担负的任务，其应满足以下要求：

（1）隔离开关应动作可靠、转动灵活，合闸时触头接触良好，引线和连接线的截面与开关的额定电流及所连接的接触网当量截面相适应，引线不得有接头。

（2）隔离开关的触头接触面应平整、光洁无损伤，并涂以电力复合脂。

（3）隔离开关的分闸角度及合闸状态应符合产品的技术要求。

（4）隔离开关操作机构应完好无损并加锁，转动部分注润滑油，操作时平稳正确，无卡阻和冲击。

（5）引线及连接线应连接牢固接触良好，无破损和烧伤。引线的长度应保证当接触悬挂受温度变化偏移时有一定的活动余量，并不得侵入限界，引线摆动到极限位置对接地体的距离不小于 350 mm。

（6）支持绝缘子应清洁无破损和放电痕迹，瓷釉剥落面积不超过 300 mm^2。

（7）新安装的隔离开关在投入运行前应做交流耐压试验，运行中每年用 2 500 V 的兆欧表测量一次绝缘电阻，与前一次测量结果相比不应有显著降低。

（8）电动隔离开关操作机构应良好无损并加锁。传动杆与隔离开关操作机构紧密配合，隔离开关操作机构箱密封良好。

（9）驱动装置的电机转向正确，机械系统润滑良好，分、合闸指示器与开关实际位置相符合。

二、接触网隔离开关的分类及技术参数

（一）隔离开关的分类

（1）按安装地点，可分为户内型和户外型。

（2）按接触头运动方式，可分为水平回转式、垂直回转式、伸缩式和直线移动式。

（3）按有无接地刀闸，可分为有接地刀闸和无接地刀闸隔离开关。

（4）按隔离开关的极数，可分为单极和三极隔离开关。

（5）按隔离开关的操作机构，可分为手动和电动两种。

户内型一般采用手动操作机构，一般对改变运行方式的隔离开关采用电动操作机构，以便实现远距离控制。其主要技术参数包括额定电压、最大工作电压、额定电流、极限通过电流和热稳定电流。

（二）隔离开关的技术参数

高速接触网隔离开关主要采用 27.5 kV 单（双）极电动隔离开关，其技术参数如表 6-1 所示。

表 6-1　27.5 kV 单（双）极电动隔离开关技术性能表

设备及技术性能	参数及要求
安装方式	户外
额定电压	27.5 kV（2×27.5 kV）
系统最高电压	31.5 kV（2×31.5 kV）
额定频率	50 Hz

续表

设备及技术性能	参数及要求
额定电流	2 000 A
额定短时耐受电流	20 kA
额定短路持续时间	2 s
额定动稳定电流（峰值）	50 kA
雷电冲击耐受电压（全波 1.2/50 μs 峰值）	对地 185 kV、断口间 215 kV
一分钟工频耐受电压	对地 85 kV、断口间 110 kV
爬距（即泄漏距离）	≥1 400 mm
型式	垂直打开
允许开合时冰厚	10 mm
接线端子的水平静拉力	不大于 490 N
开关触头最大温升（不超过 40 °C 时）	65 K
可靠分、合闸次数（其间不调整）	3 000 次
机械寿命（3 000 次后每 1 000 次进行简单检查）	10 000 次
操作机构类型	电动
电机参数 ① 电压 ② 功率	 AC 220 V 200 W
辅助开关参数 ① 常开接点 ② 常闭接点 ③接点允许通过并能切断的电流值	 10 对 10 对 厂家提出建议
操动机构寿命	10 000 次
操作机构输出力矩	≥250 N · m
隔离开关主回路电阻	≤200 μΩ
支柱绝缘子 ① 抗弯破坏负荷 ② 抗扭破坏负荷 ③ 在 0.25 ~ 0.35 mg/cm^2 盐密下污秽耐受电压	 ≥3 922 N ≥980 N · m ≥32 kV
操作机构附件技术参数	厂家提出建议
最大起动电流	厂家提出建议
设计寿命	30 年

三、隔离开关的操作

高速铁路接触网隔离开关一般是调度端远动操作。从事隔离开关倒闸作业的人员，其安全等级应不低于三级。由于隔离开关触头外露，作业人员可以清楚地观察到它的开、闭状态，检修后应恢复原状。

凡接触网及电力作业人员进行隔离开关倒闸时，都必须有供电调度的命令。对车站、机务段、厂矿等有权操作隔离开关的单位，在向电力调度申请倒闸命令前，要令人应向单位主管负责人办理倒闸手续。遇有危及人身或设备安全的紧急情况，可以不经电力调度批准，先行断开断路器或有条件地断开隔离开关，并立即报告供电调度，但在闭合时必须有供电调度员的命令。

在进行隔离开关倒闸作业时，先由操作人员向供电调度提出申请，经供电调度审查后发布倒闸作业命令，操作人受令复诵，供电调度员确认无误后，方可给命令编号和批准时间。

倒闸人员必须戴好安全帽和绝缘手套，接到倒闸命令后，要迅速准确地进行倒闸，一次开闭到位，中途不得停留和发生冲击。

四、技术标准

（一）隔离开关

（1）隔离开关应动作可靠、转动灵活，转动部分应注以适合当地气候的润滑油。分闸角度及合闸状态应符合产品技术要求，止钉间隙符合规定。

（2）隔离开关触头接触面应平整、光洁无损伤，并涂以导电介质。触头间接触紧密，接触压力均匀，用 0.05 mm×10 mm 的塞尺检查，线接触为 0 mm，面接触不大于 4 mm。

（3）引线和连接线的截面与开关额定电流及所连接接触网当量截面相适应，引线连接良好且不得有接头。引线及连接线应连接牢固接触良好，无破损和烧伤。当接触悬挂受温度变化偏移时，引线的长度应保证有一定的活动余量，并不得侵入限界，引线摆动到极限位置对接地体的距离不小于 350 mm。

（4）支持绝缘子应清洁无破损和放电痕迹，瓷釉剥落面积不超过 300 mm^2。

（5）新安装的隔离开关在投入运行前应做《电气装置安装工程电气设备交接试验标准》（GB50150）进行交接试验，试验合格后方可投入运行。

（6）负荷开关的技术状态应符合产品技术要求。

（二）隔离开关操作机构

（1）隔离开关操作机构应完好无损并加锁。操作时平稳正确，无卡阻和冲击，联锁、限位器作用良好可靠。操作机构箱应密封良好，箱体及托架等无锈蚀并可靠接地。

（2）具有远动操作功能的隔离开关，应能保证当地位及远动位的正常操作。

（3）电动隔离开关操作机构的分合闸电机、接触器等部件状态良好，接线紧固，限位开关位置正确，操作灵活可靠。

（4）驱动装置的电机转向正确，机械系统润滑良好，分、合闸指示器与开关实际位置相符合。驱动装置的电机和传动器的滑动离合器应符合技术要求。

任务二　隔离开关的检查维护

一、作业准备

1. 人员准备

一个作业组（一般不少于 10 人）。

2. 工具准备

工具清单，如表 6-2 所示。

表 6-2　工具清单

序号	名 称	规格或型号	单 位	数 量	备 注
1	挂梯		台	1	
2	脚扣		副	2	
3	卷尺	5 米	把	1	
4	电子坡度尺		把	1	
5	防松胶		瓶	2	
6	照相机		台	1	
7	隔离开关机构箱钥匙		套	1	
8	短接线		组	1	
9	1 000 V 摇表、2 500 V 摇表		块	各 1	
10	塞尺		套	1	

3. 材料准备

材料清单，如表 6-3 所示。

表 6-3　材料清单

序号	名称	规格或型号	单位	数量	备 注
1	螺栓螺母	M10 ~ M12	套	4	
2	电力复合脂		盒	1	
3	贴温片		片	若干	

二、作业流程图

作业流程图，如图 6-2 所示。

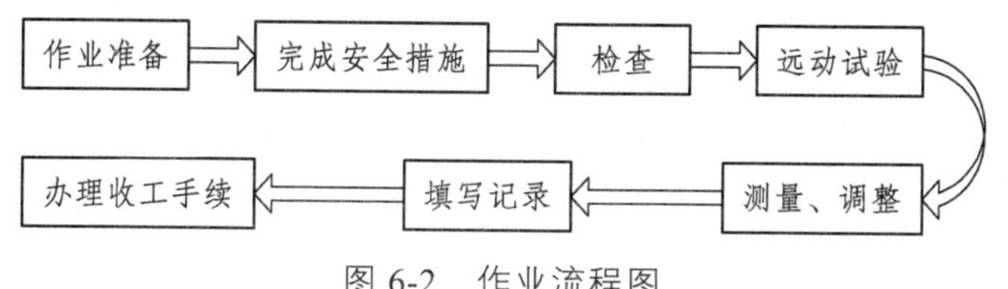

图 6-2　作业流程图

三、隔离开关检修

（一）作业形式

隔离开关检修的作业形式为停电维修。

（二）检修周期

（1）远动 6 个月；
（2）非远动 12 个月。

（三）隔离开关检修内容及标准

1. 斯第华隔离开关

斯第华隔离开关，如图 6-3 所示。

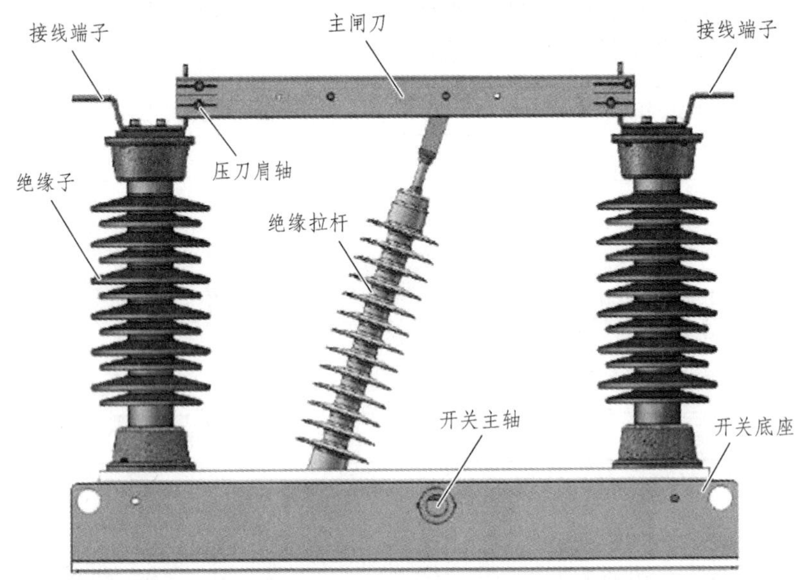

图 6-3　斯第华 SBE 27.5 kV 2 000 A 结构示意图

（1）隔离开关应动作可靠、转动灵活，各部螺栓紧固符合安装要求，如图 6-4 所示。

（2）分闸距离及合闸状态应符合产品技术要求，分、合闸指示器与开关实际位置相符合，如图 6-5 所示。

（3）隔离开关触头接触面应平整、光洁无损伤，并涂以导电介质。触头间接触紧密，接触压力均匀，用 0.05 mm×10 mm 的塞尺检查，线接触为 0 mm，面接触不大于 4 mm，如图 6-6 所示。

（4）支持绝缘子应清洁无破损和放电痕迹，瓷釉剥落面积不超过 300 mm^2，如图 6-7 所示。

（5）引线连接良好且不得有接头。引线及连接线应连接牢固接触良好，无破损和烧伤。当接触悬挂受温度变化偏移时，引线的长度应保证有一定的活动余量并不得侵入限界，引线摆动到极限位置对接地体的距离不小于 350 mm，如图 6-8 所示。

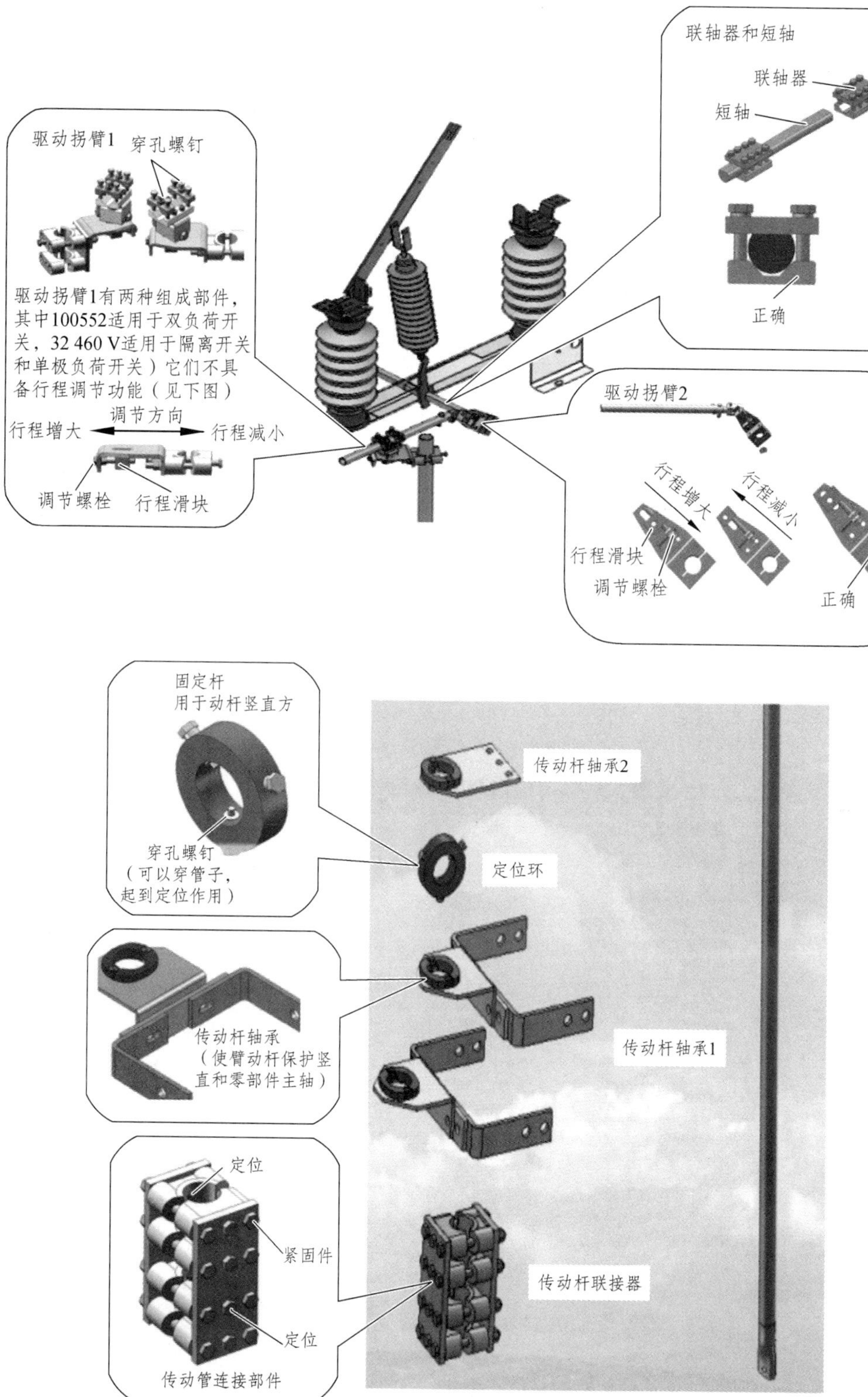

图 6-4　隔离开关各部零件

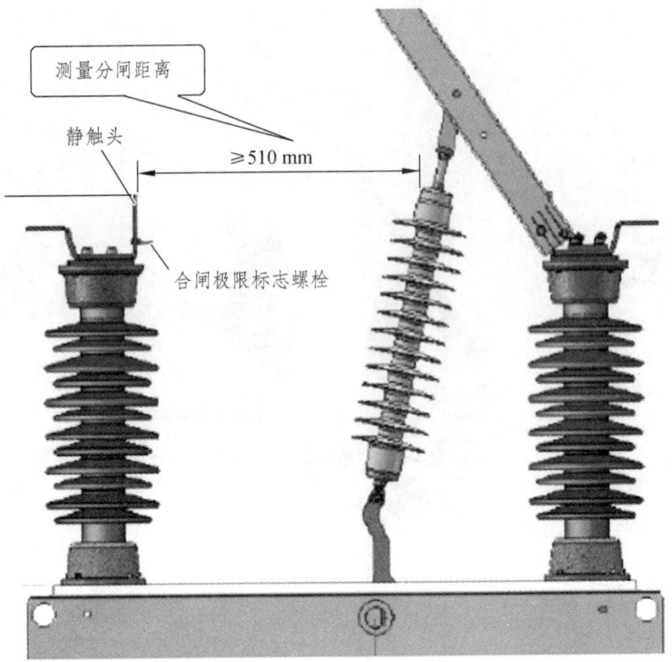

（a）分闸位置图

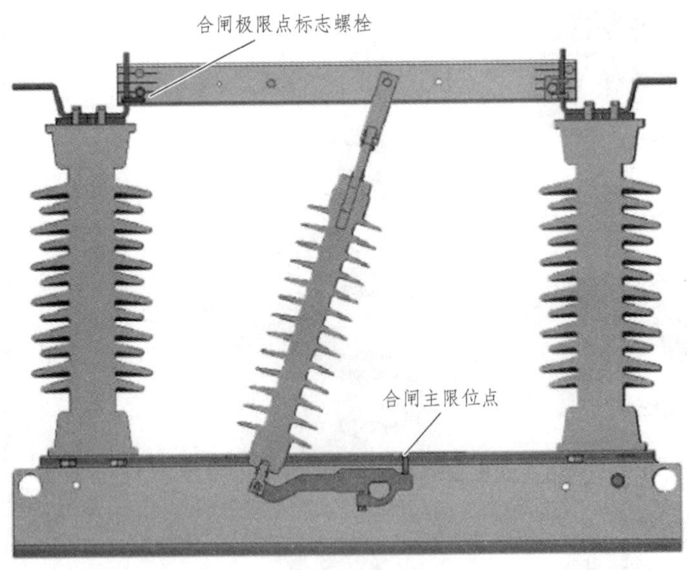

（b）合闸位置图

图 6-5　斯第华 SBE 27.5 kV 2000 A 隔离开关分、合位置图

开关的合闸区域

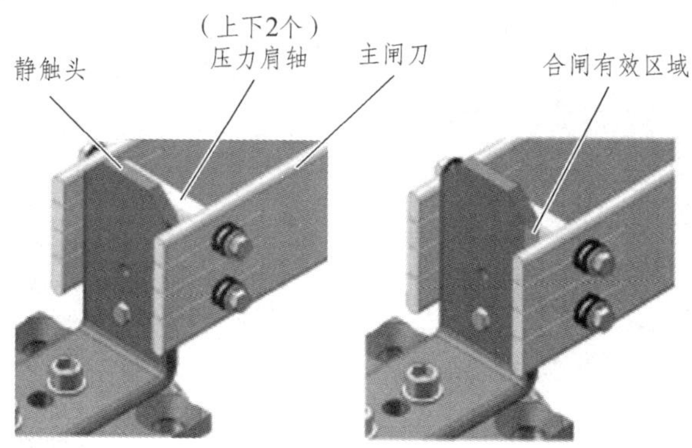

图 6-6　隔离开关触头

图 6-7　隔离开关支持绝缘子

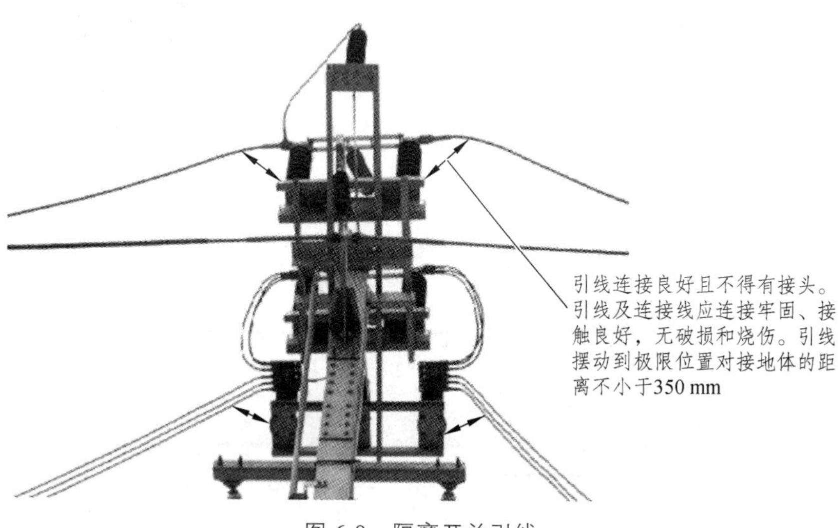

图 6-8　隔离开关引线

（6）检查测温贴片颜色是否正常，对不能测温处所进行粘贴测温贴片，粘贴位置便于线上巡视检查，如图 6-9 中圆圈位置为测温贴片位置。

图 6-9　隔离开关测温贴片

（7）具有远动操作功能的隔离开关，应能保证当地位及远动位的正常操作。隔离开关操作机构应完好无损并加锁。操作时平稳、正确、无卡阻和冲击，联锁、限位器作用良好、可靠。操作机构箱应密封良好，箱体及托架等无锈蚀并可靠接地。分、合闸指示器与开关实际位置相符合，如图 6-10 所示。

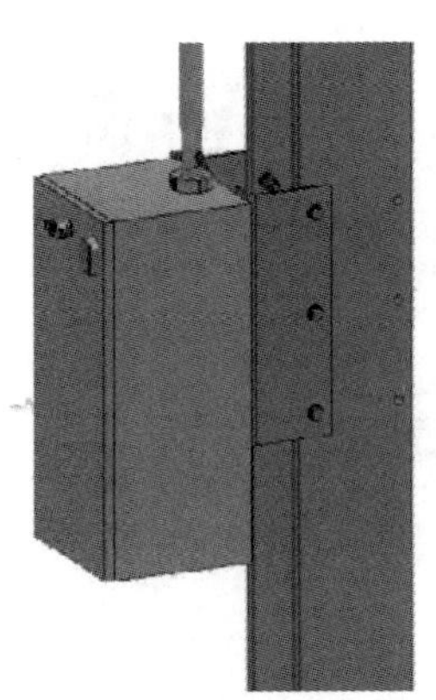

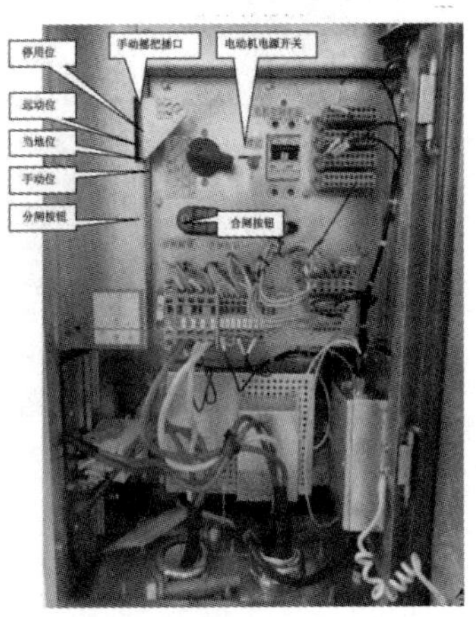

图 6-10　斯第华开关操作机构箱外观及内部结构

2. 新导隔离开关

新导隔离开关，如图 6-11 所示。

图 6-11　新导隔离开关

（1）隔离开关应动作可靠、转动灵活，各部螺栓紧固符合安装要求，如图 6-12 所示。

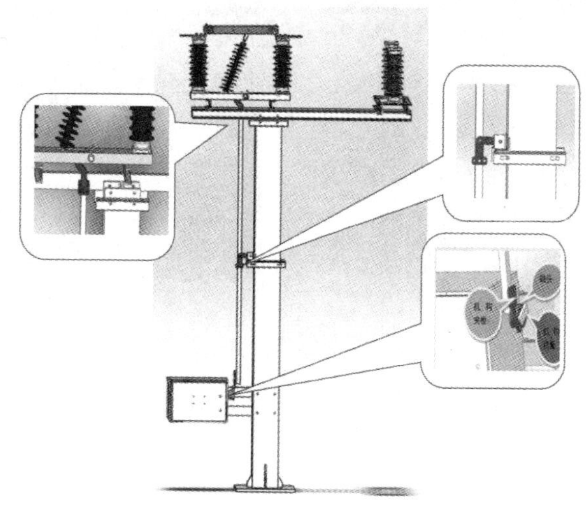

图 6-12　隔离开关传动机构

（2）分闸距离及合闸状态应符合产品技术要求，分、合闸指示器与开关实际位置相符合。隔离开关触头接触面应平整、光洁无损伤，并涂以导电介质。触头间接触紧密，接触压力均匀，用 0.05 mm×10 mm 的塞尺检查，线接触为 0 mm，面接触不大于 4 mm，如图 6-13 所示。

图 6-13　新导隔离开关分合位置图

（3）隔离开关触头接触面应平整、光洁无损伤，并涂以导电介质。触头间接触紧密，接触压力均匀，用 0.05 mm×10 mm 的塞尺检查，线接触为 0 mm，面接触不大于 4 mm，如图 6-14 所示。

（4）支持绝缘子应清洁，无破损和放电痕迹，瓷釉剥落面积不超过 300 mm^2，如图 6-14 所示。

（5）引线连接良好且不得有接头。引线及连接线应连接牢固接触良好，无破损和烧伤。当接触悬挂受温度变化偏移时，引线的长度应保证有一定的活动余量，并不得侵入限界；引线摆动到极限位置，对接地体的距离不小于 350 mm。

（6）检查测温贴片颜色是否正常；对不能测温处所进行粘贴测温贴片；粘贴位置便于线上巡视检查，如图 6-15 所示中圆圈位置为测温贴片位置。

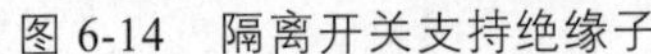

图 6-14　隔离开关支持绝缘子

图 6-15　隔离开关测温贴片

（7）具有远动操作功能的隔离开关，应能保证当地位及远动位的正常操作。隔离开关操作机构应完好无损并加锁。操作时平稳、正确、无卡阻和冲击，联锁、限位器作用良好可靠。操作机构箱应密封良好，箱体及托架等无锈蚀并可靠接地。分、合闸指示器与开关实际位置相符合，如图 6-16 所示。

3. 阿尔斯通隔离开关

（1）隔离开关应动作可靠、转动灵活，各部螺栓紧固符合安装要求。

（2）分闸距离及合闸状态应符合产品技术要求，分、合闸指示器与开关实际位置相符合。

（3）隔离开关触头接触面应平整、光洁无损伤，并涂以导电介质。触头间接触紧密，接触压力均匀，用 0.05 mm×10 mm 的塞尺检查，线接触为 0 mm，面接触不大于 4 mm，如图 6-17 所示。

（4）支持绝缘子应清洁，无破损和放电烧伤痕迹，瓷釉剥落面积不超过 300 mm^2，如图 6-17 所示。

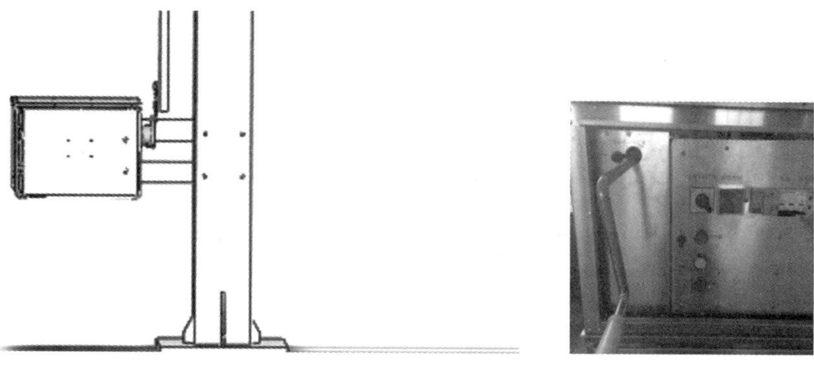

图 6-16　隔离开关远动操作机构

图 6-17　阿尔斯通隔离开关触头、支持绝缘子

（5）引线连接良好且不得有接头。引线及连接线应连接牢固接触良好，无破损和烧伤。当接触悬挂受温度变化偏移时，引线的长度应保证有一定的活动余量并不得侵入限界，引线摆动到极限位置对接地体的距离不小于 350 mm，如图 6-18 所示。

图 6-18　阿尔斯通隔离开关引线

（6）检查测温贴片颜色是否正常，对不能测温处所进行粘贴测温贴片，粘贴位置便于线

上巡视检查，如图 6-19 所示中圆圈位置为测温贴片位置。

图 6-19　阿尔斯通隔离开关测温贴片

（7）具有远动操作功能的隔离开关，应能保证当地位及远动位的正常操作。隔离开关操作机构应完好无损并加锁。操作时平稳、正确、无卡阻和冲击，联锁、限位器作用良好可靠。操作机构箱应密封良好，箱体及托架等无锈蚀并可靠接地。分、合闸指示器与开关实际位置相符合，如图 6-20 所示。

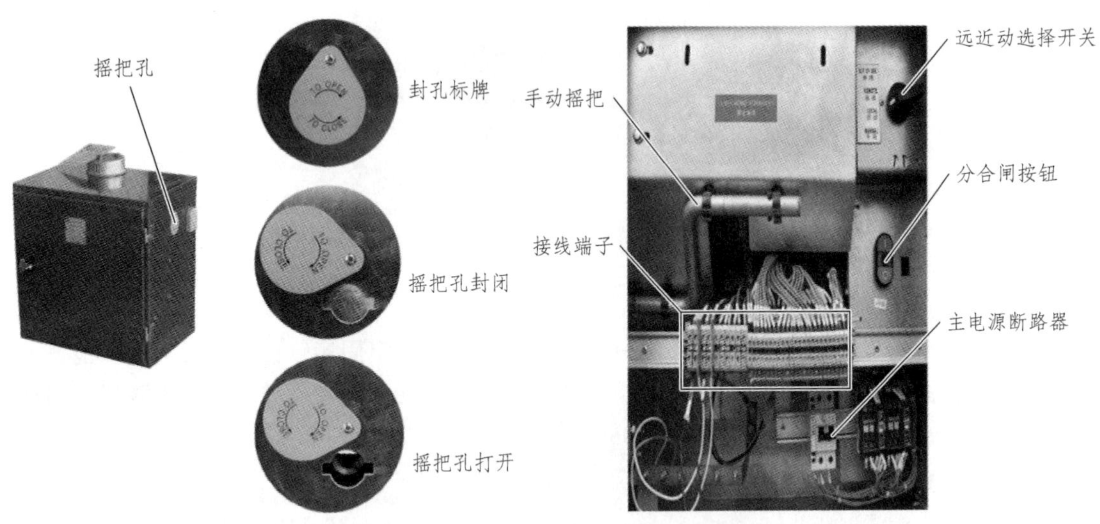

图 6-20　阿尔斯通机构箱外部及内部结构

4. 阿尔斯通隔离开关

阿尔斯通隔离开关，如图 6-21 所示。

（1）隔离开关应动作可靠、转动灵活，各部螺栓紧固符合安装要求。

（2）分闸距离及合闸状态应符合产品技术要求，分、合闸指示器与开关实际位置相符合。

（3）隔离开关触头接触面应平整、光洁无损伤，并涂以导电介质。触头间接触紧密，接触压力均匀，用 0.05 mm×10 mm 的塞尺检查，线接触为 0 mm，面接触不大于 4 mm，如图 6-22 所示。

（4）支持绝缘子应清洁，无破损和放电烧伤痕迹，瓷釉剥落面积不超过 300 mm^2，如图 6-23 所示。

图 6-21　阿尔斯通隔离开关

图 6-22　隔离开关触头

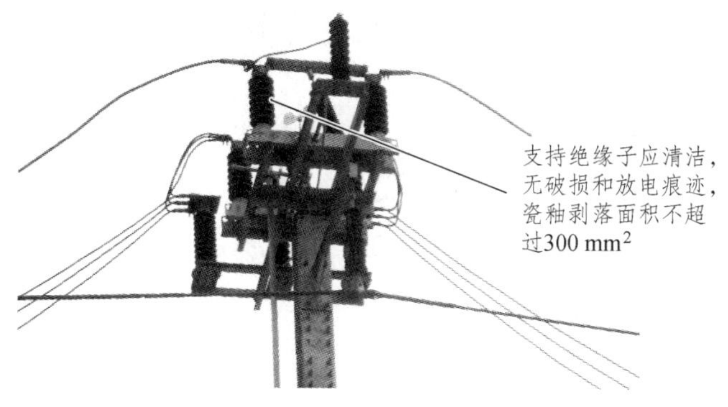

图 6-23　隔离开关支持绝缘子

（5）引线连接良好且不得有接头。引线及连接线应连接牢固接触良好，无破损和烧伤。当接触悬挂受温度变化偏移时，引线的长度应保证有一定的活动余量并不得侵入限界，引线摆动到极限位置对接地体的距离不小于 350 mm，如图 6-24 所示。

（6）检查测温贴片颜色是否正常，对不能测温处所进行粘贴测温贴片，粘贴位置便于线上巡视检查，如图 6-25 中圆圈位置为测温贴片位置。

（7）具有远动操作功能的隔离开关，应能保证当地位及远动位的正常操作。隔离开关操作机构应完好无损并加锁。操作时平稳、正确、无卡阻和冲击，联锁、限位器作用良好可靠。操作机构箱应密封良好，箱体及托架等无锈蚀并可靠接地。分、合闸指示器与开关实际位置相符合。

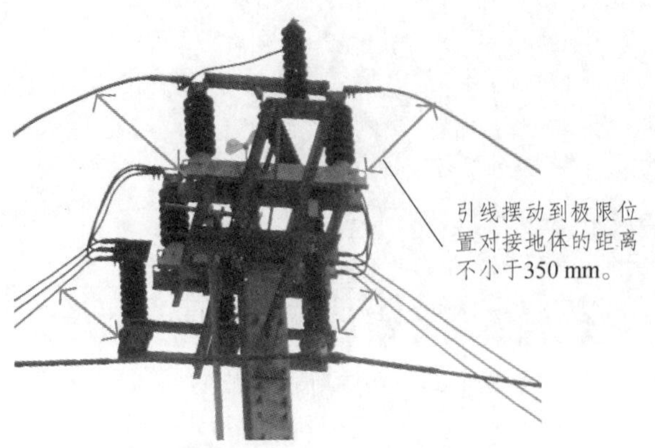

图 6-24　隔离开关引线

图 6-25　隔离开关测温贴片

5. 处理方法

（1）触头有放电烧伤痕迹时可用砂布、棉纱打磨、擦净，然后表面涂一层工业凡士林。

（2）接触面不密贴，调整触头弹簧压力。

（3）合闸不呈直线和分闸距离不符合技术标准时，调整止钉间隙及交叉连杆。

（4）接地刀合闸不到位或过头，分闸不到位，调整接地刀传动拐臂接地连杆的长度。

（5）操作机构不灵活，调整传动杆、上下部托架；转动部件注油。

（6）引线设备线夹接触不良时，清洁打磨，涂电力复合脂按力矩标准紧固。

（7）当引线弛度不符合要求时，调整引线在接触悬挂上的位置。

6. 远动隔离开关分合试验

（1）作业形式：停电维修。

（2）检修周期：远动 6 个月；非远动 12 个月。

（3）工具、材料准备：按照隔离开关检修方式进行。

（4）作业前一天 14:00 之前，将相对应隔离开关远动分合试验作业申请单发送传真至供电调度台。

① 确认已经停电、地线已经接好。

② 作业前与供电调度台联系确认。

③ 开关机构箱进行手动操作、电动操作、远动操作。

a. 手动位调试，如图 6-26 所示。

b. 近动位调试，如图 6-27 所示。

c. 远方位。当隔离开关在当地位调试及变电所远方位调试正常开合后，联系供电调度进行调度端远动调试，如图 6-28 所示。

d. 分合不到位时，人员上网作业进行调整（在分、合过程中严禁上网作业），调整方法参见隔离开关检修部分。

e. 所有作业完毕后，开关恢复原始位置并拍照留存，撤除地线。

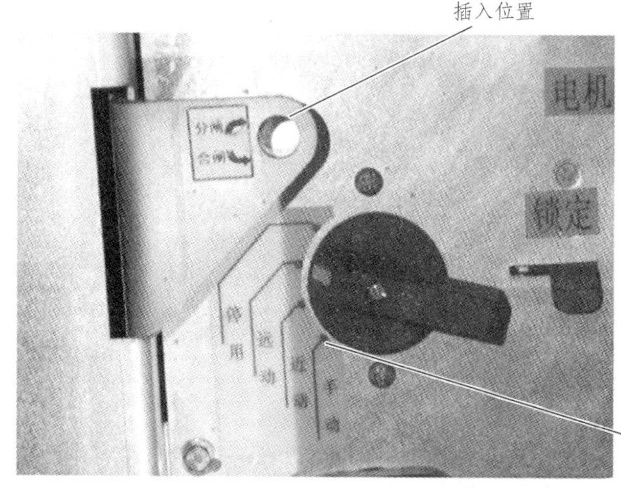

图 6-26　隔离开关手动位

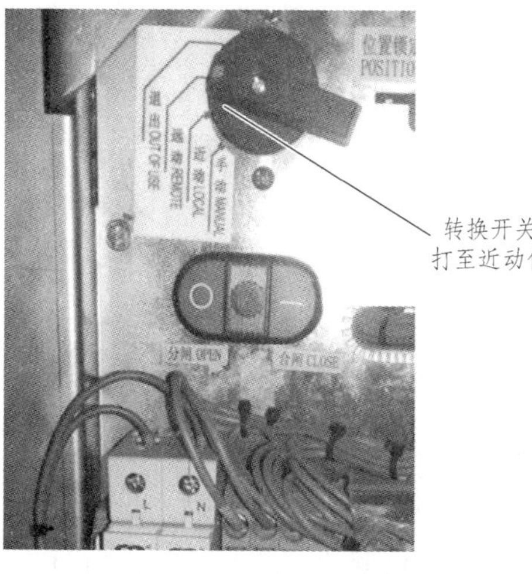

图 6-27　隔离开关近动位

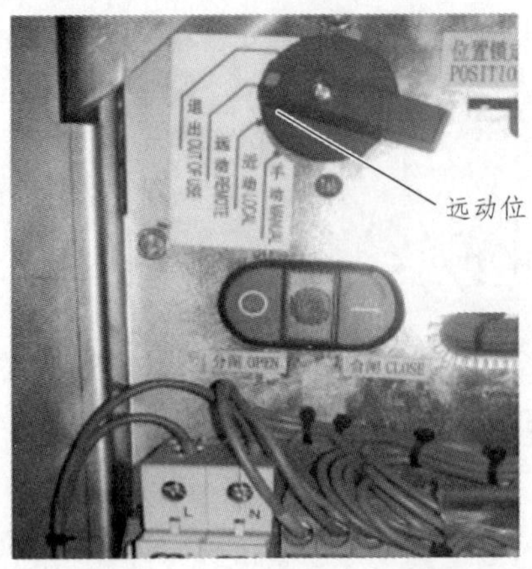

将操作机构转换开关打至远动位

图 6-28　隔离开关远方位

隔离开关的结构、组成视频

隔离开关的检调视频

任务三　接触网电连接的认知

【任务描述】

本任务旨在认识电连接，通过本任务的学习，使学生对电连接有比较全面的认知，为后续任务的执行奠定坚实的基础。

【任务目标】

掌握电连接的结构、作用和类型。

【任务内容】

一、电连接的作用

电连接的作用是将接触悬挂各分段供电间的电路连接起来，保证电路的畅通。通过电连接可实现并联供电，减少电能损耗，提高供电质量。在电气设备与接触网之间，用电连接进行可靠的连接，使设备充分发挥作用、避免出现烧损事故、完成各种供电方式和检修的需要。

高速电气化铁路接触网根据承力索、接触线铅垂线间的距离合理选用电连接线在承力索、接触线间的安装形状，承力索、接触线间的距离小于等于 1 000 mm 时采用“C”形连接的方式，大于 1 000 mm 时采用“S”形连接；电连接两承力索间、开关引线的安装应留有一定的裕度，满足线索因温度变化伸缩的要求，其结构如图 6-29 所示。

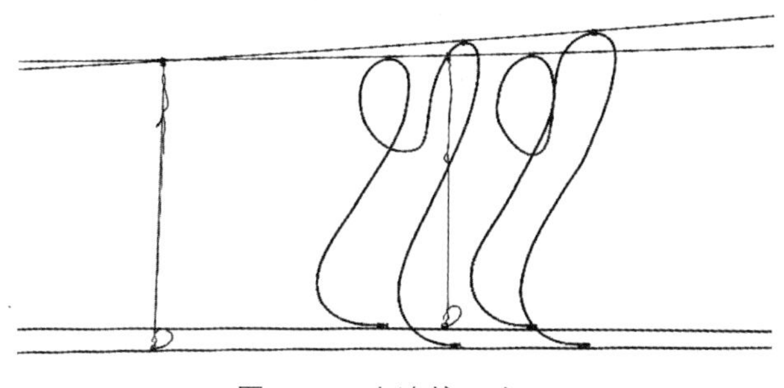

图 6-29　电连接示意图

电连接主要由电连接线、接触线电连接线夹及承力索电连接线夹组成，线夹结构如图 6-30 所示。

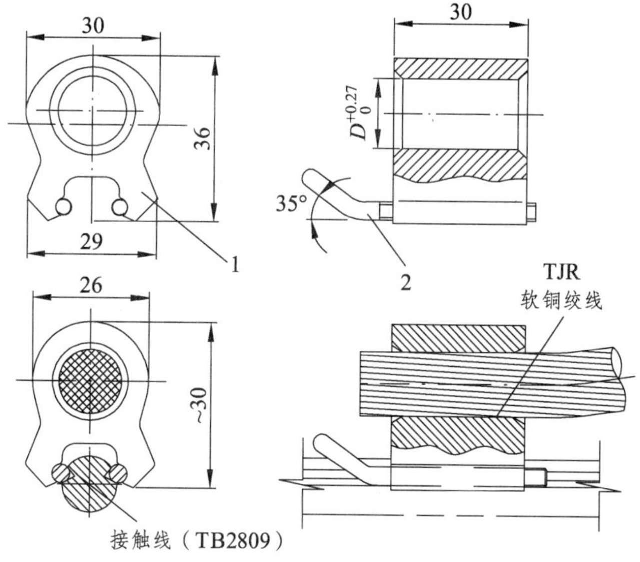

（a）接触线电连接线夹

1—线夹本体；2—U 形销。

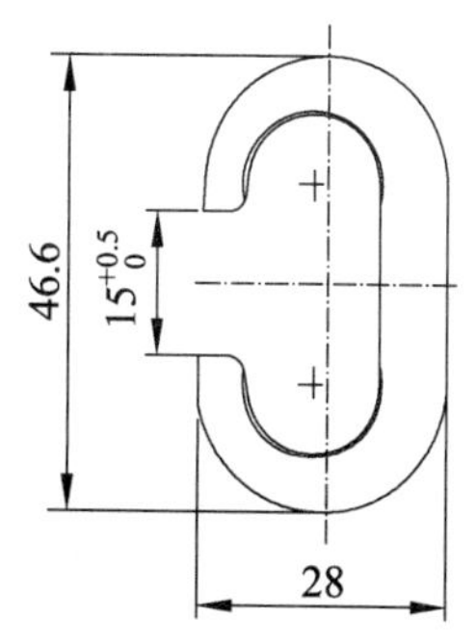

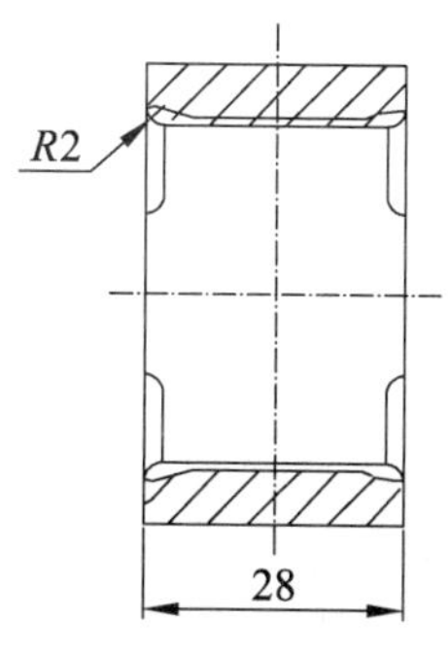

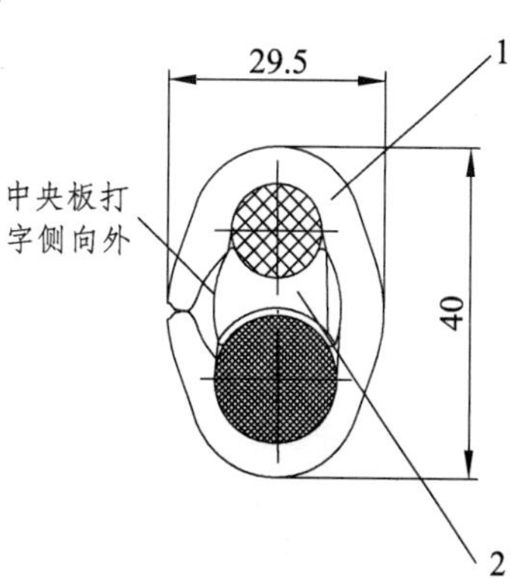

（b）承力索电连接线夹

1—线夹本体；2—压块。

图 6-30　电连接线夹（单位：mm）

电连接线用导电性能好的材料制成，高速铁路接触网一般采用裸铜软绞线 TRJ-95，为保持电连接处的弹性和接触良好，减少硬点。

二、电连接的分类

电连接按照其使用位置的不同一般分为横向电连接、股道电连接、纵向电连接三种。

（一）横向电连接

这种电连接是承力索和接触线之间的连接。横向电连接的主要作用是实现并联供电，起到等电位和或分流的作用。如在载流承力索区段，为使承力索上的电流通过接触线流向受电弓需要每隔 100 ~ 200 m 在承力索与接触线间安装一组横向电连接，其结构如图 6-31 所示。

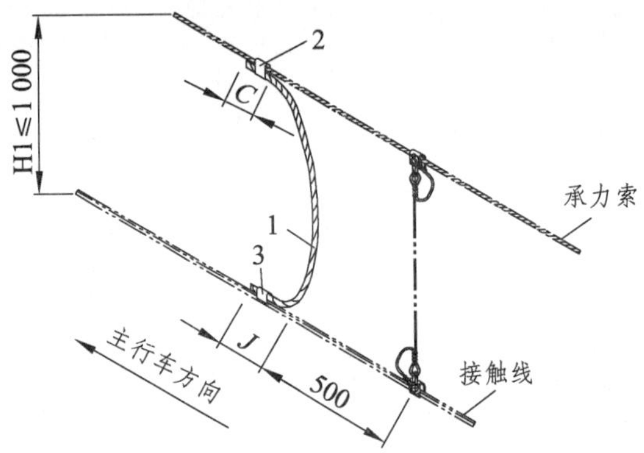

（a）C 形螺栓式横向电连接

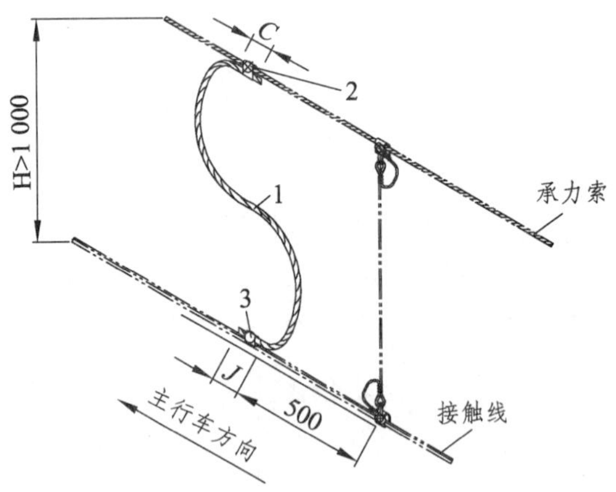

（b）S 形螺栓式横向电连接

图 6-31　横向电连接示意图（单位：mm）

（二）股道电连接

股道电连接的作用是将各股道并联起来，当动车组启动时，多股道接触网并联供电可向动车组提供所需的大电流，如图 6-32 所示。

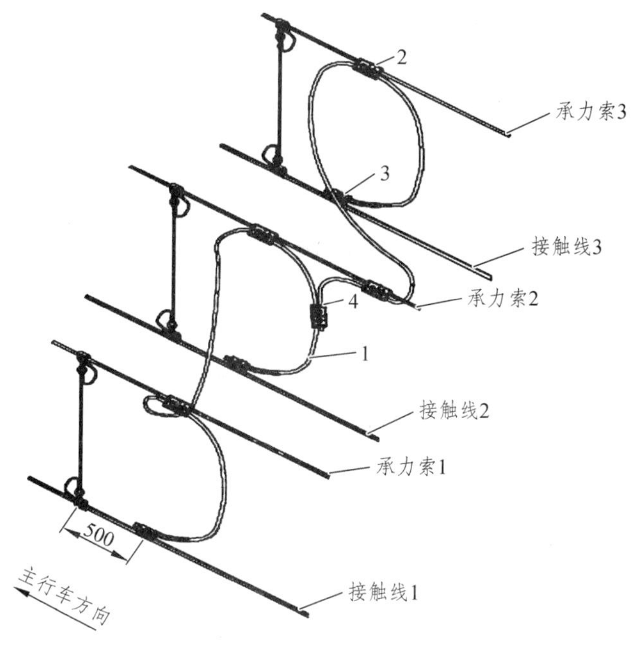

1—电连接线；2—承力索电连接线夹；3—接触线电连接线夹；4—并联线夹；5—整体吊弦。

图 6-32　股道电连接示意图（单位：mm）

（三）纵向电连接

纵向电连接的作用是使供电分段或机械分段处两侧接触悬挂实现电连通，在检修和事故处理时，可通过隔离开关达到电分段的目的。被连接的设备属于串联关系，如该电连接不存在，后端设备将失电。如锚段关节转换柱靠锚柱侧安装的电连接，电分段处隔离开关与接触悬挂间的电连接，线岔处的电连接等都称为纵向电连接，如图 6-33 所示。

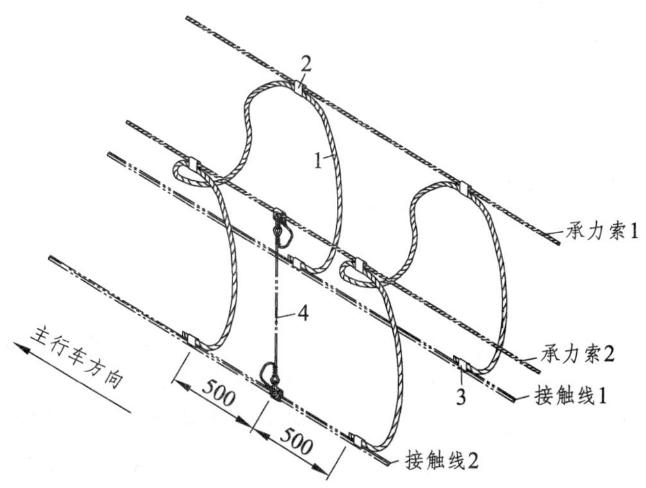

（a）C 形螺栓式道岔、关节电连接

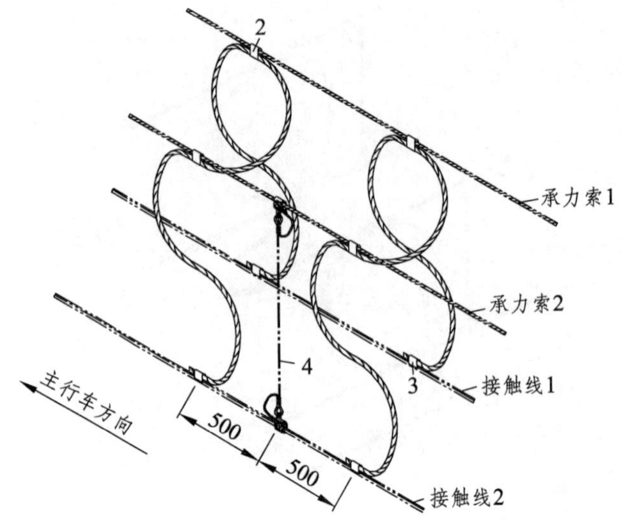

（b）S 形螺栓式道岔、关节电连接

1—电连接线；2—承力索电连接线夹；3—接触线电连接线夹；4—整体吊弦。

图 6-33　纵向电连接示意图（单位：mm）

三、电连接的设置标准

（1）每隔 150 ~ 200 m 安装 1 组横向电连接。

（2）绝缘锚段关节开关侧转换柱与锚柱跨距内的两支悬挂间，装设 2 组纵向电连接器。另一侧转换柱装设 1 组纵向电连接。

（3）非绝缘锚段关节在两转换柱与锚柱跨距内的两支悬挂间，各装设 2 组纵向电连接器，若形成的并行长度超过 3 个跨距时，在中部增设 1 组电连接。

（4）线岔处两支悬挂间，至少装设 1 组电连接器，应设在来电方向。与正线相交的线岔在非来电方向增设 1 组。电连接器的安装位置距离交叉点不超过 10 m。当两支悬挂交叉但未形成线岔，若两支悬挂之间没有电连接器或电连接器超过交叉点距离 50 m 时，应在来电方向安装 1 组电连接器。

（5）分相、分段绝缘器两端第 1 吊弦内侧各安装 1 组横向电连接器（包含分相中性区）。

（6）车站动车组经常起动处同一供电臂的各股道悬挂之间，装设 1 组股道电连接器；供电线在站场股道间上网时，需在上网点安设股道电连接器将各股道连通。重负荷供电臂首端站场，股道电连接设置间隔不大于 500 m；较大型以上的车站应在岔群区增设一组股道电连接，增强岔区交叉线索间的电流转换。

（7）包括区间正线、专用线接触悬挂在与相邻股道无分段绝缘子串隔开的软横跨上时，须将牵出线或专用线接触网在最末端无分段绝缘子串隔开的软横跨（靠牵出方向侧）处装设 1 组股道电连接器；若电连接器安装困难时，应安设 8 节点绝缘子串隔离牵出线。

（8）供电线上网处安装上网电连接器，采用门型上网，避免接头或“T 接”上网；供电线与门型连接。在任何情况下，供电线与承力索不出现直接串联回路关系。

（9）设有分段绝缘器的接触悬挂，当带电侧悬挂在与相邻股道间无分段绝缘子串隔开的硬横跨上时，须在该处安装 1 组股道电连接器。

（10）两支承力索交叉处间隙不应小于 200 mm，小于 200 mm 优先方案按调整处理，调整困难但未摩擦的在两线横向间距 300 mm 处加装一组纵向电连接，防止两线间存在电位差放电，摩擦的两支承力索均加装预型保护条防磨并加装电连接加强此处电流转换，若承力索两支线交叉点附近 10 m 范围内已安设两悬挂电连接时就不需加装。

（11）线岔非支延长一跨落锚时需在下锚跨距内设一组电连接，防止转换柱腕臂受流。

（12）横向电连接（含股道电连接、开关电连接、避雷器电连接）露头统一朝下行方向；线岔电连接露头统一朝交叉点方向；锚段关节电连接露头统一朝转换柱方向。

四、技术标准

电连接位置和数量符合设计要求，安装位置允许偏差±500 mm。

（一）电连接线

（1）承力索、接触线间距≤1 000 mm 时采用 C 形连接的方式；间距＞1 000 mm 时采用 S 形连接。其裕度满足接触线、承力索因温度变化伸缩的要求。

（2）电连接线均要用多股软铜线做成，其额定载流量不小于被连接的接触悬挂、供电线的额定载流量，且不得有接头、压伤和断股现象，电连接线端头外露 10 ~ 20 mm。

（3）对于压接式电连接线夹，电连接线不应有压伤和断股现象。

（二）电连接线夹

（1）电连接线夹的材质和规格须与被连接的线索相适应，优先采用压接式。

（2）电连接线夹与接触线、承力索、供电线之间连接牢固，线夹内无杂物。

（3）承力索、接触线电连接线夹压接后应端正，符合压接标准。接触线电连接线夹在直线处应处于铅垂状态，在曲线处应与接触线的倾斜度一致。

（4）工作支接触线电连接线夹处接触线高度与最近相邻吊弦点高度相等，允许偏差 0 ~ 5 mm。

（5）压接式接触线电连接线夹与线槽契合的 U 形螺纹卡子应平行压接于线槽内，不得跳出接触线线槽。U 形螺纹卡子应保证卡子插入后，另一端露头 1 ~ 3 mm。

（三）接触面

电连接线夹与线索接触面均应涂电力复合脂。

（四）等位线

极限温度条件下，交叉跨越线索间距不足 200 mm 的处所应加装等位线。等位线及其连接线夹应与被连接线索材质匹配，截面积不小于 10 mm^2。

（五）电连接安装方式

1. 横向电连接

承力索和接触线间电连接线长度为 1.1 倍结构高度（1.1h）。横向电连接长度按（1.1h+c+J）下料，其中：c 为电连接线在承力索端安装长度，J 为电连接线在接触线端安装长度。

2. 道岔及关节电连接

道岔及关节电连接在结构高度小于 1 m 时，承力索和接触线间采用 C 形，结构高度大于 1 m 采用 S 形。承力索和接触线间电连接线长度为 1.1 倍结构高度（1.1*h*）。

如两支悬挂同向伸缩，两承力索间电连接线长（TM）=两承力索间距（*c*）+400 mm。

如两支悬挂异向伸缩，两承力索间电连接线长（TM）=两承力索间距（*c*）+温度变化系数（*a*）+400 mm，*a* 值根据两锚段长度之和及承力索间距不同在 500 ~ 1 000 mm 内取值，两锚段长度及承力索间距越大，取值越大。

下料时预留电连接线在承力索及接触线上安装长度。

道岔及关节采用双支电连接时，两电连接线间距 1 000 mm。注意安装后确保两承力索间电连接弛度不应大于结构高度（*h*）的一半。

3. 股道电连接

道岔及关节电连接在承力索和接触线间均采用 C 形安装，承力索和接触线间电连接线长度为 1.1 倍结构高度（1.1*h*）。

如两支悬挂同向伸缩，两承力索间电连接线长（TM）=两承力索间距（*c*）+600 mm;

如两支悬挂异向伸缩，两承力索间电连接线长（TM）=两承力索间距（*c*）+温度变化系数（*a*）+600 mm，*a* 值根据两锚段长度不同在 500 ~ 1 000 mm 内取值。两锚段长度及承力索间距越大，取值越大。

下料时预留电连接线在承力索及接触线上安装长度。注意安装后确保两承力索间电连接弛度不应大于结构高度（*h*）的一半。

任务四　电连接的检查维护

一、作业准备

1. 人员准备

一个作业组（一般不少于 10 人）。

2. 工具准备

工具清单，如表 6-4 所示。

表 6-4　工具清单

序号	名称	规格	单位	数量	备注
1	压接钳（含压接模块）		套	1	
2	梯车		台	1	
3	激光测量仪		台	1	
4	卷尺	5 m	把	1	
5	月牙剪		把	1	
6	照相机		台	1	

3. 材料准备

材料清单，如表 6-5 所示。

表 6-5　材料清单

序号	名 称	规 格	单 位	数 量	备 注
1	接触线压接线夹	T150	个	2	
2	承力索压接线夹	120/95	个	2	
3	软铜绞线	RTJ-95	m	8	
4	电力复合脂		盒	1	
5	贴温片		张	1	
6	电工胶		卷	1	
7	铜扎线	铜制	Kg	若干	

二、作业流程图

作业流程图，如图 6-34 所示。

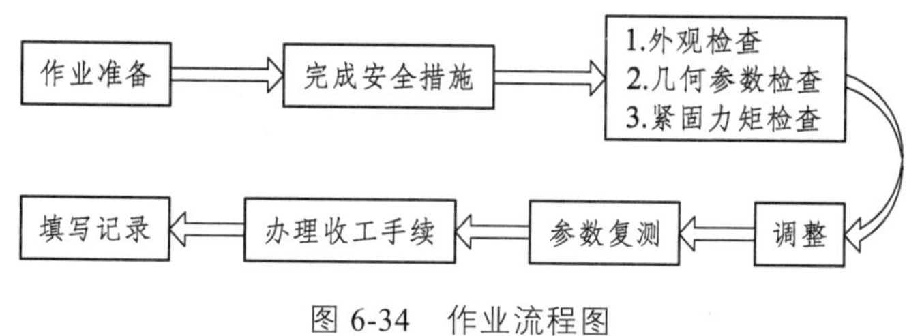

图 6-34　作业流程图

（1）封锁停电天窗作业时间内，使用车梯或作业车高空作业检查线状态。

（2）封锁天窗作业时间内，地面检测线状态。

（3）用热成像仪测量栅栏门外可到达处的线夹温度有无异常等。

三、作业内容与要求

1. 检查方法与标准

（1）电连接线均采用多股软铜线，其额定载流量不小于被连接的接触悬挂、供电线的额定载流量，且不得有接头、压伤和断股现象；位置和数量符合设计要求，安装位置允许偏差 ±500 mm；承力索、接触线间距≤1 000 mm 时采用 C 形连接的方式；间距＞1 000 mm 时采用 S 形连接。其裕度满足接触线、承力索因温度变化伸缩的要求，如图 6-35 所示。

（2）检查接触线线夹下部螺纹卡子应在接触线线槽中，压接密贴；螺纹卡子均应保证卡子从一端插入后，在另一端露头 1 ~ 3 mm，但不得大于 3 mm。卡子不出头或插入过深（露头大于 3 mm）即为不合格，应予以更换，如图 6-36 所示。

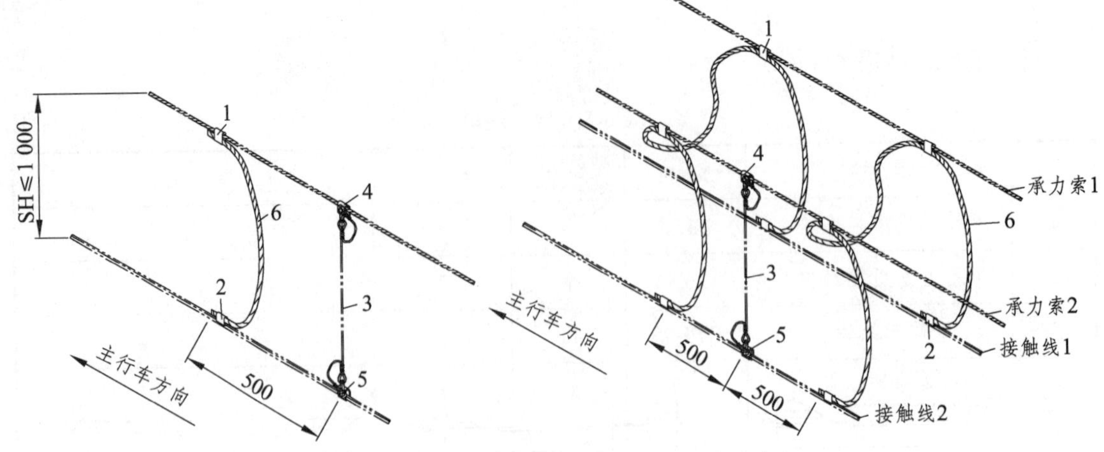

（a）C 形电连接（适用于 $SH \leqslant 1\ 000$ 的地方）

1—电连接线；2—承力索电连接线夹；3—接触线电连接线夹；4—整体吊弦。

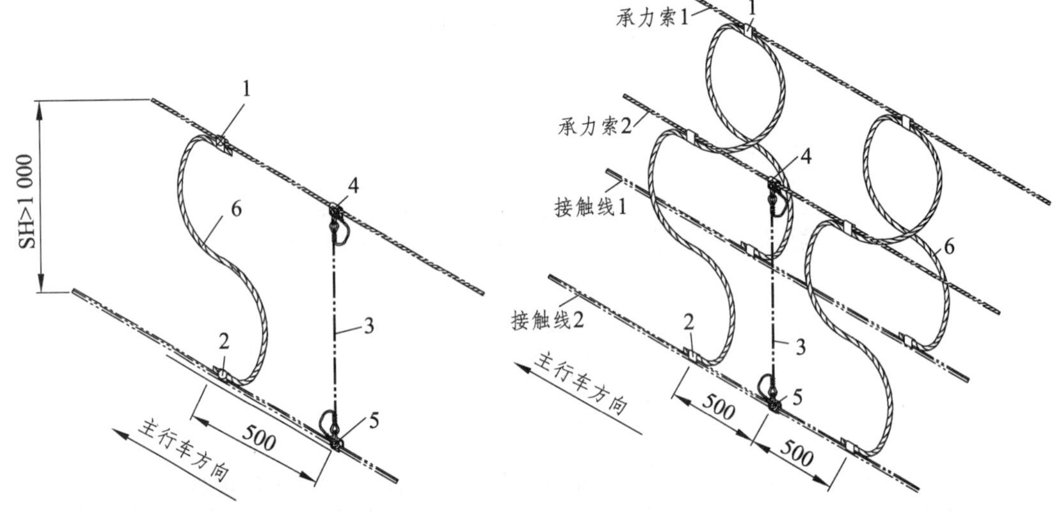

（b）S 形电连接（适用于 $SH>1\ 000$ 的地方）

1—承力索电连接线夹；2—接触线电连接线夹；3—整体吊弦；
4—承力索吊弦线夹；5—接触线吊弦线夹；6—电连接线。

（c）电连接线实物图

图 6-35　电连接线（单位：mm）

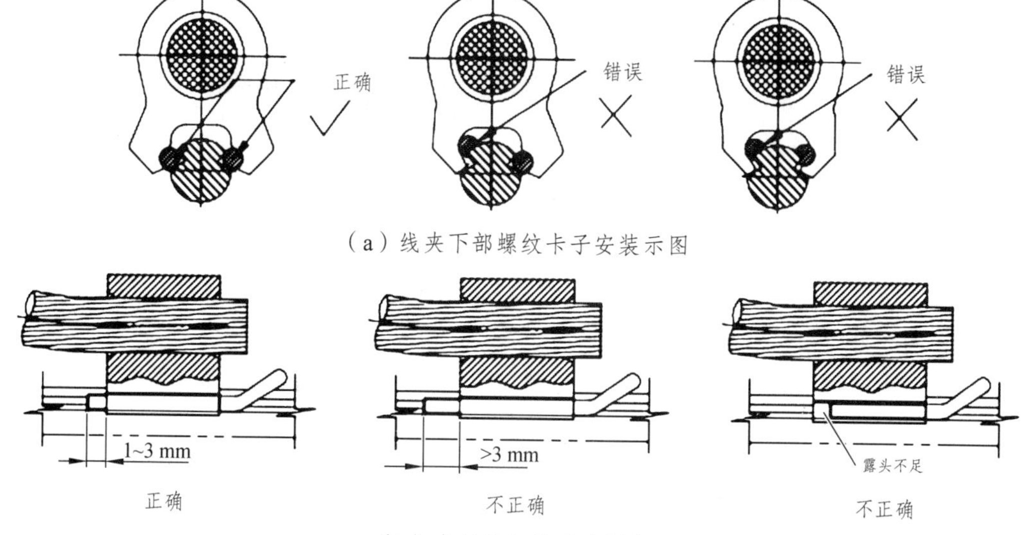

（a）线夹下部螺纹卡子安装示图

（b）卡子插入的正确深度

图 6-36　接触线线夹下部螺纹卡子

（3）检查承力索线夹压接情况、检查衬垫安装是否正确、有无缺失。用手顺线路轻拉，检查接触线线夹是否松动，如图 6-37 所示。

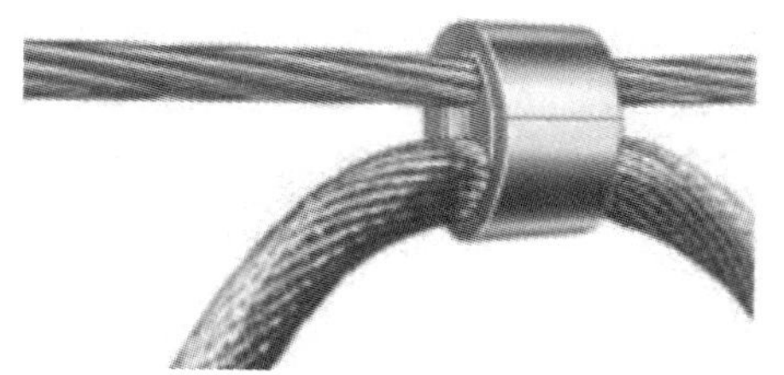

图 6-37　承力索线夹

（4）外观检查软铜绞线是否有断股、散股及烧伤，是否低于接触线，预留弛度是否符合安装标准，如图 6-38 所示。

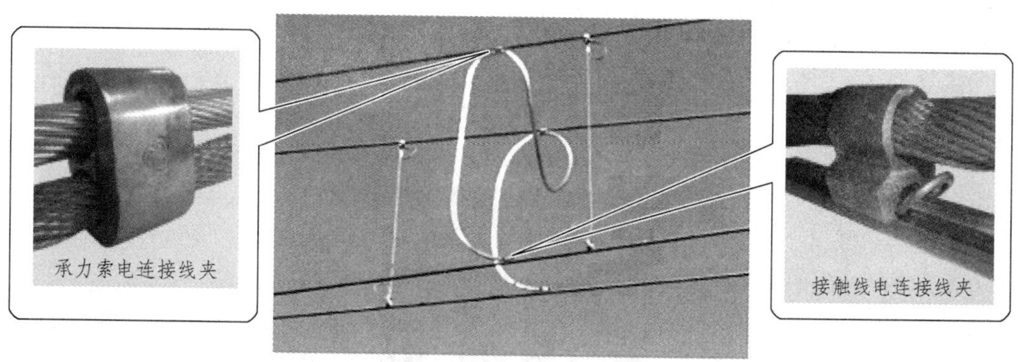

图 6-38　软铜绞线

（5）线夹与接触线、承力索、供电线之间连接牢固，线夹内无杂物，是否有高温灼伤变色痕迹，检查示温片有无变色，如缺失或变色则要重贴示温贴片，粘贴位置便于上线观察，如图 6-39 所示圆圈位置。

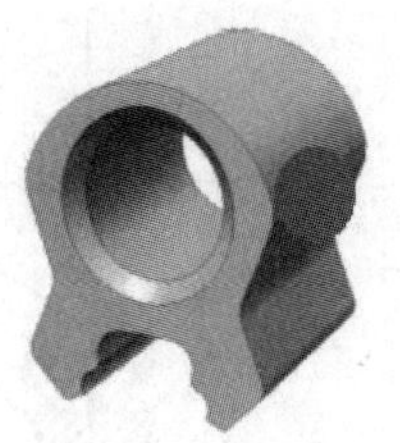

图 6-39　线夹

（6）承力索、接触线线夹压接后应端正，符合压接标准。接触线线夹在直线处应处于铅垂状态，在曲线处应与接触线的倾斜度一致。

（7）工作支接触线线夹处接触线高度与最近相邻吊弦点高度相等，允许偏差 0 ~ 5 mm。

（8）线夹与线索接触面均应涂电力复合脂。

（9）极限温度条件下，交叉跨越线索间距不足 200 mm 的处所应加装等位线。等位线及其连接线夹应与被连接线索材质匹配，截面积不小于 10 mm^2。

① 对破拆和重新压接液压套装进行检查、配件齐全，如图 6-40 所示。

② 检查液压套装电池电量充足。

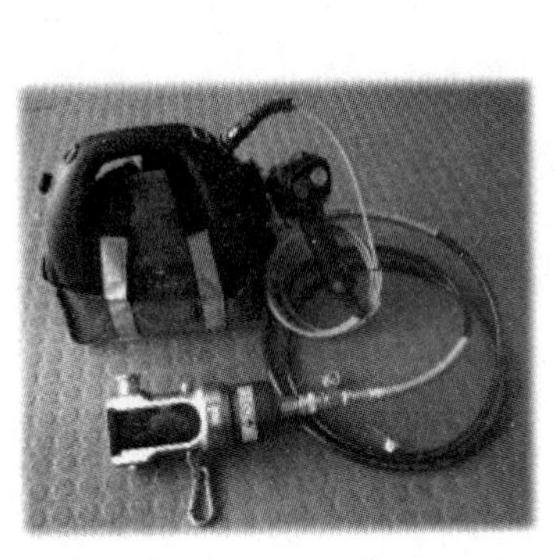

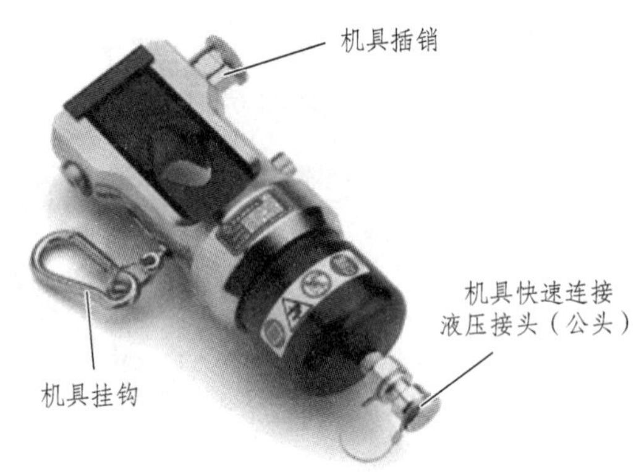

图 6-40　液压套装

③ 破拆承力索和接触线线夹，如图 6-41 所示。

④ 压接作业前准备：

a. 根据安装示意图或装配图材料表检查零部件是否齐全；检查零件是否有影响使用的质量缺陷或变形；各零部件的型号是否一致。

（a）DB2、DB3、线夹和承力索线夹拆除模具

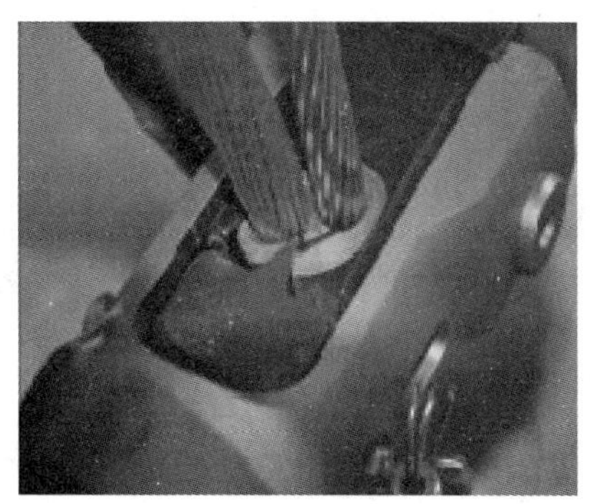

（b）承力索破拆切割位置

（c）接触线破拆切割位置

图 6-41　破拆承力索和接触线线夹

b. 按施工需要裁剪预设规格及长度的线，裁剪线时应用胶带缠绕固定，裁剪部位，并采用带弧形刀口的剪线钳，防止裁剪时线头散开、变形，影响穿线。

c. 准备好专用工具，电动液压泵及配套的压接钳，与需压接线夹以及钳口适配的压接（拆卸）模具。

⑤ 接触线压接程序，如图 6-42 所示。

（a）安装卡子并涂抹导电膏

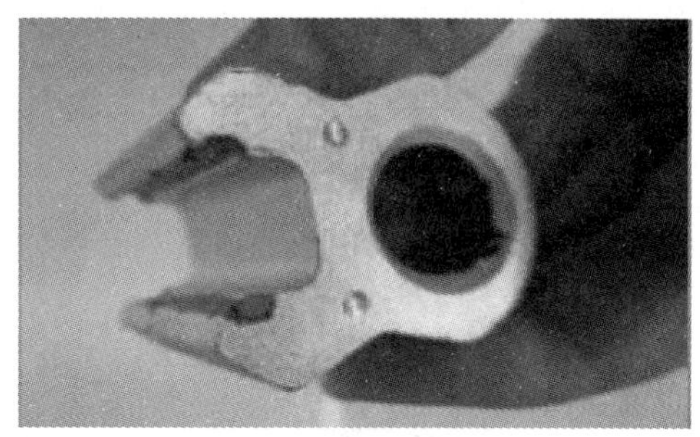

（b）线夹本体涂抹导电膏

注意：导电油脂涂抹后应尽快进行压接，不得在空气中长时间停留，否则导电油脂中的导电金属基元素被氧化，影响线夹的电气性能。一般要求导电油脂在空气中暴露的时间不得超过 30 分钟。

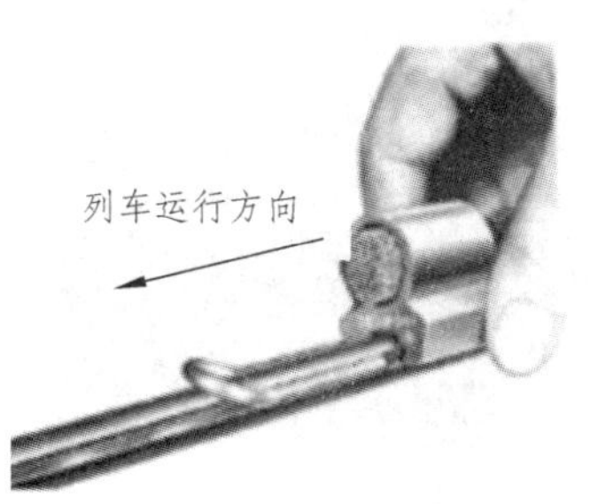

（c）将接触线线夹安装在接触线上

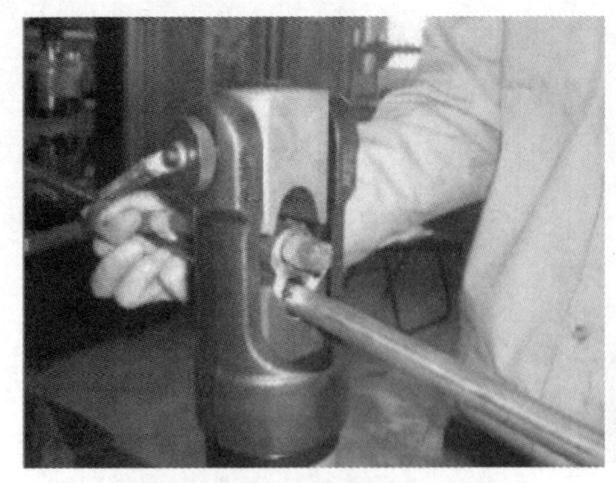

（d）将线夹与接触线进行压接

（e）压接完成后效果

图 6-42　接触线压接

⑥ 承力索压接，如图 6-43 所示。

将线夹本体挂在承力索压接处，线穿过线夹，使线夹本体带有沟槽的一边在直径较小的一侧；穿入中夹板，中夹板两端与线夹本体面平齐，中夹板圆弧应与相应的线索配合，并使打有型号标识的一侧朝外。

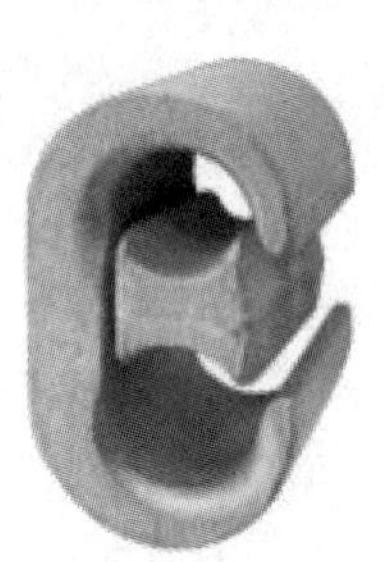

（a）选择配套线夹

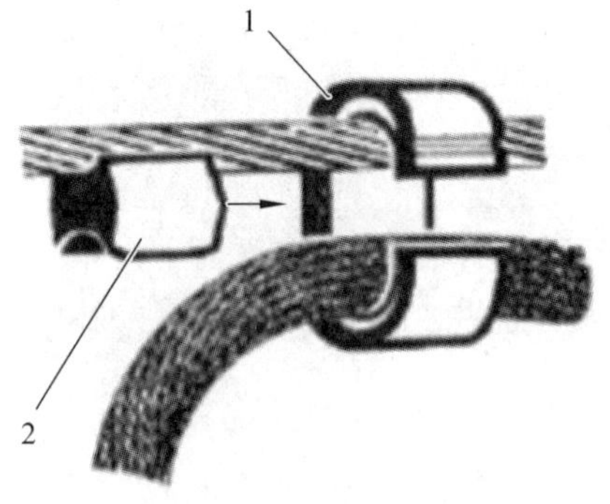

（b）将线夹与线进行安装
1—线夹本体；2—压块。

（c）选择压接模具

（d）压接线夹

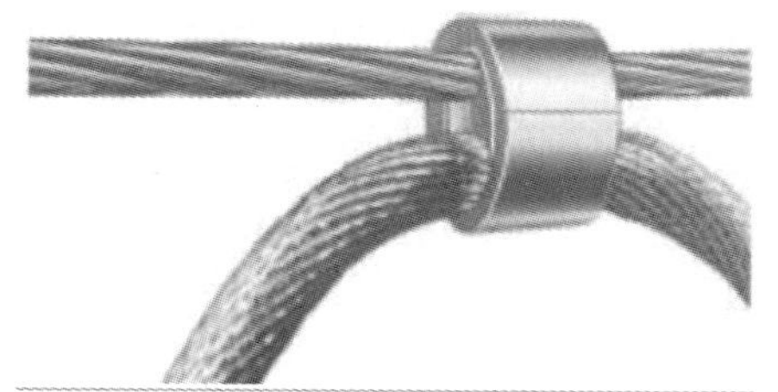

（e）压接后检查压接效果

图 6-43 承力索压接

（10）隔离开关、避雷器引线连接线及设备线夹的状态。

① 开关引线和连接线的截面与开关额定电流及所连接接触网当量截面相适应，引线连接良好且不得有接头。引线及连接线应连接牢固接触良好，无破损和烧伤。当接触悬挂受温度变化偏移时，引线的长度应保证有一定的活动余量且不得侵入限界，引线摆动到极限位置对接地体的距离不小于 350 mm。当距地不满足安全要求时，可通过重新安装引线连接位置进行调整，调整量满足温度变化要求，如图 6-44 所示。

（a）隔离开关 T 线侧开关引线

（b）隔离开关 AF 线侧开关引线

（c）避雷器高压侧引线

（d）电缆转架空引线

图 6-44 开关引线

② 设备线夹检查，如图 6-45 所示。

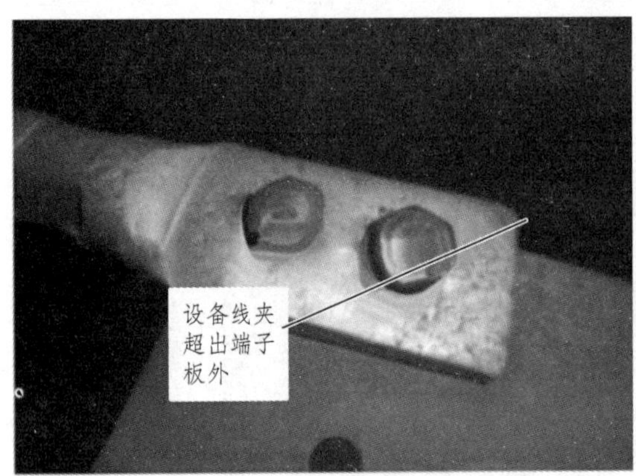

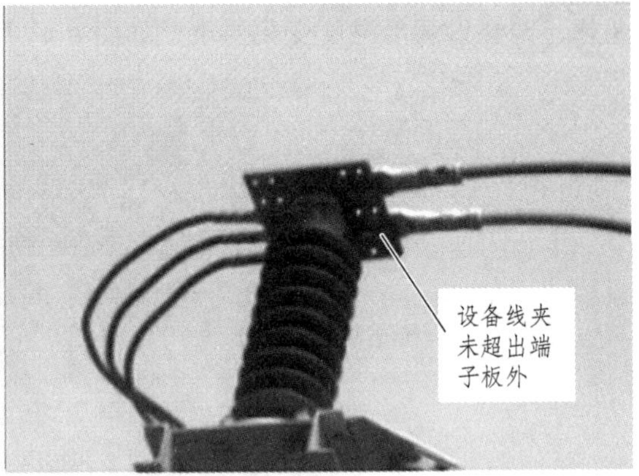

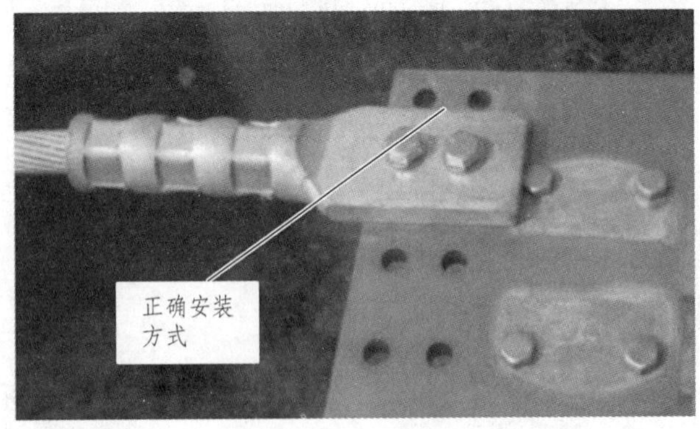

图 6-45 线夹检查

③ 母排处电缆头及设备线夹安装方式检查，如图 6-46 所示。

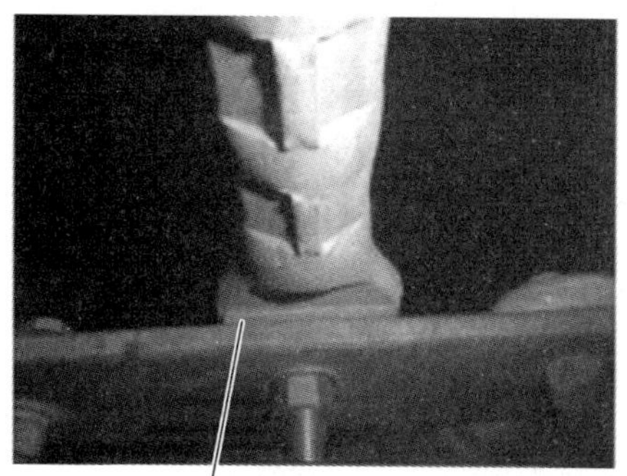

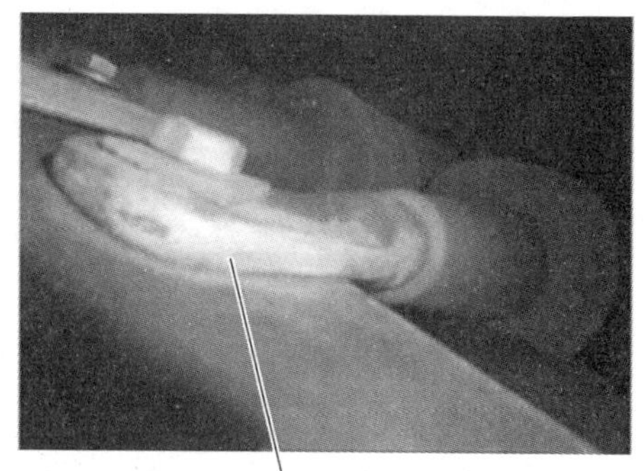

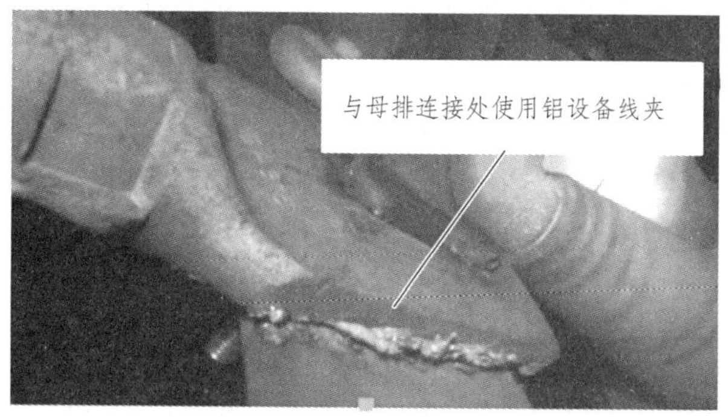

图 6-46　母排处电缆头及设备线夹安装

四、安全注意事项

（1）严格执行“两纪一化”等基本安全制度。

（2）严格执行群体作业、专人防护制度，作业人员必须服从行车防护员指挥，一旦来车能及时撤离线路，防止发生车辆伤害。

（3）严禁脚踩定位器、定位管、接触线。

（4）严禁使用作业车平台将接触线向上顶起。

（5）夜间作业必须严格执行夜间作业劳动安全规定。

（6）作业中应做好工具材料保管工作，不得抛掷工具材料，作业完毕必须工完料清，撤出栅栏外时对工具材料清点一遍。

（7）应采用专用拆除工具彻底拆除整套装置，重新更换、安装包括承力索线夹在内的一组装置。

（8）更换下来的线夹不能再使用。

电连接的检查维护
视频

思考练习题

一、填空题

1. 隔离开关在分闸状态下有明显的______________。
2. 因隔离开关没有灭弧装置、不能切断负荷电流和__________________。
3. 高速铁路接触网隔离开关一般采用______________________ 控制方式。
4. 隔离开关按安装地点，可分为户内型和________________。
5. 按隔离开关的极数，可分为单极和____________隔离开关。
6. 按隔离开关的操作机构，可分为手动和_________________两种。
7. 高速接触网隔离开关主要采用_________________隔离开关。
8. 从事隔离开关倒闸作业的人员，其安全等级应不低于__________级。
9. 凡接触网及电力作业人员进行隔离开关倒闸时，都必须有 ___________的命令。
10. 的作用是将接触悬挂各分段供电间的______________连接起来。
11. 通过可实现_____________供电，减少电能损耗。
12. 承力索、接触线间的距离小于等于 1 000 mm 时，采用____________形连接的方式。
13. 承力索、接触线间的距离大于 1 000 mm 时，采用_______________形连接的方式。
14. 线用导电性能好的材料制成，高速接触网一般采用______________绞线。
15. 按照其使用位置的不同一般分为横向、_____________、纵向三种。
16. 横向的主要作用是实现________________，起到等位和或分流的作用。
17. 股道的作用是将______________并联起来。
18. 纵向的作用是使_______________________两侧接触悬挂实现电连通。
19. 每隔___________米安装 1 组横向。

二、选择题

1. 下列对隔离开关描述错误的是（　　）。

   A. 有灭弧装置　　B. 不能切断负荷电流　　C. 不能切断短路电流

2. 27.5 kV 单（双）极电动隔离开关的额定工作电压为（　　）。

   A. 25 kV　　B. 27.5 kV　　C. 31.5 kV

3. 下列情况中可以不经电力调度批准，先行断开断路器是（　　）。

   A. 有危及人身或设备安全的紧急情况　　B. 出现短路故障

   C. 出现断线事故

4. 在载流承力索区段每隔 100 ~ 200 m 在承力索与接触线间安装一组（　　）。

   A. 横向　　B. 股道　　C. 纵向

5. 下列哪些属于纵向电连接。（　　）

   A. 锚段关节转换柱安装的电连接

   B. 电分段处隔离开关与接触悬挂间的电连接

   C. 接触线和承力索间的电连接

6. 绝缘锚段关节开关侧转换柱与锚柱跨距内的两支悬挂间，应装设（　　）组纵向器。

A. 1　　B. 2　　C. 3

7. 非绝缘锚段关节在两转换柱与锚柱跨距内的两支悬挂间，各装设（　　）组纵向器。

A. 1　　B. 2　　C. 3

8. 分相、分段绝缘器两端第 1 吊弦内侧各安装（　　）组横向器。

A. 1　　B. 2　　C. 3

三、判断题

1. 隔离开关在合闸状态下能可靠地通过额定电流和短路电流。(　　)
2. 隔离开关能切断负荷电流和短路电流。(　　)
3. 隔离开关引线不得有接头。(　　)
4. 高速铁路接触网隔离开关一般是就地操作。(　　)
5. 在闭合隔离开关时，不须有供电调度员的命令。(　　)
6. 隔离开关的支持绝缘子应清洁无破损和放电痕迹，瓷釉剥落面积不超过 400 mm^2。(　　)
7. 承力索、接触线间的距离小于等于 1 000 mm 时采用 S 形连接的方式。(　　)
8. 横向的主要作用是实现串联供电。(　　)
9. 被纵向连接的设备属于并联关系。(　　)
10. 非绝缘锚段关节若形成的并行长度超过 3 个跨距时，在中部增设 1 组。(　　)
11. 线岔处两支悬挂间，至少装设 1 组器，应设在来电方向。(　　)
12. 线端头应外露 10 ~ 20 mm。(　　)
13. 工作支接触线线夹处接触线高度与最近相邻吊弦点高度相等。(　　)
14. 承力索和接触线间线长度为 1.1 倍结构高度。(　　)
15. 线夹与线索接触面均应涂电力复合脂。(　　)

四、论述题

1. 隔离开关检查维护时的注意事项有哪些?

项目七
接触网补偿装置

任务一　接触网补偿装置的认知

【任务描述】

本任务旨在认识接触网补偿装置，通过本任务的学习，使学生对接触网补偿装置有比较全面的认识，为后续任务的执行奠定坚实的基础。

【任务目标】

（1）掌握接触网补偿装置的结构、作用和类型。

（2）掌握棘轮补偿装置的特点，*a*、*b* 值的计算

【任务内容】

接触网补偿装置，又称张力自动补偿器，它安装在锚段的两端，作用是补偿线索内的张力变化，使张力保持恒定。接触网补偿装置是自动调节接触线和承力索张力的补偿器及其制动装置的总称。

一、补偿装置的作用

当温度变化时，线索发生热胀冷缩而伸长或缩短。由于在锚段两端线索下锚处安装了补偿器，在坠砣串重力的作用下，能够自动调整线索的张力并保持线索弛度满足技术要求，从而使接触悬挂的稳定性与弹性得到改善，提高了接触网运营质量。

二、补偿装置的要求

（1）补偿装置应灵活，在线索内的张力发生缓慢变化时，应能及时补偿。

（2）具有断线制动功能，一旦发生断线事故或其他异常情况，线索内的张力迅速发生变化时，通过制动装置进行快速制动，防止坠砣串落地而造成事故扩大、恢复困难。

三、棘轮式补偿装置

高速铁路接触网主要采用棘轮式补偿装置。

棘轮式补偿装置是目前高速铁路接触网主要采用的补偿装置，主要由棘轮、下锚安装底座、棘轮连接架、平衡轮、补偿绳、补偿绳连接线夹、坠砣限制架、坠砣、坠砣杆、坠砣抱

箍组成。适用于电气化铁道接触网正线或站线、地铁线路、城市地铁、轻轨等下锚处补偿调整张力。它能确保接触线或承力索承受合适和持续的补偿力，并有断线制动功能，可防止在断线后坠砣落地而损坏下部设施及造成的其他伤害，其结构如图 7-1 所示。

（a）棘轮式补偿装置实物图

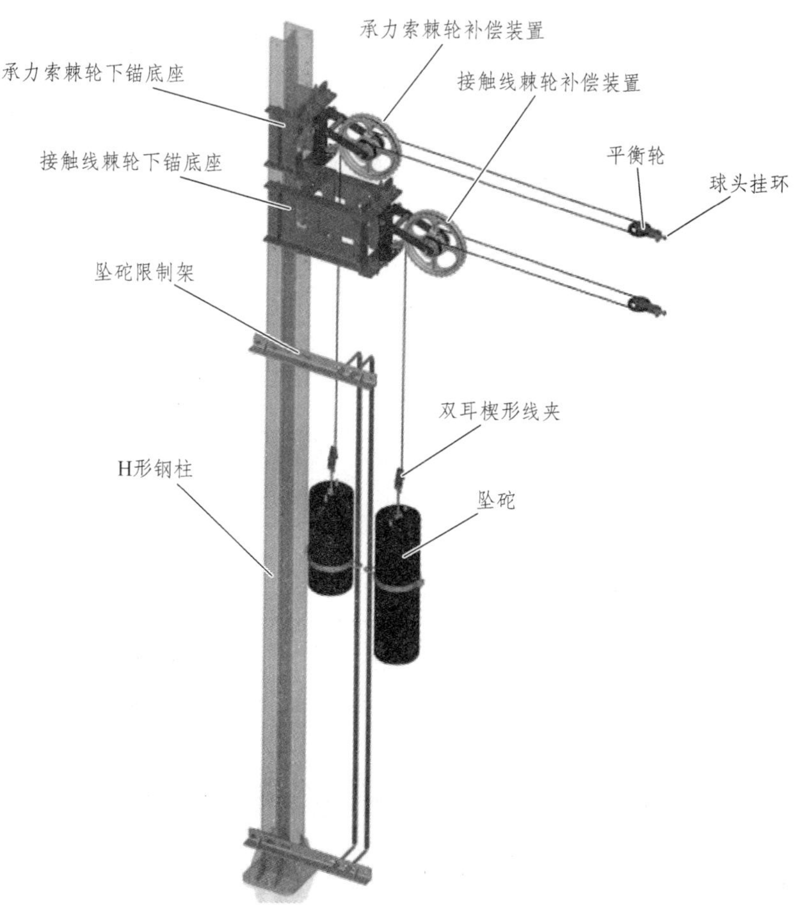

（b）棘轮式补偿装置示意图

图 7-1　棘轮式补偿装置

棘轮本体大轮直径为 566 mm，小轮直径为 170 mm，结构如图 7-2 所示，传动比为 1∶3，补偿绳为柔性不锈钢丝绳，比普通不锈钢丝绳性能更好，工作荷重有 30 kN、36 kN 两种。

图 7-2　棘轮示意图

棘轮式补偿装置主要优点是具有断线制动功能，棘轮可以自由转动；当线索断裂后，棘轮和坠砣在重力作用下下落，棘齿卡在制动卡块上，从而可以有效地缩小事故范围、防止坠砣下落侵入限界。棘轮装置的棘轮与其他工作轮共为一体，可以解决空间受限时的补偿问题，其主要技术性能如表 7-1 所示。

表 7-1　棘轮式补偿装置主要技术性能

序号	性能指标	单　位	备 注
1	补偿张力	kN	相应接触线或承力索工作张力的 1.05 倍
2	棘轮补偿装置的破坏荷载	kN	不小于最大工作荷重的 3 倍
3	传动比		1∶3
4	导线最大补偿温度范围	K	100
5	传动效率	%	≥97
6	断线时，坠陀下落距离	mm	≤200
7	抗震动及抗疲劳能力		应满足 TB/T 2073 及 TB/T 2075 的要求。
8	其他力学性能		应满足 TB/T 2075 中相关要求

棘轮式补偿装置与滑轮式补偿装置相比，具有占用空间少、转动灵活、传动效率高、防腐性能好、使用寿命长等优点，但由于棘轮本体形状复杂、轮径大、薄壁部位多，对生产制造设备和工艺要求较高，价格偏贵。

四、棘轮补偿器的 a、b 值

补偿器靠坠砣串的重力使线索的张力保持平衡。当温度变化时，线索的伸缩使坠砣串上升和下降，当坠砣串升降超出允许范围时，如下降过多使坠砣串底面接触地面或上升过多使坠砣杆耳环孔卡在棘轮齿中，都会使补偿器失去补偿作用。因此用补偿器的 a、b 值来限定坠砣串的升降范围。

a 值：坠砣杆耳环孔中心至棘轮大轮下沿的距离为 *a* 值。

b 值：坠砣串最下一块坠砣的底面至地面（或基础面）的距离称为补偿器的 *b* 值。

补偿器 *a*、*b* 值随温度变化而发生变化，接触线和承力索补偿器的 *a*、*b* 值不相等。为了使补偿器不失去补偿作用，对补偿器 *a*、*b* 值提出以下要求：

在最低温度时，*a* 值应大于零：最高温度时，*b* 值应大于零。《接触网运行检修规程》规定，补偿器 *a*、*b* 值的最小值不小于 200 mm，进行接触网设计时，规定 *a*、*b* 值不小于 300 mm。

a、*b* 值的计算及坠砣的安装曲线（如图 7-3 所示）：

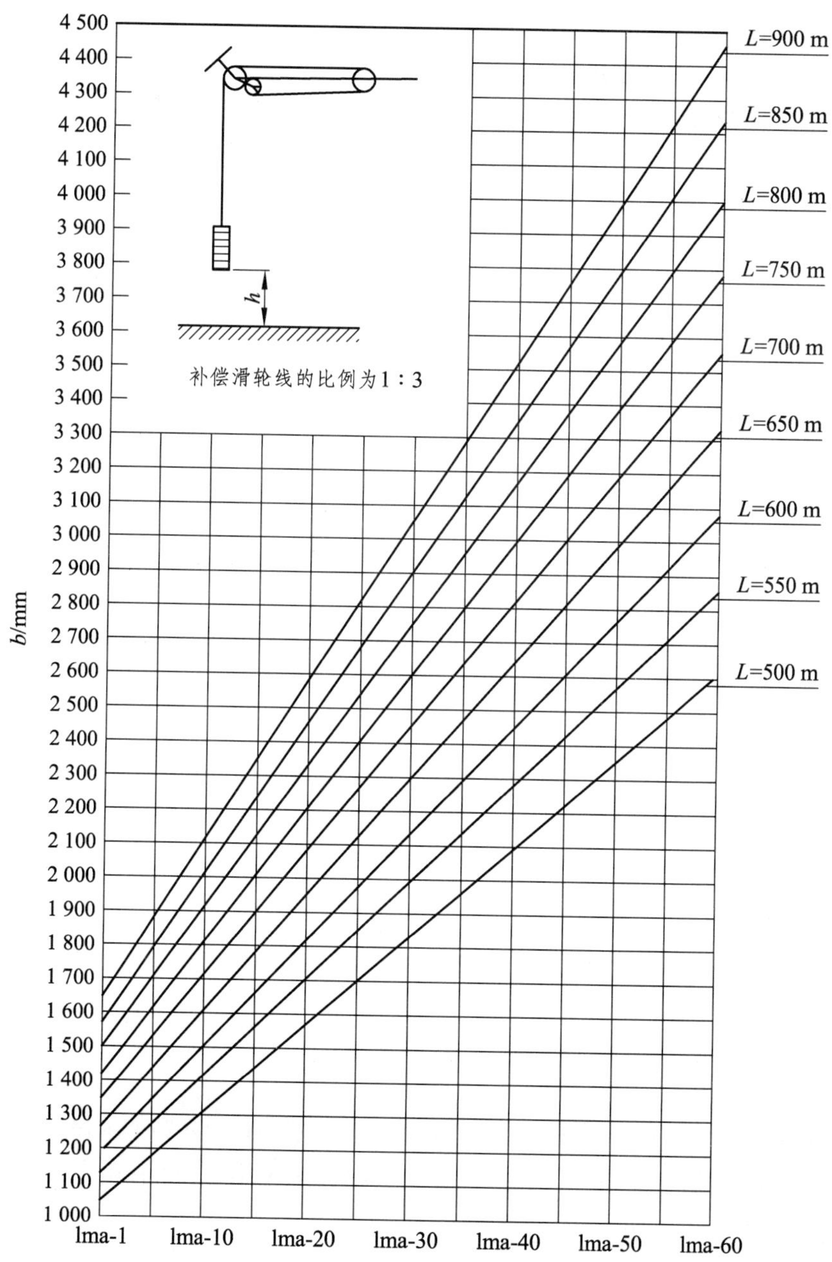

图 7-3　新架设 CHTA-120 银铜合金接触线补偿器安装曲线图

$$a = a_{min} + nL\alpha(t_x - t_{min}) \tag{7-1}$$

$$b = b_{min} + nL\alpha(t_{max} - t_x) \tag{7-2}$$

式中 a_{min}——设计时规定的最小值（mm）；

b_{min}——设计时规定的最小值（mm）；

t_{min}——设计时采用的最低气温（°C）；

t_{max}——设计时采用的最高气温（°C）；

t_x——安装或调整作业时的温度（°C）；

n——补偿滑轮传动系数（即传动比的倒数）；

L——锚段内中心锚结至补偿器间距离（mm）；

α——线索的线胀系数（$°C^{-1}$）。

五、技术标准

1. a、b 值

标准值：设计值；

标准状态：标准值±100 mm；

警示值：标准值±200 mm；

限界值：200 mm。

2. 坠砣

（1）坠砣宜采用铁质或高密度复合坠砣。

（2）坠砣块应完整，自上而下编号且叠码整齐，其缺口相互错开 180°。坠砣串的质量（包括坠砣杆的质量）符合规定，整串质量偏差小于 1%。

（3）限制器的安装位置应满足坠砣升降变化要求。山谷口、高路堤（一般指高出自然地面 5 m）、高架桥等“风口”地段，宜采用防风型坠砣限制架。

3. 补偿绳

（1）补偿绳不得有散股、断股、接头现象，且不得扭绞，不得与其他部件、线索相摩擦。

（2）棘轮装置大、小轮缠绕补偿绳符合要求。

（3）承力索、接触线两下锚绝缘子串应对齐，允许偏差为±100 mm。

4. 滑轮补偿装置

（1）滑轮补偿装置安装正确，本体无裂纹、变形，转动灵活无卡滞（用手托动坠砣串能上下自由移动）。

（2）对需要加注润滑油的补偿滑轮，应按产品规定的期限加注润滑油，没有规定者至少 3 年一次。

（3）下锚角钢安装水平。定滑轮应保持铅垂状态，动滑轮偏转角度不得大于 45°。

（4）同一补偿装置的两补偿滑轮的间距，任何情况下不小于 500 mm。

5. 棘轮补偿装置

（1）棘轮补偿装置安装正确，棘轮本体无裂纹、变形，转动灵活无卡滞（用手托动坠砣串能上下自由移动）。

（2）对需要加注润滑油的棘偿滑轮，应按产品规定的期限加注润滑油，没有规定者至少 3 年一次。

（3）制动装置作用良好，制动卡块到大轮轮齿间的距离符合设计要求。

（4）平衡轮与棘轮的间距不小于 500 mm。

（5）棘轮大小轮转动灵活，轮槽上下偏斜不得大于 5 mm。

任务二　接触网补偿装置的检查维护

一、作业准备

1. 人员准备

人员分配如表 7-2 所示。

表 7-2　人员分配表

分工	人数	要求	作业内容
高空作业人	1 人	接触网工；安全等级三级及以上；掌握高空作业检修技能；熟练掌握作业指导书	登杆测量、检查
互检人	1 人	接触网工；安全等级三级及以上；掌握高空作业检修技能；熟练掌握作业指导书	监护高空作业，监控、验收高空作业人作业，做好相关记录

2. 工具和材料准备

工具材料清单，如表 7-3 所示。

表 7-3　工具材料清单

序号	名 称	规 格	单 位	数 量	备 注
1	塞尺	20 mm	只	1	
2	力矩扳手	20～100 N·m 60～200 N·m	把	2	配备相应的套筒
3	卷尺	5 m	把	1	
4	锤子		把	1	视现场实际情况携带
5	扳手	300 mm/450 mm	把	1	
6	木锤		把	1	
7	温度计		个	1	每个作业组
8	补偿安装曲线图		份	1	每个作业组
9	油壶		个	1	
10	润滑油		kg	若干	
11	角度尺		把	1	
12	个人工具		套	1	
13	相机		台	1	

二、作业流程图

作业流程图，如图 7-4 所示。

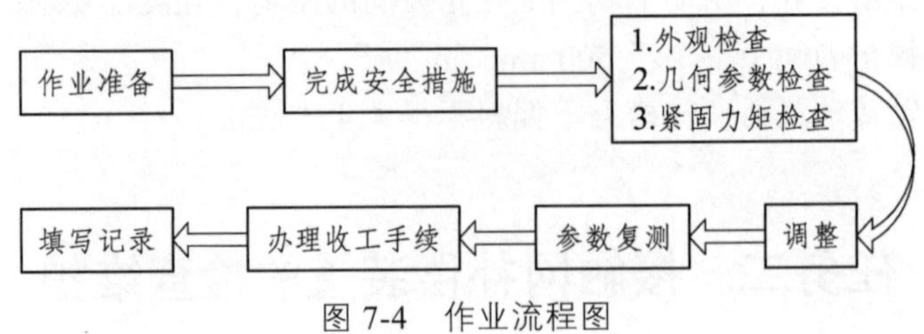

图 7-4 作业流程图

三、作业内容与要求

1. 零部件识别

（1）隧道外棘轮补偿装置，如图 7-5 所示。

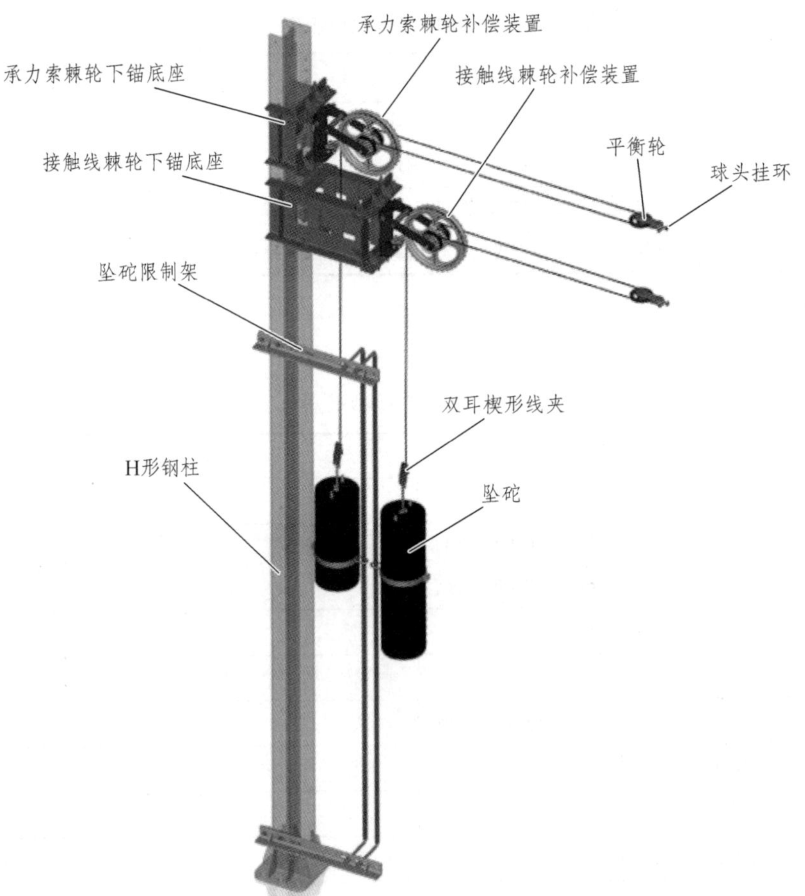

图 7-5 隧道外棘轮补偿装置零部件

（2）隧道内棘轮补偿装置，如图 7-6 所示。

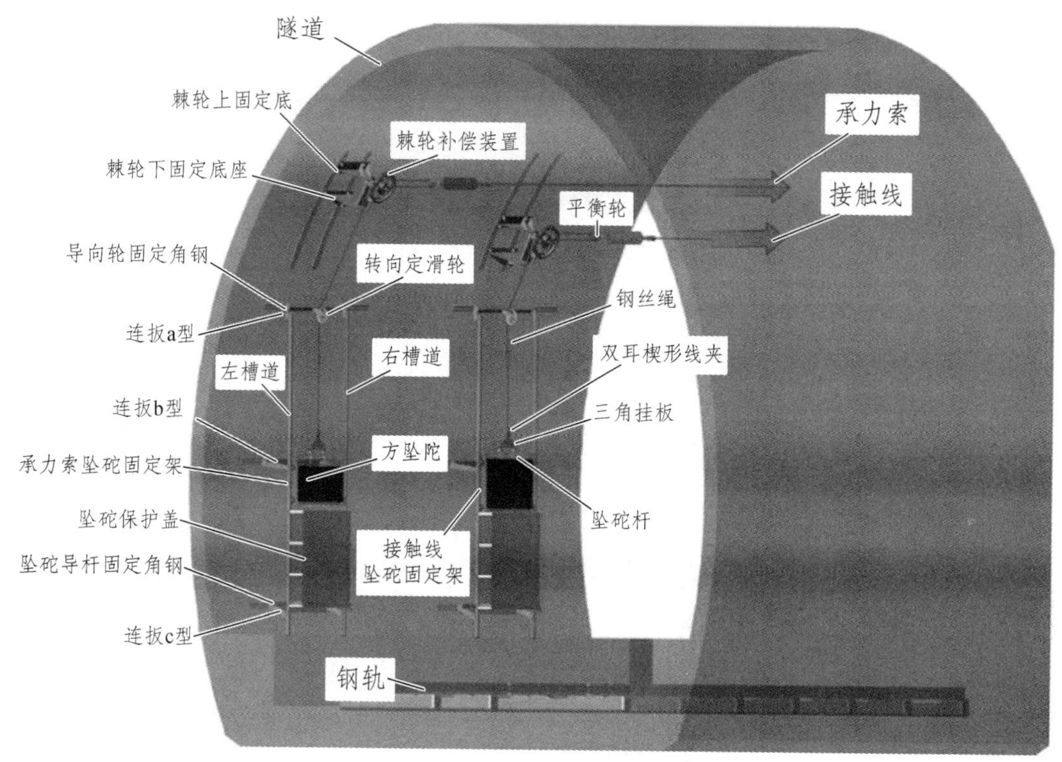

图 7-6　隧道内棘轮补偿装置零部件

2. 检查测量

1）参数测量

（1）测量 a、b 值是否符合安装曲线要求，如图 7-7 所示。维修规则要求如下：

标准值：设计值。

标准状态：标准值±100 mm。

警示值：标准值±200 mm。

限界值：任何情况下不小于 200 mm，否则应立即调整。

（2）测量制动卡块与棘轮的间距应保持在 15 ~ 20 mm（汉和飞轮一般为 48 mm），不符合时进行调整，如图 7-8 所示。

（3）测量平衡轮与棘轮的间距，要求不小于 500 mm，如图 7-9 所示。

2）坠砣串检查

坠砣串质量符合设计，误差不超过 1%，坠砣应完整，坠砣块叠码整齐缺口相互错开 180°，检查坠砣串连接螺栓完好紧固，坠砣杆应无弯曲、变形和裂纹，如图 7-10 所示。

3）限制架及抱箍

限制架及抱箍，如图 7-11 所示。

（1）检查限制架固定角钢安装应水平，检查与支柱连接的螺栓是否紧固、锈蚀。

（2）限制导管应垂直安装，检查两端直角螺栓安装是否牢固，限制导管有无脱出迹象。

（3）坠砣抱箍应位于坠砣串 1/2 位置，抱箍安装牢固且在限制导管内上下升降自如不卡滞。隧道内坠砣导向定滑轮有无偏磨，脱槽现象。

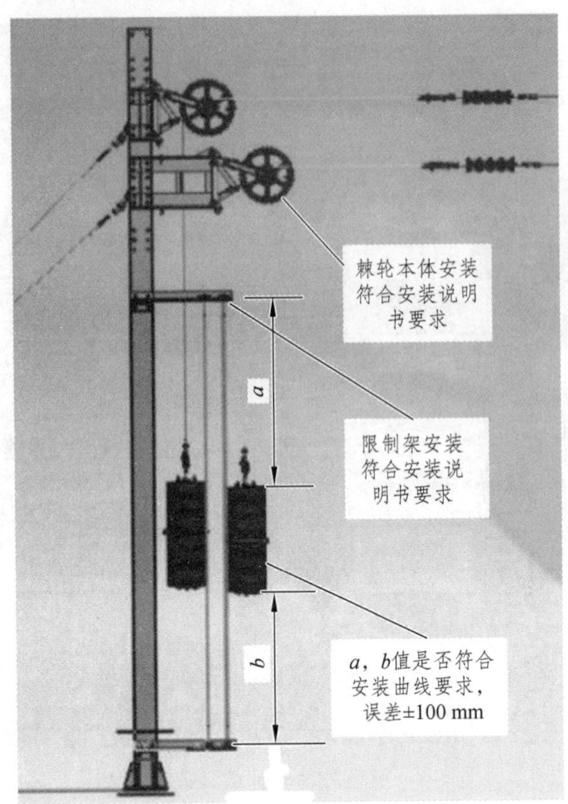

图 7-7　棘轮补偿装置参数测量

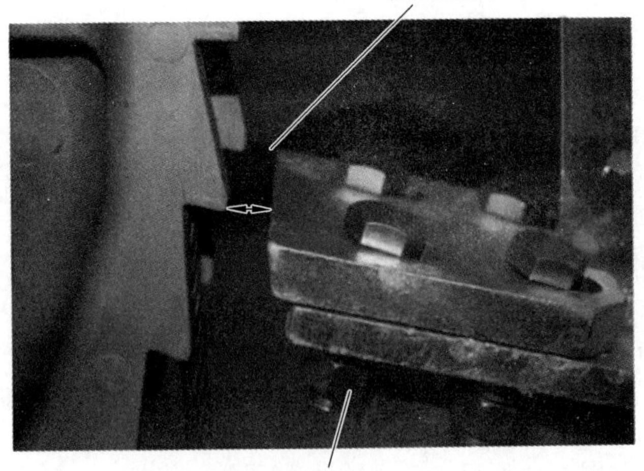

（a）制动卡块与棘轮的间距测量

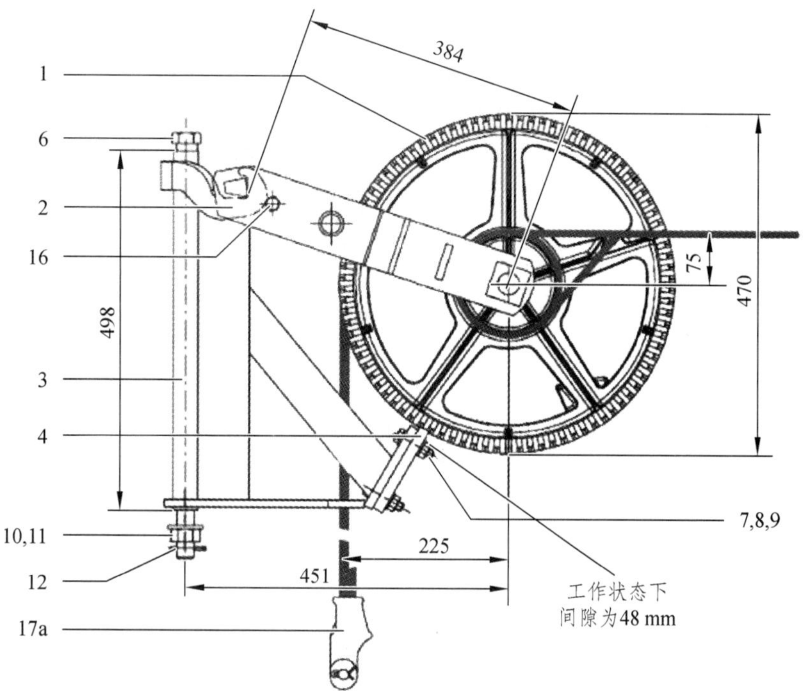

（b）汉和飞轮棘轮补偿示意图（单位：mm）

1—轮体；2—摆动杆；3—补偿竖轴；4—制动卡块；6—M24x600 螺栓；7，8，9—M12x50 六角螺栓、垫片、M12 六角螺母；10，11—垫片、M24 螺母；12—5x40 销钉；16—防脱螺栓（两侧）；17a—带专用楔子的终端楔形线夹。

图 7-8　测量制动卡块与棘轮的间距

图 7-9　测量平衡轮与棘轮的间距

图 7-10　坠砣串

（a）限制架螺栓、导管缺陷

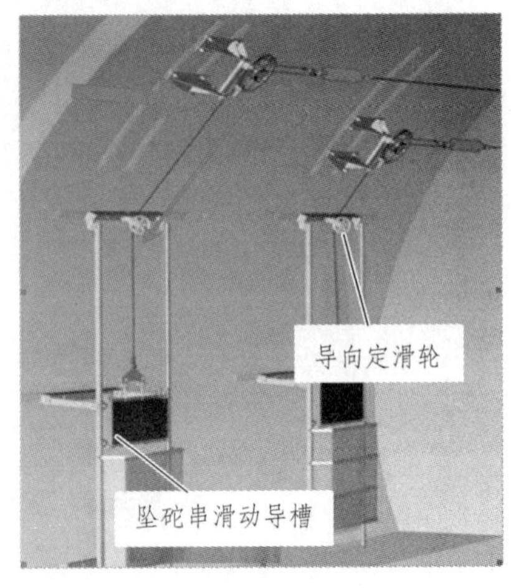

（b）导向轮、坠砣串缺陷

图 7-11　限制架及抱箍

4）检查棘轮及补偿绳工作状态

（1）检查棘轮底座各部件螺栓是否紧固，螺栓双螺帽是否齐全。用力矩扳手检查棘轮组与固定底座连接螺栓力矩是否符合力矩规定，如图 7-12 所示。

（a）

（b）

上部连接角钢

底座本体

螺栓紧固力矩
为120~135 N·m

下部连接角钢

（c）

图 7-12　棘轮底座各部件螺栓

（2）检查棘轮本体及轴销有无损伤、裂纹。棘轮是否转动灵活，有无卡滞现象，棘轮本体立面是否铅垂，上轮缘与下轮缘偏斜控制在 5 mm 以内，如出现偏斜可调整下底座的调节槽孔使棘轮本体铅垂，如图 7-13 所示。

（3）检查平衡轮是否水平，偏斜不应超过 20°，开口销安装后双向打开 120°，检查连接销钉有无裂纹、弹簧销安装是否到位，如图 7-14 所示。

① 检查棘轮大小轮上楔形线夹是否存在裂纹、破损情况；检查补偿绳回头安装是否正确，补偿绳与楔子结合是否密贴，划线标记有无变化，楔子是否存在松动迹象，如图 7-15（a）所示。注：洛阳鑫迪产的补偿绳在棘轮本体内的固定为压接形式，如图 7-15（d）所示。

（a）

（b）

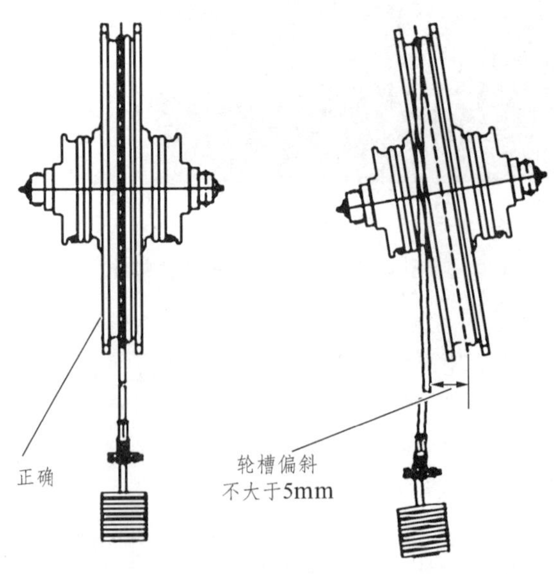

（c）

正确

轮槽偏斜
不大于5mm

（d）

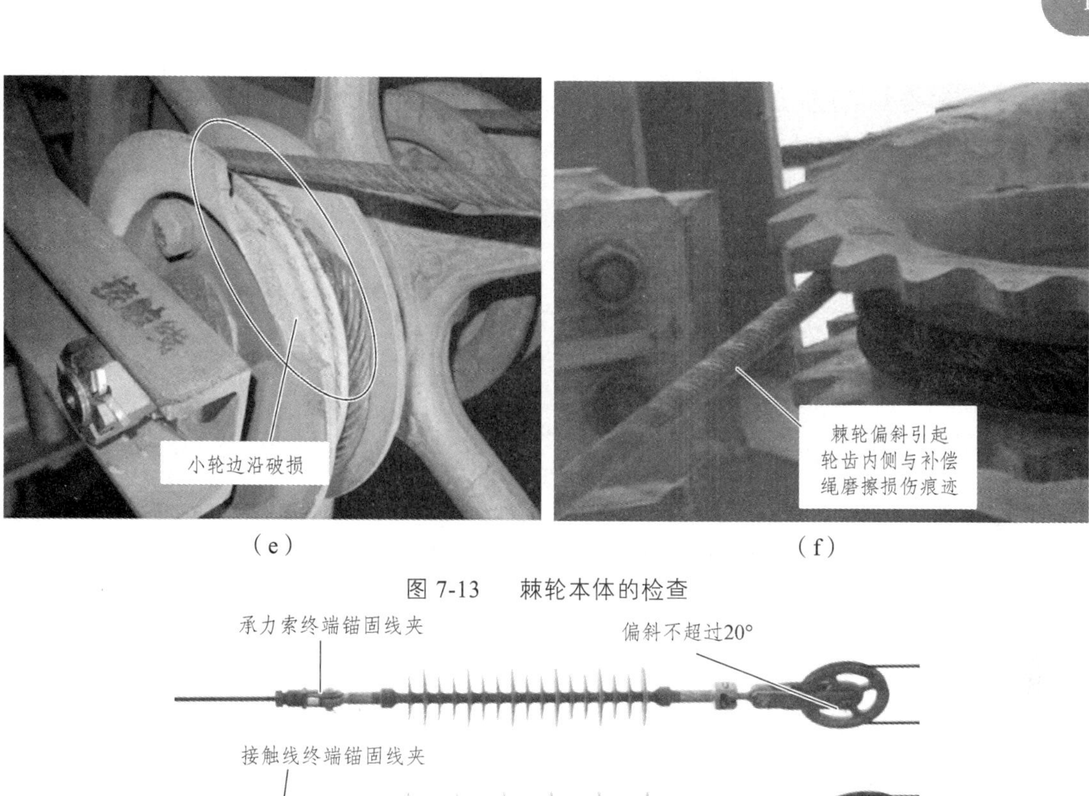

（e）　　　　（f）

图 7-13　棘轮本体的检查

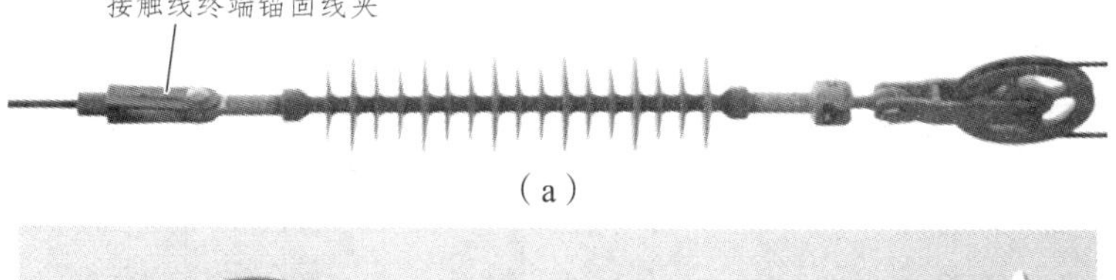

（a）

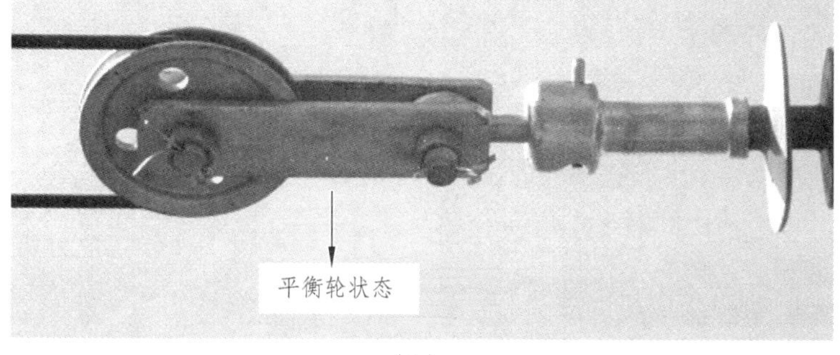

（b）

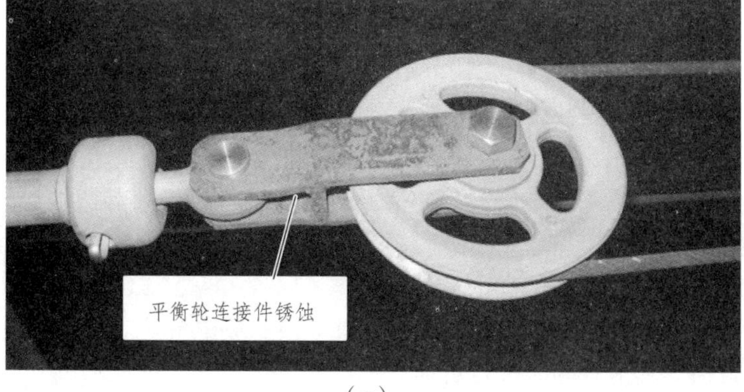

（c）

图 7-14　平衡轮的检查

② 检查铜线头卡子抱紧补偿绳，铜线头卡子不受力，不应产生受力畸变、开裂等现象，在正常使用后，与补偿绳间不应产生超过 4 mm 的相对滑移，如图 7-15（a）所示。

③ 露出铜线头卡子外的补偿绳回头应该大于 60 mm，如图 7-15（c）所示。止动卡块压接牢固，如图 7-15（d）所示。

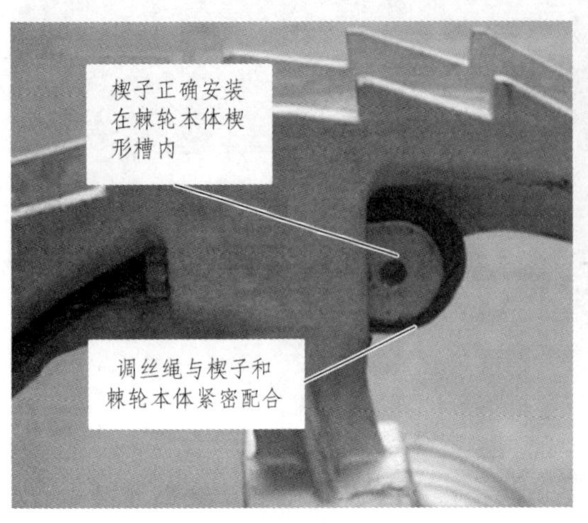

（a）

（b）

（c）

（d）

图 7-15　铜线头卡子外补偿绳的检查

④ 观察棘轮上补偿绳排列是否整齐平顺，补偿绳有无交错、重叠、跑槽、脱槽情况。对照安装曲线表，确认其缠绕圈数是否符合安装标准，极限温度时大、小轮缠绕最少缠绕半圈，最多 3.5 圈，小轮两侧缠绕圈数相同，对不满足安装曲线的进行调整，如图 7-16 所示。

⑤ 检查连接销钉状态是否良好、销钉有无锈蚀、裂纹和断裂，如图 7-17 所示。

5）检查下锚绝缘子状态

检查下锚绝缘子状态，如图 7-18 所示。

（1）检查下锚绝缘子表面是否清洁，有无裂纹破损和放电痕迹。对脏污绝缘子进行清扫，绝缘子有裂纹或破损等其他缺陷时进行更换。

（2）检查承力索、接触线下锚绝缘子是否对齐，允许偏差±100 mm。

（a）

（b）

图 7-16　补偿绳的检查

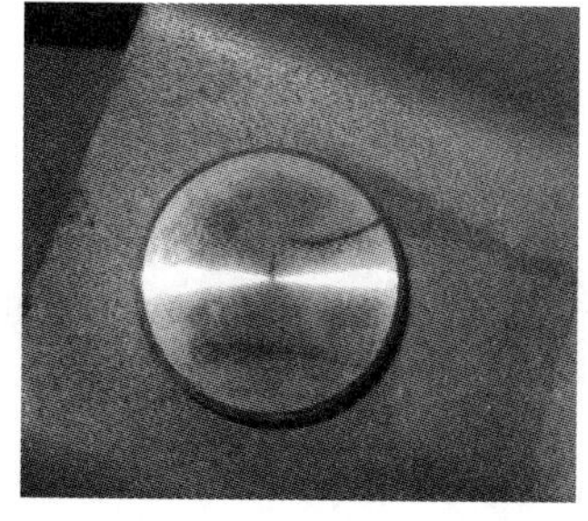

（a）

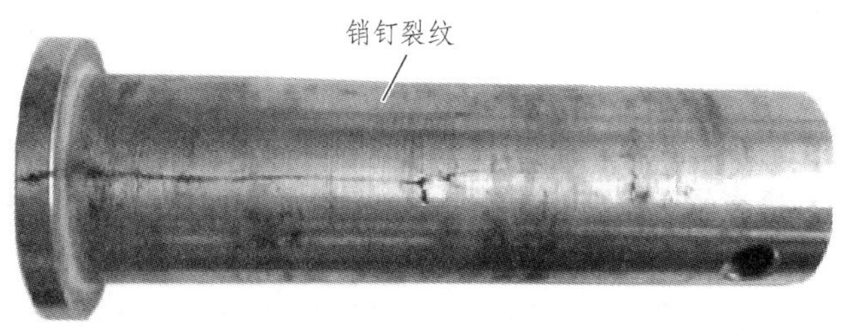

（b）

图 7-17　连接销钉的检查

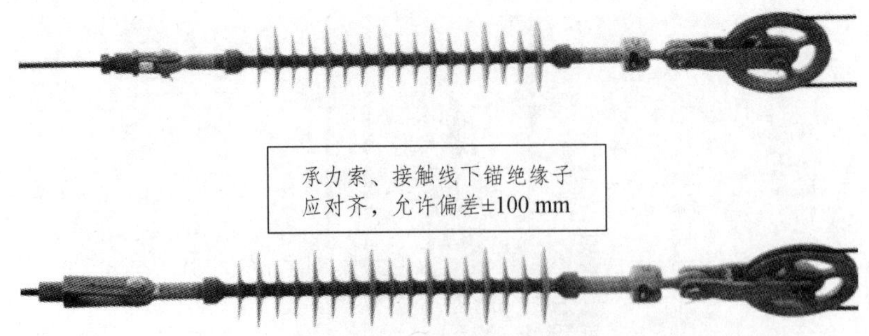

图 7-18　下锚绝缘子的检查

① 检查坠砣侧补偿绳双耳楔形线夹受力面是否正确，回头盘成圆环状并绑扎牢固，钢线卡子紧固，如图 7-19 所示。

② 检查补偿绳双耳楔形线夹内楔子是否与补偿绳连接密贴，受力良好。

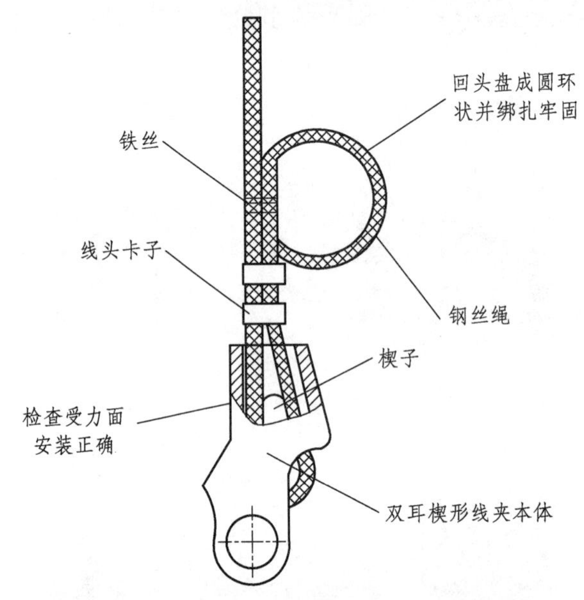

图 7-19　坠砣侧补偿绳双耳楔形线夹的检查

6）具体补偿曲线安装图

具体补偿曲线安装图，如图 7-20 所示。

3. 弹簧补偿装置检修

（1）检修周期：36 个月。

（2）弹簧补偿装置，如图 7-21 所示。

（3）检查内容。

① 检查承力索、接触线弹簧补偿器的刻度盘弹簧指针所指位置是否与交点（现场温度与半锚段长度的交叉点）重合。

② 检查承力索、接触线弹簧补偿器的弹簧状况，测量弹簧行程，做好记录。

③ 检查各部零件受力是否良好，螺栓是否符合力矩要求。

④ 检查吊索张力适度，两条吊索的张力应一致，拉杆或角钢无偏斜变形。

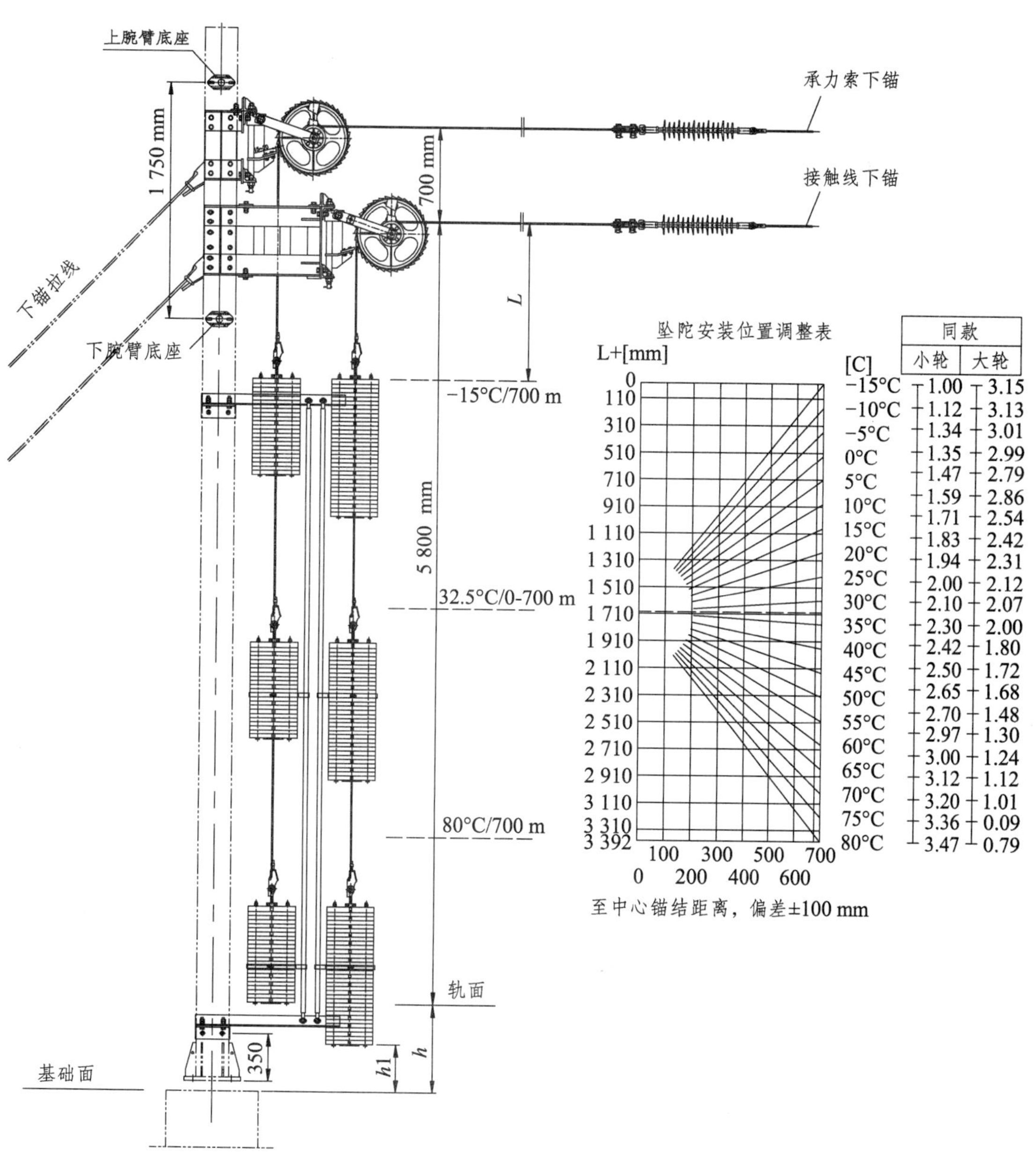
上腕臂底座
承力索下锚
1 750 mm
700 mm
接触线下锚
下锚拉线
L
下腕臂底座
坠陀安装位置调整表
L+[mm]
0
110
310
510
710
910
1 110
1 310
1 510
1 710
1 910
2 110
2 310
2 510
2 710
2 910
3 110
3 310
3 392
100 300 500 700
0 200 400 600
至中心锚结距离，偏差±100 mm
−15°C/700 m
5 800 mm
32.5°C/0-700 m
80°C/700 m
轨面
基础面
350
h1
h
同款
[C] 小轮 大轮
−15°C 1.00 3.15
−10°C 1.12 3.13
−5°C 1.34 3.01
0°C 1.35 2.99
5°C 1.47 2.79
10°C 1.59 2.86
15°C 1.71 2.54
20°C 1.83 2.42
25°C 1.94 2.31
30°C 2.00 2.12
35°C 2.10 2.07
40°C 2.30 2.00
45°C 2.42 1.80
50°C 2.50 1.72
55°C 2.65 1.68
60°C 2.70 1.48
65°C 2.97 1.30
70°C 3.00 1.24
75°C 3.12 1.12
80°C 3.20 1.01
3.36 0.09
3.47 0.79

（a）隧外安装曲线图

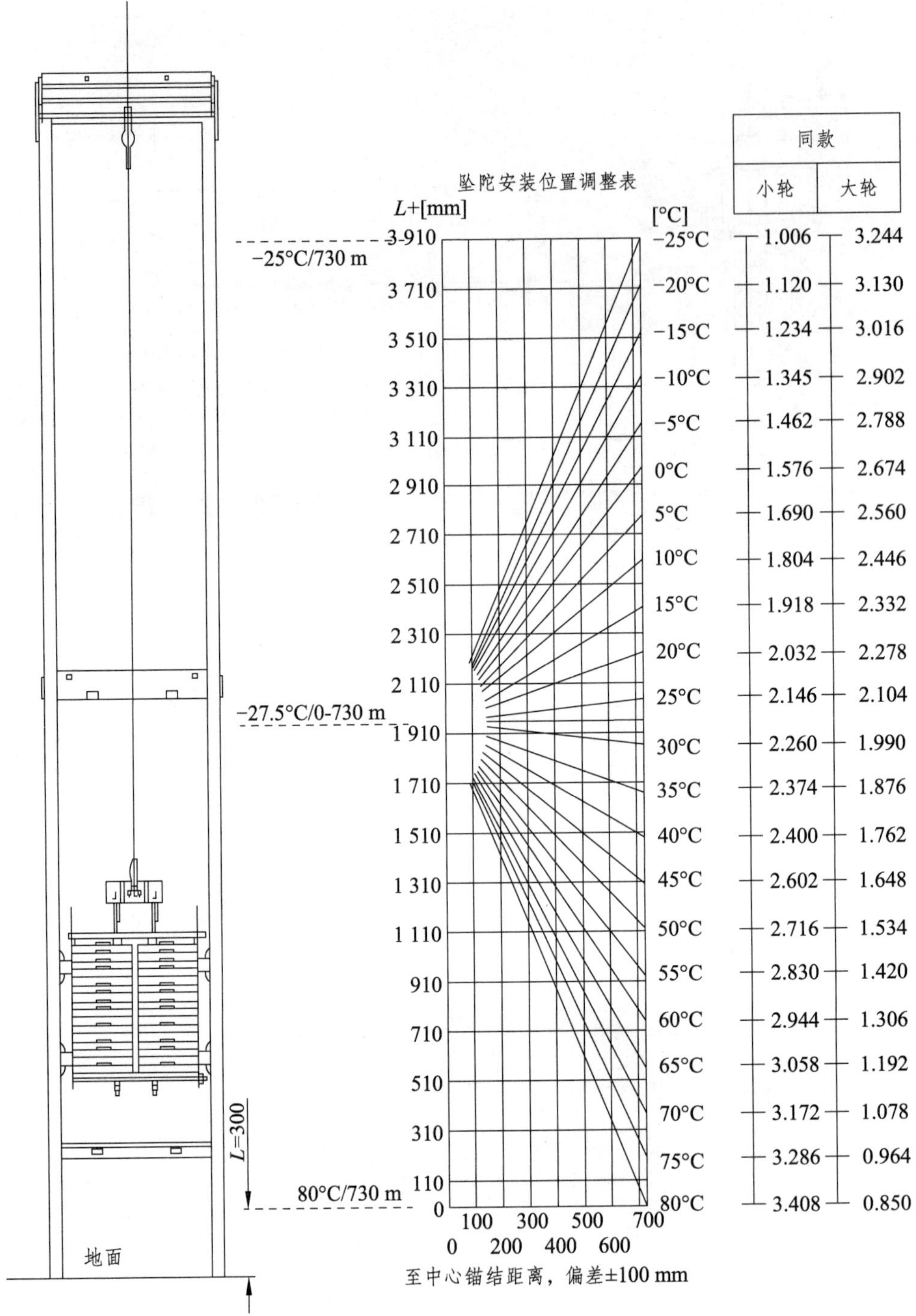

（b）隧外安装曲线图

图 7-20　安装曲线图

图 7-21　弹簧补偿装置

（4）检修标准。

① 弹簧补偿器框架应水平，吊索张力适度，拉杆无偏斜变形。

② 刻度盘的刻度完整、清晰，铸造件表面无破损、补偿绳槽无毛刺及残渣。

③ 补偿绳捻制均匀，无扭曲、松散、错乱交叉及断丝现象。

④ 各部零件安装正确、无破损，螺栓紧固力矩符合要求，开口销掰开角度为 120°。

⑤ 弹簧补偿装置的固定端连接板、平衡板均应平正、无翘曲，连接轴销应无弯曲。

⑥ 凸轮指针与凸轮刻度盘标刻的跨距（中心锚结至线索连接点距离）与温度交叉点重合，如图 7-22 所示。

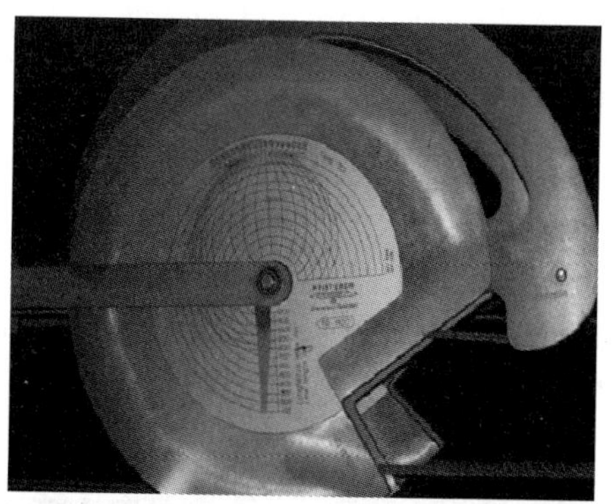
图 7-22　凸轮刻度盘

4. 处理方法和其他要求

（1）弹簧补偿装置张力过大处理方法：

① 在线索适当位置打好紧线器，钢丝套子打在轮盘前面的平衡板上，用手扳葫芦接好紧线器和钢丝套子，卸载弹簧补偿张力。

② 当调整正量较小时，对调节螺栓长度进行调整，卸载后，弹簧补偿器凸轮指针与凸轮刻度盘标刻的长度（中心锚结至线索连接点距离）与温度交叉点重合。

③ 当调整正量较大时，可在绝缘子与调节螺栓间安装连接件，对调节螺栓长度进行调整，卸载后，弹簧补偿器凸轮指针与凸轮刻度盘标刻的长度（中心锚结至线索连接点距离）与温度交叉点重合。

④ 检查连接弹簧与线索的连接件，使各部螺栓达到力矩要求。

⑤ 卸载葫芦、紧线器、观察各部受力状态，确认良好。

（2）弹簧补偿装置张力过小处理方法：

① 在线索适当位置打好紧线器，钢丝套子打在轮盘前面的平衡板内上，用手扳葫芦连接好紧线器和钢丝套子，卸载弹簧补偿张力。

② 当调整正量较小时，对调节螺栓长度进行调整，卸载后，弹簧补偿器凸轮指针与凸轮刻度盘标刻的长度（中心锚结至线索连接点距离）与温度交叉点重合。

③ 当调整正量较大时，可重新做承力索（接触线）终端锚固线夹，对调节螺栓长度进行调整，卸载后，弹簧补偿器凸轮指针与凸轮刻度盘标刻的长度（中心锚结至线索连接点距离）与温度交叉点重合。

（3）弹簧补偿器框架不水平处理方法：

① 调整弹簧补偿器两侧吊索的螺栓长度，使用水平尺测量框架，直至框架水平。

② 弹簧补偿器两侧吊索张力大致相等。

四、安全注意事项

（1）重点检查制动卡块与补偿轮之间的间隙，竖直型棘轮：隧道外为 15 ~ 20 mm，隧道内为 14 ~ 17 mm。

（2）重点检查补偿棘轮本体垂度和是否能正常转动，不得卡死。

（3）为防止平衡轮单耳连接端（与绝缘子连接端）抽脱，应重点检查该处划线标识处，平时巡视检查也应重点观察。

（4）弹簧补偿装置无 b 值，检查补偿器伸缩长度 a 值时，要求刻度盘与环境温度和半锚长度相对应，符合安装曲线要求。

（5）调整张力操作时，为防止紧线器滑脱，必须采取防脱措施，在紧线器下部加一个钢线卡子卡住。

（6）防止梯车倾倒或滑移。

（7）对发现缺陷的设备进行拍照并在更换后再次拍照确认，设备照片进行存档。

（8）夜间作业必须严格执行夜间作业劳动安全规定。

（9）作业完毕必须做到工完料清。

棘轮补偿装置的维护
视频

棘轮补偿装置 a、b 值的调整方法
视频

思考练习题

一、填空题

1. ______________的作用是补偿线索内的张力变化，使张力保持恒定。
2. 当温度变化时，线索受温度变化的影响热胀冷缩出现_______________。
3. 补偿装置应灵活，在线索内的张力发生缓慢变化时，应能______________。
4. 我国高速铁路接触网主要采用__________补偿装置。
5. 棘轮补偿装置能确保接触线或承力索承受合适和持续的补偿力，并有________功能。
6. 棘轮本体大轮直径为 566 mm，小轮直径为 170 mm，传动比为_________。
7. 坠陀杆耳环孔中心至棘轮中心距离为________值。
8. 坠陀串最下一块坠陀的底面至地面（或基础面）的距离称为补偿器的_______值。
9. 在最低温度时，a 值应___________。
10. 最高温度时，b 值应__________。

二、选择题

1. 当温度升高时，线索的收缩使坠砣串（　　）。
   A. 上升　　B. 下降　　C. 不动
2. 补偿器 a、b 值的最小值不小于（　　）mm。
   A. 100　　B. 200　　C. 300
3. 计算式 $a = a_{\min} + nL\alpha(t_x - t_{\min})$ 中，L 指的是（　　）
   A. 锚段长度　　B. 跨距长度　　C. 中心锚结至补偿器距离
4. 计算式 $a = a_{\min} + nL\alpha(t_x - t_{\min})$ 中，n 指的是（　　）
   A. 滑轮传动系数　　B. 跨距数　　C. 支柱数
5. 补偿装置的坠砣块应完整，其缺口相互错开（　　）。
   A. 45°　　B. 90°　　C. 180°
6. 对需要加注润滑油的棘偿滑轮，应按产品规定的期限加注润滑油，没有规定者至少（　　）年一次。
   A. 3　　B. 4　　C. 5

三、判断题

1. 棘轮式补偿装置主要优点是具有断线制动功能。（　）
2. 补偿器靠坠砣串的重力使线索的张力保持平衡。（　）
3. 补偿器 a、b 值不随温度变化而发生变化。（　）
4. 在最低温度时，a 值应小于零。（　）
5. 坠砣串的质量（包括坠砣杆的质量）符合规定，整串质量偏差小于 1%。（　）
6. 补偿绳不得有散股、断股、接头现象。（　）
7. 承力索、接触线两下锚绝缘子串应对齐，允许偏差为±100 mm。（　）

8. 平衡轮与棘轮的间距不小于 500 mm。（　）

四、论述题

1. 补偿装置 a、b 值的定义是什么？
2. 补偿装置在检查维护时的注意事项有哪些？

项目八 接触网分段绝缘器

任务一　接触网分段绝缘器的认知

【任务描述】

本任务旨在认识接触网分段绝缘器，通过本任务的学习，使学生对接触网分段绝缘器有比较全面的认识，为后续任务的执行奠定坚实的基础。

【任务目标】

掌握接触网分段绝缘器的结构、作用。

【任务内容】

一、分段绝缘器简介

分段绝缘器，是接触网电气分段的常用设备。它安装在车站上、下行渡线处，动车组整备线、动车组库线、专用线等处。在正常情况下，动车组受电弓带电滑行通过。当某一侧接触网发生故障或因检修需要停电时，可打开分段绝缘器处的隔离开关，将该部分接触网断电，而其他部分接触网仍能正常供电，从而提高了接触网运行的可靠性和灵活性。

高速铁路接触网分段绝缘器由绝缘本体及金属附件组成，包括接触线、承力索的锥套式终锚线夹、承力索绝缘件及其连接零部件、分段绝缘器的悬吊装置等。

高速铁路接触网利用分段绝缘器进行分段的处所主要有：动车组整备线、同一车站不同车场之间的分段、上下行之间的分段。这些处所由于受线路条件等因素的制约，难以布置绝缘锚段关节，因而设置分段绝缘器。分段绝缘器由于材质及结构上均存在一定的问题，虽经不断改进，但仍为薄弱环节，应合理使用，尽量少设。

高速铁路接触网分段绝缘器的基本要求：

（1）分段绝缘器绝缘本体与受电弓为直接滑动接触，应具备耐弧能力和滑道自洁性，具有引弧功能，受电弓滑动接触通过时，不允许存在断电间隙。

（2）抗拉破坏荷载不小于额定工作张力的 3 倍（如额定工作张力为 25 kN 时为 75 kN）。

（3）耐磨性能不低于 100 万弓架次。

（4）在符合工作条件要求的前提下，设备在不影响使用寿命情况下可持续工作在分段绝缘器两端允许工作电压差 800 V 和允许通过机车额定最大工作电流 100 A 的工作条件下，不小于如下短路要求：即空载电压 25 kV、短路电流值不小于 5 kA（0.1 s）。工作条件下不打弓。

（5）分段绝缘器除材质应有较高的耐弧性能，可靠地避免烧损分段绝缘器的各部件。

（6）分段绝缘器本体由具有高强度机械特性的轻型合金材料以及高强度聚合材料和耐腐蚀材料制成，成品质量轻。金属连接件及各种附件、紧固件等由耐腐蚀材料制成，能可靠地承受工作张力并有足够的安全系数。

二、DXF-(1.6) Ⅱ 型分段绝缘器

高速铁路接触网上普遍采用 DXF-(1.6) Ⅱ 型分段绝缘器，其结构如图 8-1 所示，在结构上既保证机车受电弓平滑通过，又能满足供电分段的要求。

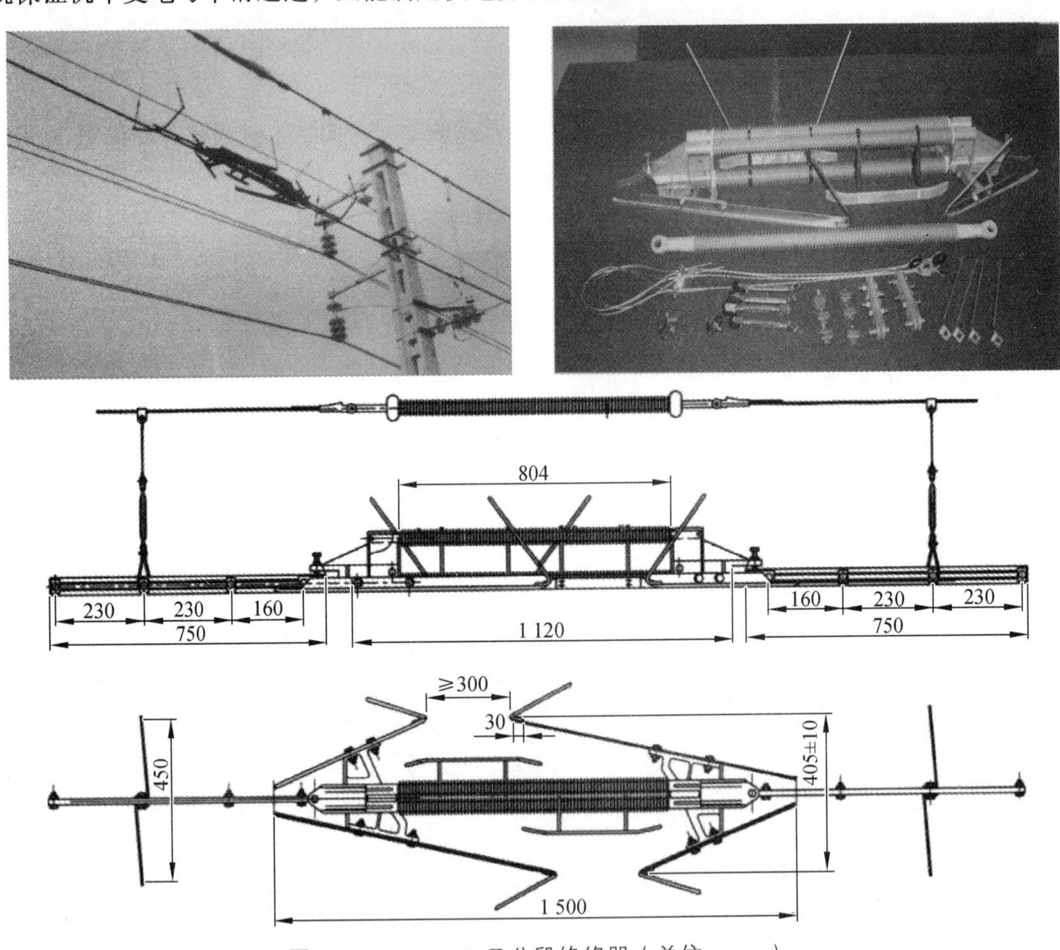

图 8-1 DXF-(1.6) Ⅱ 分段绝缘器（单位：mm）

DXF-(1.6) Ⅱ 型分段绝缘器主要技术特点：主体采用三角形结构，增强了整体的刚性，克服平面结构易产生挠度的缺点，且主绝缘棒与受电弓为非接触式，在主绝缘两侧有相对斜边对称的金属滑道和构成平面的辅助绝缘滑道，使底面成为一个平面，与电力机车受电弓平滑接触。其本体通过接触线夹与接触线连接，同侧两金属滑道间有消弧角隙，以便两端有电位差时进行消弧，防止主绝缘件的烧损，两侧相对的金属滑道间有一个重叠区，保证供电的连

续性。

（1）空气绝缘间隙大于 300 mm。

（2）抗拉强度大，能满足接触网张力达到（25+20）kN 的使用需求。

（3）自洁性好、耐电弧性能强、爬距超过 1 600 mm 的硅橡胶绝缘棒，实现免维修少维护。

（4）各类零部件选材优质轻量、耐腐防锈、连接可靠，可以持续安全可靠运行，达到免维修要求。

（5）安装调试简单，工厂化组装、整件运到现场，现场悬挂后，只需调整吊索，使其底面与轨面水平即可。

其主要机电性能如表 8-1 所示。

表 8-1 DXF-(1.6)Ⅱ型分段绝缘器主要几点性能

序号	内容	技术数值（消弧型）
1	抗拉破坏荷载/kN	≥72
2	连接零件与接触线间的滑动荷载/kN	≥47.2
3	例行拉伸试验负荷/kN	24
4	抗弯性能	当拉伸荷重为 15 kN 时，位移量不大于 16 mm
5	最大挠度	16 mm
6	耐振动性能	振幅 35 m，频率 2 Hz，张力 16.5 kN，2×10 无损伤
7	耐磨性能	不低于 50 万弓架次
8	分段绝缘器工频湿闪电压/kV	≥87
9	最小空气间隙/mm	≥300
10	灭弧时间/耐弧时间/s	2/180
11	单件质量/kg	19

三、技术标准

（1）分段绝缘器通过速度不得超过 120 km/h。空气绝缘间隙不小于 300 mm。

（2）分段绝缘器主绝缘应完好，其表面放电痕迹应不超过有效绝缘长度的 20%。

（3）分段绝缘器应位于受电弓中心，一般情况下偏差不超过 100 mm。相对于两侧吊弦点有 5 ~ 15 mm 的负弛度。滑道底面应平行于轨面，最大偏差不超过 10 mm。

（4）分段绝缘器导线接头、导流滑道端头处过渡平滑。承力索分段绝缘子应采用重量较轻的有机复合绝缘子。

（5）分段绝缘器不应长时间处于对地耐压状态。

（6）起电分段作用的隔离开关严禁处于分闸状态。隔离开关应在作业开始前 30 min 内断开，在作业间歇时间大于 30 min 时应闭合，继续作业时再断开，作业结束后应及时闭合。

（7）分段绝缘器安装位置符合规定，距离定位点不得小于 2 m。

任务二　分段绝缘器的检查维护

一、作业准备

1. 人员准备

人员清单，如表 8-2 所示。

表 8-2　人员清单

分工	人数	要求	作业内容
高空作业	2	（1）安全等级达到三级及以上人员； （2）熟练掌握作业指导书	对分段绝缘器各部件进行检查、测量、调整
测量人	2	安全等级达到二级及以上	地面测量及记录

2. 工具准备

工具清单，如表 8-3 所示。

表 8-3　工具清单

序号	名　称	规　格	单　位	数　量	备　注
1	作业车（车梯）		台	1	
2	激光参数测量仪	DJJ-8	台	1	
3	紧线器	50-150	套	2	
4	钢丝套	2 m	套	2	
5	力矩扳手	0～100 N·m	套	1	配备相应套筒
6	扭面器		套	2	
7	五轮正弯器		台	1	
8	链式手扳葫芦	3 t	台	1	
9	水平尺	600 mm	把	1	
10	短接线		组	2	
11	游标卡尺		把	1	
12	棉布		块	1	
13	相机		台	1	

注：安全、防护、通信、个人工具及其他工具根据具体作业内容准备。

3. 材料准备

材料清单，如表 8-4 所示。

表 8-4 材料清单

序号	名　　称	规格或型号	单位	数量	备注
1	承力索分段绝缘子/绝缘棒		套	1	
2	承力索终锚线夹		套	2	
3	吊弦		套	4	
4	分段绝缘器		套	1	

注：其他材料根据具体的作业内容准备。

二、作业流程图

作业流程图，如图 8-2 所示。

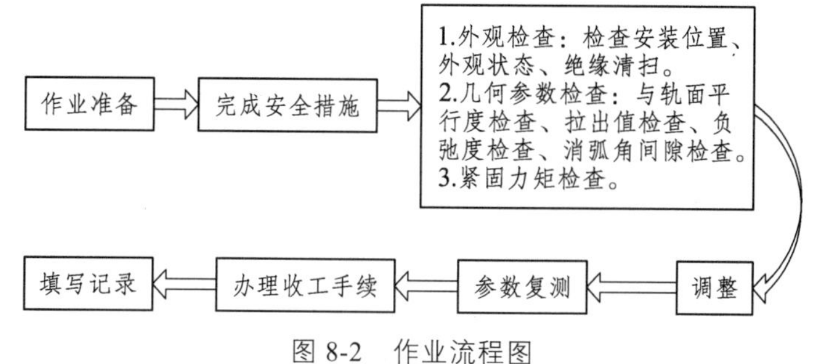

图 8-2 作业流程图

三、作业内容与要求

（一）检修、测量

分段绝缘器可分为三个部分进行检修，如图 8-3 所示。

FD1 区：负责检查承力索上方绝缘子及连接线夹，承力索调节吊弦线夹等。

FD2 区：负责检查分段绝缘器本体，绝缘器导线接头、测量绝缘间隙等。

FD3 区：负责测量两绝缘滑板的工作面与轨面距离，绝缘器与受电弓中心偏移值，绝缘器相对于两侧的吊弦点的负弛度。

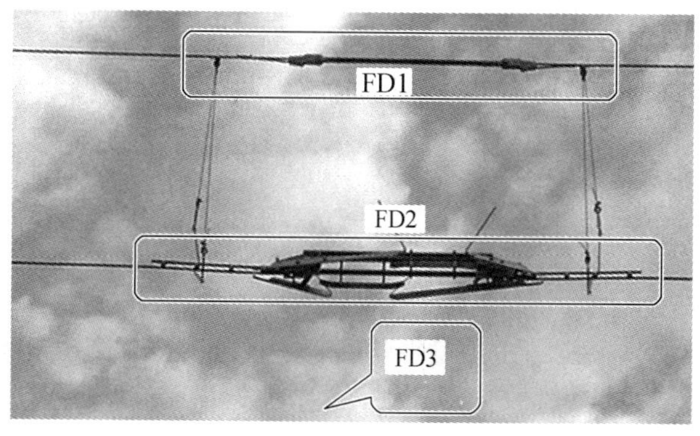

图 8-3 分段绝缘器

1. FD1 区检查要求

（1）承力索分段绝缘子检查。

① 检查承力索分段绝缘子有无烧伤、破损，存在问题时进行更换。更换方法：在承力索绝缘子两侧用紧线器连接手扳葫芦，适当紧起手扳葫芦，使分段绝缘子卸载，拔出绝缘子与终端锚固线夹连接的销钉，拆下旧绝缘子，更换新绝缘子，松动手扳葫芦，检查受力情况。

② 用干净的棉布清扫承力索分段绝缘子。

（2）调节吊弦。

① 检查调节吊弦有无断股、受力不均现象，吊弦回头需用不锈钢绑线绑扎 3 ~ 4 圈，其余部分缠绕成圈（圈径不超过 100 mm）用不锈钢丝捆扎牢固；吊弦螺栓卡子拧紧后折弯薄片压紧螺母。吊弦存在问题时进行更换或调整，如图 8-4 所示。

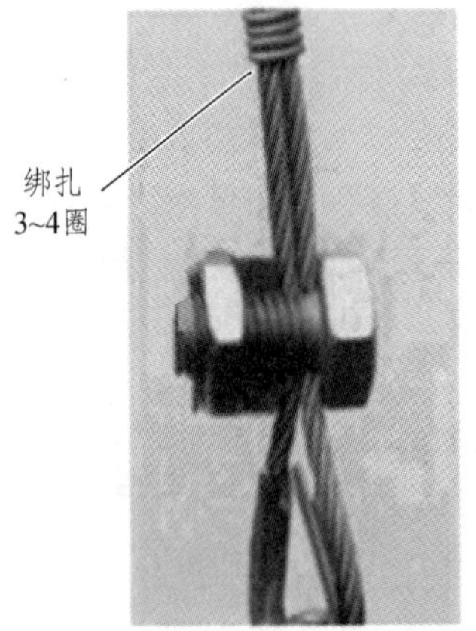

图 8-4　分段绝缘器吊弦的检查

② 检查花篮螺栓是否锈蚀、损坏，两端螺母是否顶紧，锁紧钢丝是否缠绕拧紧。调节螺栓锈蚀、损坏时进行更换，花篮螺栓锁紧钢丝安装不规范时按标准重新安装，如图 8-5 所示。

（3）检查各部件螺栓划线位置是否移动，移动时按照规定力矩进行紧固，擦除原有划线并重新划线，如表 8-5 所示。

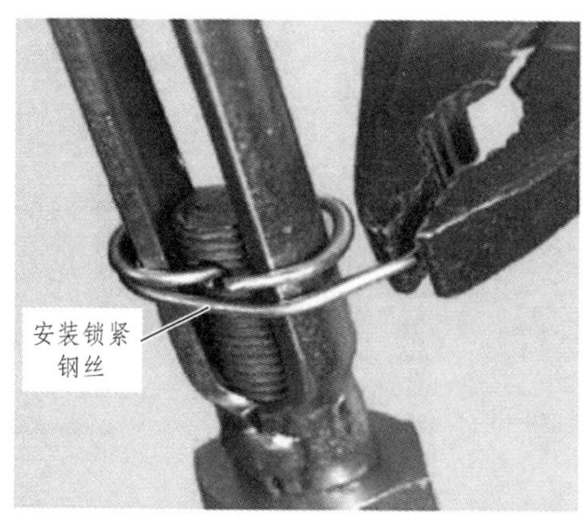

图 8-5　分段绝缘器花篮螺栓的检查

表 8-5　螺栓力矩紧固标准

序号	名称	螺栓直径/mm	标准紧固力矩/（N·m）
1	吊弦线夹	M10	25
2	接触线接头线夹	M12	55
3	并沟线夹	M10	25

（4）模拟受电弓进行滑动试验，保证过渡平滑，无碰弓、打弓现象。

2. FD2 区检查要求

（1）高空作业人员测量分段绝缘器空气绝缘间隙不小于 300 mm，如图 8-6 所示。

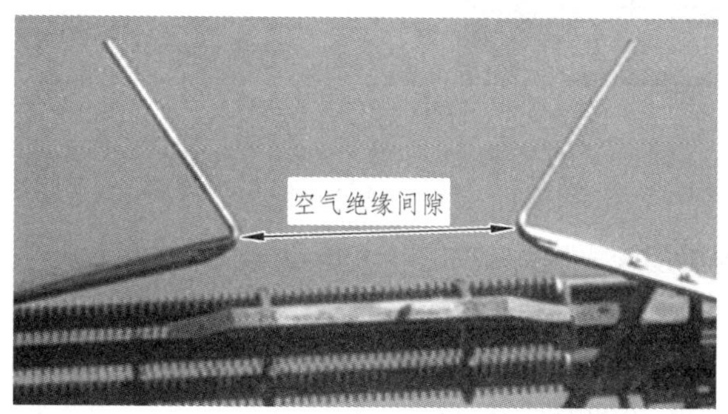

图 8-6　分段绝缘器空气绝缘间隙

（2）检查绝缘滑道、主绝缘及绝缘子支座有无裂纹、烧伤、破损和老化，表面放电痕迹应不超过有效绝缘长度的 20%，否则对分段进行整体更换处理，清扫绝缘部件，如图 8-7 所示。

（3）对有脏污现象的分段绝缘器绝缘子进行清扫，清扫时用棉布清除绝缘子表面灰尘即可，脏污严重时可用清水清洗（注：采取防止破坏复合绝缘子表面憎水涂层的措施）。

（4）检查金属滑道状态。

① 检查金属滑道与接触线过渡是否平滑，有无硬点。

② 测量金属滑道磨损量，当磨损量大于 2 mm（或已通过 20 ~ 30 万弓架次）时，对金属滑道的位置进行调整。

③ 金属滑道下部球状部分磨损剩余至 1 ~ 2 mm 厚时，应进行更换。

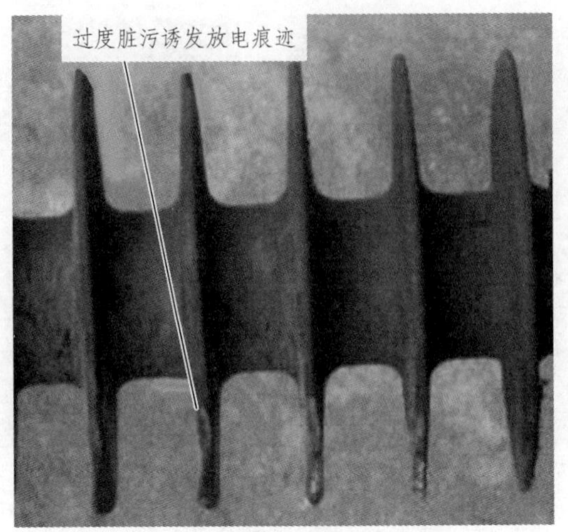

图 8-7　分段绝缘器绝缘滑道的检查

（5）检查消弧角。

检查消弧角数量是否齐全，有无烧伤、裂痕、刮碰痕迹。消弧角变形、损坏时进行更换，消弧角有放电痕迹时用砂纸进行打磨，如图 8-8 所示。

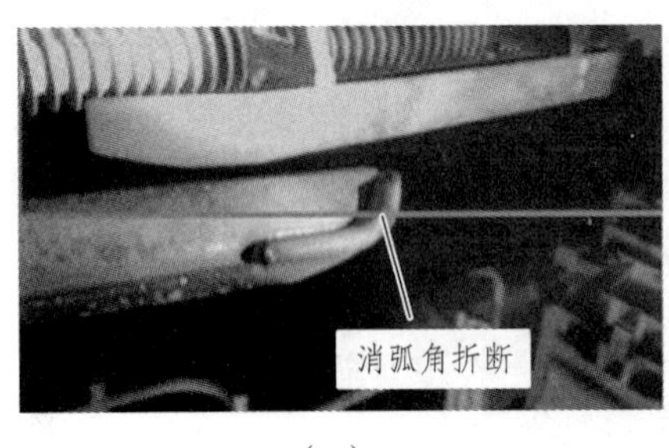

（a）

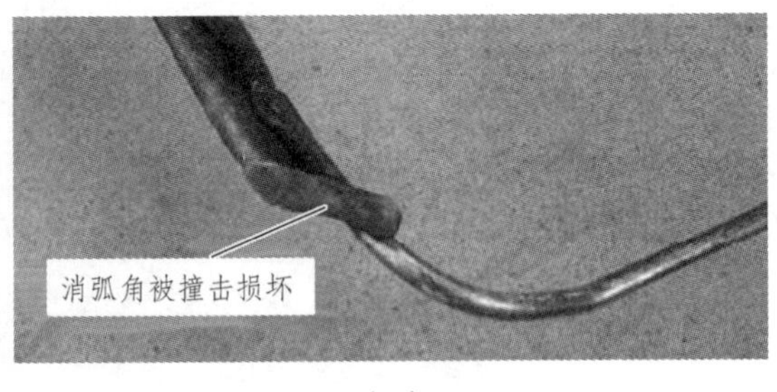

（b）

图 8-8　分段绝缘器消弧角的检查

（6）检查分段绝缘器接触线接头，如图 8-9 所示。

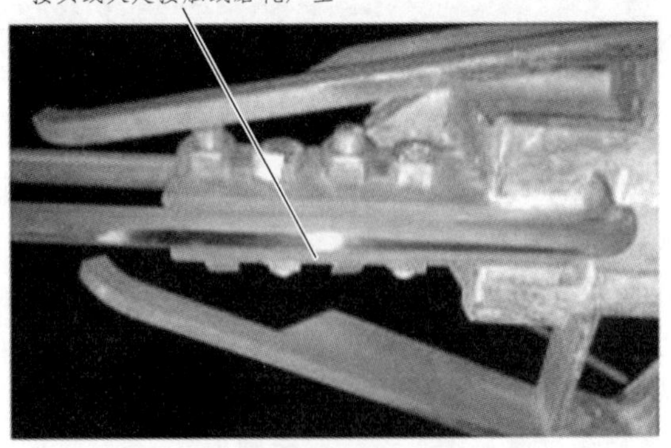

图 8-9　分段绝缘器接触线接头的检查

① 检查接头线夹有无裂纹和烧伤、磨耗是否超标、过渡是否平滑。接头处过渡不平滑时打磨连接部分，并调整连接处高差，模拟受电弓滑过绝缘器工作面，保证过渡平滑。

② 接头线夹有无裂纹和烧伤、腐蚀现象。

③ 检查接头线夹内的接触线是否落槽，有无烧伤和裂纹。对出现裂纹、烧伤或腐蚀情况严重的接头线夹应进行更换。

（7）检查导流板的下部有无磨损、烧伤，轻微烧伤检查应用砂纸打磨平滑。

（8）对外观有裂纹、放电现象的零部件进行更换，对开口角度不到位的开口销进行更换并掰开 120°～130°，对不受力的吊弦进行调整、更换。

（9）检查分段绝缘器安装位置符合规定，距离定位点不得小于 2 m，如图 8-10 所示。

图 8-10　分段绝缘器安装位置的检查

（10）检查完毕进行拍照。

3. FD3 区静态参数测量

1）测量位置

地面测量人员利用激光测量仪检测分段绝缘器及静态参数时一般采用“6 点标定检查法”进行检测，如图 8-11 所示。该六个检测点如下：

（1）测量四个金属滑道的导高（4 点）。

（2）测量接头螺栓处接触线的导高及拉出值（2 点）。

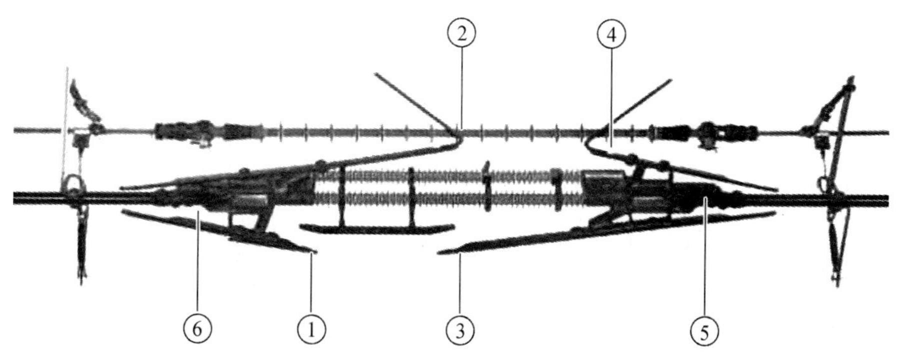

图 8-11　分段绝缘器“6 点标定检查法”

2）静态测量检查标准

图 8-11 中：

（1）测量 5、6 两个检测点的拉出值，取平均值即分段绝缘器相对于受电弓中心的偏离值，一般不得大于 100 mm。

（2）测量 5、6 两个检测点接触线高度，与两侧吊弦测量数据比较，查看是否与两侧吊弦点存在 5 ~ 15 mm 的负弛度。

（3）1 与 2 检测点、3 与 4 检测点、1 与 3 检查点、2 与 4 检测点之间的高差不得大于 10 mm，检查分段绝缘器顺线路方向和垂直线路方向是否平行。

3）负弛度其他要求

除了对分段本体六个测量点及两侧吊弦进行测量外，在分析负弛度时，结合现场实际情况分段处于不同的位置需要测量的范围也不一样，为直观方便可列表画图分析，具体分类如下：

（1）分段处于跨中时，如在渡线上，需要测量分段所在跨的跨中偏移值、前后定位点导高和拉出值、跨中各吊弦点导高（图 8-11 中部件 4 所示），负弛度计算方法（条件：两端定位点导高相等且分段处于跨中）为分段所在跨内平均导高与分段绝缘器中心点导高的差值：弛度 $d=d_{平}-d_{分}$（$d_{平}=(d_1+d_2)/2$，$d_{分}$为分段中心点导高值），如图 8-12 所示。

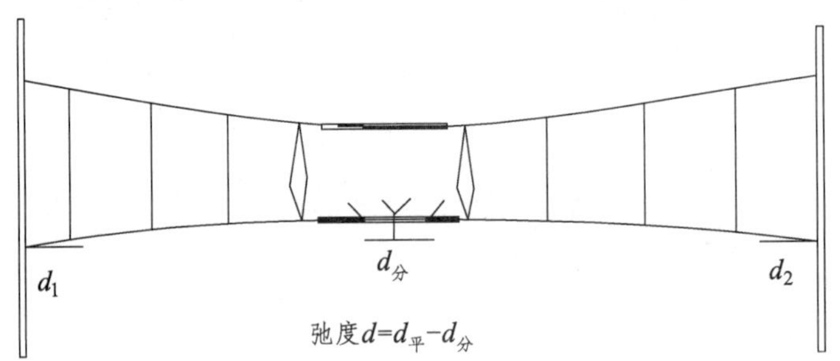

图 8-12　分段绝缘器负弛度计算示意图

（2）当分段离一端定位点很近（10 m 以内）时，如靠近线岔、分束开关柱，除了测量（图 8-11）中所述各点外，还需向靠近的定位点方向顺线路延长一跨测量定位点（含拉出值）及各吊弦定位点导高（如图 8-12），此种情况下需要结合现场实际情况向分段靠近侧延长一跨综合考虑计算负弛度，如图 8-13 所示。

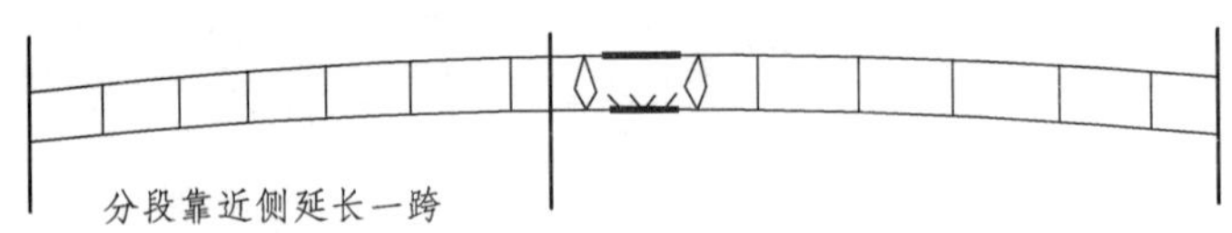

图 8-13　分段靠近侧延长一跨示意图

分段绝缘器的负弛度是依据列车通过的速度而定的，在评判分段负弛度时要充分考虑列车通过速度。相对两端定位点负弛度一般在 50 ~ 70 mm，相对两端相邻吊弦负弛度在 5 ~ 15 mm。

4. 参数调整

1）偏移值调整

分段绝缘器偏离值大于 100 mm 时，应调整分段绝缘器相邻两定位拉出值，在定位点拉出值允许范围内，尽量将分段绝缘器调整位于受电弓中心。

2）负弛度调整

（1）相对相邻两侧吊弦负弛度不符合 5 ~ 15 mm 时，应调整分段绝缘器两侧调节吊弦至负弛度达到标准值。

（2）相对两端定位点负弛度不符合 50 ~ 70 mm 时，可通过调整分段绝缘器与两端定位点间吊弦，调整完成必须保证分段绝缘器与两端定位点平滑过渡。

3）分段绝缘器与轨面连线平行调整。

根据测量数据，确定分段两头可调绝缘滑动吊弦调整方向和调整量，使分段绝缘器滑板底平面与其正下方的两轨顶连线平行。滑道组成的平面应平行于轨面，最大误差不超过 10 mm，调整方法如下：

（1）接头线夹处过渡不平滑：从滑板端部向分段中心量取 50 mm，把水平尺放在此处，用扳手紧固调整螺栓，直到水平尺的导线与滑板在同一水平面内，随后紧固螺母，如图 8-14 所示。

（a）

（b）

（c）

图 8-14　接头线夹处过渡不平滑的调整

（2）顺线路方向高度调整：根据测量数据，确定调整方向和调整量，参照图 8-15 所示方法调整分段绝缘器两侧吊弦花篮螺栓，使分段绝缘器顺线路两端等高，最大误差不超过 10 mm。

对分段高度、水平进行微调时，都要同时旋转左右两侧的两个花篮螺栓。调整分段的高度时，分段两端可分别进行；同时同方向旋转时，分段的高度变化，而分段的水平状态基本保存不变。

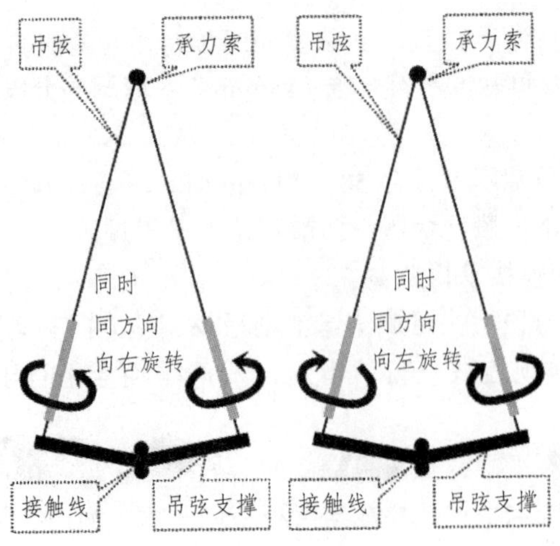

图 8-15　分段高度的调整

（3）垂直线路方向高度调整（调水平）：根据测量数据，确定调整方向和调整量，参照图 8-16 所示方法调整分段绝缘器两侧吊弦花篮螺栓，调整一侧吊弦调节螺栓，再调节另一侧吊弦的调节螺栓，使分段绝缘器平面与其正下方的两轨顶连线平行。调整分段的水平时，分段两端应同时进行；同时反方向旋转时，分段的水平状态变化，而分段的高度基本保存不变。

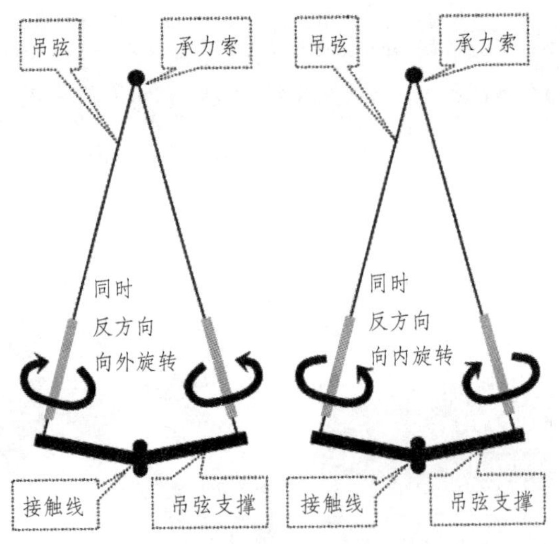

图 8-16　分段水平的调整

（二）测量调整时的注意事项

（1）曲线处有外轨超高时，注意不宜使用水平尺找平，可依据测量仪测量数据找平。但是在调整过程中，不方便使用测量仪复测（如使用轨道车作业）或不能保证一次调整到位时，可依据下面公式计算出两侧滑道差值使用水平尺找平，提高工作效率。

曲线处外轨侧滑道与内轨侧滑道高差值 C=（检查处绝缘器宽度/检查处对应的轨距）×外轨超高。直线处 C=0。

（2）花篮螺栓只有±30 mm 的调整量，注意选好调整方向，尽量让 4 个位置留有余量，花篮螺栓均调整到极限时，则需松开夹紧螺栓调整吊弦线，如图 8-17 所示。

（3）对分段高度、水平进行微调时，都要同时旋转左右两侧的两个花篮螺栓。如果分段一端两侧的花篮螺栓不同步旋转，分段的高度和水平状态会都发生变化，因此会造成反复调整。

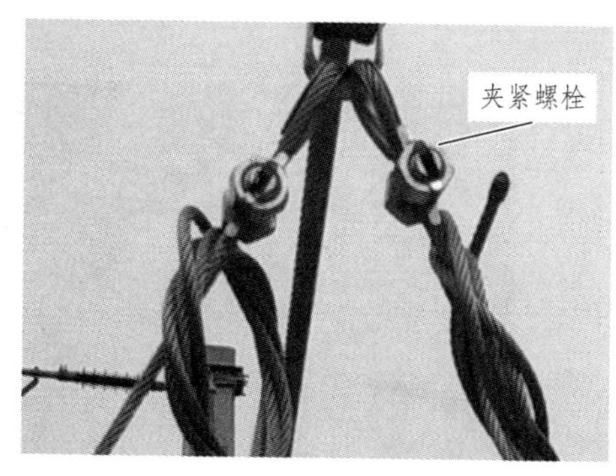

图 8-17　分段高度、水平的调整

四、安全注意事项

（1）严格执行“两纪一化”等基本安全制度。

（2）严格执行群体作业、专人防护制度，作业人员必须服从行车防护员指挥，一旦来车能及时撤离线路，防止发生车辆伤害。

（3）严禁脚踩定位器、定位管、接触线。

（4）严禁使用作业车平台将接触线向上顶起。

（5）夜间作业必须严格执行夜间作业劳动安全规定。

（6）对发现缺陷的设备进行拍照并在更换后再次拍照确认，设备照片进行存档（表 8-6）。

（7）作业中应做好工具材料保管工作，不得抛掷工具材料，作业完毕必须工完料清，撤出栅栏外时对工具材料清点一遍。

（8）在检修分段绝缘器时，必须用不小于 25 mm^2 的等位线先连接断口，使分段绝缘器两端等电位后方能进行作业，防止穿越电流伤人。

（9）严格控制分段绝缘器的负弛度；严格控制滑板不低头。

（10）使用手板葫芦作业时，要有防止滑脱的安全措施。

表 8-6　分段检修、更换后拍照要求

序号	拍照位置角度	拍照具体要求	拍照示例
1	分段水平时，分段接头导线与滑道是否在同一面上	两侧各一张，比着水平尺拍照（有外轨超高时需注明）	

续表

序号	拍照位置角度	拍照具体要求	拍照示例
2	分段接头线夹内的接触线是否入槽，接触线与分段过渡情况，接头线夹轴与分段本体连接状态	从上往下照，两侧各1张	
3	分段两侧顶丝状态	螺母是否锁紧，防松垫片是否掰起	
4	4个花篮螺栓开口销状态	每个花篮螺栓各一张，且能看到尾线绑扎状态	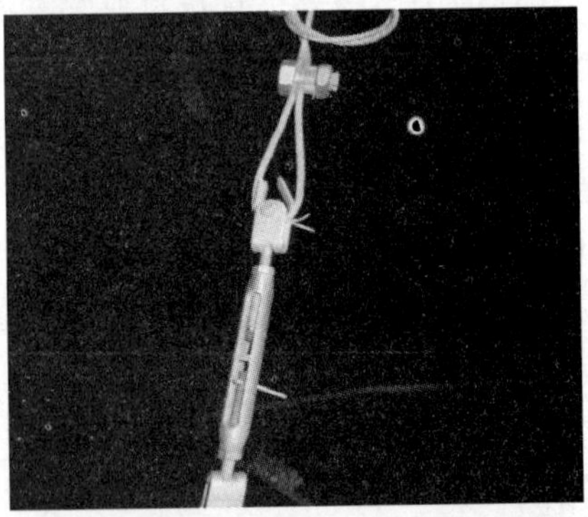
5	接触线接头线夹状态	两侧各一张，无接头线夹可不拍	

续表

序号	拍照位置角度	拍照具体要求	拍照示例
6	分段更换后整体照片	能够显示绝缘子和分段相对位置	

分段绝缘器的检查维护视频

分段绝缘器的安装视频

思考练习题

一、填空题

1. 分段绝缘器由____________及金属附件组成。
2. 分段绝缘器除材质应有较高的_______性能，避免烧损分段绝缘器的各部件。
3. 贵州山区高速铁路接触网上普遍采用________________分段绝缘器。
4. 分段绝缘器通过速度不得超过____________。
5. 分段绝缘器应位于受电弓中心，一般情况下偏差不超过___________mm。
6. 分段绝缘器安装位置符合规定，距离定位点不得小于___________m。
7. 高速铁路接触网利用分段绝缘器进行分段的处所主要有：动车组整备线；同一车站不同车场之间的分段；____________________________。

二、选择题

1. 分段绝缘器主绝缘应完好，其表面放电痕迹应不超过有效绝缘长度的（　　）。

   A. 20%　　B. 30%　　C. 40%

2. 分段绝缘器应位于受电弓中心，相对于两侧吊弦点有（　　）的负弛度。

   A. 5 ~ 15 mm　　B. 15 ~ 20 mm　　C. 20 ~ 30 mm

三、判断题

1. 受电弓滑动接触通过分段绝缘器时，不允许存在断电间隙。(　　)
2. 分段绝缘器结构简单，应合理使用，尽量多设。(　　)
3. DXF-(1.6)Ⅱ型分段绝缘器采用三角形结构，克服平面结构易产生挠度的缺点。(　　)
4. 分段绝缘器滑道底面应平行于轨面，最大偏差不超过 10 mm。(　　)

四、论述题

1. 分段绝缘器安装的处所有哪些?
2. 分段绝缘器检查维护时的注意事项有哪些?

项目九 接触网锚段关节

任务一　接触网锚段关节的认知

【任务描述】

本任务旨在认识接触网锚段关节。通过本任务的学习，学生应对接触网锚段关节结构、类型和作用等有比较全面的认知，为后续任务的执行奠定坚实的基础。

【任务目标】

（1）掌握锚段的定义、结构特点。

（2）掌握各类典型锚段关节的作用及特点。

（3）掌握非绝缘锚段关节及绝缘锚段关节的技术标准。

【任务内容】

接触网锚段是指在区间或站场上，根据供电和机械方面的要求，将接触网分成的许多独立的分段。锚段两端的承力索和接触线都直接或通过补偿器固定到锚柱上。

一、锚段及锚段的定义

接触网分成若干一定长度且机械、电气上相互独立的分段，称为锚段；两个相邻锚段的衔接区段（重叠部分）称为锚段关节，如图 9-1 所示。

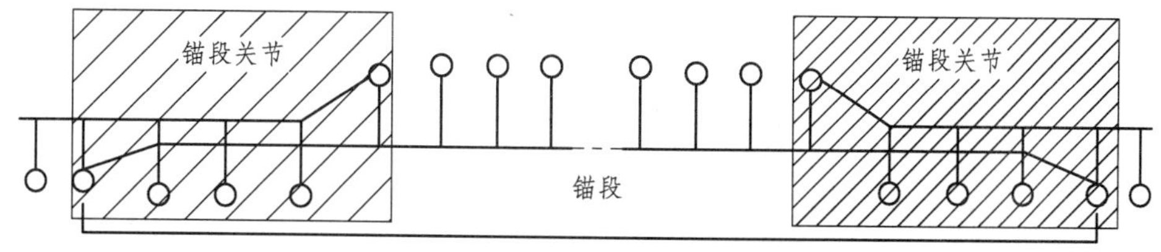

图 9-1　锚段、锚段关节示意图

二、锚段关节的作用

锚段关节，既要保证平顺、安全的锚段过渡，又要保证受流质量，对锚段关节要求：

（1）实现接触网的机械和电气分段，以满足供电和受流需要；

（2）使受电弓高速、平稳、安全地从一个锚段过渡到另一个锚段；

（3）便于在接触网中安装必要的机电设备。

锚段关节的作用主要包括：

（1）限制事故范围；

（2）方便张力补偿；

（3）增加供电灵活性。

三、锚段关节的分类

按照作用分为：非绝缘锚段关节——仅机械分段；绝缘锚段关节——机械、电气均分段；按照结构分为：三跨、四跨、五跨锚段关节。

四、典型的锚段关节

1. 三跨式非绝缘锚段关节

三跨式非绝缘锚段关节，如图 9-2 所示。

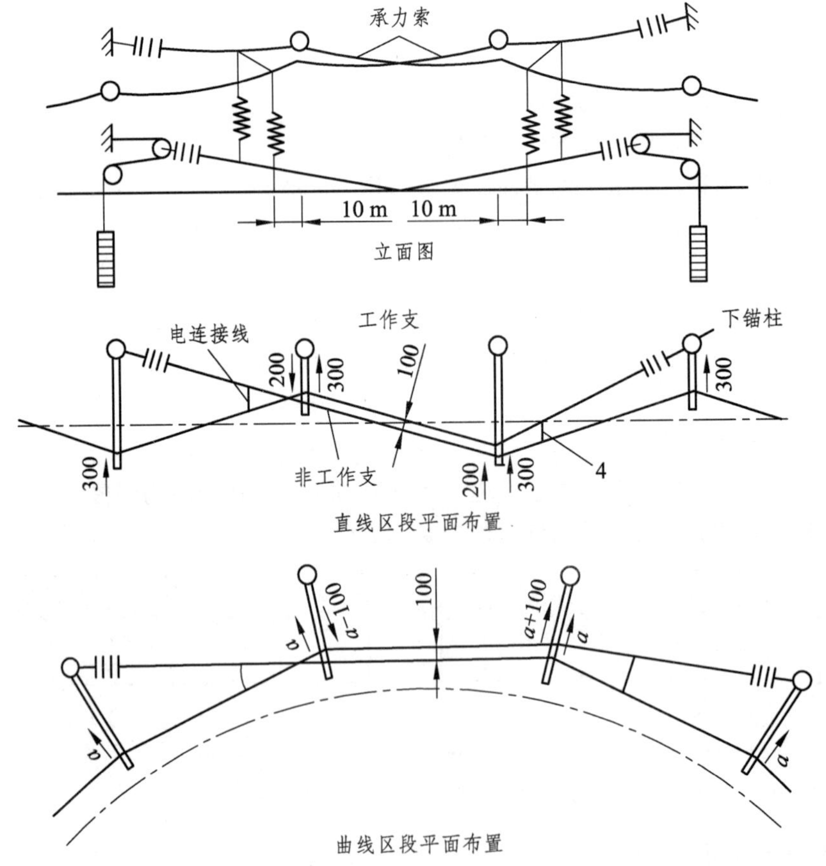

图 9-2　三跨式非绝缘锚段关节示意图（单位：mm）

相邻两个锚段重叠三个跨距，只进行机械分段，电气上是连通的。也称为电不分段锚段关节。三跨非绝缘锚段关节结构和技术要求：两转换柱间的两条接触线在水平面上的投影应平行，线间的距离为 100 mm。在立面图中，两接触线的交叉点应在该跨距中心处，且等高。转换支柱处，非工作支接触线比工作支接触线抬高 200 ~ 250 mm。下锚处非工作支比工作支抬高 500 mm。两转换柱与锚柱间，在距转换柱 10 m 应安装电连接线。

2. 四跨绝缘锚段关节

四跨绝缘锚段关节，如图 9-3、如图 9-4 所示。

相邻两个锚段重叠四个跨距，机械上分段，电气上相互独立。通过隔离开关实现电路的通断，实现同相位接触网间的绝缘。

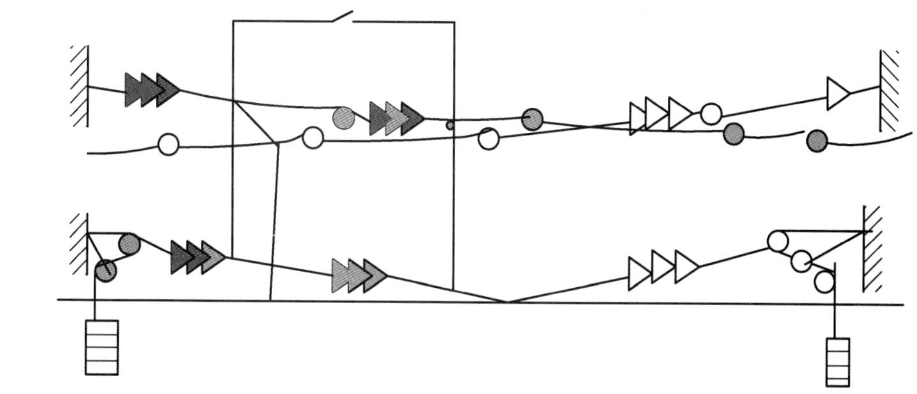

图 9-3　四跨绝缘锚段关节 立面图

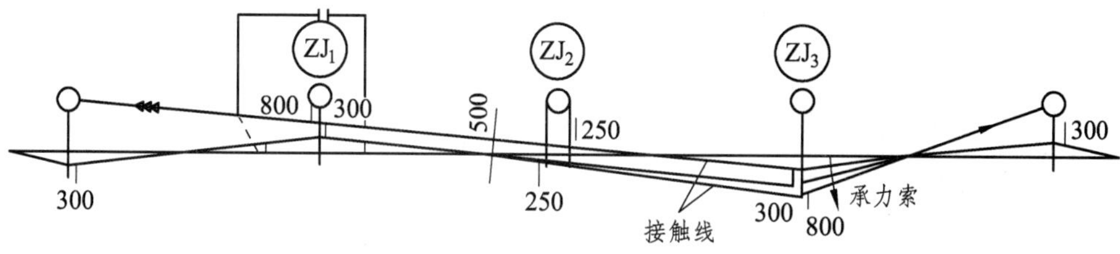

（a）直线平面图

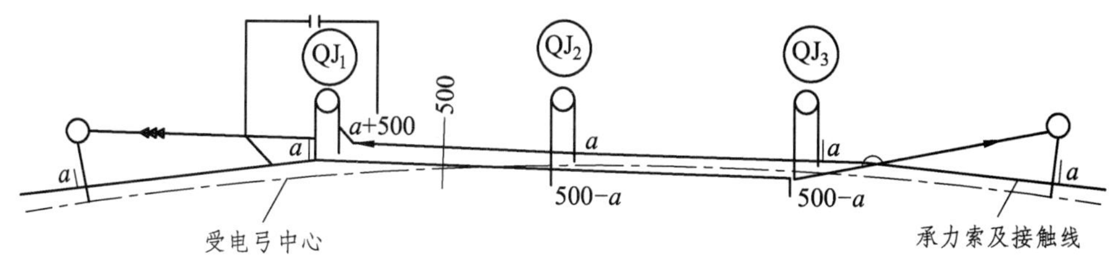

（b）曲线平面图

图 9-4　四跨绝缘锚段关节平面图（单位：mm）

四跨绝缘锚段关节技术特点：两转换柱间两条接触线在水平面上投影平行，线间距为 500 mm；在立面图中，两接触线的交叉点应在中心柱处，且等高；转换支柱处，非工作支接触线比工作支接触线抬高 500 mm；非工作支接触线和下锚支承力索在转换柱靠中心柱侧加装一串绝缘子；两转换柱与锚柱间，在距转换柱 10 m 应安装电连接线；两个锚段的电路连通或断开由隔离开关控制。

3. 五跨绝缘锚段关节

五跨绝缘锚段关节，如图 9-5、图 9-6 所示。

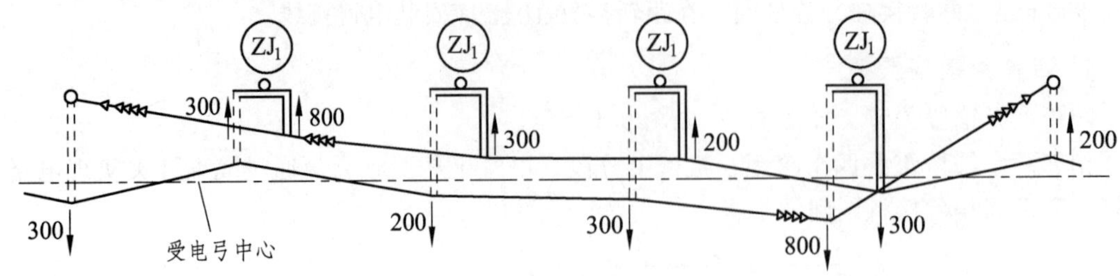

（a）直线平面图

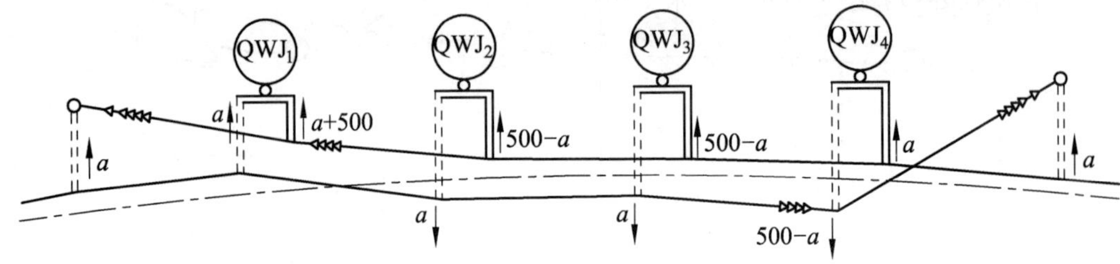

（b）曲线平面图

图 9-5　五跨绝缘锚段关节平面图（单位：mm）

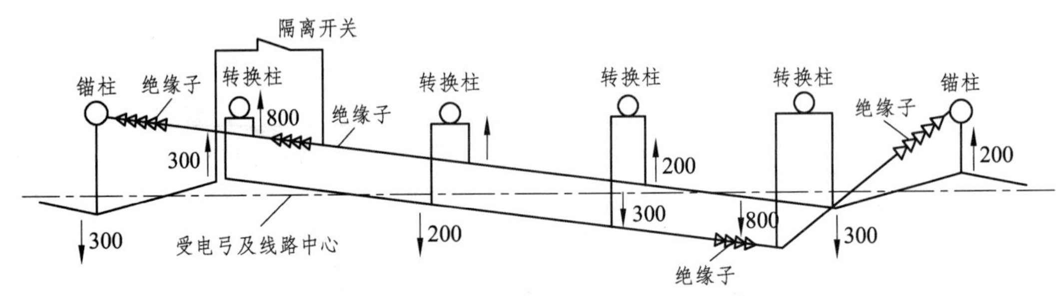

图 9-6　五跨绝缘锚段关节立面图（单位：mm）

高速铁路常用五跨绝缘锚段关节而较少采用四跨锚段关节，在五跨绝缘锚段关节中受电弓接触两接触线是在两导线等高处，该处导高高出相邻悬挂 40 mm，在动态压力下受电弓接触两线时间短，接触压力小，克服了四跨结构受电弓接触两接触线时间长且又在悬挂点接触压力大的缺陷和出现硬点的不足。保证了机车高速通过关节时与一般区段的动态接触压力和弓网受流状态几乎没有差异，弓网受流质量良好，接触线使用寿命延长。

五、非绝缘锚段关节的技术标准

（1）设计极限温度下，两悬挂各部分（包括零部件）之间的距离应保持 50 mm 以上。

（2）转换柱处两接触线水平距离。

标准值：200 mm	标准状态：标准值+20 mm
警示值：标准值±50 mm	限界值：标准值±100 mm

（3）转换柱处两接触线垂直距离。

标准值：设计值　　　　　　　　　　　　标准状态：标准值+20 mm

限界值：标准值±50 mm　　　　　　　　　警示值：标准值±30 mm

（4）中心柱处两接触线水平距离为设计值，允许偏差±30 mm；两接触线距轨面等高，允许偏差+20 mm。两接触悬挂接触线工作支过渡处接触线调整符合运行要求。

（5）锚支接触线在其垂直投影与线路钢轨交叉处，应高于工作支接触线 300 mm 以上，并持续抬升至下锚处。下锚角钢安装高度应符合线索延伸下锚抬升的需要。

六、绝缘锚段关节的技术标准

（1）转换柱处两悬挂垂直距离、水平距离。

标准值：500 mm；

标准状态：标准值±20 mm；

警示值：标准值±30 mm；

限界值：标准值±50 mm。

（2）中心柱处两悬挂垂直距离、水平距离。

① 接触线（承力索）垂直距离。

标准值：等高（设计值）；

标准状态：20 mm（标准值±20 mm）；

警示值：20 mm（标准值±30 mm）；

限界值：30 mm（标准值±50 mm）。

② 接触线（承力索）水平距离：同转换柱。

③ 中心柱处接触线等高点处接触线高度不应低于相邻工作支吊弦点，允许高于相邻吊弦点 0 ~ 10 mm，五跨锚段关节中间跨为过渡跨，接触线等高点（屋脊处）宜在过渡跨跨中，高度比相邻定位点抬高 0 ~ 40 mm。

（3）两接触悬挂接触线工作支过渡处调整符合运行要求。

（4）转换柱处绝缘子串与悬挂点的距离符合设计要求，允许偏差+50 mm。承力索、接触线两绝缘子串上下应对齐，允许偏差±100 mm。

（5）任何情况下，两接触悬挂及定位支撑装置带电体各部分应满足空气绝缘间隙要求。锚段关节内的定位支撑、吊弦载流环、斜拉线等不得减小空气绝缘间隙。

（6）锚支接触线在其垂直投影与线路钢轨交叉处，应高于工作支接触线 300 mm 以上，并持续抬升至下锚处。下锚角钢安装高度应符合线索延伸下锚抬升的需要。

任务二　锚段关节的检查维护

一、作业准备

1. 人员准备

人员清单，如表 9-1 所示。

表 9-1 人员清单

序号	项 目	单位	数量	备 注
1	工作领导人	人	1	
2	驻站（所）联络员	人	1	
3	地线监护人	人	2	兼行车防护
4	地线操作人员	人	2	
5	高空作业人员	人	2	安全等级不低于三级，熟悉高空检修、测量作业流程及技术标准
6	辅助人员	人	2	兼测量

注：其他作业人员未一一列出。

2. 工具准备

工具清单，如表 9-2 所示。

表 9-2 工具清单

序号	名 称	规格型号	单位	数量	备 注
1	作业车（或车梯）		台	1	
2	接触网激光测量仪	DJJ-8	台	1	
3	水平尺	600 mm	把	1	
4	短接线		组	2	
5	橡皮锤		把	1	
6	单滑轮		个	1	
7	钢卷尺	5 m	把	1	
8	小绳		条	1	
9	力矩扳手	0 ~ 100 N · m	套	1	
10	抹布		块	1	
11	紧线器	50 ~ 150	套	2	需调整时
12	钢丝套子		套	2	需调整时
13	吊弦压接钳		套	1	需调整时
14	链条葫芦	4 t	台	1	需调整时
15	链条葫芦	1.5 t	台	1	需调整时
16	压接工具		组	1	需调整时

3. 材料准备

材料清单，如表 9-3 所示。

表 9-3　材料清单

序号	名　称	规格型号	单位	数量	备　注
1	铁线	ϕ 4.0 mm	kg	适量	
2	细砂纸		张	适量	
3	电力复合脂		盒	1	
4	整体吊弦		套	若干	
5	吊弦线夹	根据现场情况	组	2	需调整时
6	定位线夹		套	4	需调整时
7	定位装置	根据现场情况	套	适量	需调整时
8	锚支定位卡子		套	2	需调整时
9	腕臂底座	根据现场情况	套	2	需调整时
10	承力索复合绝缘子	根据现场情况	套	1	需调整时
11	接触线复合绝缘子	根据现场情况	套	1	需调整时
12	承导线终端锚固线夹	根据现场情况	套	各 1	需调整时

二、作业流程图

按照停电作业流程办理相关手续，具体作业内容如图 9-7 所示。

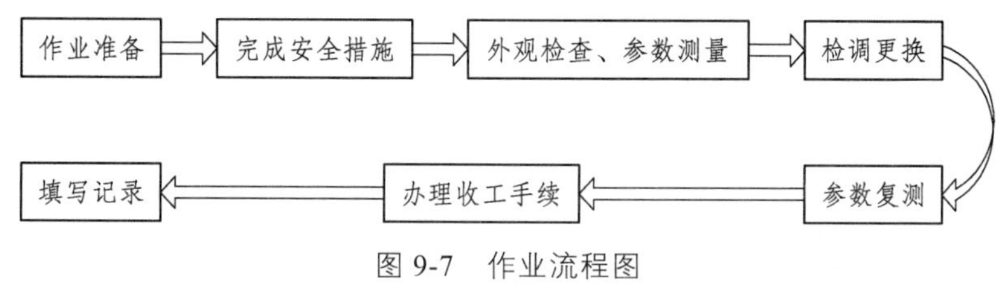

图 9-7　作业流程图

三、作业内容及标准

1. 外观检查

（1）腕臂底座外观检查。

各零配件应齐全，连接螺栓应无缺失、锈蚀等现象，底座与支柱安装牢固，焊接点应无脱焊、锈蚀现象，双腕臂底座应无扭曲、变形等现象。

（2）支持与定位装置外观检查。

检查支持、定位装置各零部件外观状态，应无缺失、裂纹及腐蚀等现象，锚支定位卡子安装方向应正确，衬垫应无缺失，检查标准参照支持装置及定位装置检修作业标准执行。

（3）吊弦外观检查。

检查关节内吊弦应无散股、断股、松弛及无散股、断股、松弛，检查标准参照吊弦检修作业标准执行。

（4）接触悬挂外、附加悬挂外观检查。

检查接触悬挂、附加悬挂线索安装状态无散股、断股、松弛，线夹螺栓安装正确检查标准参照接触悬挂、附加悬挂检修作业标准执行。

（5）关节外观检查。

检查外观状态，应无散股、断股、弛度过紧或过松等现象，检查标准参照关节检修作业标准执行。

（6）隔离开关外观检查。

检查隔离开关外观状态，开合位置应正确，引线应无散股、断股、弛度过紧或过松等现象，检查标准参照隔离开关检修作业标准执行。

（7）补偿装置外观检查。

检查补偿装置外观状态应良好，上下托动坠砣，观察补偿装置及坠砣移动的灵活性，检查坠砣应无缺失、破损、锈蚀。检查标准参照棘轮补偿装置及滑轮补偿装置检修作业标准执行。

2. 参数测量

（1）腕臂偏移检查。

检查腕臂偏移状态，应无偏移超标现象，检查标准参照支持装置检修作业标准执行。

（2）承导线位置检查。

检查关节转换柱、中心柱处两悬挂的垂直距离、水平距离应符合设计要求，如图 9-8 所示。

（3）转换柱处两悬挂垂直距离、水平距离。

标准值：设计值；

标准状态：标准值±20 mm；

警示值：标准值±30 mm；

限界值：标准值±50 mm。

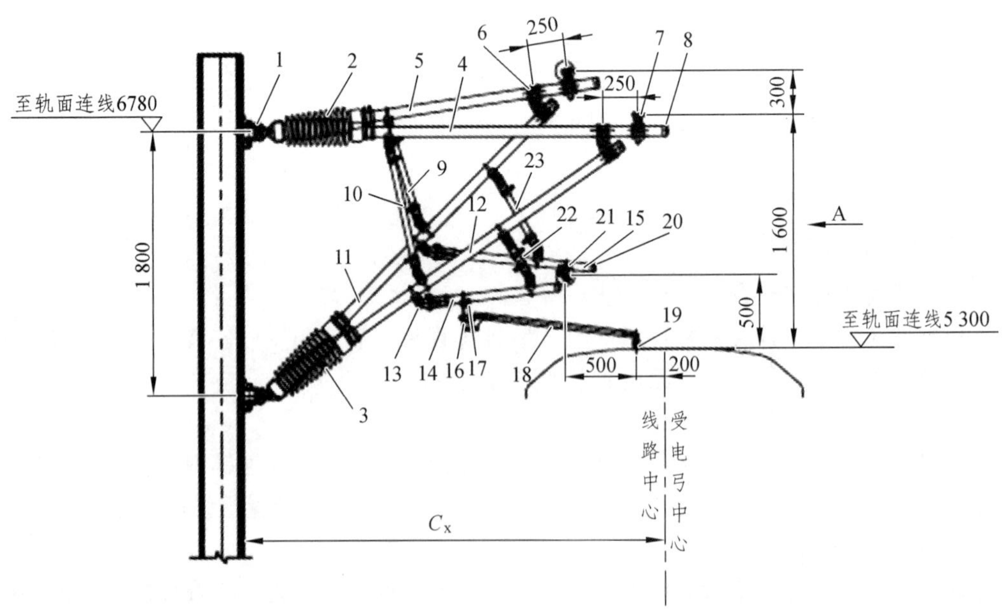

（a）五跨绝缘关节外转换柱

1—平腕臂底座；2，3—棒式绝缘子；4，5—平腕臂；6—双套筒连接器；7—承力索座；8，20—管帽；9，10—腕臂支撑；11，12—斜腕臂；13—套管单耳；14，15—定位管；16—电气连接跳线；17—定位支座；18—定位器；19—定位线夹；21—锚支定位线夹；22，23—定位支撑。

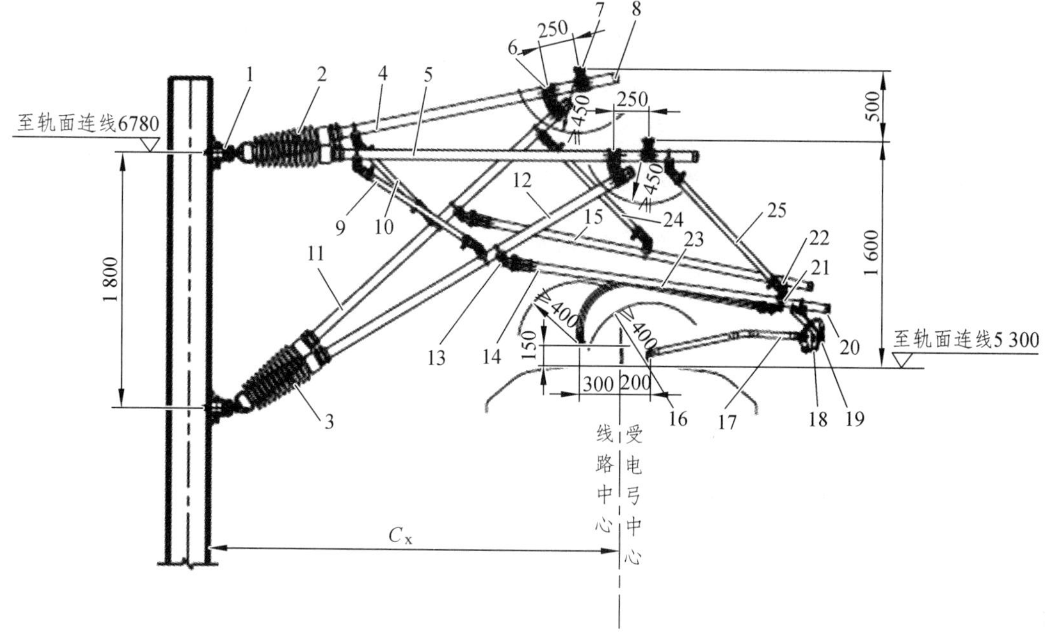

（b）五跨绝缘关节内转换柱

1—平腕臂底座；2，3—棒式绝缘子；4，5—平腕臂；6—双套筒连接器；7—承力索座；8，20—管帽；9，10—腕臂支撑；11，12—斜腕臂；13，22—套管单耳；14，15—定位管；16—定位线夹；17，23—定位管；18—电气连接跳线；19，21—定位支座；24，25—定位支撑。

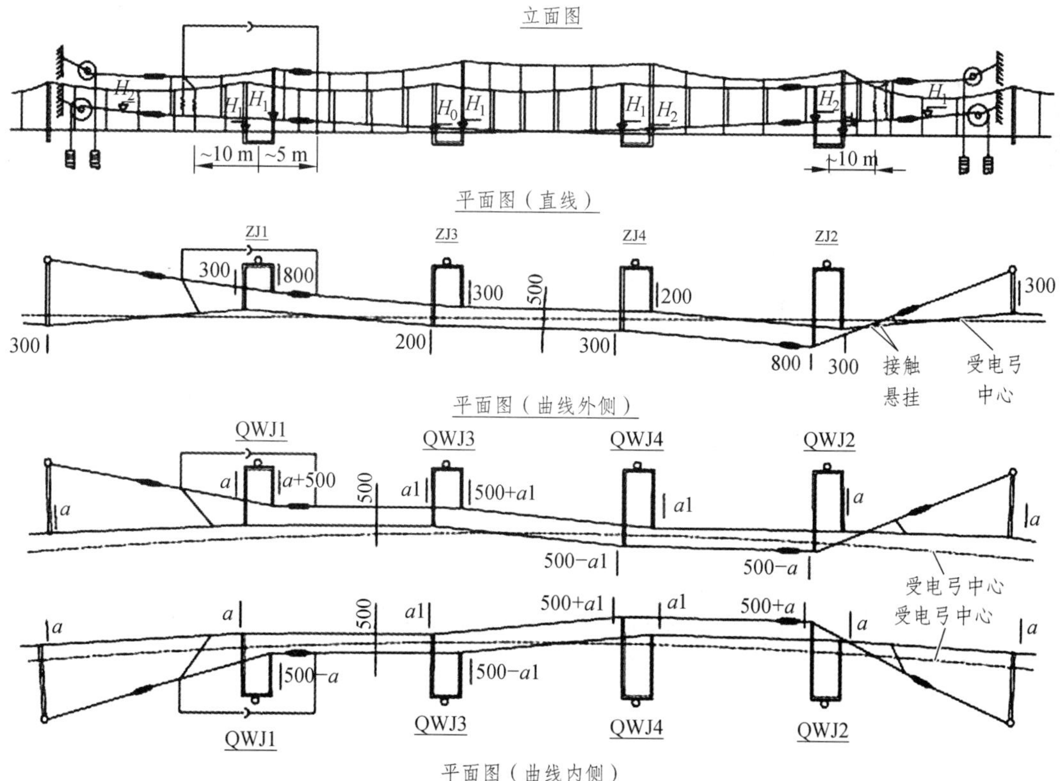

（c）五跨绝缘关节平面布置图

（d）四跨绝缘关节转换柱

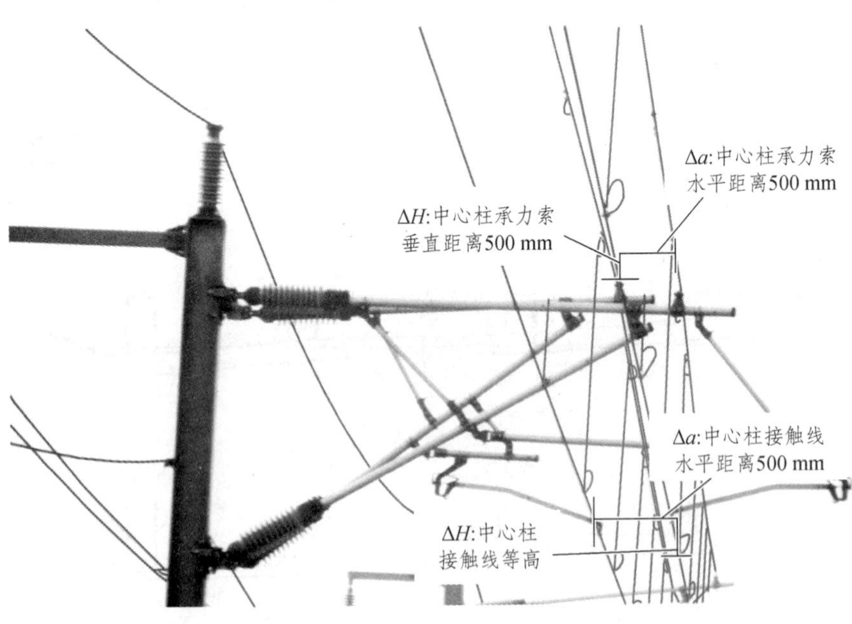

（e）四跨绝缘关节中心柱

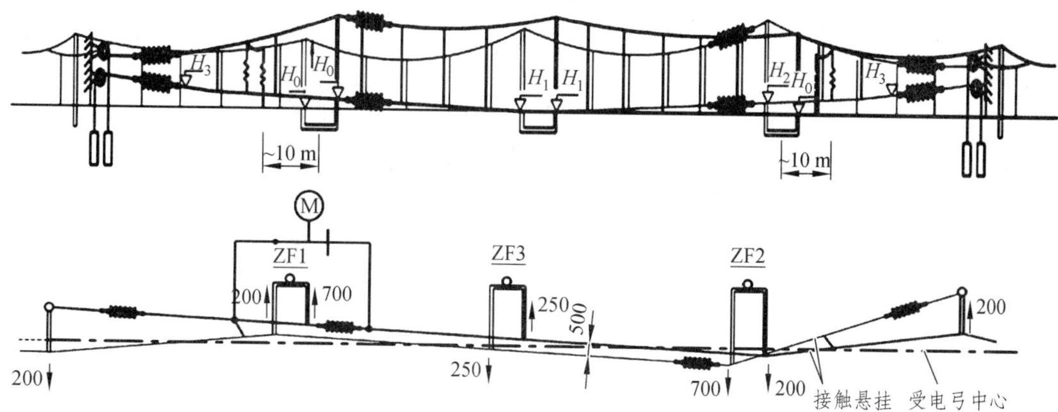

（f）四跨绝缘关节平面布置图

图 9-8　四跨绝缘锚段关节（单位：mm）

（4）中心柱处两悬挂垂直距离、水平距离。

接触线（承力索）垂直距离；

标准值：等高（设计值）；

标准状态：20 mm（标准值±20 mm）；

警示值：20 mm（标准值±30 mm）；

限界值：30 mm（标准值±50 mm）；

接触线（承力索）水平距离：同转换柱。

中心柱处接触线等高点处接触线高度不应低于相邻工作支吊弦点，允许高于相邻吊弦点 0 ~ 10 mm。

五跨锚段关节中间跨为过渡跨，接触线等高点（屋脊处）宜在过渡跨跨中，高度比相邻定位点抬高 0 ~ 40 mm。

① 转换柱处绝缘子串与悬挂点的距离符合设计要求，允许偏差±50 mm。承力索、接触线两绝缘子串上下应对齐，允许偏差±100 mm。

② 任何情况下，两接触悬挂及定位支撑装置带电体各部分应满足空气绝缘间隙要求。锚段关节内的定位支撑、吊弦载流环、斜拉线等不得减小空气绝缘间隙。

（5）分段绝缘子检查。

检查分段复合绝缘子，应无损坏、闪络放电现象，承导线绝缘子是否对齐，非工作支接触线绝缘子下裙边最低点距工支接触线高差不小于 300 mm，如图 9-9 所示。

（6）定位器坡度及间隙检查。

用角度尺或接触网激光测量仪测量定位器坡度。检查标准参照定位装置检修作业标准执行。

（7）线索交叉距离检查。

① 检查关节闭口侧工作支吊弦与非工作支接触线水平距离，应保证不小于 50 mm。

② 检查转换柱处非工作支接触线距工支定位管及限位状态下定位器的垂直距离，应保证不小于 50 mm。

（8）螺栓紧固力矩检查。

紧固螺栓力矩参考如表 9-4 所示。

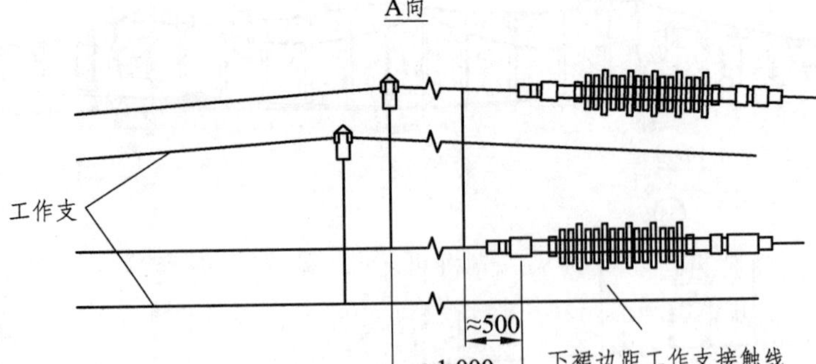

图 9-9　分段绝缘子检查（单位：mm）

表 9-4　紧固螺栓力矩参考表

序号	螺栓名称	紧固件名称	力矩/（N·m）
1	ϕ70 铝合金承力索座	顶紧螺栓 M12	75
		顶紧螺栓螺母 M12	50
		压紧螺栓 M12	50
2	双套管连接器	顶紧螺丝 M12	75
		顶紧螺栓螺母 M12	50
		双套筒连接螺栓 M20	100
3	腕臂斜撑双耳套筒（ϕ42）	顶紧螺栓 M12	75
		顶紧螺栓螺母 M12	50
4	55 型套管单耳（定位环）	U 形螺栓 M16	70
5	70 型套管单耳（定位环）	U 形螺栓 M16	70
6	定位管双耳套筒（ϕ55）	顶紧螺丝 M12	75
		顶紧螺栓螺母 M12	50
7	锚支定位卡子	U 形螺栓 M12	35
		线夹螺栓 M12	44
8	定位支座	U 形螺栓 M16	70
9	W 形定位支座	U 形螺栓 M16	70
10	ZJ 型限位定位器	M10 限位螺母	20
12	电气连接跳线	M10 螺栓	25
13	定位线夹	M10 螺母、螺栓	25
14	弹性吊索线夹	螺栓 M8	23
15	整体吊弦承力索吊弦线夹	螺栓 M10	25
16	整体吊弦接触线吊弦线夹	螺栓 M10	25
17	腕臂底座	螺栓 M20	120
18	旋转平双耳	螺栓 M18	80～90

3. 检调

（1）对外观有裂纹、腐蚀现象的零部件进行更换，对开口角度不到位的开口销进行更换并掰开 120°，对不受力的吊弦进行更换。

（2）对关节处状态不符合要求的根据关节检修作业标准进行检修、调整。

（3）腕臂底座有扭曲变形、焊接点脱焊，要立即更换。将承力索、接触线卸载，注意非工作支张力较大,配合 4 t 链条式手扳葫芦先将非支承导线全部卸载后再拆除腕臂更换腕臂底座。

（4）分段复合绝缘子串裙边损坏、烧伤超过 300 mm^2 及表面龟裂老化严重或接缝开胶，对该绝缘子进行更换。更换方法：在绝缘子两侧用紧线器连接手扳葫芦，适当紧起手扳葫芦，使绝缘子卸载，拔出与终端锚固线夹连接的销钉，拆下旧绝缘子串，更换新绝缘子串，松动手扳葫芦，检查受力情况。

（5）转换柱承力索水平间距调整。

根据测量转换柱非工作支承力索拉出值 a_1 和工作支承力索拉出值 a_2，计算出两支承力索的水平间距：$\Delta a = a_1 - a_2$，确定出调整方向及调整量。

承力索水平间距不符合标准的调整方法：先确认工作支承力索拉出值是否符合标准，当工作支承力索拉出值不符合标准时：

① 人工调整工作支承力索拉出值，如果承力索受力较大，在支柱柱顶搭 1.5 t 手扳葫芦拉住承力索（直线、曲外）或工作支腕臂管插入一根带两个定位环的 1 m 长定位管（曲内），调整定位管的外露长度，在定位管上搭 1.5 t 手扳葫芦拉住承力索，摇动手扳葫芦将工作支承力索卸载，松开工作支承力索座，按照设计的拉出值确定调整方向和数据，将工作支承力索位置调整到标准位置。

② 调整后承力索水平间距仍不符合标准，再调整非工作支承力索：在支柱柱顶搭 1.5 t 手扳葫芦拉住承力索（直线、曲外）或非工作支腕臂管插入一根带两个定位环的 1 m 长定位管（曲内），调整定位管的外露长度，在定位管上搭 1.5 t 手扳葫芦拉住承力索，摇动手扳葫芦将非工作支承力索卸载，松开非工作支承力索座，按调整方向和数据，如果承力索水平间距大，减小非支和工支承力索座之间的距离，将非工作支承力索位置调整到标准位置；如果承力索水平间距小，增大非支和工支承力索座之间的距离，将非工作支承力索位置调整到标准位置。复测承力索水平间距符合设计要求。

（6）转换柱承力索垂直间距调整。

根据测量转换柱非工作支承力索高度 H_1 和工作支承力索高度 H_2，计算出两支承力索的垂直间距：$\Delta H = H_1 - H_2$，确定出调整方向及调整量。

承力索垂直间距不符合标准的调整方法：先确认工作支承力索高度是否符合标准，当工作支承力索高度不符合标准时：

① 在支柱柱顶搭 1.5 t 手扳葫芦拉住承力索（直线、曲外）或工作支腕臂管插入一根带两个定位环的 1 m 长定位管（曲内），调整定位管的外露长度，在定位管上搭 1.5 t 手扳葫芦拉住承力索，摇动手扳葫芦将工作支承力索卸载，松开工作支双套筒座，如果工作支承力索低，向支柱方向调整双套筒座，将工作支承力索高度调高调整到标准位置；如果工作支承力索高，向支柱反方向调整双套筒座，将工作支承力索高度调低调整到标准位置。

② 调整后承力索垂直间距仍不符合标准，再调整非工作支承力索：在支柱柱顶搭 1.5 t 手扳葫芦拉住承力索（直线、曲外）或工作支腕臂管插入一根带两个定位环的 1 m 长定位管（曲

内），调整定位管的外露长度，在定位管上搭 1.5 t 手扳葫芦拉住承力索，摇动手扳葫芦将非工作支承力索卸载，按调整方向和数据，松开非工作支双套筒座，如果承力索垂直间距大，向支柱反方向调整双套筒座，将工作支承力索高度调低调整到标准位置；如果承力索垂直间距小，向支柱方向调整双套筒座，将非工作支承力索高度调高调整到标准位置。复测承力索垂直间距符合设计要求。

（7）转换柱接触线水平间距调整。

根据测量转换柱非工作支接触线拉出值 a_1 和工作支接触线拉出值 a_2，计算出两支接触线的水平间距：$\Delta a = a_1 - a_2$，确定出调整方向及调整量。

接触线水平间距不符合标准的调整方法：先确认工作支接触线拉出值是否符合标准，当工作支接触线拉出值不符合标准时：

① 人工调整工作支接触线拉出值，如果接触线受力较大，则在支柱上搭 1.5 t 手扳葫芦拉住接触线（直线、曲外）或腕臂端部搭 1.5 t 手扳葫芦拉住接触线（曲内），摇动手扳葫芦将工作支接触线卸载，松开工作支定位支座，按照拉出值的大小调整方向和数据，将工作支接触线位置调整到标准位置。

② 调整后接触线水平间距仍不符合标准，再调整非工作支接触线：在支柱上搭 1.5 t 手扳葫芦拉住接触线（直线、曲外）或非工作支腕臂管插入一根带两个定位环的 1 m 长定位管（曲内），调整定位管的外露长度，在定位管上搭 1.5 t 手扳葫芦拉住承力索，摇动手扳葫芦将非工作支接触线卸载，松开非工作支接触线锚支卡子，如果接触线水平间距大，减小锚支卡子和工作支定位支座的距离，将非工作支接触线位置调整到标准位置，使两支接触线水平间距调整至符合标准；如果接触线水平间距小，增大锚支卡子和工作支定位支座的距离，将非工作支接触线位置调整到标准位置。使两支接触线水平间距调整至符合标准。复测接触线水平间距符合设计要求。

③ 当工作支接触线拉出值符合标准时，通过调整非工作支接触线的拉出值调整接触线的水平间距，调整方法同工作支接触线拉出值不符合标准时非工作支接触线的调整方法。

（8）转换柱接触线垂直间距调整。

根据测量转换柱非工作支接触线高度 H_1 和工作支接触线高度 H_2，计算出两支接触线的垂直间距：$\Delta H = H_1 - H_2$，确定出调整方向及调整量。

接触线垂直间距不符合标准的调整方法：先确认工作支接触线高度是否符合标准，当工作支接触线高度不符合标准时：

① 调整或更换工作支定位点两侧吊弦，将工作支接触线高度调整至标准值。

② 以工作支接触线为基准，按调整数据，调整或更换非工作支定位点两侧第一根吊弦，使高差符合标准；再依次调整或更换其他吊弦，使两支接触线间垂直间距符合标准。同时复测接触线水平间距符合设计要求。

③ 当工作支接触线位置符合标准时，调整或更换非工作支定位点两侧第一根吊弦，使高差符合标准；再依次调整或更换其他吊弦，使两支接触线间垂直间距符合标准。复测接触线水平间距符合设计要求。

（9）中心柱承力索水平间距调整。

根据测量中心柱高支承力索拉出值 a_1 和低支承力索拉出值 a_2，计算出两支承力索的水平间距：$\Delta a = a_1 - a_2$，确定出调整方向及调整量。

调整方法参见转换柱处承力索的水平间距调整方法。

（10）中心柱承力索垂直间距调整。

根据测量中心柱高支承力索高度 H_1 和低支承力索高度 H_2，计算出两支承力索的垂直间距：$\Delta H = H_1 - H_2$，确定出调整方向及调整量。

调整方法参见转换柱处承力索的垂直间距调整方法。

（11）中心柱接触线水平间距调整。

根据测量中心柱一支接触线拉出值 a_1 和另一支接触线拉出值 a_2，计算出两支接触线的水平间距：$\Delta a = a_1 - a_2$，确定出调整方向及调整量。

当两支工作支接触线拉出值不符合标准时，先调整一支：

① 人工调整工作支接触线拉出值，如果接触线受力较大，则在支柱上搭 1.5 t 手扳葫芦拉住接触线（直线、曲外）或腕臂端部搭 1.5 t 手扳葫芦拉住接触线（曲内），摇动手扳葫芦将工作支接触线卸载，按照设计的拉出值确定调整方向和数据，松开工作支定位支座，将一支工作支接触线位置调整到标准位置。

② 调整后接触线水平间距仍不符合标准，再调整另一支工作支接触线：在支柱上搭 1.5 t 手扳葫芦拉住接触线（直线、曲外）或腕臂端部搭 1.5 t 手扳葫芦拉住接触线（曲内），另一端与工作支接触线连接，摇动手扳葫芦将工作支接触线卸载，松开工作支定位支座，如果接触线水平间距大，减小定位支座之间的距离，如果接触线水平间距小，增大两工作支定位支座之间的距离，使两支接触线水平间距调整至符合标准。复测接触线水平间距符合设计要求。

③ 当一支工作支接触线拉出值符合标准时，调整另一支接触线，调整方法同两支工作支接触线拉出值不符合标准时的另一支工作支接触线的调整方法。

（12）中心柱接触线垂直间距调整。

根据测量转换柱非工作支接触线高度 H_1 和工作支接触线高度 H_2，计算出两支接触线的垂直间距：$\Delta H = H_1 - H_2$，确定出调整方向及调整量。

先确认工作支接触线高度是否符合标准，当工作支接触线高度不符合标准时：

① 调整或更换工作支定位点两侧吊弦，将工作支接触线高度调整至标准值。

② 以工作支接触线为基准，按调整数据，调整或更换非工作支定位点两侧第一根吊弦，使高差符合标准；再依次调整或更换其他吊弦。使两支接触线间垂直间距符合标准。复测接触线水平间距符合设计要求。

③ 当工作支接触线高度符合标准时，调整或更换非工作支定位点两侧第一根吊弦，使高差符合标准；再依次调整或更换其他吊弦。使两支接触线间垂直间距符合标准。复测接触线水平间距符合设计要求。

（13）定位器坡度及间隙调整。

定位器坡度及间隙如不符合设计要求的参照定位装置中检修作业标准进行检修、调整。

4. 检查验收

检修作业完毕后，对检修后的设备质量进行检查验收，验收关键点：

（1）中心柱处两接触线水平间距 500 mm，垂直间距 150 mm。

（2）关节闭口侧工支吊弦与非支接触线水平距离不小于 50 mm。

（3）转换柱处非支接触线距工支定位管及限位状态下定位器的垂直距离不小于 50 mm。

（4）分段复合绝缘子裙边最低点与工作支接触线的高差不得小于 300 mm。

（5）中心柱处两悬挂各部分（包括零部件）之间的距离在设计极限温度保持 500 mm 空气绝缘间隙，最小不得小于 450 mm。

四、安全注意事项

根据作业现场实际情况落实好触电伤害、高空坠落、物体打击、车辆伤害、作业车运行安全、道路交通安全等风险项点的防控措施，对设备检修过程中存在的关键安全风险提示如下：

（1）绝缘锚段关节检修作业时，两端地线接地必须连接良好，牢固可靠，隔离开关必须处于闭合状态，否则必须在两悬挂间加挂短接线，方能开始检修作业。作业结束将隔离开关恢复到作业前状态，确认短接线已撤除。

（2）作业人员不宜位于线索受力方向的反侧，并采取防止线索滑脱的措施；在曲线区段进行接触网悬挂的调整工作时，要有防止线索滑脱的后备保护措施。

（3）曲线超高地段，使用车梯配合作业时，车梯要有防倾倒措施。

锚段关节的结构
二维动画

锚段关节的特点
二维动画

锚段关节的检修
二维动画

思考练习题

一、填空题

1. 对锚段关节的主要要求：

（1）实现接触网的机械和电气分段，以满足供电和受流需要；

（2）使__________高速、平稳、安全地从一个锚段过渡到另一个锚段；

（3）便于在接触网中安装必要的机电设备。

2. 锚段关节的作用：限制事故范围；方便张力补偿补偿；增加__________灵活性。

二、选择题

1. 接触网锚段与锚段之间的衔接部分称为（　　）。

A. 锚段　　B. 锚段关节　　C. 跨距　　D. 下锚

2. 锚段关节根据电气关系可分绝缘锚段关节与（　　）。

A. 机械锚段关节　　B. 非绝缘锚段关节

C. 三跨绝缘相锚段关节　　D. 四跨锚段关节

3. 接触网锚段的作用是（　　）。

A. 电分段　　B. 机械分段　　C. 张力调整　　D. 缩小事故范围

4. 锚段长度的影响因素有（　　）。

A. 环境温度和风速　　B. 补偿装置的形式和有效工作范围

C. 水平张力的变化　　D. 线路情况

5. 锚段关节按作用分类有（　　）。

A. 绝缘锚段关节　　B. 非绝缘锚段关节

C. 电分相锚段关节　　D. 关节式锚段关节

三、论述题

1. 锚段关节在检查维护时的安全注意事项有哪些？
2. 锚段关节检查验收的主要内容有哪些？

项目十 接触网关节式电分相

任务一　接触网电分相的认知

【任务描述】

本任务旨在认识接触网电分相。通过本任务的学习，学生应对接触网电分相结构、作用和工作特点要求等有比较全面的认知，为后续任务的执行奠定坚实的基础。

【任务目标】

（1）掌握电分相的定义和作用。
（2）掌握接触网电分相的分类及特点。

【任务内容】

目前我国电气化铁路电力机车和动车组都采用单相供电，为平衡电力系统各相负荷，牵引供电一般实行三相电源相序轮换供电，即电气化铁道牵引变电所向接触网供电的馈线是不同相的，保证铁路牵引供电网实现相与相之间电气隔离，在不同相供电臂的接触网对接处设置了绝缘结构，称为电分相。

我国早期电气化铁路采用结构复杂的接触网八跨、六跨、五跨等双绝缘锚段关节组成的电分相（简称关节式电分相）。在 20 世纪 80 ~ 90 年代电气化工程改造中普遍采用绝缘材料制作的结构简单的器件式电分相。随着铁路不断提速，为了尽量减少接触网上集中负荷和硬点产生，我国电气化铁路提速改造中又普遍采用由两个绝缘锚段关节组成的关节式电分相。目前我国和大多数国家的高速电气化铁路电分相均采用这种形式。

一、接触网的电分相定义

由于接触网两个相邻供电臂供电电源相位均有可能不同。因此在两个供电臂间必须加一绝缘区，这个绝缘区称为电分相。采用绝缘材料制作安装的电分相称为器件式电分相；采用由两个绝缘锚段关节组成的电分相称为关节式电分相。电力机车从一个供电臂跨越分相区到另一个供电臂的过程称为机车过分相。

二、接触网的电分相的分类及特点

电气化铁路电分相从结构划分有器件式和关节式两大类。

（一）器件式电分相

器件式电分相，如图 10-1 所示。

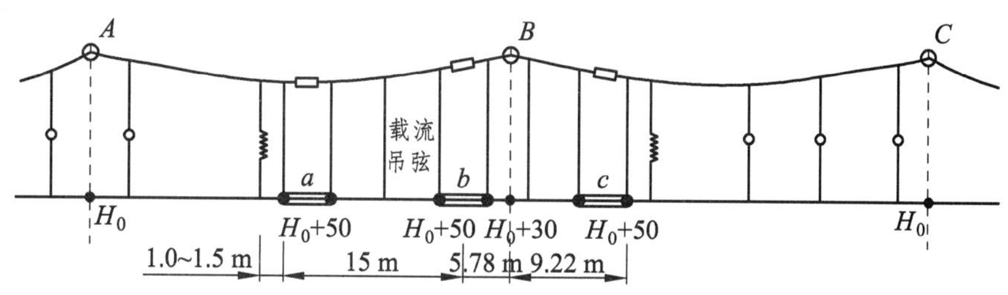

图 10-1　器件式电分相安装示意图

器件式电分相是利用分相绝缘器串接在一起而形成一种在电气上分开、在机械上不分段的电分相结构。常用器件式电分相构造图如图 10-1 所示，其是由三组分相绝缘元件串接在接触线中而构成的分相设备，承力索用绝缘子串分段，中性区（无电区）长度一般为 30 米。

（二）关节式电分相

关节式电分相是利用两组绝缘锚段关节组成的一种在电气和机械上都分开的电分相装置。由于绝缘锚段关节有三跨、四跨和五跨等结构，锚段关节跨距长度不同，两个关节的衔接布置也有多种方式，中性区距离也长短不一，造成目前关节式电分相存在五跨、六跨、七跨、八跨、九跨等多种型式。

多年来的接触网动态检测结果，相同条件下器件式电分相的硬点平均为接触网的 3 ~ 6 倍，而且运行速度越高，硬点差值越大。据统计，同样一组器件式电分相，当速度为 120、140、160 km/h 时，其硬点分别约为 30、60、110 g，从供电质量要求硬点值应不大于 50 g。可以说，当运行速度超过 120 km/h 时，器件式电分相是很难满足安全运行的。靠加强维修和调整来减小器件式电分相的硬点是很困难的，即使耗费大量的人力和物力，效果也难以令人满意。器件式电分相严重恶化弓网关系，其接头线夹处接触线磨耗很快，有机绝缘杆件运行环境恶劣容易发生事故，故应尽量减少使用。新线建设速度为 120 km/h 以上的线路应采用关节式电分相。

关节式电分相是由两个绝缘锚段关节和中性嵌入线构成，其构成方式很灵活，组合成的电分相形式也多种多样，以下为国内外运行线路中常用电分相形式。分别为五跨、六跨、七跨、九跨，如图 10-2 所示。

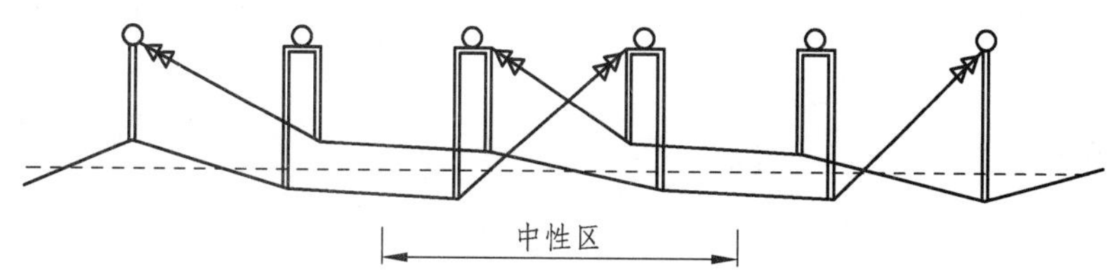

图 10-2　双三跨关节电分相（五跨）

从工程投资上讲，五跨与三跨相比，不增加接触网支柱，只是增加两套定位支撑装置和少量的接触网，投资增加很少，就能更好满足接触网运行，也为接触网进一步提速创造了条件。

六跨设置方式由两个四跨绝缘锚段关节重叠两跨构成，组成六跨形式，按满足双列重联动车组正常工作双弓间距 200 ~ 215 m 设计，中性段长度小于 200 m、无电区长度约 30 m。国内多条客运专线按此设计。但这种形式电分相中间支柱需要安装三套装置分别悬挂三组接触悬挂，安装调整比较复杂，如图 10-3、图 10-4 所示。

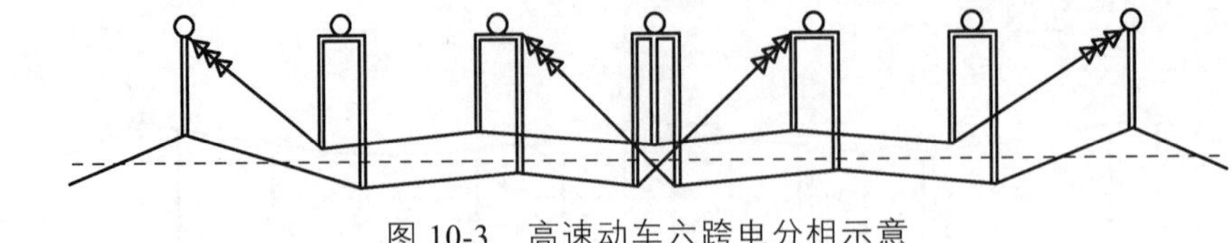

图 10-3　高速动车六跨电分相示意

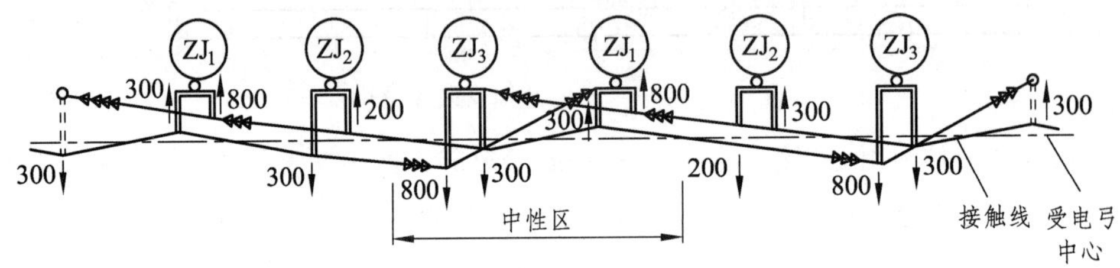

（a）直线平面图

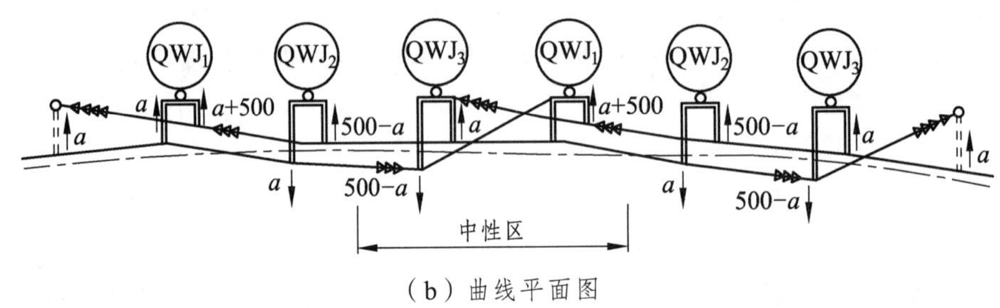

（b）曲线平面图

图 10-4　七跨电分相锚段关节示意图（单位：mm）

九跨布置方式克服其他三种方式结构上的不足，中性区长度只比七跨式增加 30 ~ 40 m 左右，即可满足安装的要求。机车单弓运行线路一般按照双五跨关节式电分相方式布置，如图 10-5、图 10-6 所示。

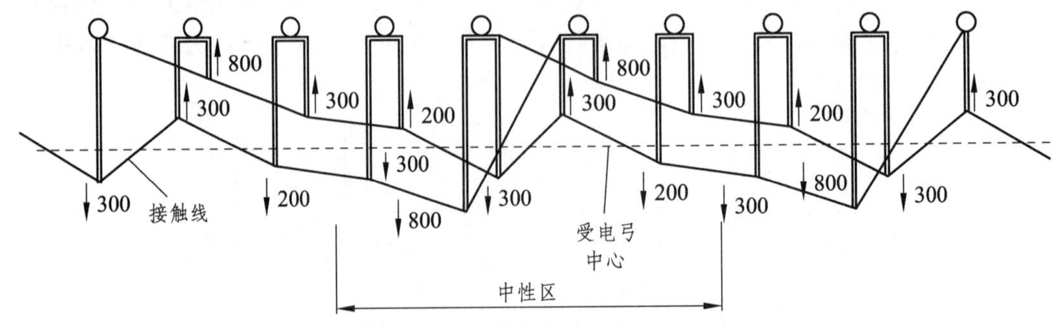

图 10-5　双五跨电分相锚段关节示意图（九跨）（单位：mm）

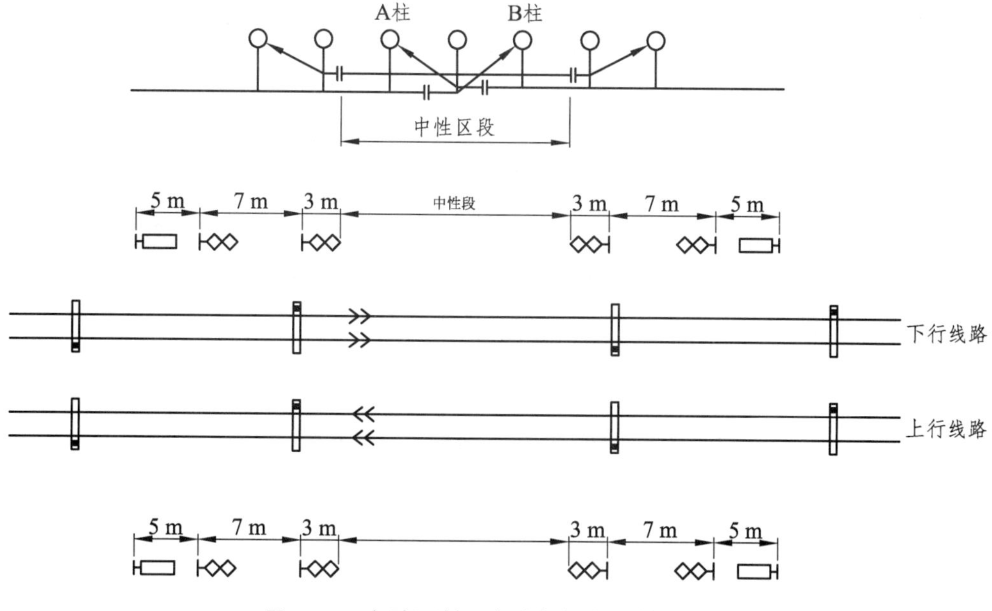

图 10-6　六跨两断口电分相锚段关节示意图

三、接触网电分相的技术标准

（一）关节式电分相技术标准

（1）关节式电分相各转换柱、中心柱技术标准符合绝缘锚段关节相关技术要求。

（2）关节式分相内整体吊弦导流环回头应向外侧安装，不得因吊弦导流环回头过长而减小空气绝缘间隙。

（3）关节式分相在有电区与无电区转换区段内承力索需加装不低于 8 m 的钢预绞丝保护条。

（4）承力索和接触线分段绝缘子串至锚支悬挂固定（定位）点间的距离不小于 1 000 mm（包括回头长度在内），允许偏差±100 mm，且在距绝缘子串非下锚侧 500 mm 处应加装 1 根吊弦，任何情况下绝缘子下缘距受电弓大于 200 mm，承力索接触线绝缘子串对齐，允许误差±50 mm。

（5）正线下锚锚支偏角不大于 4°，困难情况下不大于 6°。

（6）中性区内两非支承力索交叉处间距不小于 100 mm，否则需在该处加装一组电连接。

（7）转换柱处当非支接触线位于工作支定位管上面时，其间隙应不小于 50 mm。关节内工作支与非工作支的吊弦应各自分开，不得交叉。

（8）电连接良好，各部零件安装紧固有油，定位管无卡滞。

（二）自动过分相地面磁感应装置技术标准

（1）自动过分相地面磁感应装置安装位置，如图 10-7 所示。

（2）地面传感器安装时磁感应强度≥40 Gs，运行过程中不低于 36 Gs（1 mT=10 Gs）；

（3）地面感应器安装位置应符合设计要求，允许最大偏差为：+10 m。

（4）地面感应器磁性装置安装于钢轨外侧，中心距钢轨中心（300±20）mm。

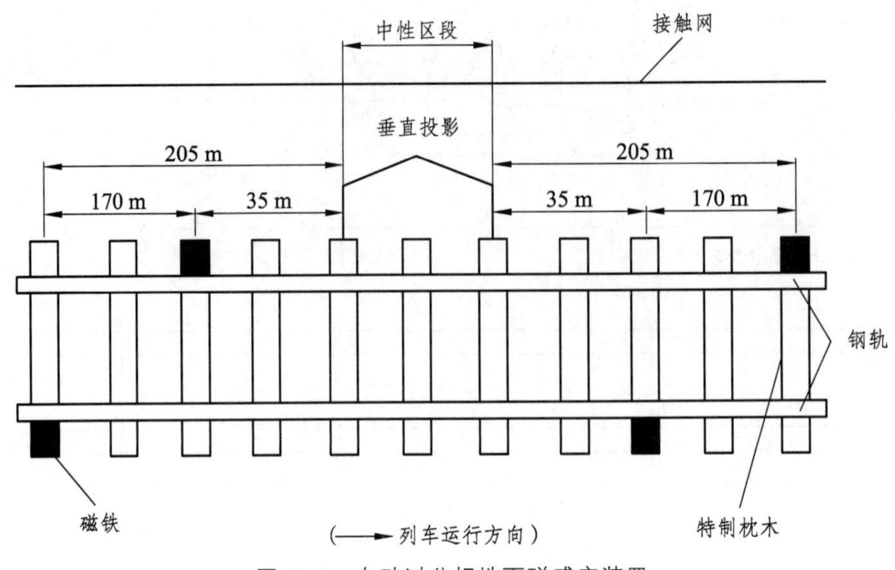

图 10-7　自动过分相地面磁感应装置

任务二　关节式电分相的检查维护

一、作业准备

1. 人员准备

人员清单，如表 10-1 所示。

表 10-1　人员清单

分工	人数	要求	作业内容
高空作业	2 人	接触网工；安全等级三级及以上；掌握高空作业检修技能；熟练掌握作业标准	对分相进行检修、测量
互检人	1 人	接触网工；安全等级三级及以上；掌握高空作业检修技能；熟练掌握作业标准	对检修、测量等作业进行监督验收，做好相关记录
测量	2 人	接触网工；安全等级二级及以上；熟练掌握激光测量仪的使用方法	按激光测量仪作业指导书进行测量，并做好记录

注：其他作业人员（如地线）在此不一一列出。

2. 工具准备

工具清单，如表 10-2 所示。

表 10-2　工具清单

序号	名 称	规 格	单 位	数 量	备 注
1	激光测量仪		台	1	
2	梯车		台	1	

续表

序号	名 称	规 格	单 位	数 量	备 注
3	力矩扳手	0～100 N·m	套	1	
4	安全带		根	2	
5	卷尺	5 m	把	1	
6	水平尺	600 mm	把	1	
7	毛刷		把	1	
8	个人工具		套	1	
9	相机		台	1	
10	特斯拉计		台	1	

注：其他工具（如压接钳、断线钳等吊弦压接工具）在此不一一列出。

3. 材料准备

材料清单，如表 10-3 所示。

表 10-3 材料清单

序号	名 称	规 格	单 位	数 量	备 注
1	吊弦		根	2	
2	开口销		个	20	

二、作业流程图

按照停电作业流程办理相关手续，具体作业内容如图 10-8 所示：

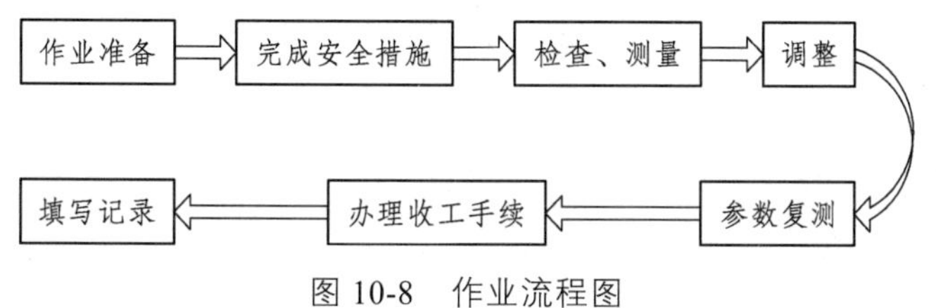

图 10-8 作业流程图

（1）封锁停电天窗作业时间内，使用车梯或作业车检查关节式分相状态。

（2）封锁天窗作业时间内，地面检测关节式分相技术标准状态及分相标志牌是否完整、牢固。

（3）封锁天窗作业时间内，地面检测分相地感器技术标准状态及安装是否牢固。

三、检修方法、标准、步骤

（一）六跨电分相

1. 作业前安全措施

作业前先将分相内的两断口利用短接线导通电路，消除感应电。作业全部结束后，方可撤除短接线。加短接线位置示意图及现场图如图 10-9 所示。

（a）

（b）

（c）

图 10-9　加短接线位置示意图及现场图（单位：mm）

2. 检查接触悬挂（图 10-10）

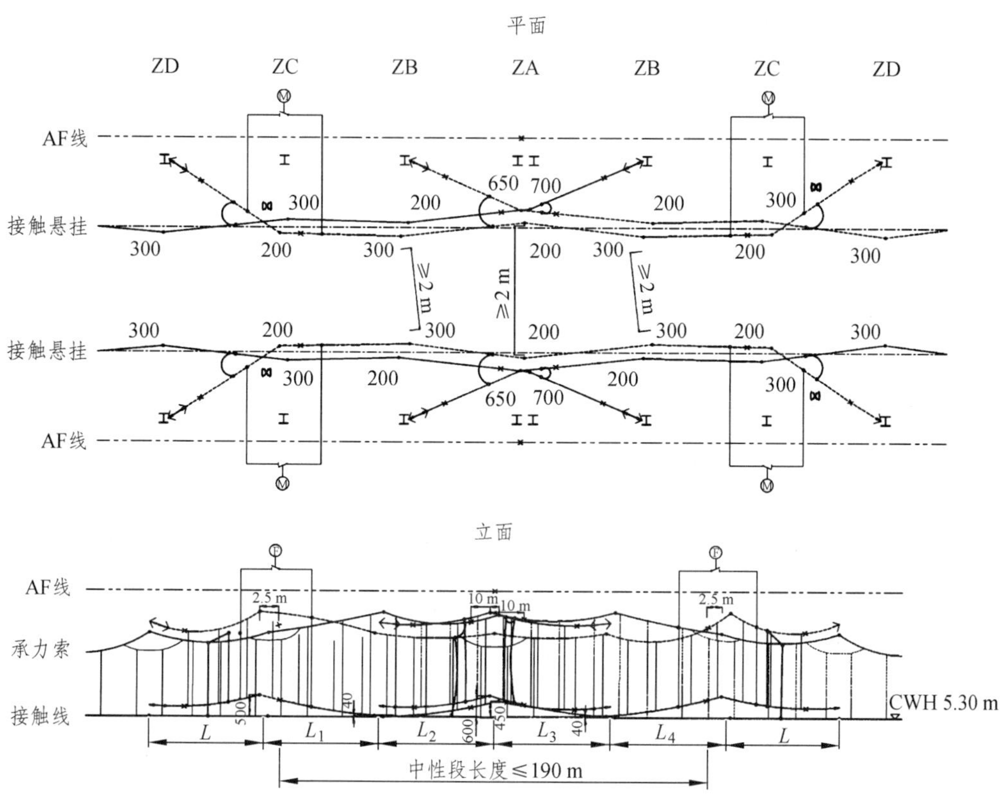

图 10-10　六跨关节式分相平立面示意图（中性区≤190 m）（单位：mm）

六跨关节式分相是由两个四跨绝缘锚段关节组成，当动车组进出分相没有正常进行断合操作时，受电弓极可能拉弧烧伤接触网设备。因此，应重点在电分相装置范围内（从图 10-10 中 A 相 C 柱到 B 相 C 柱）详细检查承力索、吊弦和接触线等有无烧伤痕迹，吊弦、承力索有无散股等异常情况，并对存在问题的线索进行补强、更换处理。

检查和测量转换柱和中心柱处两接触线、承力索的水平距离和垂直距离，检查测量各零部件间空气绝缘距离是否符合规定。

（1）转换柱处两悬挂垂直距离、水平距离。

标准值：设计值；

标准状态：标准值±20 mm；

警示值：标准值±30 mm；

限界值：标准值±50 mm。

（2）中心柱处两悬挂垂直距离、水平距离。

接触线（承力索）垂直距离：

标准值：等高（设计值）；

标准状态：20 mm（标准值±20 mm）；

警示值：20 mm（标准值±30 mm）；

限界值：30 mm（标准值±50 mm）。

接触线（承力索）水平距离：同转换柱。

a. 上、下行两定位管间的绝缘距离不应小于 2 000 mm，困难时不应小于 1 600 mm。

b. C 柱（靠近中性段锚柱的两转换柱）。

用激光测量仪测量 C 柱处承力索、接触线的垂直、水平间距是否符合标准值，检查非工作支定位往 B 柱方向 500 mm 处设置整体吊弦 1 根，确保分段绝缘子串裙边较工作支接触线抬高大于 300 mm。利用水平尺、卷尺测量 C 柱处两支不同悬挂、定位间任何部件的空气绝缘距离不得小于 450 mm，如图 10-11 所示。

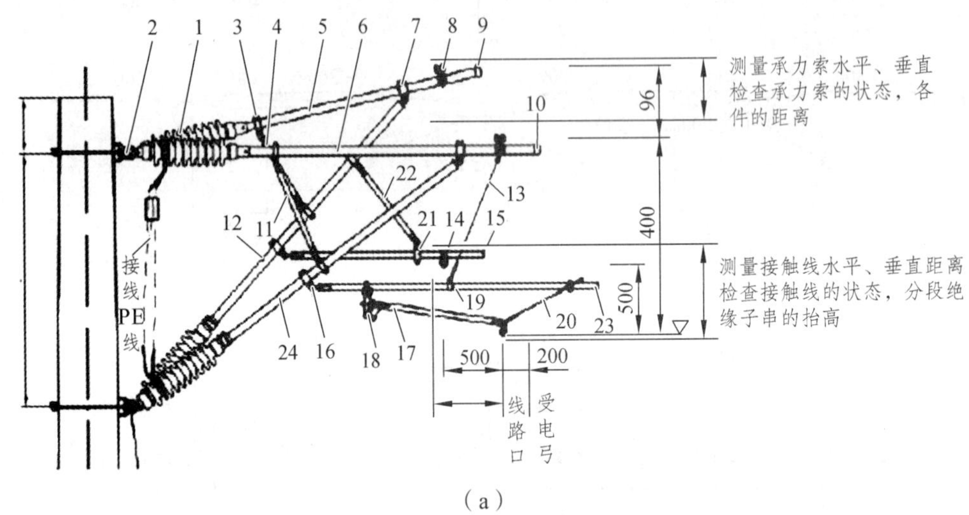

（a）

1—棒式绝缘子；2—平腕臂底座；3，4，16—套管单耳；5，6—平腕臂；7—套管座；8—承力索座；9，10—管帽；11，22—腕臂支撑；12，24—斜腕臂；13—斜拉线；14—锚支定位线夹；15，23—定位管；17—定位器；18—定位支座；19—拉线定位钩；20—防风拉线；21—定位管卡方。

（b）

图 10-11　C 柱（靠近中性段锚柱的两转换柱）

（3）B 柱（中心柱相邻的两转换柱）。

用激光测量仪测量 B 柱处承力索、接触线的垂直、水平间距是否符合标准值，测量转换点处两工作支是否等高（过渡锚段 B 柱中接触线作为工作支，非工作支比工作支抬高 40 mm）。利用水平尺、卷尺测量 B 柱处两支不同悬挂、定位间任何部件的空气绝缘距离不得小于

450 mm。测量转换柱处绝缘子与悬挂点的距离符合设计要求，允许偏差±50 mm。承力索、接触线两绝缘子上下应对齐，允许偏差±100 mm，如图 10-12 所示。

图 10-12　B 柱（中心柱相邻的两转换柱）

（4）A 柱（中心柱）。

中心柱采用双柱三腕臂安装形式，中心柱处中性段为工作支，靠近支柱侧非工作支为最高支，用激光测量仪测量 C 柱处承力索、接触线的垂直、水平间距是否符合标准值。利用水平尺、卷尺测量 A 柱处三支不同悬挂、定位间任何部件的空气绝缘距离不得小于 450 mm。检查两端分段绝缘子串抬高，确保分段绝缘子串裙边较工作支接触线抬高大于 300 mm。使用测量仪测量中心柱处接触线等高点处接触线高度不应低于相邻工作支吊弦点，允许高于相邻吊弦点 0 ~ 10 mm，如图 10-13 所示。

图 10-13　A 柱（中心柱）

3. 检查定位支撑装置和附加悬挂设备

参照《定位支撑装置检修作业指导书》和《附加悬挂检修作业指导书》进行检修作业。

4. 检查隔离开关、引线及分相关节内

参照《隔离开关检修作业指导书》《检修作业指导书》进行检修作业。

5. 检查避雷器、引线

参照《避雷器检修作业指导书》进行检修作业。

6. 检查分相标志牌

接触网电分相前方设断电标[如图 10-14（a）所示]，断电标设置在电分相中性区段起始位置前第 2 根支柱上（该支柱距电分相中性区段起始位置不小于 80 m）；在接触网电分相后方设合电标[如图 10-14（b）所示]，合电标设置在电分相中性区段终止位置后 400 m 处附近的接触网支柱上（该支柱距电分相中性区段终止位置不小于 400 m）。设置位置如图 10-14（c）所示。

线路反方向按上述规定设置断电标、合电标。

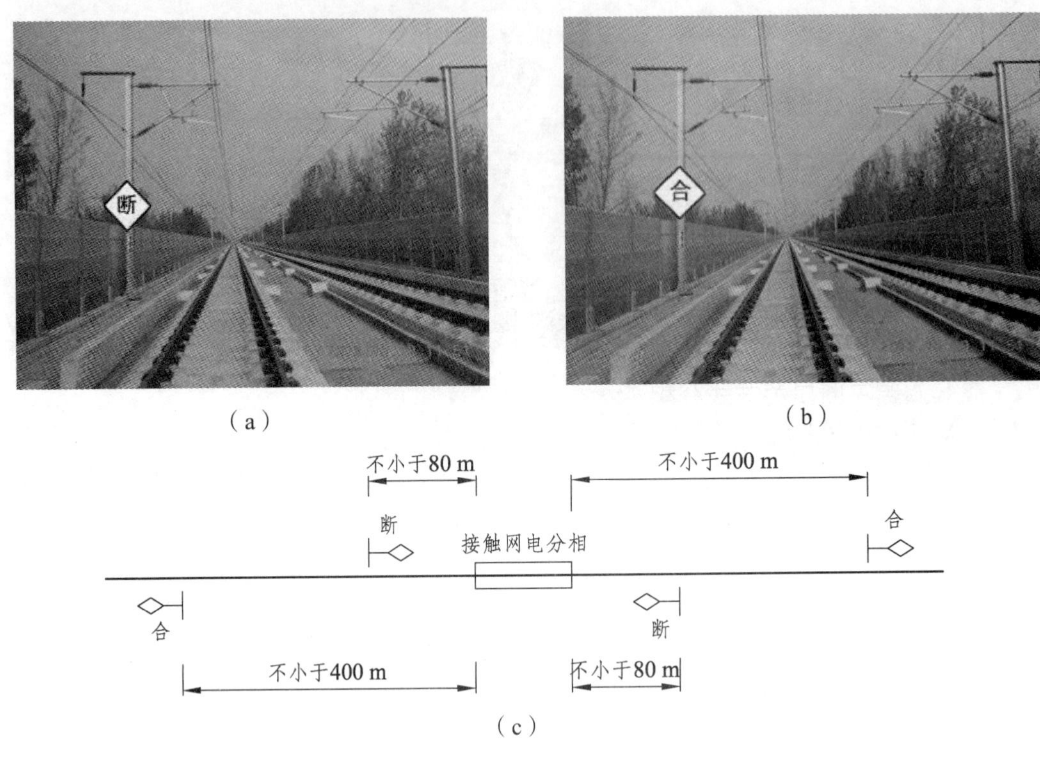

图 10-14 “断”、“合”标志牌（尺寸 600 mm×600 mm）

7. 检查地感器

参照《地感器作业指导书》进行检修作业。

8. 测量关节式电分相中性区和无电区

长度应符合设计要求（中性段长度≤190 m），允许偏差为±500 mm，保证双弓运行通过时，不发生相间短路。中性区和无电区定义及示意图如 10-15 所示。

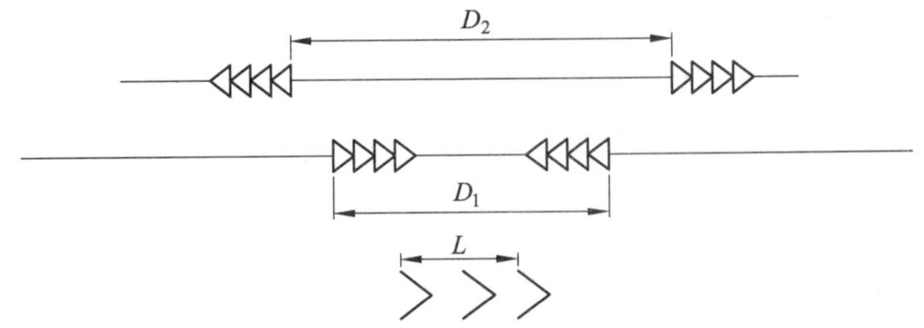

D_1—无电区长度：靠近中性段中心的两绝缘转换支柱绝缘子外侧间的距离；
D_2—中性段长度：远离中性段中心的两绝缘转换支柱绝缘子内侧间的距离；
L—列车任意两受电弓间的距离。
电力机车多弓运行时：$L \leqslant D_1$
动车组重联：16辆编组时，双受电弓运行$L \geqslant D_2$

图 10-15 关节式分相结构示意图

（二）七跨关节式分相

七跨关节式分相由两个四跨绝缘关节组成。中性段小于 190 m，保证双弓运行通过时，不发生相间短路。七跨分相检修参照六跨分相检修标准。示意图如图 10-16 所示。

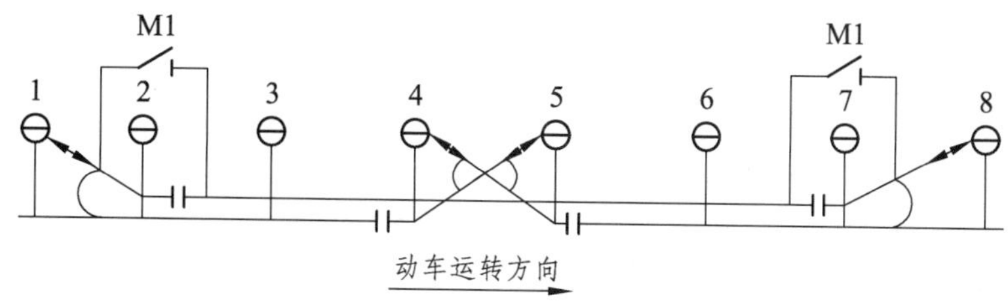

图 10-16　七跨关节式分相

（三）八跨三断口关节式分相

八跨三断口关节式分相装置结构情况由两个四跨绝缘关节组成。中性段大于 190 m，保证双弓运行通过时，不发生相间短路。八跨关节式分相检修参照六跨分相检修标准。示意图如图 10-17 所示。

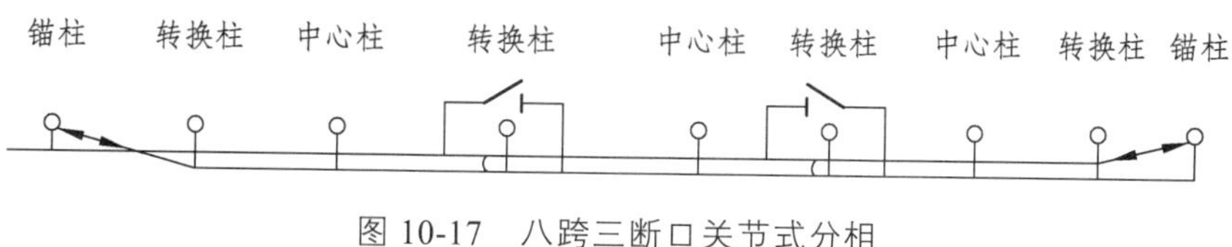

图 10-17　八跨三断口关节式分相

四、安全注意事项

（1）检修作业时，分相关节检修作业时，两端地线接地必须连接良好，牢固可靠，同时中性线必须加挂地线，以充分消除残余电量。

（2）隔离开关作业前两端加挂短接线，作业结束将隔离开关恢复到作业前状态，确认短接线已撤除。

（3）关节式分相处于曲线区段时，应注意测量跨中偏移值。

（4）严禁脚踩定位器、定位管、接触线，严禁使用作业车平台将接触线向上顶起。

（5）对发现缺陷的设备进行拍照并在更换后再次拍照确认，设备照片进行存档。

（6）夜间作业必须严格执行夜间作业劳动安全规定。

（7）作业中应做好工具材料保管工作，不得抛掷工具材料，作业完毕必须工完料清，撤出栅栏外时对工具材料清点一遍。

锚段关节的结构
视频

锚段关节的特点
视频

锚段关节的检查维护
视频

任务三　自动过分相地面感应器的检查维护

一、作业准备

1. 人员准备

人员清单，如表 10-4 所示。

表 10-4　人员清单

分工	人数	要求	作业内容
高空作业	2 人	接触网工；安全等级三级及以上；掌握高空作业检修技能；熟练掌握作业标准	对分相进行检修、测量
互检人	1 人	接触网工；安全等级三级及以上；掌握高空作业检修技能；熟练掌握作业标准	对检修、测量等作业进行监督验收，做好相关记录
测量	2 人	接触网工；安全等级二级及以上；熟练掌握激光测量仪的使用方法	按激光测量仪作业指导书进行测量，并做好记录

2. 工具准备

工具清单，如表 10-6 所示。

如表 10-6　工具清单

序号	名　称	规　格	单　位	数　量	备　注
1	接触网激光测量仪	DJJ-8	台	1	
2	梯车		台	1	
3	力矩扳手	0～100 N · m	套	1	
4	安全带		根	2	
5	卷尺	5 m	把	1	
6	水平尺	600 mm	把	1	
7	毛刷		把	1	
8	个人工具		套	1	
9	相机		台	1	
10	特斯拉计		台	1	

3. 材料准备

材料清单，如表 10-5 所示。

如表 10-5　材料清单

序号	名　称	规　格	单　位	数　量	备　注
1	吊弦		根	2	
2	开口销		个	20	

二、作业流程图

作业流程图，如图 10-18 所示。

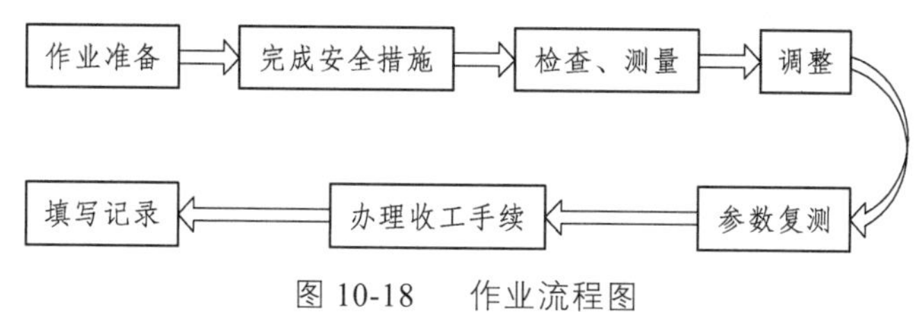

图 10-18　作业流程图

三、检查检测标准

1. 外观检查、维护

（1）检查地面感应器轨枕有无断裂、破损，磁性装置有无碰伤、刮伤和松动，有无锈蚀。

（2）清洁地感器护罩。使用韧性塑料膜，贴地感器外罩将铁屑与外罩分离后，抬起塑料膜，可快速分离铁屑。

（3）将地感器防护罩用黄色油漆涂成黄色，使地感器标识清晰，方便巡视检查。

（4）检查磁性装置位置是否正确、与轨枕安装及轨枕的状态，如图 10-19 所示。

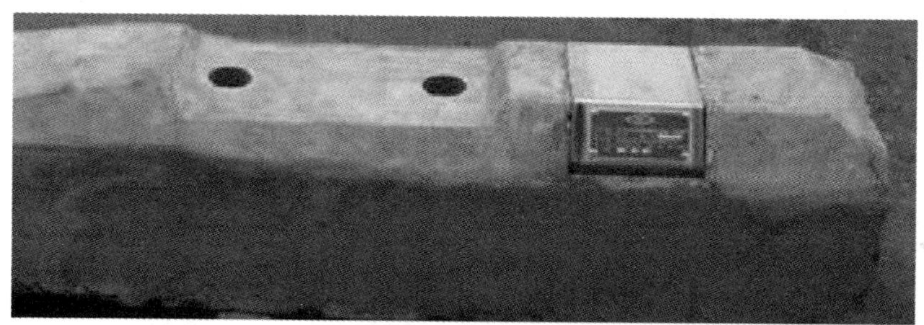

（a）轨枕处安装示意图

（b）板式无砟轨道板处地面磁感应器

图 10-19　地面磁感应器

2. 检查地面磁感应器、分相标志的安装位置

（1）地面磁感应器安装位置，如图 10-20 所示。

（2）检查“断”“合”标，“禁止双弓”是否松动、缺失，对松动、缺失的标志及时进行紧固补装。

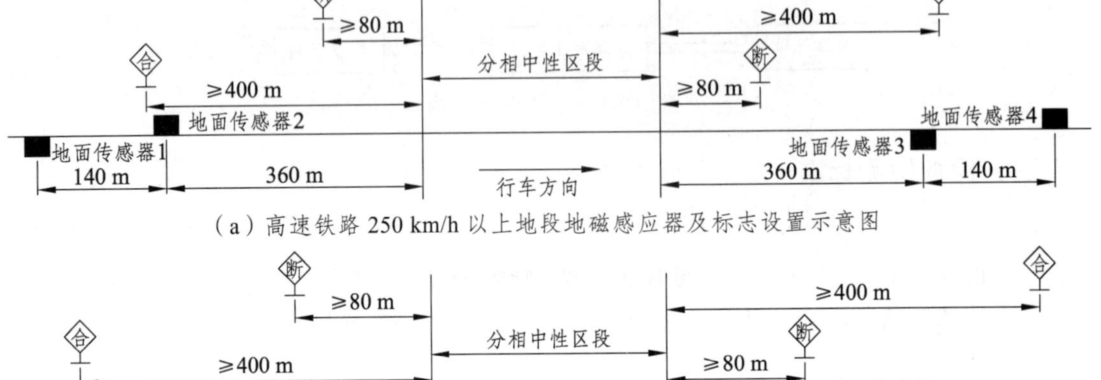

（a）高速铁路 250 km/h 以上地段地磁感应器及标志设置示意图

（b）高速铁路 250 km/h 以下地段地磁感应器及标志设置示意图

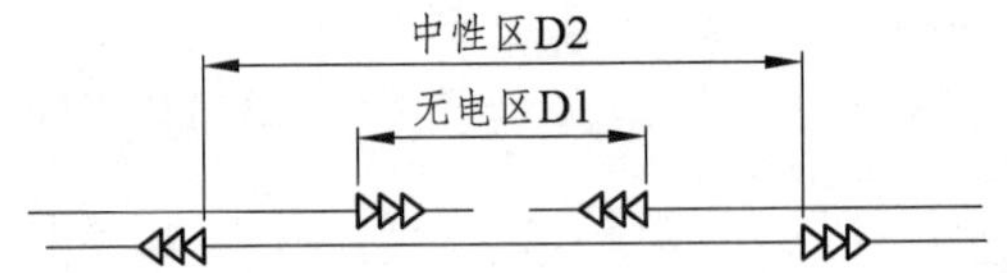

（c）关节式分组中性区与无电区示意图

图 10-20　地面磁感应装置、分相标志示意图

四、特斯拉计检查调试

1. 无探针特斯拉计使用方法

（1）校对特斯拉计，如图 10-21 所示。

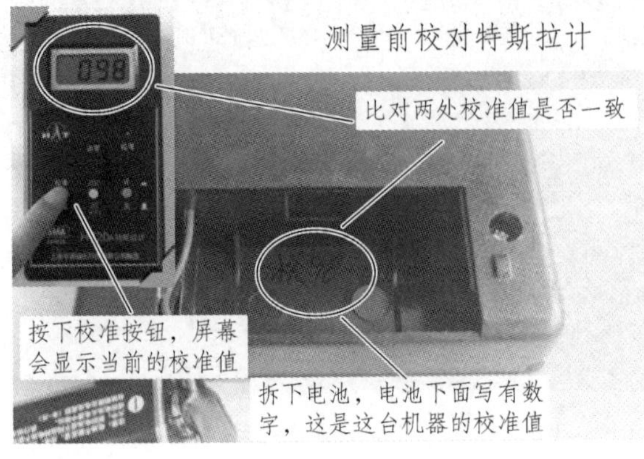

图 10-21　校对特斯拉计

（2）校准特斯拉计，如图 10-22 所示。

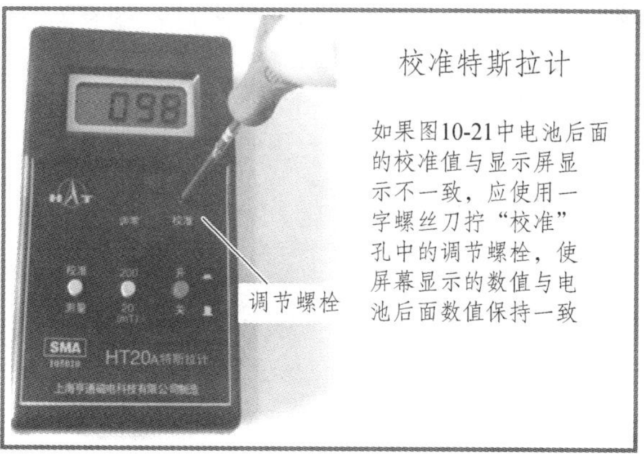

图 10-22　校准特斯拉计

（3）测量前量程调零（无磁场干扰的环境下进行调零），如图 10-23 所示。

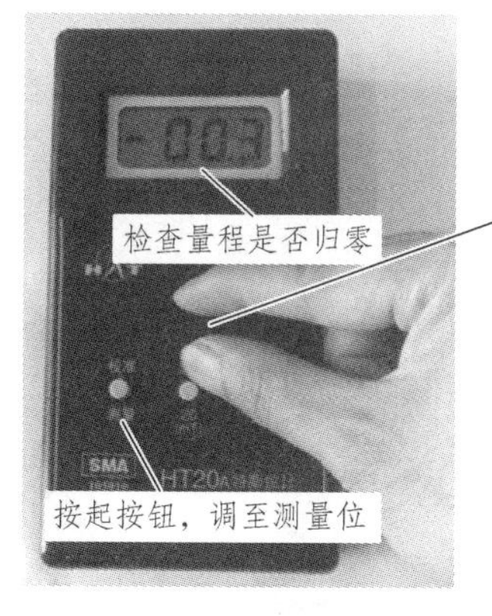

图 10-23　测量前量程调零

（4）选择合适的量程，如图 10-24 所示。

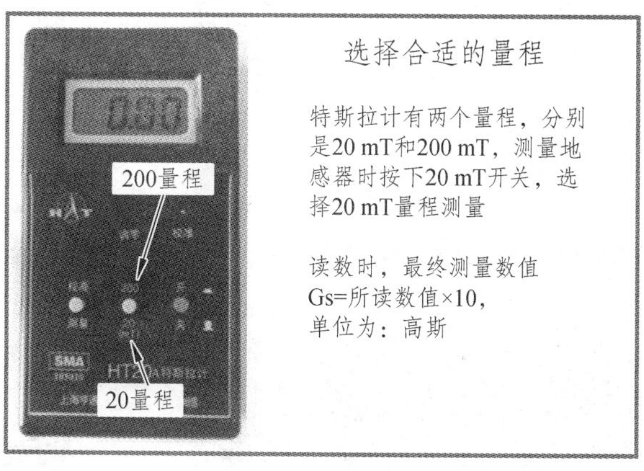

图 10-24　选择合适的量程

（5）测量开始，如图 10-25 所示。

图 10-25 测量

2. 有探针特斯拉计使用方法

（1）测量前校对，如图 10-26 所示。

（2）操作方法

① 将电池放入电池盒内。

② 将仪器电源开关置于凹下状态时，表示机器已通电开启。

③ 量程开关凸起状态测量范围 0 ~ 20 mT，凹下状态时测量范围 0 ~ 200 mT，选择合适的量程。

④ 将传感器（图 10-27）前段盖子旋开。

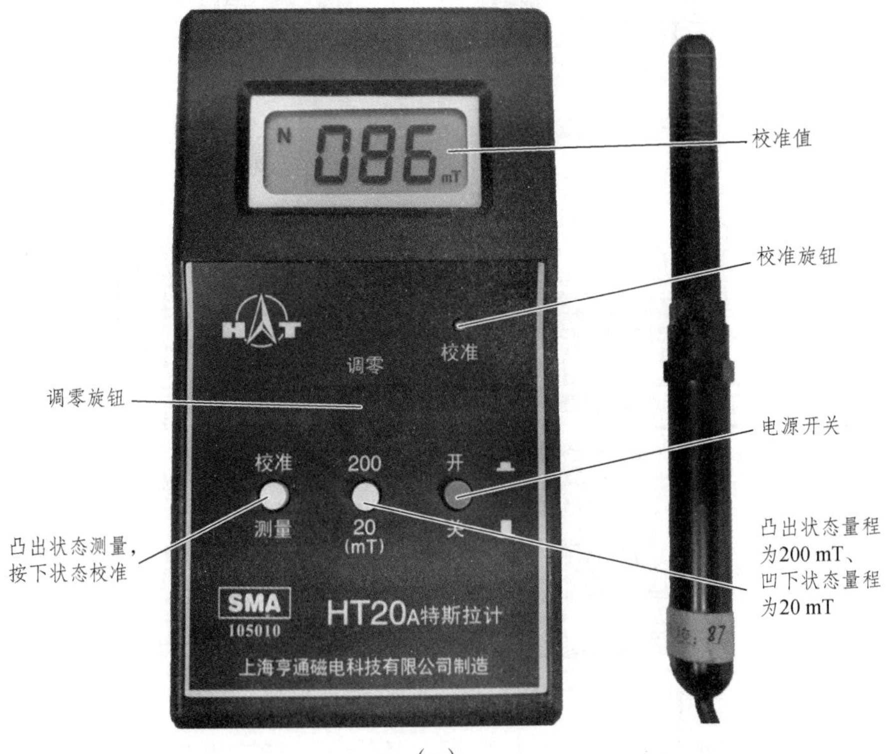

（a）

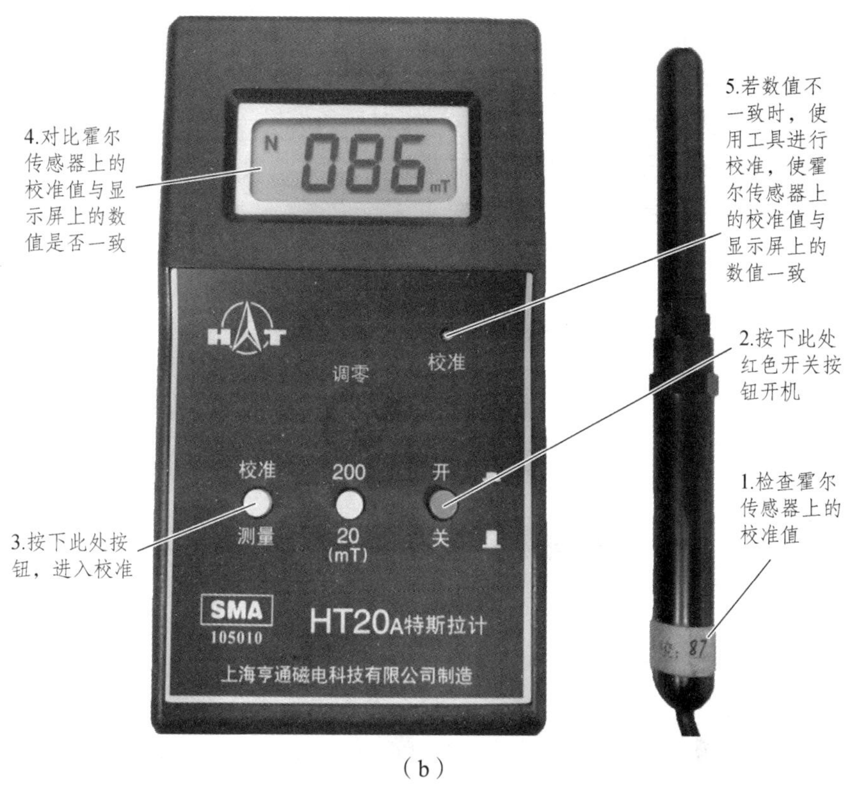

（b）

图 10-26　测量前校对

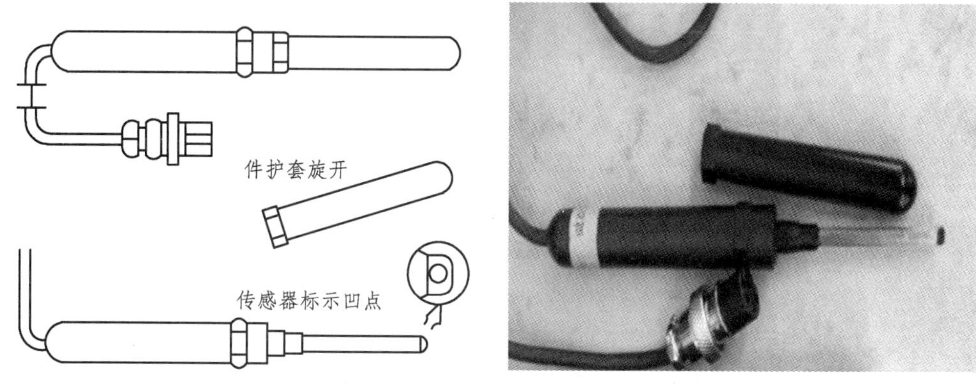

图 10-27　传感器

⑤ 开机后显示屏应该显示“000”，若不为零调整调零旋钮至显示为零。

⑥ 传感器头部的凹陷圆点标示为传感器的有效位置（探针绿面水平放置），即为测量面，仪器所显示的数值为测量面所指示点的磁感应强度，例如：测量一块永磁体时，将该测量面轻轻放在被测位置上，此时显示的数值即为被测位置的磁场。

⑦ 仪器显示数值单位为 mT，1 mT=10 Gs，即 Gs=所读数值×10。

五、测量地面磁感应器磁通量

地面磁感应器的磁感应强度应大于 36 Gs。操作标准如下：

用量程范围为 0 ~ 200 mT ~ 2 000 mT 的高斯计和 1 m 卷尺，水平方向距离钢轨内侧工作边（335±15）mm，垂直方向距离钢轨表面（110+10）mm 处，高斯计探头宽面需平行于地磁感应器，测量其磁场强度。当磁场强度低于 36 Gs 时必须更换，更换工作由工务部门完成，更换前后需测量新地磁枕磁场强度，如图 10-28 所示。

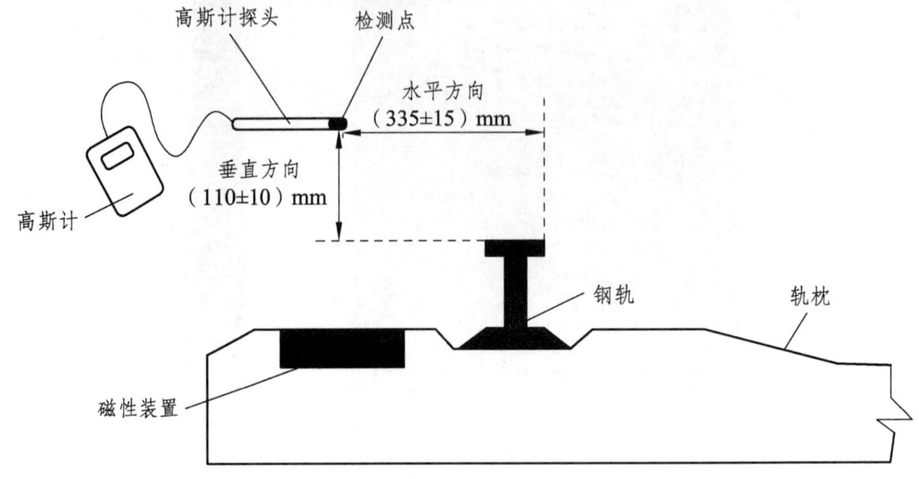

（a）高斯计现场测量示意图

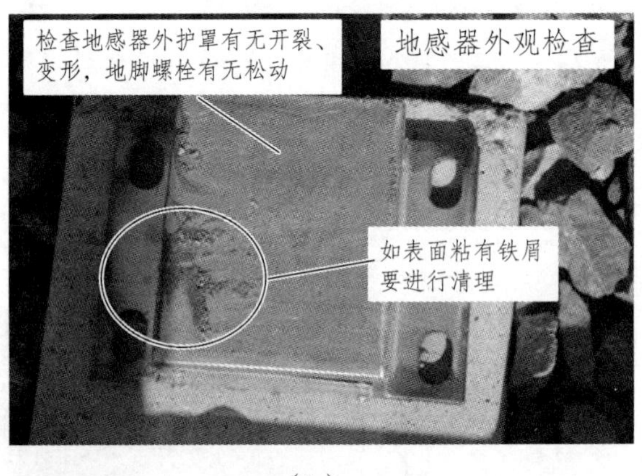

（b）

（c）

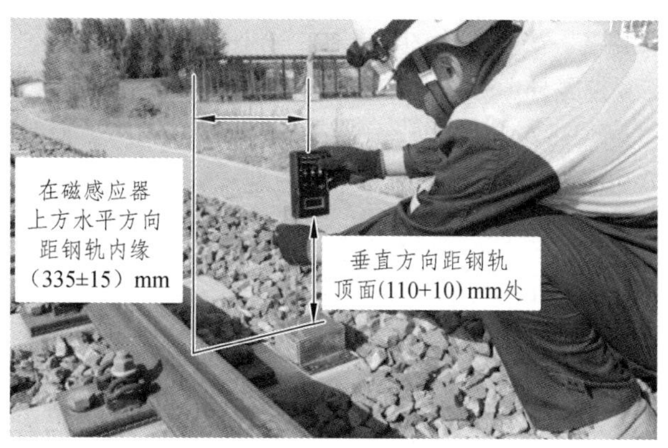

（d）

图 10-28　高斯计现场实测图

六、应急处置

现场测量地磁感应器磁通量小于 36 Gs 时，应按照下列流程进行处理。

（1）立即向段应急指挥中心汇报。

（2）根据应急调度指挥中心要求，在《行车设备检查登记簿》登记，将自动过分相地面感应器退出运行。登记建议内容为：××站至××站间××线上（或下）行××km+××m 处，分相地磁感应器损坏，自动过分相装置暂停使用，电力机车采用手动方式通过该处分相。

（3）地面磁感应器故障修复后，及时在《行车设备检查登记簿》登记，恢复正常行车组织。登记建议内容为：××站至××站间××线上（或下）行××km+××m 处，分相地磁感应器经更换恢复正常，电力机车自动过分相装置恢复正常使用。

思考练习题

一、填空题

1. 电气化铁路电分相从结构划分有____________式和____________式两大类。

2. ____________电分相是利用电分相绝缘器串接在一起而形成一种在电气上分开、在机械上不分段的电分相结构。

3. ____________电分相是利用两组或三组绝缘锚段关节组成的一种在电气和机械上都分开的电分相装置。

二、选择题

1. 电力机车从一个供电臂跨越分相区到另一个供电臂的过程称为机车过（　　）。

A. 分段　　B. 锚段关节　　C. 跨距　　D. 分相

2. 电气化铁路电分相从结构划分有器件式和（　　）两大类。

A. 关节式　　B. 锚段关节　　C. 断口式　　D. 接口式

3. 关节式电分相是由（　　）个绝缘锚段关节和中性嵌入线构成，其构成方式很灵活，组合成的电分相形式也多种多样。

A. 1　　B. 2　　C. 3　　D. 4

4. 造成目前关节式电分相存在（　　）等多种型式。

A. 五跨　　B. 七跨　　C. 八跨　　D. 九跨

5. 建议新线建设速度为（　　）以上的线路应采用关节式电分相。

A. 120 km/h　　B. 100 km/h　　C. 80 km/h　　D. 60 km/h

三、论述题

1. 关节式电分相检查维护时的注意事项有哪些？

项目十一 接触网线岔

任务一　接触网线岔的认知

【任务描述】

本任务旨在认识接触网线岔，通过本任务的学习，学生应对接触网线岔结构、作用和技术标准要求等有比较全面的认知，为后续任务的执行奠定坚实的基础。

【任务目标】

（1）掌握线岔的作用。
（2）掌握交叉线岔的结构及技术要求。
（3）掌握无交叉线岔的结构与技术要求。

【任务内容】

一、线岔的作用

什么是线岔？在站场上两股道相交处形成道岔，两股道接触网在道岔上方交叉则形成线岔。在站场上，站线、侧线、渡线、到发线总是并入正线的。如果线路设一个道岔，接触网就必须设一个线岔（也称架空转辙器），如图 11-1 所示。

线岔的作用是保证电力机车受电弓安全平滑地由一条接触线过渡至另一条接触线，达到转换线路的目的。当一组接触悬挂的接触线被受电弓抬高时，另一组悬挂的接触线也能同时被抬高，从而产生高差 Δh。高差随着受电弓靠近始触点而缩小，到达始触点时，高差基本消除而使受电弓顺利交接，以使接触线不发生刮弓现象。

二、交叉线岔

（一）定义

交叉线岔在两接触线交叉处用限制管固定，并限制两相交接触线位置的设备，称为接触网线岔。

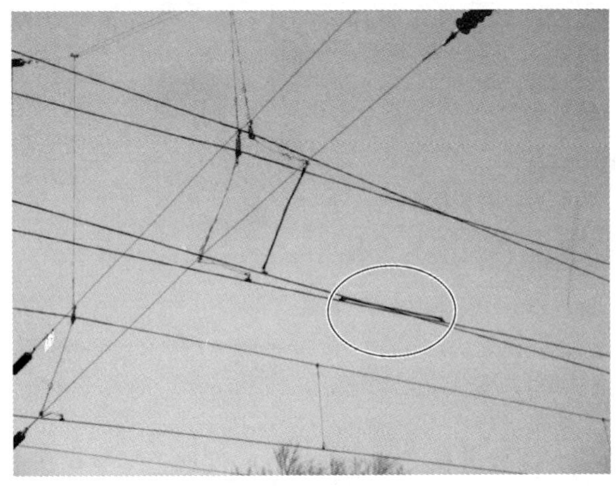

图 11-1　线岔

当机车受电弓从一股道通过线岔时，由于受电弓有一固定宽度，因此在未运行到两导线交叉点时，即已接触到另一股道接触线，我们把机车受电弓同时接触到两支接触线的点，称为线岔始触点。

受电弓在线岔始触区内同时与两条接触线接触，侧线接触线和正线接触线在受电弓的一个侧面上运行。由于动态抬升作用可能引起接触线滑板与任何倾斜安装的线夹发生剧烈冲撞，可能诱发事故，因此在线岔始触区不应安装线夹。

线岔始触区接触网的平面布置取决于道岔类型、受电弓工作宽度、受电弓的动态运行轨迹（最大摆动量和最大抬升量）。半工作宽度和最大摆动量决定无线夹区；最大抬升量决定线岔处两支接触线的抬高量。

交叉线岔的特点
二维动画

（二）交叉线岔的结构

接触网线岔是由一根限制管、两个定位线夹和固定限制管的螺栓组成，如图 11-2 所示。

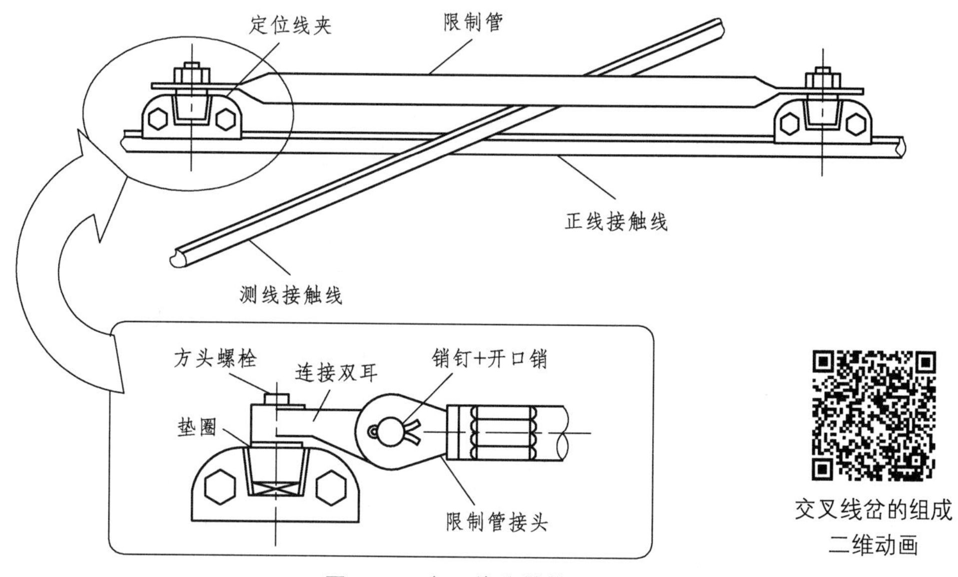

图 11-2　交叉线岔结构图

（三）交叉线岔的布置原则

（1）从始触点至交叉点的一定区域内（始触区），两支接触线必须位于受电弓的同侧有效工作区内，防止刮弓或钻弓。

（2）为了减少因定位和增加一支悬挂对受流的影响，在定位点处，受电弓只能与正线接触线接触，且接触线应适当抬高，其抬高量与悬挂类型和列车最大运行速度有关。

（3）接触线交叉点应适当远离定位点。

（4）在交叉点，正线接触线的拉出值应小于侧线拉出值。

（5）必须保证无线夹区内无任何零件。

（四）交叉线岔技术标准

（1）由正线与侧线组成的线岔，正线接触线位于侧线接触线的下方；由侧线和侧线组成的线岔，距中心锚结较近的接触线位于下方。

（2）对单开和对称（双开）道岔的线岔。

① 交叉点位置：如图 11-3 所示。

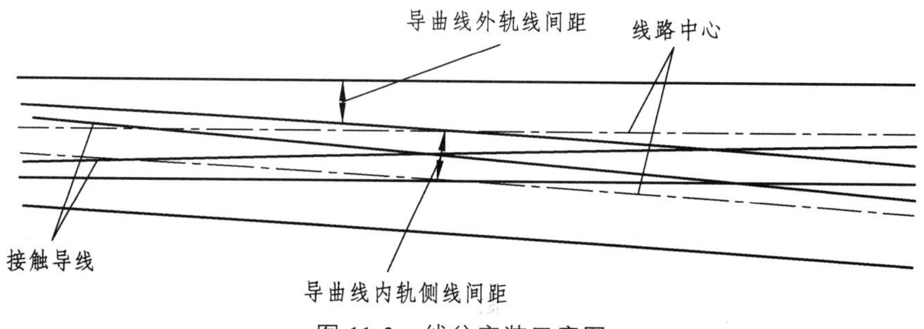

图 11-3　线岔安装示意图

标准值：横向距两线路任一线路中心不大于 350 mm，纵向距道岔定位大于 2.5 m。

标准状态：交叉点位于道岔导曲线两内轨距 735 ~ 1 050 mm 的横向中间位置。允许偏差

±50 mm。

警示值：同标准状态。

限界值：交叉点位于道岔导曲线两内轨距 630 ~ 1 085 mm 的横向中间位置。允许偏差±50 mm。

② 两接触线相距 500 mm 处的高差，如图 11-4 所示。

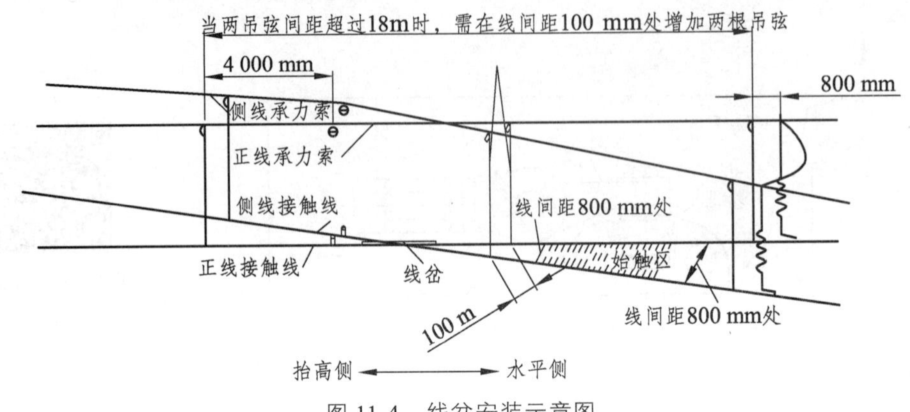

图 11-4　线岔安装示意图

标准值：当两支接触线均为工作支时，水平侧两线相距 500 mm、800 mm 处，正线线岔的侧线接触线比正线接触线高 20 mm，侧线线岔两接触线等高；当一支为非工作支时，抬高侧距线路中心 800 mm 处，非工作支接触线比工作支接触线抬高 80 mm，并向下锚方向均匀抬升，如图 11-5 所示。

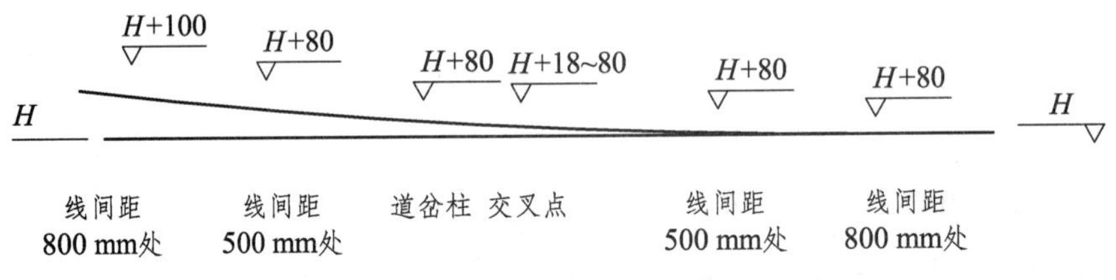

图 11-5　线岔安装示意图（单位：mm）

标准状态：当两支接触线均为工作支时，水平侧两线相距 500 mm、800 mm 处，正线线岔侧线接触线比正线接触线高 15 ~ 25 mm，侧线线岔两接触线高差不大于 20 mm；当一支为非工作支时，抬高侧其距线路中心 800 mm 处，非工作支接触线比工作支接触线抬高 60 ~ 90 mm，并向下锚方向均匀抬升，如图 11-6 所示。

警示值：同标准状态。

限界值：当两支接触线均为工作支时，水平侧两线相距 500 mm、800 mm 处，正线线岔侧线接触线比正线接触线高 10 ~ 30 mm，侧线线岔两接触线高差不大于 30 mm；当一支为非工作支时，抬高侧距其线路中心 500 mm 处，非工作支接触线比工作支接触线抬高 50 ~ 100 mm（不得使限制管承受上拔力），其距线路中心 800 mm 处，非工作支接触线比工作支接触线抬高 80 ~ 120 mm，并向下锚方向均匀抬升，如图 11-6 所示。

③ 限制管应安装牢固，中心偏移符合安装曲线要求（在平均温度时，限制管中心与两接触线交叉点重合），并使两接触线有一定的活动间隙（1 ~ 3 mm），保证接触线能自由伸缩；限制管两端定位线夹螺栓应由交叉内侧穿向外侧，以减少因螺栓过长导致接触线卡滞。所有螺

栓须按规定力矩进行紧固，并采用可靠的防松脱措施。

图 11-6　线岔安装示意图

④ 始触区。

160 km/h 及以下区段的线岔两工作支中任一工作支的垂直投影距另一股道线路中心 550 ~ 800 mm（始触区），不得安装任何线夹。

检修前应先查阅图纸计算双吊弦到两中心锚结的距离，检修时测量现场温度，分别计算两支接触线在最高温度时的延伸量，即偏移值 $E=L\alpha(t_{max}-t_x)$，将双吊弦从始触区 800 mm 处向中心锚结移动 E 毫米，确保在最高温度时双吊弦在始触区之外。

160 km/h 以上区段，对于宽 1950 mm 的受电弓，在距受电弓中心 600 ~ 1050 mm 的平面和受电弓仿真最大动态抬升高度（最大 200 mm）构成的立体空间区域为始触区范围，该区域内不得安装除吊弦线夹（必需时）外的其他线夹或零件。

⑤ 其他。

道岔定位器支座不得侵入受电弓动态包络线，否则应采用特殊定位器，并保证定位器的端部不侵入其它线的受电弓限界。

160 km/h 及以下区段的标准线岔定位拉出值为 375 mm，在任何情况下定位拉出值不大于 450 mm；

160 km/h 以上区段，标准定位工作支拉出值符合设计标准，误差为±30 mm，在任何情况下定位拉出值不大于 400 mm，如图 11-7 所示。

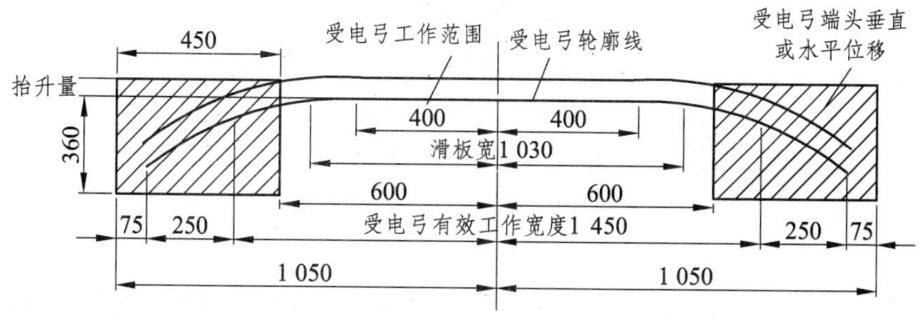

图 11-7　线岔安装示意图（单位：mm）

侧线必须延长一跨（≥30 m）后下锚，接触线高度高于正线接触线 250 ~ 300 mm，非工作支接触线坡度不得大于 10‰。

160 km/及以上区段的正线线岔在两工作支接触线间距 550 ~ 600 mm 处宜设一组交叉吊弦，使两支接触线等高。正线线岔交叉吊弦布置满足以下要求：下锚侧侧线接触线距正线线路中心不大于 400 mm 处，正线对侧线安装交叉吊弦 1 根。岔心侧安装交叉弦 2 根，交叉吊弦位于线路中心不大于 400 mm 处，两交叉吊弦间距为 200 ~ 300 mm。

160 km/h 及以上区段在始触区范围内，两支接触线位于受电弓中心同一侧。

道岔开口方向上道岔定位后的第一个悬挂点及定位点设在线间距大于或等于 1 220 mm 处，并应保证两接触悬挂的任一接触线分别与相邻线路中心的距离不小于 1 220 mm，如图 11-8 所示。

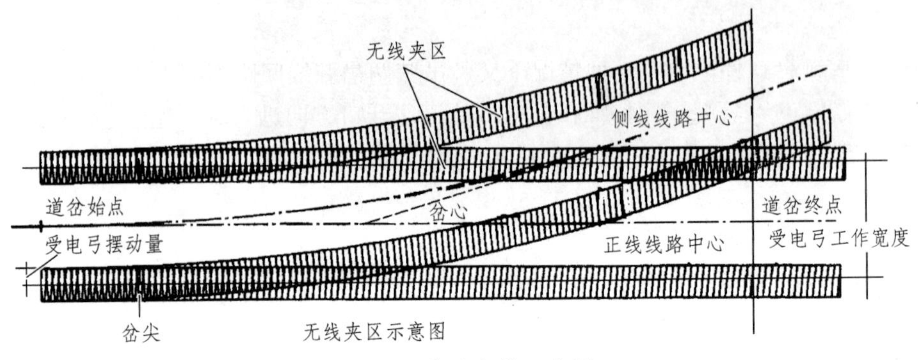

图 11-8　线岔安装示意图

两支承力索间隙不应小于 60 mm。

承力索交叉点位置应与接触线交叉点位置在同一铅垂面内，相邻跨中偏移值不大于 400 mm。

线岔两侧的第 1 吊弦应采用可调式整体吊弦。

（3）复式交分和交叉渡线道岔的线岔，其技术状态应符合下列要求，如图 11-9 所示。

对于复式交分道岔采用交叉布置方式时，两接触线应相交道岔对称中心轴正上方；对于交叉渡线，两接触线应相交于两渡线中心线的交点正上方处；且侧线接触线高出正线（较重要线）的接触线 10 ~ 30 mm，非支抬高量在两线间距 500 处不低于 80 mm，上述两种线岔允许横向和纵向偏差均为 50 mm。

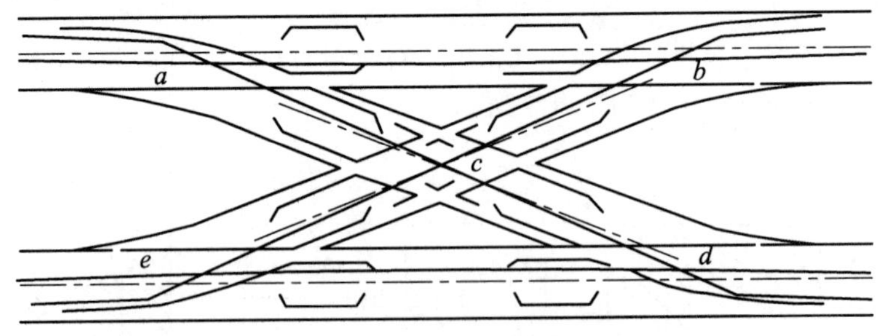

图 11-9　复式交分线岔示意图

（4）交叉吊弦。

① 在线岔交点两端，直股（正线）接触线和侧股（渡线）线路中心线距、侧股接触线和直股线路中心线距均在 550 ~ 600 mm，分别设置 2 组交叉吊弦，即将侧股接触悬挂的承力索悬吊直股接触悬挂的接触线，而直股接触悬挂的承力索悬吊侧股接触悬挂的接触线。两交叉吊弦

间距一般为 2 m。交叉吊弦与其他吊弦间距（始触区反侧）不大于 6 ~ 8 m，如图 11-10 所示。

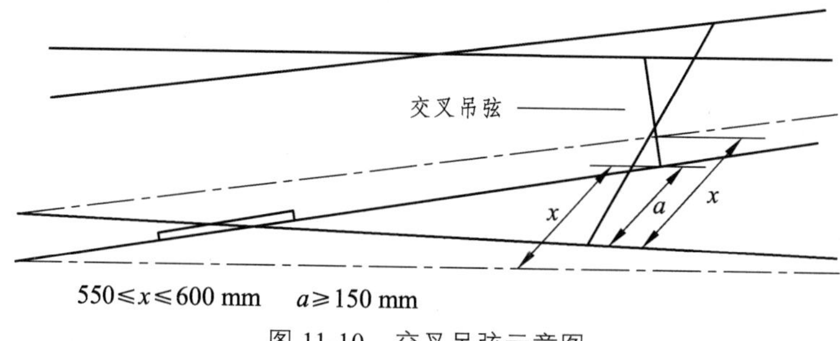

图 11-10　交叉吊弦示意图

② 两支接触悬挂伸缩时，任何情况下交叉吊弦两吊弦线间距不应小于 100 mm。

③ 交叉吊弦的安装顺序应保证在受电弓从道岔开口方向进入时，先经过侧线承力索与正线接触线间的吊弦。

④ 交叉吊弦的承力索端采用滑动吊弦线夹时，绝缘垫块应安装正确，保证滑动灵活；交叉吊弦接触线端的吊弦线夹螺栓及载流环应朝向远离另一支接触线的方向，线夹倾斜角最大不得超过 15°。

（5）线岔的编号应以其所在的道岔编号命名。

三、无交叉线岔

（一）结构

无交叉线岔结构，如图 11-11 所示。

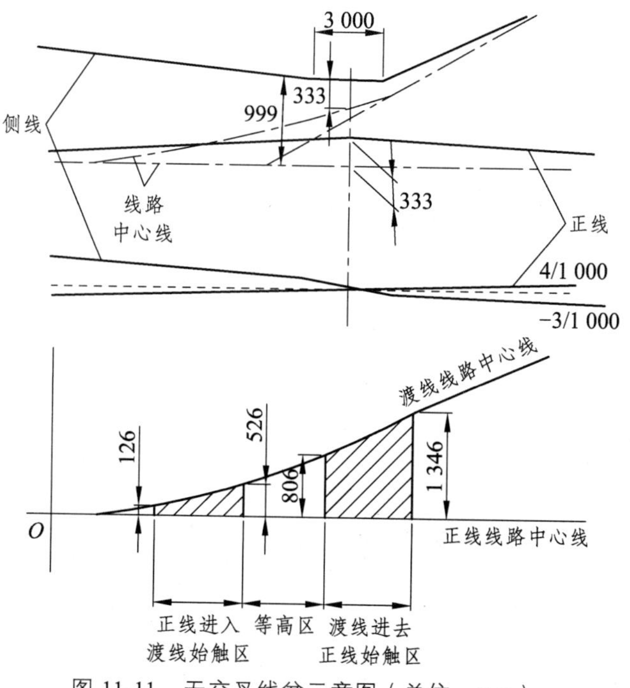

图 11-11　无交叉线岔示意图（单位：mm）

（1）机车受电弓沿正线高速行驶通过线岔时，不与渡线接触线接触，因而不受渡线接触悬挂的影响。

（2）机车从正线驶入渡线时（或从渡线驶入正线），要使受电弓平稳过渡，不出现钻弓和打弓现象，且接触良好。

（二）无交叉线岔的布置

接触网支柱位于两线间距 600 mm 处（与交叉线岔定位相同），正线拉出值为 400 mm，站线拉出值为 350 mm，站线接触线距正线线路中心 950 mm，如图 11-12 所示。

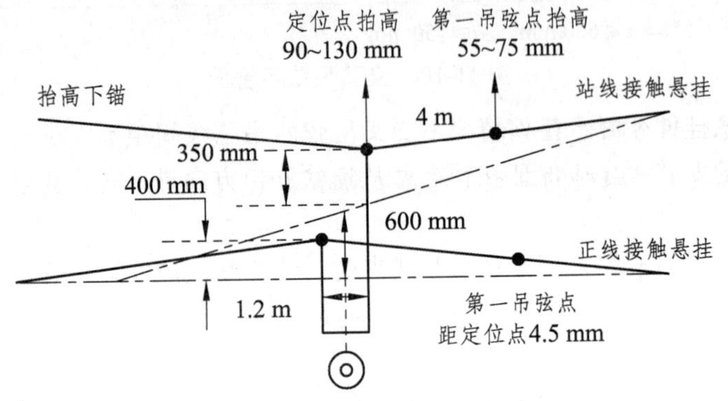

图 11-12　无交叉线岔布置图

（三）受电弓通过无交叉线岔的情形

（1）机车受电弓沿正线高速行驶通过线岔时，不与渡线接触线接触，因而不受渡线接触悬挂的影响。

（2）机车从正线驶入渡线时（或从渡线驶入正线），要使受电弓平稳过渡，不出现钻弓和打弓现象，且接触良好，如图 11-13 所示。

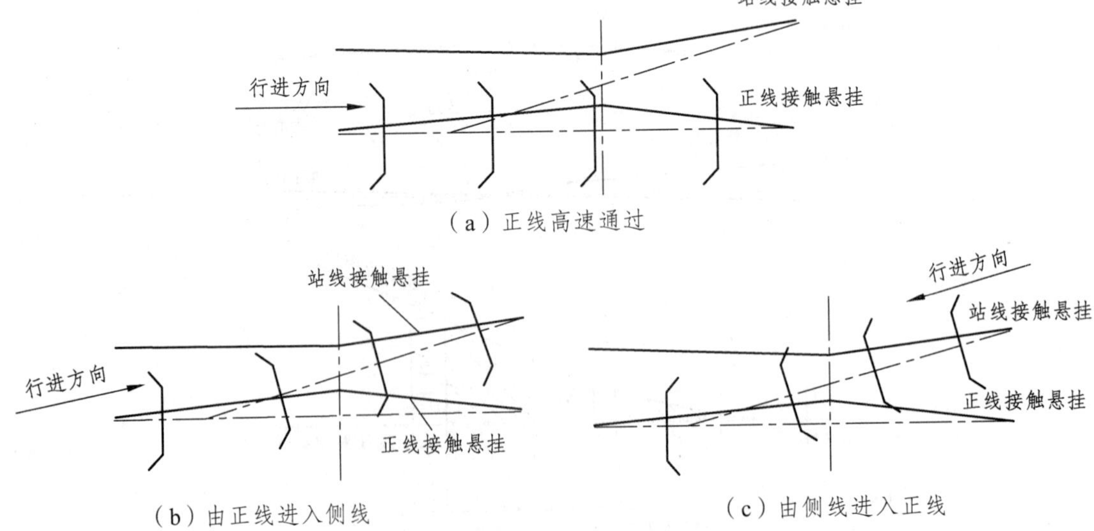

图 11-13　无交叉线岔受电弓过渡示意图

（四）无交叉线岔的三个工作区

无交叉线岔的三个工作区如图 11-14 所示。

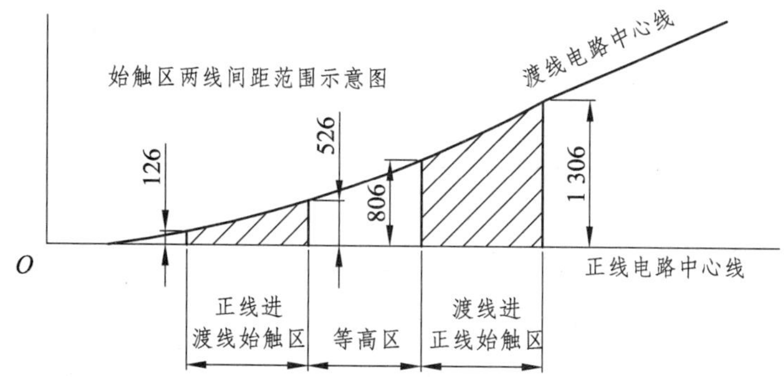

图 11-14　无交叉线岔的三个工作区示意图（单位：mm）

始触区的位置与两个因素有关：

（1）受电弓参数（受电弓的有效工作宽度和摆动量）。

（2）道岔参数（导曲线方程、道岔岔心角、导曲线半径）。

（五）无交叉线岔的技术标准

（1）岔心两端的定位柱距岔心距离符合设计规定。

（2）岔区腕臂顺线路偏移应符合设计要求，允许偏差±20 mm。

（3）两承力索垂直间距不应小于 60 mm。

（4）道岔柱处接触线高度应符合设计要求，两接触线之间的距离、任一接触线距离另一线路中心的距离应符合设计要求。任何情况下工作支拉出值不大于 450 mm。

（5）正线接触线距侧线线路中心，侧线接触线距正线线路中心水平投影 600 ~ 1 050 mm 为始触区。始触区不得安装除吊弦线夹以外的任何线夹类金具。

（6）对于 18 号道岔处的无交叉线岔还应符合下述要求：

① 在开口方向第一根道岔柱处，侧线定位点距离正线（直股）的线路中心大于 1 250 mm；

② 道岔柱处侧线抬高应符合设计要求；

③ 在线路中心间距为 720 mm 处，正线与侧线接触线间距应小于 1 200 mm；

④ 300 km/h 以上线路的线岔，第二根道岔柱侧线定位点距离正线（直股）的线路中心应在 1 250 ~ 1 350 mm。

（7）对于 38 号及以上道岔，在正线接触线距侧线线路中心、侧线接触线距正线线路中心水平投影大于 850 mm 处，各增设一根吊弦，接触线吊弦线夹螺栓从两接触线间向外穿。

（8）对于带辅助悬挂的无交叉线岔，三支接触线的拉出值、定位点的抬升符合设计要求；电力机车（动车组）在不同径路运行时受电弓的动态包络线应符合要求。

任务二　接触网交叉线岔的检查维护

一、作业准备

1. 人员准备

一个作业组（一般不少于 10 人）。

2. 工具准备

工具清单，如表 11-1 所示。

表 11-1　工具清单

序号	名　称	规格或型号	单位	数量	备　注
1	车梯		台	1	
2	接触网多功能检测仪	DJJ-8	台	1	
3	水平尺	800 mm	把	1	
4	钢卷尺	5 m	把	1	
5	温度计		个	1	
6	梅花扳手	10 ~ 16 mm	套	2	
7	力矩扳手	0 ~ 100 N · m	套	1	
8	钳子		把	1	
9	起子		把	1	
10	强光手电		只	1	
11	望远镜		个	1	观察线岔交叉点互磨

3. 材料准备

材料清单，如表 11-2 所示。

表 11-2　材料清单

序号	名　称	规　格	单　位	数　量	备　注
1	定位线夹		套	适量	型号见设计图
2	螺母、垫片	各种型号	套	适量	
3	软态不锈钢丝	ϕ 1.6 mm		适量	
4	软态不锈钢丝	ϕ 4.0 mm		适量	
5	砂纸		张	适量	
6	电力复合脂			适量	
7	等电位线（含并沟线夹）	截面积 35 mm^2、长 800 mm	根	若干	裸铜软绞线

二、作业流程图

作业流程图，如图 11-15 所示。

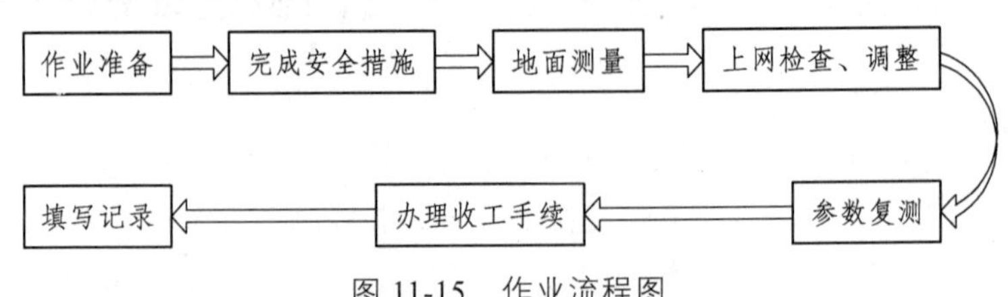

图 11-15　作业流程图

三、作业内容与要求

1. 线岔测量作业

地面测量人员使用激光测量仪测量线岔定位拉出值、交叉点位置、两接触线相距 500 mm、800 mm 处的高差、锚支抬高量。

2. 线岔定位测量

线岔定位拉出值在任何情况下不得大于 450 mm，并注意满足线岔测量定位与激光测量仪摆放一致。

3. 交叉点测量

将激光测量仪放在线岔交叉点下方任意一对钢轨上，瞄准岔心后（可使用长光），正确输入内轨距（钢轨内沿），完成测量，如图 11-16 所示。

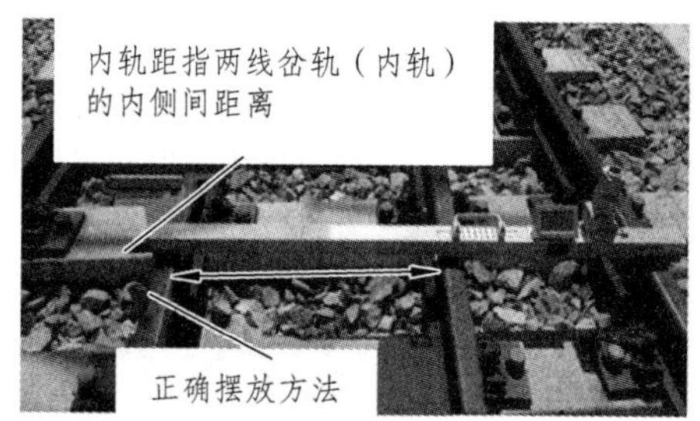

图 11-16　激光测量仪的摆放位置

标准值：测量线岔两接触线交叉点的垂直投影横向距两线路任一线路中心不大于 350 mm，纵向距道岔定位大于 2.5 m。

标准状态：交叉点位于道岔导曲线两内轨距 735 ~ 1 050 mm 内的横向中间位置，允许偏差±50 mm。

警示值：同标准状态。

限界值：交叉点位于道岔导曲线两内轨距 630 ~ 1 085 mm 范围外的横向中间位置，允许偏差±50 mm。

4. 测量 500 mm 处、800 mm 处高差

（1）特殊定义：上、下行侧 500 mm 处、800 mm 处分别代表顺线路两个方向，如邢台站线岔 500 处，上行侧 500 mm 处代表北京方向 500 mm 处位置，下行侧 500 mm 处代表广州方向 500 mm 处位置。由侧线和侧线组成的交叉线岔，距中心锚结较近的接触线且位于下方填写记录时定义为正线。线岔的编号应以其所在的道岔编号命名。

（2）测量：使用激光测量仪的“500 mm 处”键完成对激光测量仪 500 mm 处的测量；线岔两支相距 800 mm 处（使用拉出值确定位置），使用激光测量仪的导高测量功能完成线岔 800 mm 处线岔高差测量。

（3）标准值：当两支接触线均为工作支时，两线相距 500 mm、800 mm 处，正线线岔的侧线接触线比正线接触线高 20 mm，侧线线岔两接触线等高；当一支为非工作支时，距线路中心 800 mm 处，非工作支接触线比工作支接触线抬高 80 mm，并向下锚方向均匀抬升。

标准状态：当两支接触线均为工作支时，两线相距 500 mm、800 mm 处，正线线岔侧线

接触线比正线接触线高 15 ~ 25 mm，侧线线岔两接触线高差不大于 20 mm；当一支为非工作支时，其距线路中心 800 mm 处，非工作支接触线比工作支接触线抬高 60 ~ 90 mm，并向下锚方向均匀抬升。

警示值：同标准状态。

限界值：当两支接触线均为工作支时，两线相距 500 mm、800 mm 处，正线线岔侧线接触线比正线接触线高 10 ~ 30 mm，侧线线岔两接触线高差不大于 30 mm；当一支为非工作支时，其距线路中心 800 mm 处，非工作支接触线比工作支接触线抬高 50 ~ 100 mm，并向下锚方向均匀抬升。

（4）其他说明：线岔存在一个方向 500 mm、800 mm 处或两个方向 500 mm、800 mm 处情况，测量时不得遗漏，如图 11-17 所示。

图 11-17　线岔处非支

5. 始触区测量

当现场线岔两支接触线均为工作支时，两支接触线分别有各自的始触区范围，在线岔检修检查中要分别测量。设定线岔为 A 道和 B 道交叉的线岔，将激光测量仪放置于 A 道上，测量 B 道接触线距离 A 道线路中心距离为 600 mm、1 050 mm 位置为 B 道接触网始触区范围。同样方式，将激光测量仪放置于 B 道上，测量 A 道接触线距离 B 道线路中心距离为 600 mm、1050 mm 位置为 A 道接触网始触区范围。

标准：线岔两工作支中，任一工作支的垂直投影距另一股道线路中心 600 ~ 1 050 mm 的范围内，不得安装任何线夹，如图 11-18 所示。

6. 复式交分道岔、交叉渡线道岔的交叉线岔特殊要求

对于复式交分道岔，两支接触线高差、限制管和始触区等，同单开道岔的线岔要求。交叉点位置特殊要求为：对于两接触线应相交于中轴支距的中点；对于交叉渡线，两接触线的交点应位于两渡线中心线的交点处。上述两种线岔允许横向和纵向偏差标准值为 0 mm，标准状态为±50 mm，警示值：±100 mm，限界值：±150 mm。

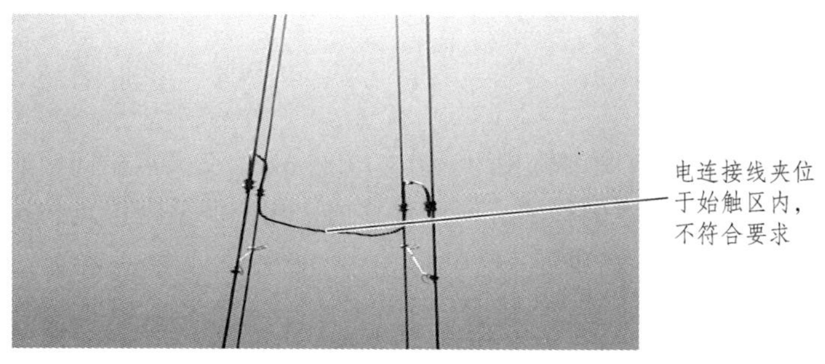

图 11-18　线岔处

使用望远镜观察线索交叉处是否存在互磨情况。

7. 交叉吊弦检查（如图 11-19 所示）

（1）交叉吊弦应安装在正（侧）线接触线距侧（正）线线路中心线水平投影 550 ~ 600 mm 的范围内，两交叉吊弦间距一般为 2 m。交叉吊弦与其他吊弦间距（始触区反侧）不大于 6 ~ 8 m。

（2）交叉吊弦的安装顺序应保证在受电弓从道岔开口方向进入时，先经过侧线承力索与正线接触线间的吊弦。

（3）交叉吊弦的承力索端采用滑动吊弦线夹时，绝缘垫块应安装正确，保证滑动灵活；交叉吊弦接触线端的吊弦线夹螺栓及载流环应朝向远离另一支接触线的方向，线夹倾斜角最大不得超过 15°。

（4）其他注意事项：测量两支承力索间隙应不小于 60 mm。

激光测量仪使用提示：测量中心投影仪器尺体起测端（济南蓝动 DJJ-8 型、北京精准伟业的测量仪均为左侧固定腿端）必须紧贴一根线岔轨，另一根线岔轨位于尺体下方，否则无法读出内轨距。

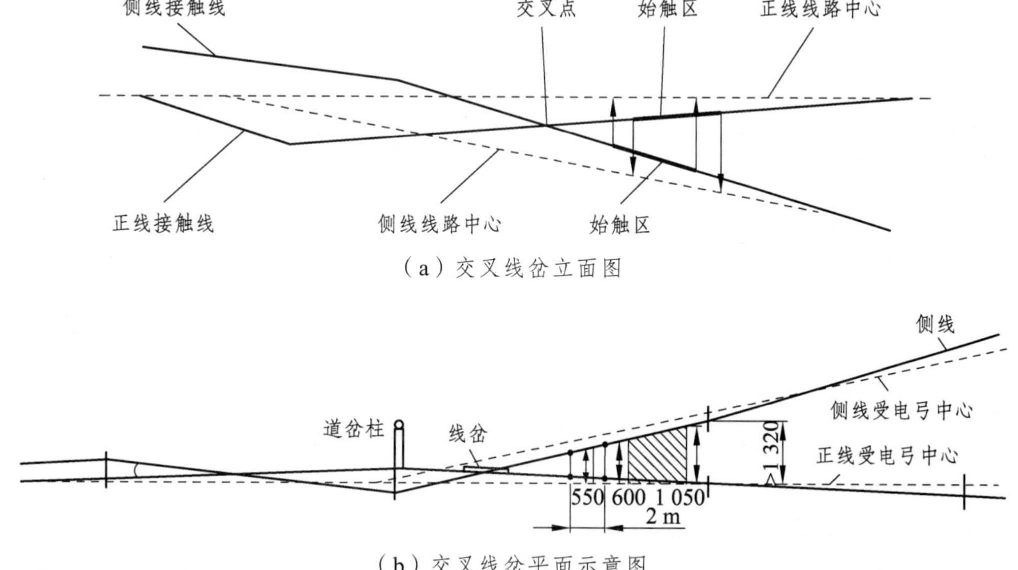

图 11-19　160 km/h 以上区段线岔始触区示意图（单位：mm）

四、线岔检修及调整

1. 参数标准及调整方案

（1）两接触线交叉点未超出两内轨相距 630 ~ 1 085 mm，交叉点横向中心偏差超过 50 mm 时，应根据测量确定交叉投影所偏移的方向及偏移值，相应调整定位点的拉出值，直至交叉点投影位置符合要求，如图 11-20 所示。

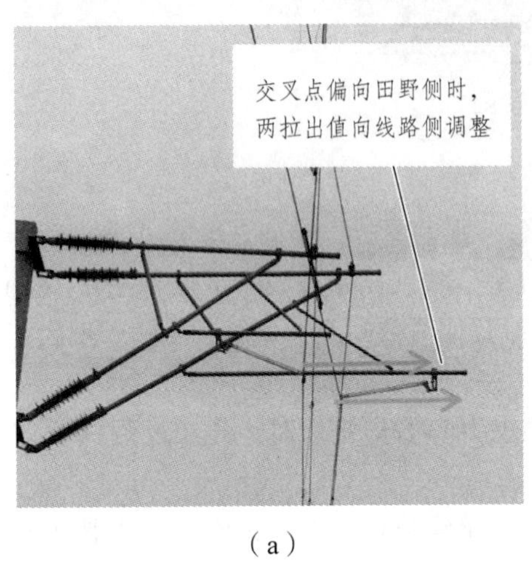

（a）

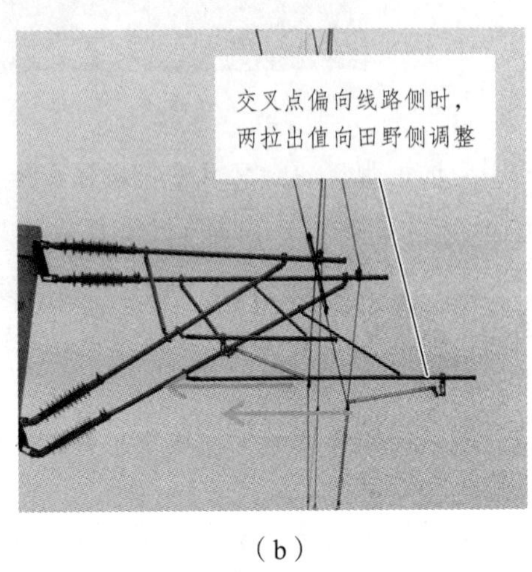

（b）

图 11-20　线岔处两接触线交叉投影所偏移的方向及偏移值

（2）两接触线交叉点超出两内轨相距 630 ~ 1 085 mm，交叉点横向中心偏差未超过 50 mm，交叉点位置纵向小于 630 mm 时，减少交叉角；大于 1 085 mm 时，增大交叉角，即相应调整两定位点拉出值，且保证工作支拉出值不得超过 450 mm，如图 11-21 所示。

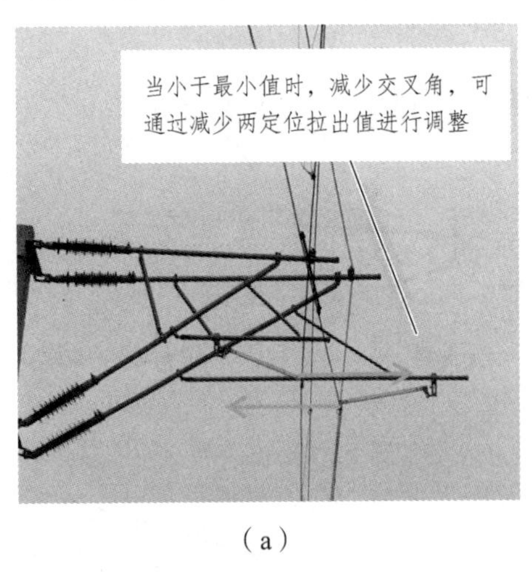

（a）

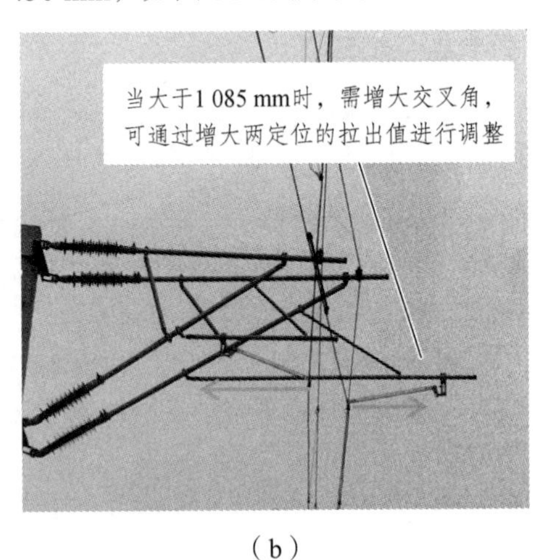

（b）

图 11-21　整两定位点拉出值调整

（3）两接触线纵横向位置均超过规定：

① 根据线岔的实际情况，可将限制管两端固定线夹松动调整至需要位置。

② 用线坠或者划线标记正线接触线并位于两内轨距合适位置，然后调整该线线岔定位拉出值，直至横向中心位置符合要求。

③ 调整侧线或下锚支定位拉出值，直至该线交与线坠或标记处，则该点就是两接触线的交叉点。

（4）检查复式交分道岔处线岔交叉点的投影，如图 11-22 所示。

图 11-22　复式交分道岔处线岔交叉点的投影测量

短轴定义：道岔中间菱形短的对角线。

长轴定义：道岔中间菱形长的对角线。

① 复式交分道岔两接触线相交于中轴支距的中点；交叉渡线道岔两接触线相交于两渡线中心线的交点处。交叉点的横向和纵向允许偏差为 50 mm。

② 短轴符合要求，长轴超标时：松开道岔定位柱两定位器的定位环或支持器顶丝，使两定位相向或反向，使交叉点达到合格。

③ 长轴符合要求，短轴超标时，松开道岔定位柱两定位器的定位环或支持器顶丝，使两定位同向移动，使交叉点达到合格。

④ 长轴和短轴均超标时：调整一支接触线通过中轴支距的中点，再调整另一支交于此点。

（5）检查交叉渡线道岔处线岔，如图 11-23 所示。

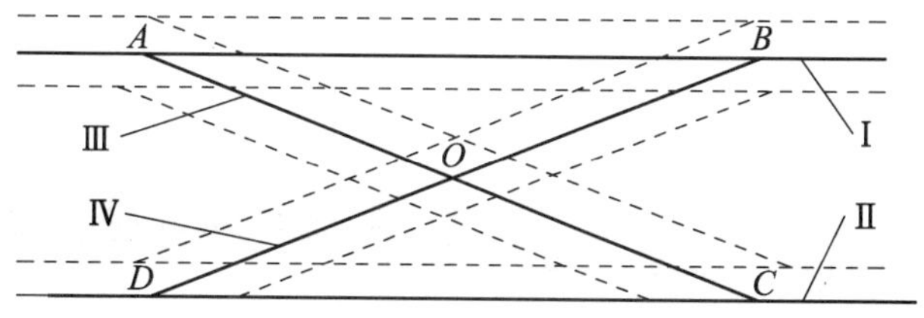

图 11-23　交叉渡线示意图

① 确定各单开道岔处接触线交叉点的标准范围。

② 参照单开道岔处线岔调整方法，调整正线（Ⅰ、Ⅱ）、渡线（Ⅲ、Ⅳ）接触线位置，满足 A、B、C、D 四组单开道岔处线岔接触线拉出值，交叉投影符合标准。

③ 调整拉出值时，同时应兼顾两渡线交叉点 O 位于菱形交叉中心上方。

④ 检调 A、B、C、D 处线岔限制管间隙及两侧接触线相距 500 mm 处水平的高差使之符合规定。

（6）两交叉接触线相距 500 mm 处两工作支水平和非工作支抬高不符合要求时，在保证正线接触线高度的情况下，调整邻近吊弦的长度直至达到要求为止。注意，非工作支接触线的抬高必须均匀。

（7）限制管安装位置不符合要求时，根据实测偏移及计算（或查安装曲线）出的调整温度下应偏移数值和方向进行调整。

（8）根据测量结果[即 160 km/h 以上区段，对于宽 1 950 mm 的受电弓，在距受电弓中心 600 ~ 1050 mm 的平面和受电弓仿真最大动态抬升高度（最大 200 mm）构成的立体空间区域为始触区范围，该区域内不得安装除吊弦线夹（必需时）外的其他线夹或零件。]将处于始触区内的线夹（除必需的吊弦线夹外）移出始触区。

（9）检查各零部件状态，发现有松、脱、断问题的立刻采取相应措施处理。

（10）检查交叉点处两支接触线间活动间隙。不符合要求（1 ~ 3 mm）时，则调整限制管，直至活动间隙符合要求。必要时，更换限制管，如图 11-24 所示。

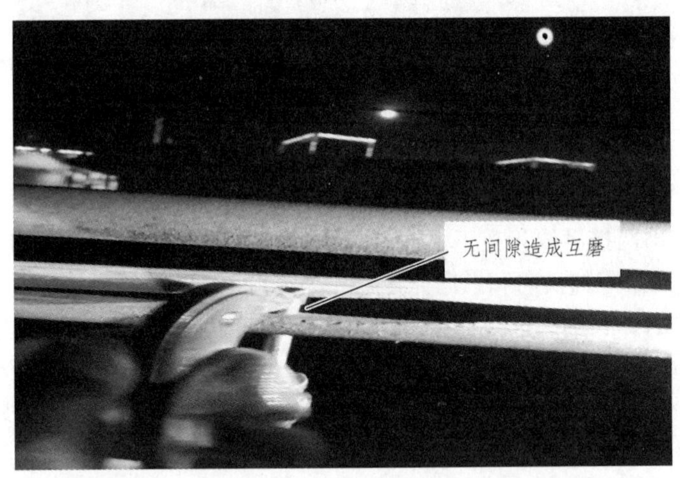

图 11-24　线岔交叉点处两支接触线间活动间隙

（11）检查限制管状态及选型是否正确。

① 对于普通线岔，当交叉点到中心锚结（硬锚）距离为 500 m 以下时，采用 500 型线岔，超过 500 m 时，采用 700 型线岔，如图 11-25 所示。

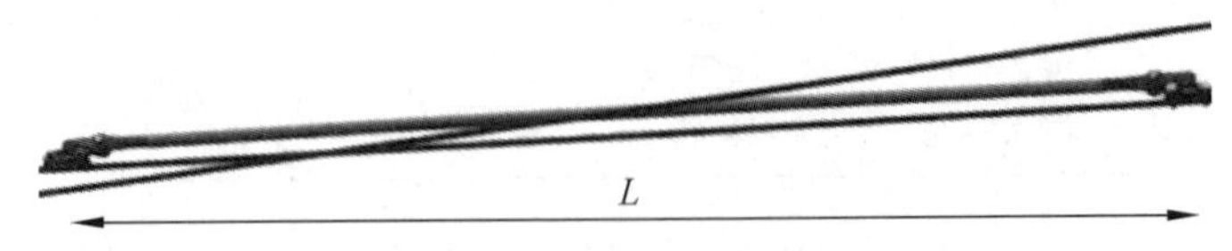

图 11-25　线岔限制管检查

② 对于 T 形线岔，当线岔距离中锚（或硬锚）距离不大于 700 m 时，9 号、12 号道岔选

用 L=1 800 mm 限制管，18 号道岔选用 L=2 500 mm 限制管。道岔号不清楚时，可以查看直轨侧面喷涂编号进行确认，必要时可以用脚测量道岔号数：从心轨顶面宽一脚处开始，一脚接一脚地测量到心轨尖端，有几脚就是几号道岔。注意道岔号不同于道岔编号，如图 11-26 所示。

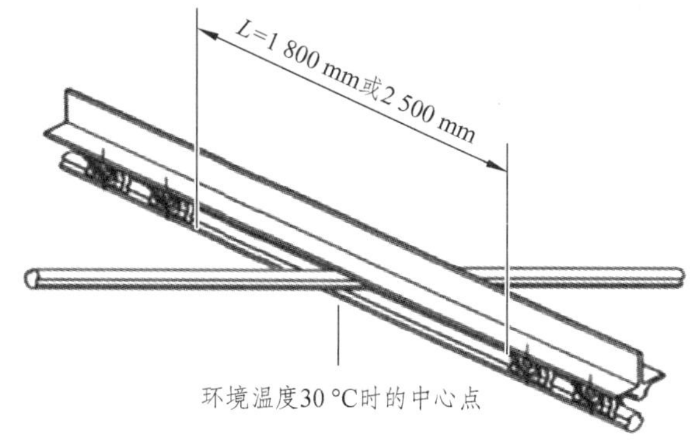

（a）线岔距中锚距离

（b）道岔实物图

（c）道岔实物图

图 11-26　T 形道岔

2. T 形线岔检查标准

（1）检查线岔是否放至被跨越的导线之上。将线岔线夹连接到正线导线的沟槽上，并使其处于正确位置，固定线岔本体，按已标记的安装位置固定到接触线上，采用六角槽沉头螺栓的（保德利、轨道交通线岔）需用内六角力矩扳手紧固，紧固力矩为 25 N·m。

（2）紧固后需在螺栓端头第二至第五个螺纹上涂抹螺纹锁固剂，随后将螺栓装回夹板，如图 11-27 所示。

（3）线夹牙型应卡在接触线的线槽之内。

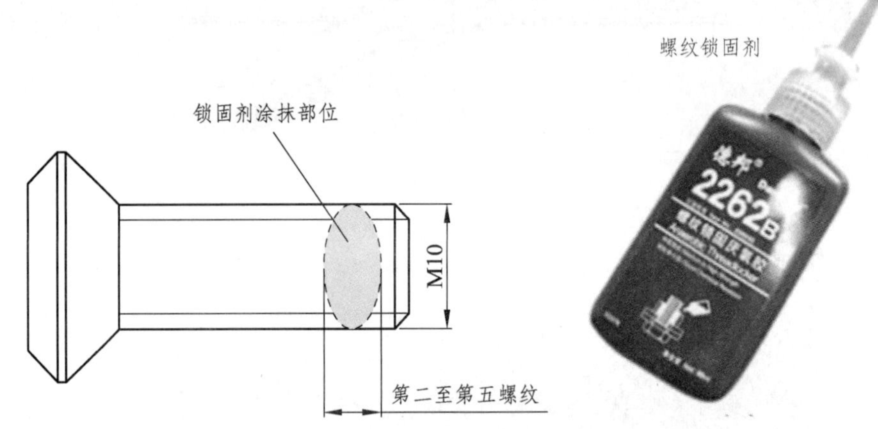

图 11-27　螺纹锁固部位及锁固剂

采用六角槽沉头螺栓的需用内六角力矩扳手紧固，如图 11-28 所示。

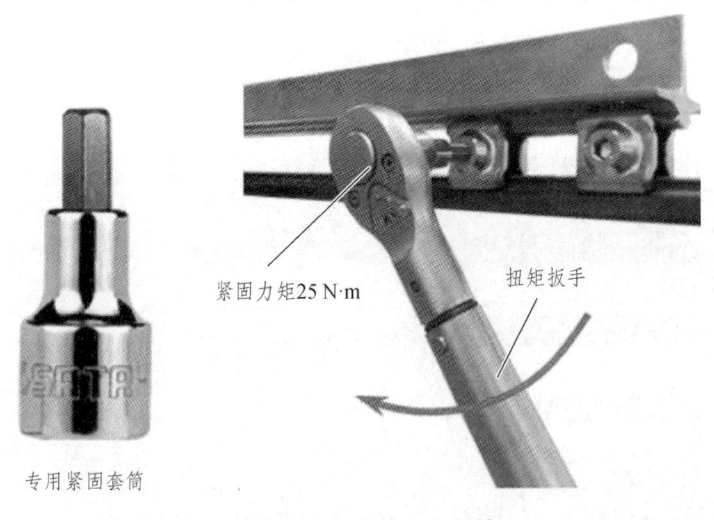

图 11-28　六角槽沉头螺栓

常见安装错误，如图 11-29 所示。

保德利 T 形线岔特殊要求（线夹本体辅线未贯通），如图 11-30 所示。

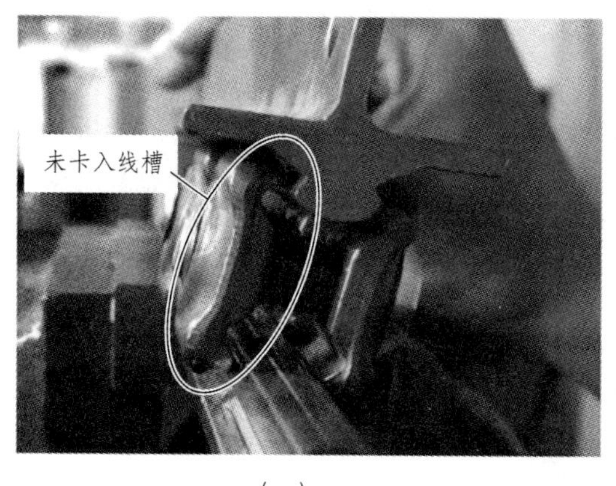

（a）

（b）

图 11-29　六角槽沉头螺栓错误安装

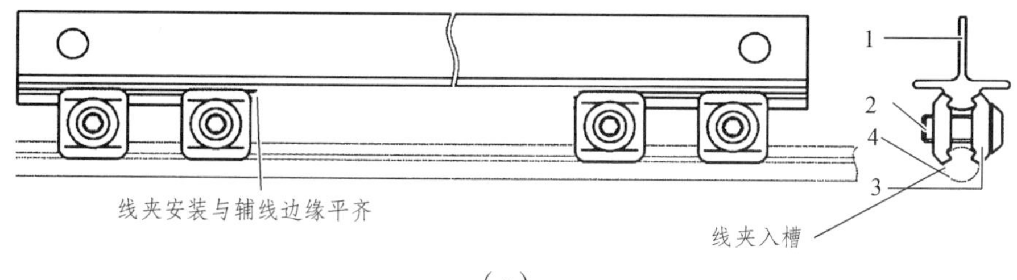

（a）

1—线岔；2—螺栓；3—定位线夹本体；4—接触线。

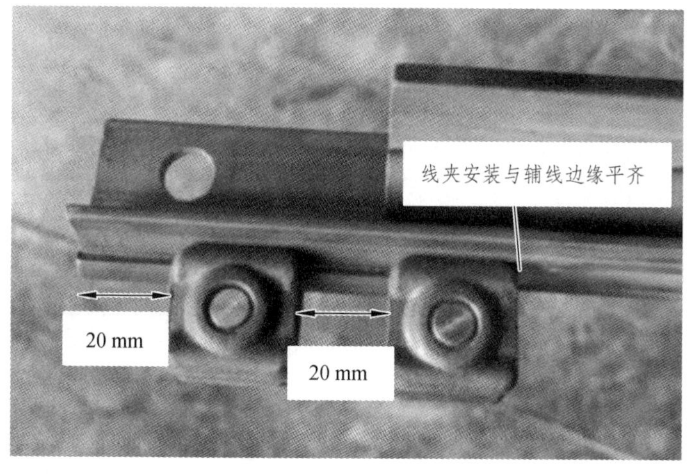

（b）

图 11-30　保德利 T 形线岔

五、安全注意事项

（1）严格执行“两纪一化”等基本安全制度。

（2）严格执行群体作业、专人防护制度，作业人员必须服从防护员指挥，一旦来车能及时撤离线路，防止发生车辆伤害。

（3）严格控制始触区，一般情况下不得安装有任何线夹，有线夹时尽量移出。

（4）正侧相交线岔时，必须保证侧线拉出值标准，以确保正线动车组高速通过时不会与侧线接触。

（5）线索调整时，人员不宜位于受力方向的反侧。

（6）防止梯车倾倒或滑移。

（7）夜间作业必须严格执行夜间作业劳动安全规定。

（8）作业完毕必须做到工完料清。

交叉线岔的检调视频

任务三　接触网无交叉线岔的检查维护

一、作业准备

1. 人员准备

人员清单，如表 11-3 所示。

表 11-3　人员清单

分工	人数	要求	作业内容
测量人	1 人	接触网工；安全等级二级及以上；熟练掌握作业指导书；熟练使用激光测量仪	操作激光测量仪进行测量
互检人	1 人	接触网工；安全等级三级及以上；掌握高空作业检修技能；熟练掌握作业标准	监督、指导测量人作业流程，并对测量情况进行验收，做好相关记录

2. 工具准备

工具清单，如表 11-4 所示。

表 11-4　工具清单

序号	名　称	规　格	单　位	数　量	备　注
1	激光测量仪		台	1	
2	强光手电		只	1	
3	卷尺	5 m	把	1	

二、作业流程图

作业流程图，如图 11-31 所示。

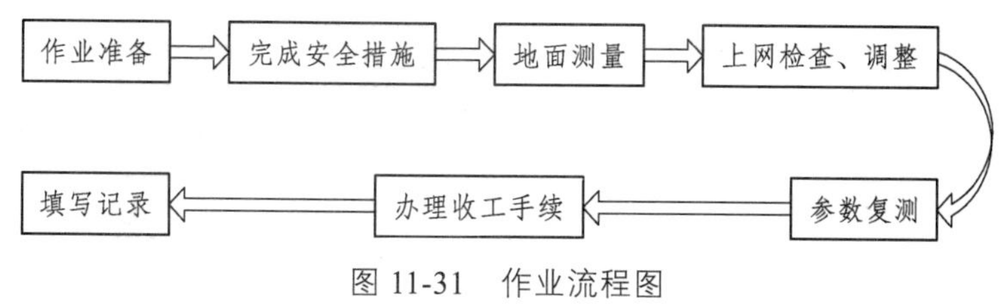

图 11-31　作业流程图

三、作业内容与要求

1. 使用激光测量仪测量技术参数

1）18 号道岔双线无交叉测量要求

京广高速与正线相交的道岔多采用 18 号型，其上方布置无交叉线岔。道岔全长 L=69.00 m，前端长度 A=31.729 m，后端长度 B=37.271 m。道岔侧股平面线选用圆曲线与直线相切的连接方式。

京广高速的无交叉线岔，共设两个道岔定位柱，一个转换柱，其原理类似于三跨锚段关节。道岔柱定位柱 A 设在道岔开口方向距理论岔心不小于 25 m 处，即道岔开口不小于 1 320 mm（现场为两线间距 1 400 mm）处；相邻道岔定位柱 B 设在道岔开口反方向距离理论岔心 10 ~ 15 m（即两线间距 150 mm）处。侧线接触线过道岔柱 A、道岔柱 B 后，由转换柱 C 抬高下锚。道岔定位柱 A、B 和转换柱 C 均采用双腕臂悬挂形式，即正线与侧线接触网单独悬挂，在温度变化时可纵向自由移动，互不干扰。在线间距 550 ~ 600 mm 处采用交叉吊弦悬挂，以保证正线通过或侧线驶入正线时在该处两支接触线同时抬升。

高铁 18 号无交叉线岔，分为支柱位于正线侧（正线与渡线间线岔）和支柱位于侧线侧（正线与侧线间线岔）两种安装方式：一种是支柱位于正线侧，另一种是支柱位于侧线侧。

（1）支柱位于正线侧（图 11-32）。

支柱位于正线侧无交叉线岔，从道岔开口方向 A 柱渡线抬高 20 mm，正、侧线拉出值均为 150 mm；B 柱渡线抬高 120 mm，正线拉出值 400 mm，渡线拉出值 1 100 mm；C 柱渡线抬高 500 mm，正线拉出值 200 mm，渡线拉出值 800 mm。

（2）支柱位于侧线侧（图 11-33）。

支柱位于侧线侧无交叉线岔，从道岔开口方向 A 柱侧线抬高 20 mm，正、侧线拉出值均为 150 mm；B 柱侧线抬高 120 mm，正线拉出值 400 mm，侧线拉出值 1 100 mm；C 柱侧线抬高 450 mm（以设计为准），正线拉出值 200 mm，侧线拉出值 1 400 mm。

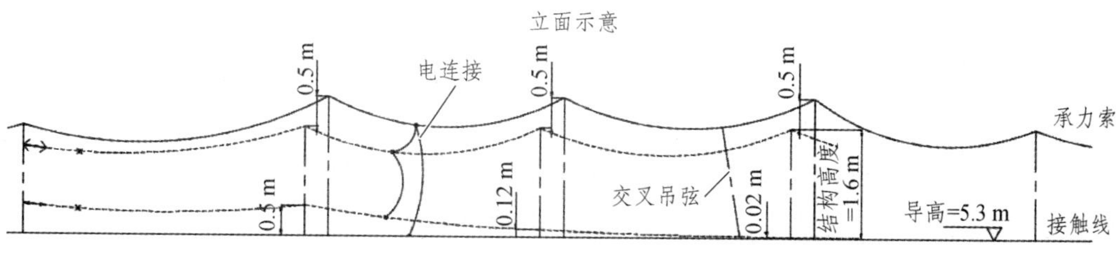

（a）

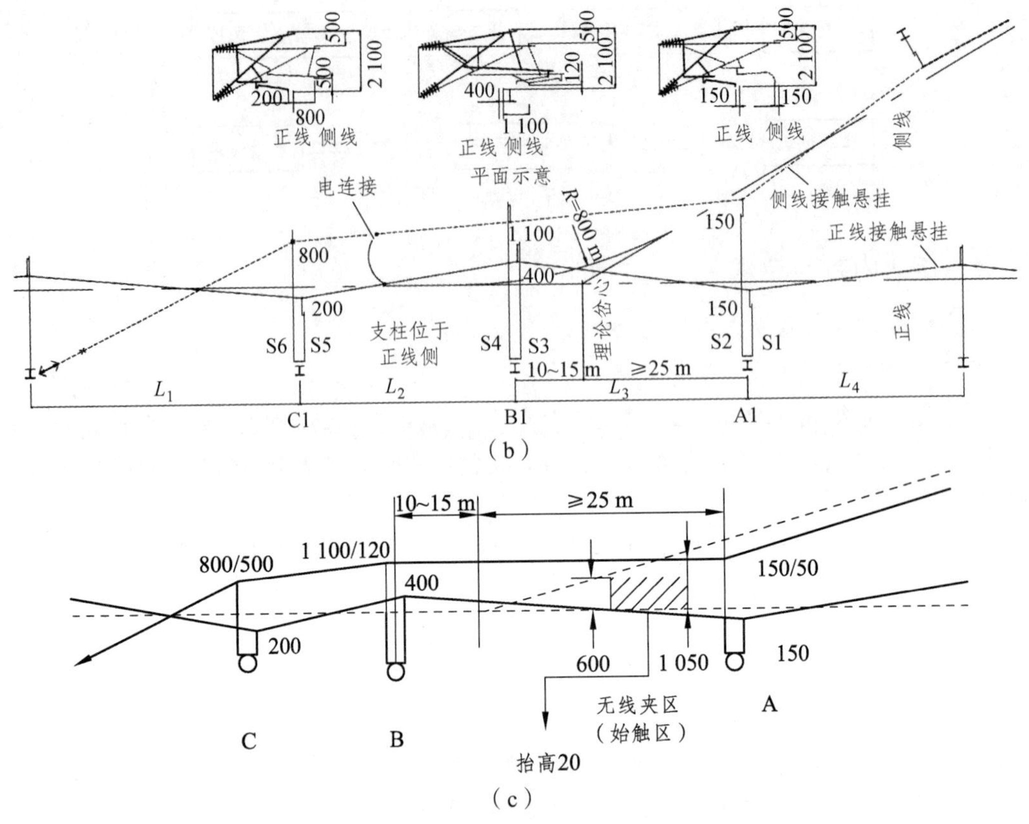

图 11-32　1/18 无交叉线岔支柱位于正线侧平面示意图

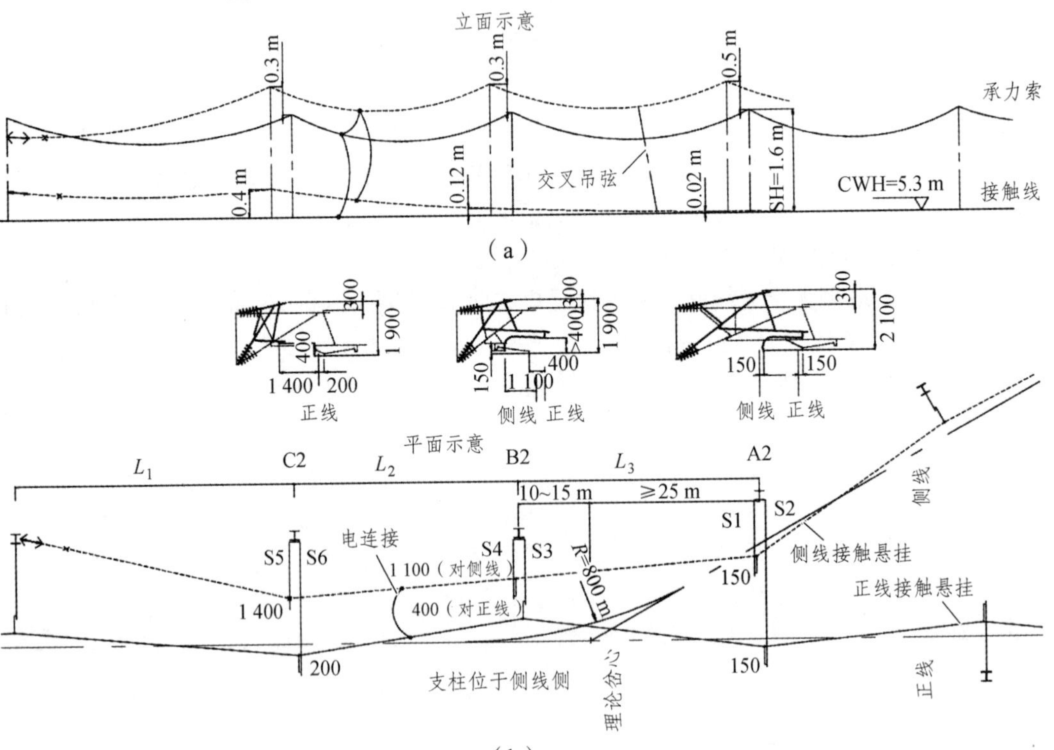

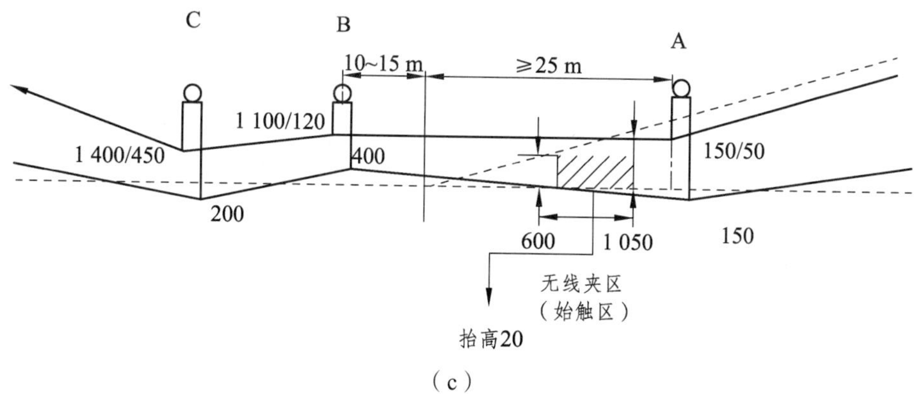

（c）

图 11-33　1/18 无交叉线岔支柱位于侧线侧平面示意图（单位：mm）

（3）技术标准。

① 测量拉出值、导高应符合设计要求，拉出值、导高允许偏差按维修规程标准执行。任何情况下工作支拉出值不大于 450 mm。

② 受电弓中心距相邻一支接触线的距离 600 ~ 1050 mm 范围和抬升量 200 mm 立体范围内为始触区，始触区内不得安装除吊弦线夹外的任何线夹金具或设备零件。

③ 交叉吊弦与其他吊弦间距（始触区反侧）不大于 6 ~ 8 m，始触区前安装交叉吊弦，位置在线间距 550 ~ 600 mm（测量方法与始触区相同）范围内，两交叉吊弦间距为 2 m，受电弓从道岔开口方向驶向岔心时应先接触到侧线承力索和正线接触线之间的交叉吊弦，交叉吊弦采用带载流环的滑动吊弦线夹时，绝缘垫块应安装正确，保证滑动灵活；吊弦载流环位于倾斜吊弦的上方，接触线吊弦线夹螺栓穿向斜上方。

④ 当受电弓正线通过时只与正线接触线接触，侧线接触线在 A、B、C 柱处的高度分别抬高 20 mm、120 mm、500 mm。

⑤ 弓形定位器定位支座位于线路上方时，定位支座下沿距工支接触线高度应≥250 mm。

⑥ 定位柱 A 柱在距岔心不小于 25 m（即道岔开口不小于 1320 mm）处，相邻支柱 B 柱与岔心距离在 10 ~ 15 m 之间可调。

⑦ 两承力索垂直间距不应小于 60 mm。

（4）测量方法。

① 测量 A 柱。

首先找到线岔定位柱的 A 柱（线岔开口方向两线路中心线间距约 1.4 m 左右立杆定位的支柱即为 A 柱），测量定位点两工作支导高、拉出值并记录，如图 11-34 所示。

② 测量交叉吊弦，如图 11-35 所示。

测量交叉吊弦时，应按标准测量图表记录交叉吊弦相对于本线及另一线的拉出值，并记录。判断并记录交叉吊弦安装顺序，正确的安装顺序是，受电弓从侧线进入正线时（即从 A 柱往 B 柱方向），先接触到的第一根交叉吊弦应为侧线承力索悬吊正线接触线，这根交叉吊弦定义为第一交叉吊弦，另一根为第二交叉吊弦。

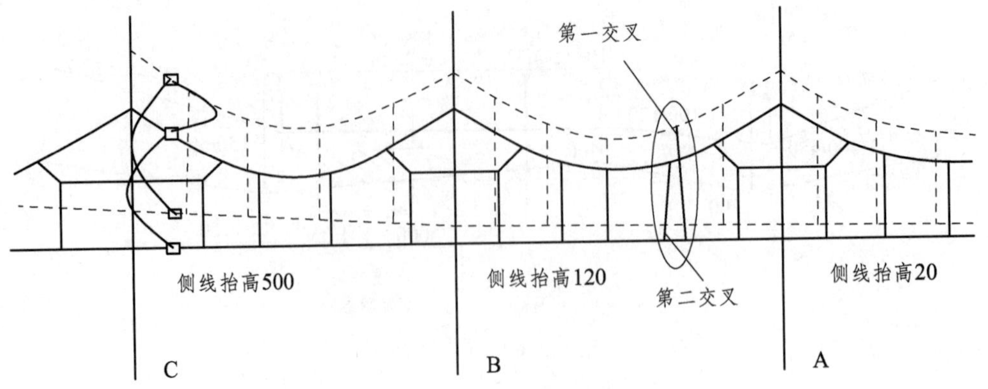

图 11-34　线岔定位柱示意图（单位：mm）

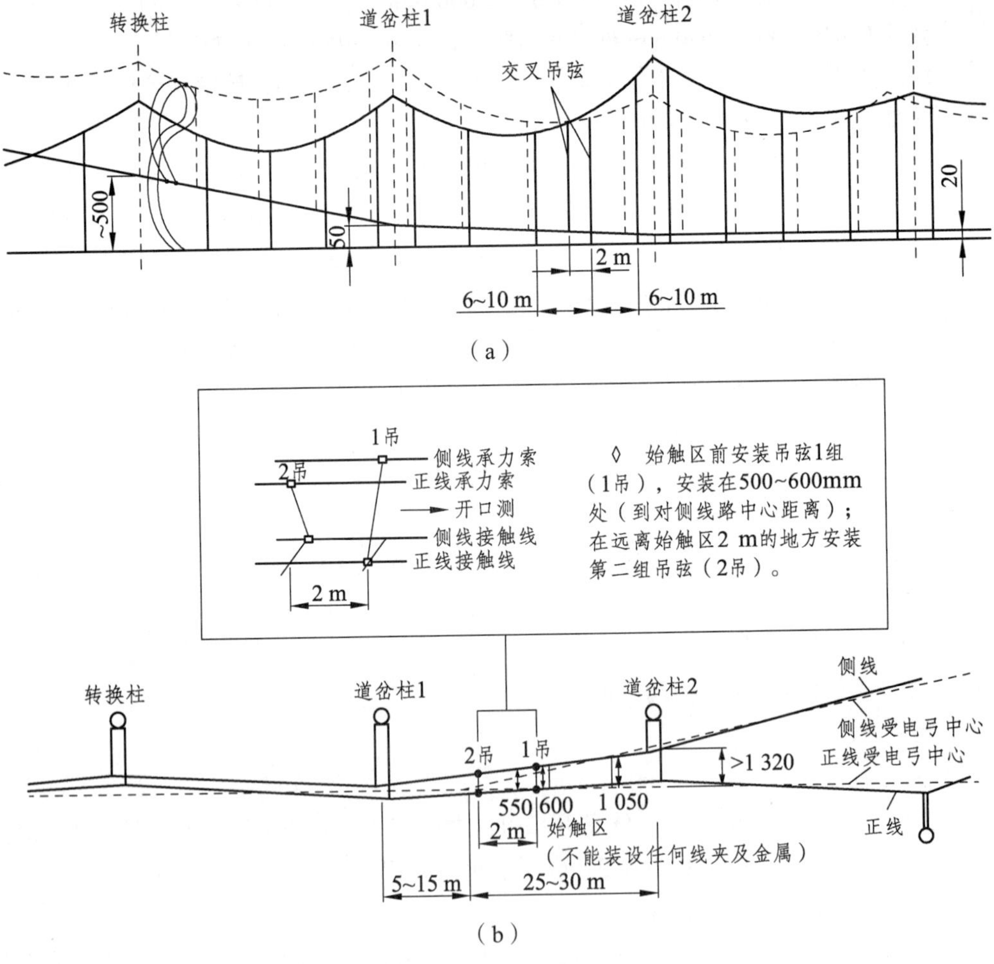

（a）

（b）

图 11-35　无交叉线岔里面示意图（单位：mm）

③ 测量、检查始触区（如图 11-36 所示）。

始触区是指 A 柱至 B 柱间正线接触线相对于侧线线路中心（受电弓中心）的拉出值为 600 ~ 1 050 mm 的区域，正线通过无交叉线岔时，受电弓一般不与侧线接触，无始触区；侧线通过时则有始触区，始触区内一般不得安装除吊弦线夹以外的任何线夹。

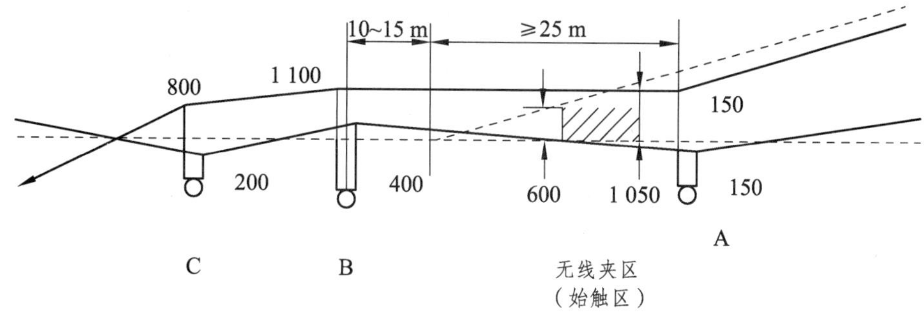

图 11-36　线岔始触区的测量、检查（单位：mm）

始触区内是否有线夹的验正方法：将激光测量仪摆在侧线股道上，测量线岔 A 柱至 B 柱方向的正线相对于侧线拉出值，拉出值 1 050、600 mm 的两点，这两点之间的范围即为始触区。此时，还应记录 600、1 050 mm 处的正、侧线导高值，以便于分析始触区内两支工作状态。

④ 测量 B 柱。

B 柱为线岔开口方向两线路中心线间距 150 mm 左右立杆定位的支柱即为 B 柱，测量 B 柱定位点导高、拉出值并记录。测量 B 柱的测量某一支定位点时，可能会因道岔开向原因造成测量仪轨尺摆不下去，解决方法有两种：

方法一：是在可以正常摆下的股道打另一支接触线，然后测量两线路中心间距，测量出来的拉出值加或者减两线路中心距离，就可以得出拉出值；

方法二：将激光测量仪基本边摆在不可动轨上，可动一边平摆在另一侧可动轨上，记录人用手推动激光测量仪可动边下的圆形可动块，推至轨距显示为 1 435 mm 左右，此时测量拉出值，便可得出本线拉出值。测量导高时，只要轨尺放平，不受轨距影响。

⑤ 测量 C 柱。

C 柱为 B 柱继续往闭口方向的下一根定位支柱，正侧两线已并轨。按正常测量方法即可测量 C 柱导高、拉出值。

2）18 号道岔三线无交叉线岔

测量部分主要负责测量 A 柱、B 柱、C 柱、D 柱、E 柱、F 柱、G 柱、H 柱处（各支柱在 18 号无交叉线岔平面布置图中的布置）等技术参数并进行数据分析，如图 11-37 所示。

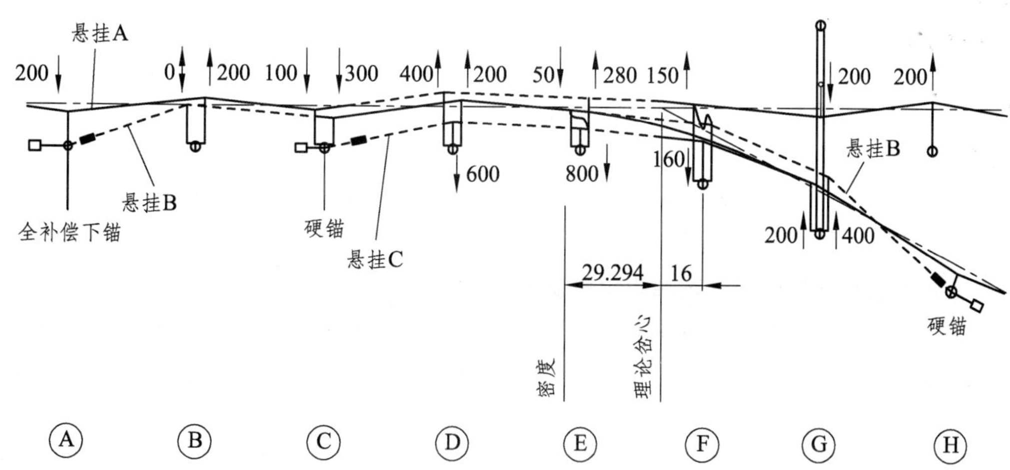

图 11-37　18 号单开道岔接触网第三组辅助悬挂式无交叉线岔平面布置图（单位：mm）

① A 支柱技术参数标准：接触线拉出值及接触线高度符合设计规定，误差不大于±20 mm。

② B 支柱技术参数标准：接触线（正线）拉出值及接触线高度符合设计规定，误差不大于±20 mm，辅助线相对于正线的水平间距 200 mm，误差不大于±20 mm，辅助线相对于正线的抬高值 300 ~ 350 mm。

③ C 支柱技术参数标准：接触线（正线、辅助线）拉出值及接触线高度符合设计规定，误差不大于±10 mm，辅助线相对于正线的水平间距 200 mm，误差不大于±20 mm 辅助线与正线等高，辅助线吊弦的布置自 C 支柱向 B 支柱逐渐抬高至符合规定；正线吊弦的布置自 C 支柱向 D 支柱逐渐抬高至符合规定；硬锚装置（侧线或渡线）状态良好。

④ D 支柱技术参数标准：接触线（辅助线）拉出值及接触线高度符合设计规定，误差不大于±20 mm；正线相对于辅助线的水平间距 200 mm，误差不大于±20 mm，正线相对于辅助线的抬高值 300 ~ 350 mm；侧线（或渡线）相对于辅助线的水平间距 800 mm，误差不大于±20 mm，侧线（或渡线）相对于正线的抬高值 450 ~ 500 mm。

⑤ E 支柱技术参数标准（道岔尖轨处定位）：接触线（辅助线）拉出值及接触线高度符合设计规定（检修要点：此定位点的设计值是相对于侧线线路中心，测量时要确认道岔的开合位置），误差不大于±20 mm；正线相对于辅助线的水平间距 330 mm，误差不大于±20 mm，正线相对于辅助线的抬高值 100 ~ 130 mm；侧线（或渡线）相对于辅助线的水平间距 750 mm，误差不大于±20 mm，侧线（或渡线）相对于正线的抬高值 300 ~ 350 mm。

⑥ F 支柱技术参数标准（道岔可动芯轨处定位）：接触线（正线和侧线）拉出值及接触线度符合设计规定（拉出值各自相对于正线和侧线线路中心），误差不大于±20 mm；辅助线相对于正线的水平间距 410 mm，误差不大于±20 mm（或者辅助线相对于侧线的水平间距 784mm，误差不大于±20 mm）；辅助线相对于正线或侧线的抬高值 60 mm，误差不大于±10 mm；正线吊弦的布置自 F 支柱与 E 支柱的跨中向 E 支柱逐渐抬高至符合规定；辅助线吊弦的布置自 F 支柱与 E 支柱间 F 支柱方向第一吊弦向 G 支柱逐渐抬高至符合规定；侧线吊弦的布置自 F 支柱与 E 支柱间 F 支柱方向第一吊弦向 E 支柱逐渐抬高至符合规定。

⑦ G 支柱技术参数标准：接触线（正线和侧线）拉出值及接触线高度符合规定（拉出值各自相对于正线和侧线线路中心），误差不大于±20 mm；辅助线相对于侧线的水平间距 200 mm，误差不大于±20 mm，辅助线相对于侧线的抬高值 450 ~ 500 mm。

⑧ H 支柱技术参数标准：接触线（侧线或渡线）拉出值及接触线高度符合规定，误差不大于±20 mm；硬锚装置（侧线或渡线）状态良好。

3）测量 42 号道岔三线无交叉线岔

地面测量部分主要负责测量 A 柱、B 柱、C 柱、D 柱、E 柱、F 柱、G 柱、H 柱、I 柱处（各支柱在 42 号无交叉线岔平面布置图中的布置）等技术参数并进行数据分析。

① A 支柱技术参数标准：接触线拉出值及接触线高度符合设计规定。

② B 支柱技术参数标准：接触线（正线）拉出值及接触线高度符合设计规定，导向锚段相对于正线的水平间距 200 mm，误差不超过 20 mm，导向锚段相对于正线的抬高值 350 mm，误差不超过 20 mm。

③ C 支柱技术参数标准：接触线（正线、导向锚段）拉出值及接触线高度符合设计规定，导向锚段接触线相对于正线的水平间距 200 mm，误差不超过 20 mm，导向锚段接触线与正线

等高，误差不超过 20 mm。

④ D 支柱技术参数标准：接触线（正线、侧线、导向锚段）拉出值及接触线高度符合设计规定，正线接触线相对于导向锚段接触线的水平间距 200 mm，误差不超过 20 mm，正线接触线相对于导向锚段接触线的抬高值 350 mm，误差不超过 20 mm；侧线锚段接触线相对于导向锚段接触线的水平间距 800 mm，误差不超过 20 mm，侧线锚段接触线相对于导向锚段接触线的抬高值 500 mm，误差不超过 20 mm。

⑤ E 支柱技术参数标准：接触线（正线、侧线、导向锚段）拉出值及接触线高度符合设计规定；正线接触线相对于导向锚段接触线的水平间距 330 mm，误差不超过 20 mm，正线接触线相对于导向锚段接触线的抬高值 130 mm，误差不超过 20 mm；侧线接触线相对于导向锚段接触线的水平间距 750 mm，误差不超过 20 mm，侧线接触线相对于导向锚段接触线的抬高值 300 mm，误差不超过 20 mm。

⑥ F 支柱技术参数标准：接触线（正线、侧线、导向锚段）拉出值及接触线高度符合设计规定（拉出值各自相对于正线和侧线线路中心）；导向锚段接触线相对于正线接触线的水平间距 510 mm，误差不超过 20 mm，导向锚段接触线相对于正线接触线的抬高值 130 mm，误差不超过 20 mm；导向锚段接触线相对于侧线接触线的水平间距 810 mm，误差不超过 20 mm，导向锚段接触线相对于侧线接触线的抬高值 130 mm，误差不超过 20 mm。

⑦ G 支柱技术参数标准：接触线（侧线、导向锚段）拉出值及接触线高度符合规定；导向锚段接触线相对于侧线接触线的水平间距 200 mm，误差不超过 20 mm，导向锚段接触线相对于侧线接触线的抬高值 500 mm，误差不超过 20 mm。

⑧ I 支柱技术参数标准：接触线拉出值及接触线高度符合规定，硬锚装置状态良好。

2. 使用车梯或作业车上网检查无交叉线岔网上状态（以车梯为例）

1）人员准备

人员清单，如表 11-5 所示。

表 11-5　人员清单

分工	人数	要求	作业内容
高空作业人	2 人	接触网工；安全等级三级及以上；掌握高空作业检修技能；熟练掌握作业标准	上网测量、检查
互检人	1 人	接触网工；安全等级三级及以上；掌握高空作业检修技能；熟练掌握作业标准	监护高空作业，监督、指导高空作业人作业流程，并对检查情况进行验收，做好相关记录
辅助人员	4 人	接触网工安全等级二级以上。	推扶车梯

2）工具准备

工具清单，如表 11-6 所示。

表 11-6　工具清单

序号	名 称	规 格	单 位	数 量	备　注
1	车梯		台	1	
2	扭矩扳手	20～100 N·m	把	1	
3	水平尺		把	1	
4	吊弦压接钳		把	1	
5	卷尺	5 m	把	1	
6	相机		台	1	
7	模拟受电弓		台	1	
8	个人工具		套	1	

3）材料准备

材料清单，如表 11-7 所示。

表 11-7　材料清单

序号	名 称	规 格	单 位	数 量	备　注
1	载流整体吊弦		套	若干	含压接管、线鼻子、心形环
2	等电位线（含并沟线夹）		根	若干	

4）18 号道岔双线无交叉的检查要求

一般从 A 柱开始检查，应检查以下内容：

（1）检查 A 柱至 B 柱间的始触区内导线是否有划痕。

（2）检查交叉吊弦状态，承力索端和接触线端均应安装有导流环。

（3）检查交叉吊弦接触线线夹处，是否有刮痕，螺栓穿向及导流环安装位置是否正确，倾斜角是否超标（接触线端的吊弦线夹螺栓及载流环应朝向远离另一支接触线的方向，线夹倾斜角最大不得超过 15°），如图 11-38 所示。

（a）

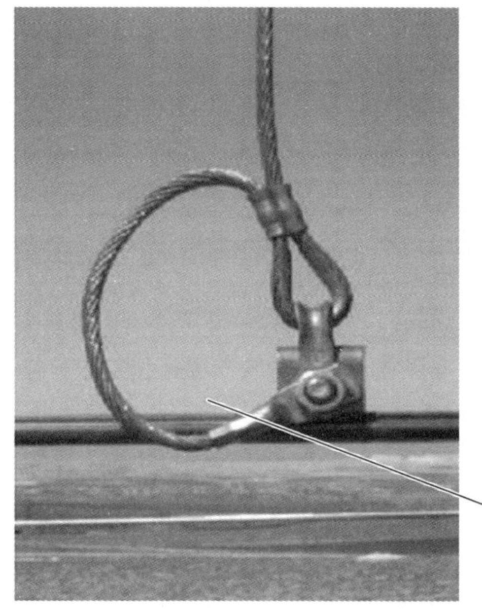

（b）

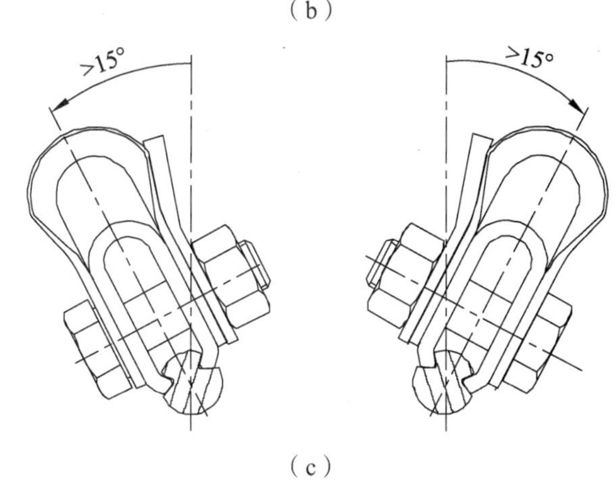

（c）

图 11-38　交叉吊弦接触线线夹检查

（4）检查线岔状态，检查标准和方法参照作业指导书。

（5）检查线岔区域内，两接触悬挂交叉点处的距离，小于 300 mm 时应加装等电位线。

5）18 号道岔三线无交叉检查要求

（1）接触网无交叉线岔布置区域内各支接触悬挂的吊弦受力状态良好，吊弦线无断、散股，吊弦线夹无偏斜；各部零件不侵入受电弓动态包络线范围。

（2）接触网无交叉线岔布置区域内的接触悬挂工作支定位器与定位立柱连接的旋转定位环应高于接触线 220 mm，误差不大于±10 mm。

（3）道岔定位器支座不得侵入受电弓动态包络线，否则应使定位器加长或采用特殊弯形定位器，定位器的端部不得侵入临线的受电弓限界。

（4）检查无交叉线岔范围内接触悬挂状态，检查标准及方法参照接触悬挂检修作业指导书。

（5）检查支撑定位装置状态，检查标准及方法参照支撑定位装置检修作业指导书。

（6）检查 E、F 柱处状态，检查标准及方法参照检修作业指导书。

（7）检查 A、C、H 柱处补偿装置状态，检查标准及方法参照补偿装置检修作业指导书。

6）42 号道岔三线无交叉检查要求

（1）接触网无交叉线岔布置区域内各支接触悬挂的吊弦受力状态良好，吊弦线无断、散股，吊弦线夹无偏斜；三支接触线的拉出值、定位点的抬升符合设计要求；电力机车（动车组）在不同径路运行时受电弓的动态包络线应符合要求。

（2）道岔定位器支座不得侵入受电弓动态包络线，否则应使定位器加长或采用特殊弯形定位器，定位器的端部不得侵入临线的受电弓限界。

（3）检查无交叉线岔范围内接触悬挂状态，检查标准及方法参照接触悬挂检修作业指导书。

（4）检查支撑定位装置状态，检查标准及方法参照支撑定位装置检修作业指导书。

（5）检查 B、D、G 柱处状态，检查标准及方法参照检修作业指导书。

（6）检查 A、C 柱处补偿装置状态，检查标准及方法参照补偿装置检修作业指导书。

四、安全注意事项

（1）严格控制始触区内，一般情况下不得安装有任何线夹金具，有线夹时尽量移出。

（2）正侧相交线岔时，必须保证侧线拉出值和抬高标准，以确保正线动车组高速通过时不会与侧线接触。

（3）严格控制 600 mm 和 1 050 mm 处始触点位置正侧线导高，此处侧线抬高应按 A/B 两柱标准导高顺坡控制。

（4）严格执行出入栅栏制度。

（5）严格执行工具、材料编号登记制度。

（6）防止梯车倾倒或滑移。

（7）对发现缺陷的设备进行拍照并在更换后再次拍照确认，设备照片进行存档。

（8）夜间作业必须严格执行夜间作业劳动安全规定。

（9）作业完毕必须做到工完料清。

无交叉线岔的组成
二维动画

无交叉线岔的特点
二维动画

无交叉线岔的检调
二维动画

思考练习题

一、选择题

1. 线岔的作用是保证电力机车（　　）安全平滑地由一条接触线过渡至另一条接触线，达到转换线路的目的。

A. 受电弓　　B. 接触线　　C. 承力索

2. 交叉线岔的结构：接触网线岔是由（　　）根限制管、2 个定位线夹和固定限制管的螺栓组成。

A. 1　　B. 2　　C. 3

3. 无交叉线岔的布置：接触网支柱位于两线间距（　　）mm 处（与交叉线岔定位相同），正线拉出值为 400 mm，站线拉出值为 350 mm，站线接触线距正线线路中心 950 mm。

A. 600　　B. 200　　C. 300

4. 交叉吊弦与其他吊弦间距（始触区反侧）不大于（　　）m。

A. 5 ~ 8　　B. 6 ~ 8　　C. 6 ~ 10

5. 交叉吊弦的承力索端采用滑动吊弦线夹时，绝缘垫块必须安装正确，保证滑动灵活；交叉吊弦接触线端的吊弦线夹螺栓及导流环应朝向远离另一支导线的方向，线夹倾斜角最大不得超过（　　）。

A. 10 °　　B. 20°　　C. 30°　　D. 15°

6. 两接触线相距 500 mm 处的高差：标准值：当两支接触线均为工作支时，水平侧两线相距 500 mm、800 mm 处，正线线岔的侧线接触线比正线接触线高 20 mm，侧线线岔两接触线等高；当一支为非工作支时，抬高侧距线路中心 800 mm 处，非工作支接触线比工作支接触线抬高（　　），并向下锚方向均匀抬升。

A. 100　　B. 80　　C. 150　　D. 200

二、问答题

1. 简述交叉线岔的布置原则。

2. 无交叉线岔检查维护中的安全注意事项有哪些？

项目十二 接触网避雷器

任务一　避雷器的认知

【任务描述】

本任务旨在认识接触网避雷器，通过本任务的学习，学生应对避雷器结构、作用和工作特点要求等有比较全面的认知，为后续任务的执行奠定坚实的基础。

【任务目标】

（1）掌握避雷器的作用及分类。
（2）掌握避雷器主要规格型号及技术参数规定。
（3）掌握氧化锌避雷器的工作原理。
（4）熟悉避雷器检修的技术标准。

【任务内容】

一、避雷器的作用

避雷器用于保护电气设备免受雷击时高瞬态过电压危害，并限制续流时间，也常限制续流幅值的一种电器。避雷器有时也称为过电压保护器，过电压限制器。

避雷器连接在接触网和大地之间，通常与被保护设备并联。避雷器可以有效地保护电气设备，一旦出现不正常电压，避雷器将发生动作，起到保护作用。当接触网在正常工作电压下运行时，避雷器不会产生作用，对地面来说视为断路。一旦出现高电压，且危及被保护设备安全时，避雷器立即动作，将高电压冲击电流导向大地，从而限制电压幅值。当过电压消失后，避雷器迅速恢复原状，使接触网线路正常工作。

避雷器不仅可用来防护雷电产生的高电压，也可用来防护操作高电压。

因此，避雷器的主要作用是通过并联放电间隙或非线性电阻的作用，对入侵的雷电过电压、操作过电压、工频暂态过电压冲击进行削幅，降低被保护设备所受过电压值，从而起到保护接触网设备的作用。

二、避雷器的分类

避雷器的主要类型有管型避雷器、阀型避雷器和氧化锌避雷器等。每种类型避雷器的主要工作原理是不同的，但是它们的工作实质是相同的，都是为了保护通信线缆和通信设备不受损害。

1. 管型避雷器

管型避雷器实际是一种具有较高熄弧能力的保护间隙，它由两个串联间隙组成，一个间隙在大气中，称为外间隙，它的任务就是隔离工作电压，避免产气管被流经管子的工频泄漏电流所烧坏；另一个装设在气管内，称为内间隙或者灭弧间隙，管型避雷器的灭弧能力与工频续流的大小有关。这是一种保护间隙型避雷器，大多用在供电线路上作避雷保护。

2. 阀型避雷器

阀型避雷器由火花间隙及阀片电阻组成，阀片电阻的制作材料是特种碳化硅。利用碳化硅制作的阀片电阻可以有效地防止雷电和高电压，对设备进行保护。当有雷电高电压时，火花间隙被击穿，阀片电阻的电阻值下降，将雷电流引入大地，这就保护了电气设备免受雷电流的危害。在正常的情况下，火花间隙是不会被击穿的，阀片电阻的电阻值较高，不会影响供电线路的正常通信。

3. 氧化锌避雷器

氧化锌避雷器是一种保护性能优越、质量小、耐污秽、性能稳定的避雷设备。它主要利用氧化锌良好的非线性伏安特性，使在正常工作电压时流过避雷器的电流极小（微安或毫安级）；当过电压作用时，电阻急剧下降，释放过电压的能量，达到保护的效果。这种避雷器和传统避雷器的差异是它没有放电间隙，利用氧化锌的非线性特性起到泄流和开断的作用。氧化锌避雷器是目前接触网线路上安装使用较普遍的避雷器。氧化锌避雷器如图 12-1、图 12-2 所示。

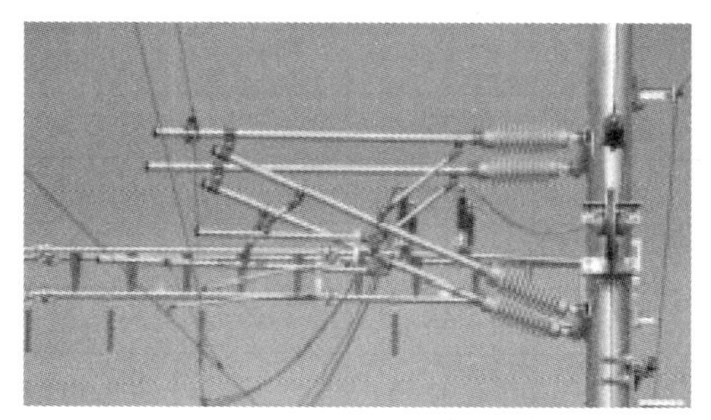

图 12-1　氧化锌避雷器安装

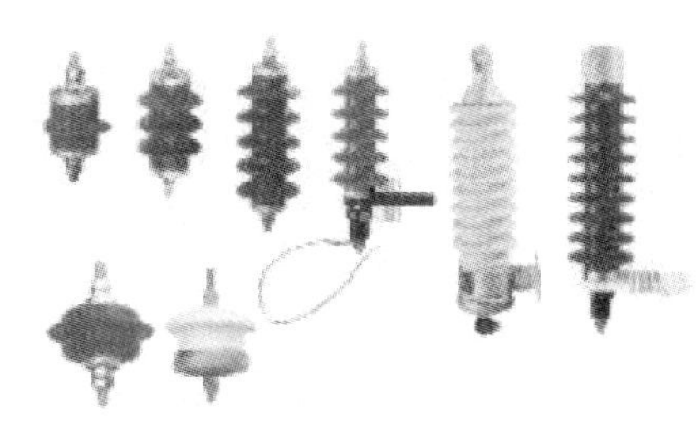

图 12-2　氧化锌避雷器

以上介绍了几种避雷器，每种避雷器有各自的特点，需要针对不同的环境进行使用，才能起到良好的避雷效果，目前在高速电气化铁路中主要引用的是氧化锌避雷器。

三、氧化锌避雷器工作原理与特点

高速铁路接触网使用的用交流无间隙金属氧化物避雷器，它的复合外套无间隙避雷器主体元件用具有优异伏安特性的非线性金属氧化物电阻片（以下简称电阻片）组装而成，内部无间隙，具有优异的非线性伏安特性。避雷器在正常系统工作电压下，呈现高电阻状态，仅有微安级电流通过，起到与系统绝缘的作用；当有过电压大电流作用下它便呈现低电阻，从而限制了避雷器两端的残压。

氧化物避雷器具有响应特性好、无续流、通流容量大、残压低、抑制过电压能力强、耐污秽、抗老化、不受海拔约束、结构简单、无间隙、密封严、寿命长等特点。

四、氧化锌避雷器主要规格型号及技术参数

氧化锌避雷器主要规格型号及技术参数如表 12-1 所示。

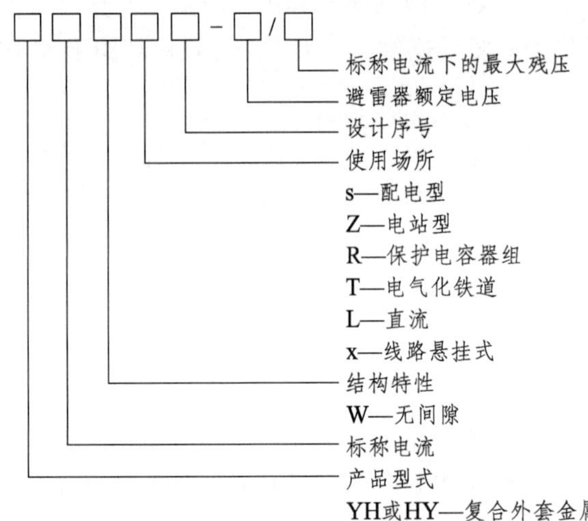

表 12-1　电气化铁道保护用避雷器

系统额定电压/kV	避雷器型号	避雷器持续运行电压/kV	残压（≤kV）			直流 1 mA/参考电压（≥kV）	工频参考电压（≥kV）	2 ms 方波/A
			1/4	8/20	30/60			
10	YH5WT-17/45	13.6	51.8	45	38.3	24	16	150
12	YH5WT-17/60	13.6	57.5	50	42.5	25	17	150
27.5	YH5WT-42/110	31.5	127	110	94	60	40	400
	YH5WT-42/120	34	138	120	98	65	42	400
	YH10WT-42/120	34	138	120	98	65	42	400
	YH5WT-42/128	31.5	147	128	109	65	42	400
	YH5WT-42/140	31.5	157	140	119	65	42	400
55	YH5WT-84/240	68	276	240	196	130	84	400
	YH5WT-84/260	68	291	260	221	125	84	400
110	YH5WT-100/260	78	291	260	221	145	100	600
	YH5WT-100/275	78	361	275	234	150	100	600
	YH5WT-100/290	78	325	290	247	145	100	600
	YH5WT-100/295	78	330	295	251	150	100	600

五、避雷器检修的技术标准

（1）避雷器托架安装水平，无锈蚀，肩架角钢、氧化锌避雷器、硅橡胶绝缘子、保护线、接地连接线、动作计数器、导流板、脱离器、监测器等应安装牢固、连接良好，部件完好无损伤，各部螺栓连接紧固。

（2）绝缘护套无严重放电，瓷套管应光洁、无裂纹、无破损等，铁件无锈蚀。封口处的橡皮胶垫应良好、严密。

（3）避雷器及硅橡胶绝缘子泄漏距离不小于 1 600 mm。

（4）避雷器及支持绝缘子应呈竖直状态，倾斜角度不超过 2°，瓷柱表面应清洁，无破损、无裂纹和无放电痕迹，瓷釉剥落面积不超过 300 mm²清洁。

（5）避雷器至接触网的引线用 TRJ95 ~ 120 型裸铜软绞线制作，电连接及引线应连接正确、牢固、接触良好，无破损和烧伤。避雷器引线须通过支持绝缘子后，方可与避雷器进行连接，引线的长度应满足接触悬挂温度变化时的偏移。引线最低点应高于接触线 400 mm 以上，避雷器一端的引线最高点不能高于承力索，引线距接地体的距离在极限气象条件下应不小于 350 mm。

（6）脱离器状态良好，无破损、裂纹。安装位置应满足动作后，引线不侵入限界并与带电体保持足够的绝缘间距。

（7）动作计数器完好，一般安装在距离地面 2 m 为宜，具备在线泄漏电流监测功能。

（8）避雷器接地体的安装方式符合设计规定，接地电阻不大于 10 Ω，接地极埋入地下深度不低于 800 mm，且呈“一”字形排列。

（9）避雷器安装位置：分相绝缘器及车站绝缘锚段关节处；超过 2 000 m 的隧道两端；超过 2 000 m 的供电线（包括高压电缆馈线）与接触网连接处（上网点）；其他需要加装的特殊处所。

（10）避雷器的试验按照国家和行业有关标准执行。

任务二　避雷器的检查维护

一、作业准备

1. 人员准备

一个作业组（不少于 10 人）。

2. 工具材料准备

工具材料清单，如表 12-2 所示。

表 12-2　工具材料清单

	名　称	规格或型号	单位	数量
工具	脚扣		副	1
	力矩扳手	20 ~ 100 N · m	套	1

续表

	名　称	规格或型号	单位	数量
工具	避雷器放电计数器测试棒	10 m	条	1
	接地电阻测试仪		台	1
	碳素笔	红色	支	2
	相机		台	1
	其他工具根据具体的作业内容携带			
材料	材料名称	型号	单位	数量
	铜绑线	2 mm	米	3
	电力复合脂		盒	1
	测温贴片		片	若干
	其他材料根据具体的作业内容携带			

二、作业流程图

作业流程图，如图 12-3 所示。

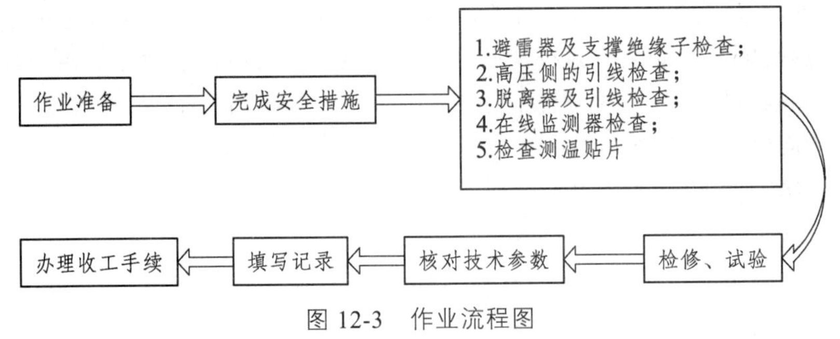

图 12-3　作业流程图

三、避雷器检修

（1）作业形式：停电维修。

（2）检修周期：12 个月。

（3）检查内容及标准：

① 避雷器及支撑绝缘子检查，如图 12-4 所示。

② 避雷器底座及支架安装牢固、无裂纹、破损，螺栓紧固无缺失、绝缘垫块完整无破损、安装方式正确。

③ 避雷器及支持绝缘子应呈竖直状态，倾斜角度不超过 2°。

④ 检查和清扫避雷器及支撑绝缘子硅橡胶外套，绝缘表面应无裂纹、无破损和严重放电痕迹，封口处的橡皮胶垫应良好、严密。

⑤ 对不能测温的处所粘贴测温贴片；检查测温贴片有无变色。测温贴片粘贴在线路侧，便于观察位置，粘贴位置如图 12-5 所示。

⑥ 用 2 500 V 摇表摇测绝缘电阻，不小于 10 000 Ω。

图 12-4　避雷器支撑绝缘子

图 12-5　避雷器测温贴片

（4）避雷器至高压侧的引线检查，如图 12-6 所示。

① 避雷器至高压侧的引线无断股、散股，压接状态良好，螺栓紧固、无锈蚀。

② 引线弛度符合极限温度变化；引线张力应适宜，安装位置与线索偏移相适应。

③ 极限条件下，高压侧引线对接地体的距离不得小于 350 mm。

（5）脱离器及引线检查，如图 12-7 所示。

① 脱离器密封良好、无脱离、破损。

② 脱离器引线松紧适中，防止过紧造成脱离器损伤或过松造成对接地体的距离不够。

③ 脱离器安装位置正确，连接状态良好，两端连接固定牢固。

④ 因避雷器故障，脱离器老化、断裂后，脱离器引线不得影响供电。

图 12-6　避雷器至高压侧的引线检查

图 12-7　脱离器及引线检查

（6）避雷器在线监测器检查，如图 12-8 所示。

① 支架安装牢固，无锈蚀、变形；螺栓紧固，无缺失、有油。

② 在线监测器指数动作正常，表盘清晰，连接固定良好，无烧伤、锈蚀、破损、进水等现象，安装高度符合设计要求。

③ 引线连接固定良好，无断股、散股、绝缘外套无破损。

④ 检查在线监测器动作数值，并做好记录。与上次检查结果进行对比。

（7）避雷器在线监测器试验。

① 用避雷器放电计数器测试棒测试在线监测器动作指数正常。停电后进行试验，不需要解开。按图 12-9 所示进行接线，用放电计数器检验仪测试 3 ~ 5 次，在线监测器计数器均应正常动作。

图 12-8　避雷器在线监测器检查

图 12-9　避雷器在线监测器试验

② 对动作指数进行记录。

（8）检修拍照。

检修完毕后进行拍照，拍照位置如图 12-10 所示。

图 12-10　避雷器检修后情况

四、氧化锌避雷器在线试验

（1）作业形式：带电作业。

（2）人员准备：一个作业组（不少于 10 人）。

（3）工具材料准备。

工具材料清单，如表 12-3 所示。

表 12-3　工具材料清单

序号	名 称	规 格	单 位	数 量	备注
1	避雷器阻性电流测试仪		台	1	
2	放电计数器检验仪		台	1	
3	力矩扳手	0 ~ 100 N · m	套	1	
4	卷尺	2 ~ 5 m	把	1	
5	相机		台	1	

（4）试验周期：5 月底之前，8 月底之后。

（5）作业程序：

避雷器在线监测仪检查作业必须在接触网不停电状态下进行。

① 护网内，封锁天窗作业时间内，地面观察避雷器外观状态及有无放电声响；检查、记录在线监测仪的监测数据并拍照，照片保存时间不少于 12 个月。

② 护网外，支柱上安装的监测仪检查在接触网不停电的情况下，结合线下巡视进行。

（6）试验方式（带电测试）。

① 避雷器试验利用氧化锌避雷器阻性电流测试仪进行检测试验。将仪器一端接地、一端接在避雷器计数器上端，通过测量避雷器阻性电流大小判断避雷器状态是否良好。

② 计数器距离带电体 2 m 以上的避雷器，可以利用不停电作业计划直接进行试验。

③ 计数器距离带电体 2 m 以下的避雷器，需提前利用停电维修天窗临时加装一根电流信号线（电流信号线采用 2.5 ~ 4.0 mm^2 铜芯橡皮线，信号线尾部距离地面 2.5 m 适宜）。电流信号线自避雷器计数器上端连接螺栓处沿支柱引下，临时加装的电流信号线要牢固绑扎在接触网支柱上，两端绑扎一次，中间每隔 1 米绑扎一次，不得侵入限界，任何情况下须与带电体

保持不小于 500 mm 的绝缘距离，如图 12-11 所示。

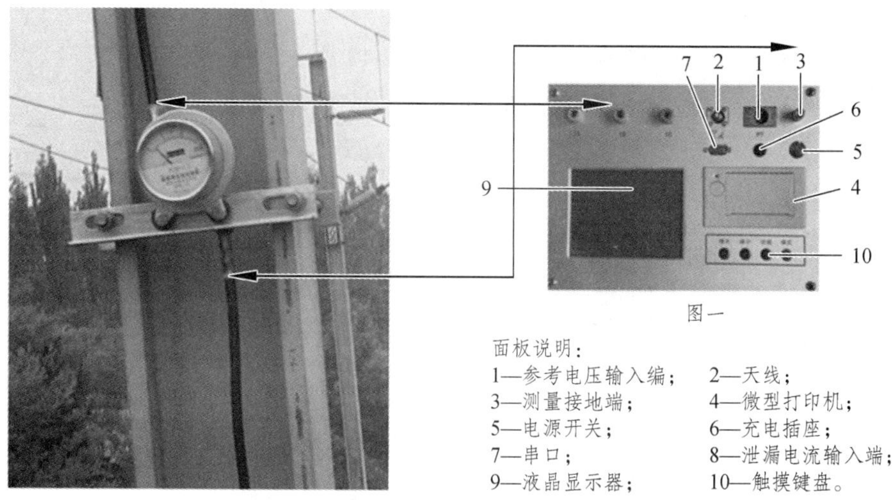

图 12-11　带电测试

④ 临时加装电流信号线后，利用不停电作业计划进行试验。试验完毕后再利用停电天窗将临时加装的电流信号线拆除。

（7）避雷器在线监测仪泄漏电流检测操作步骤：

① 连接地线连接线，地线应连接测试仪 3 端口。

② 连接测量信号线，将泄漏电流信号线插头插入仪器 IB 插口后，将另一端夹子夹到（戴绝缘手套或通过绝缘杆搭到）被测相 MOA 放电计数器上端。

③ 打开电源开关，屏幕出现开机界面约几秒后出现如图 12-12 所示主菜单。

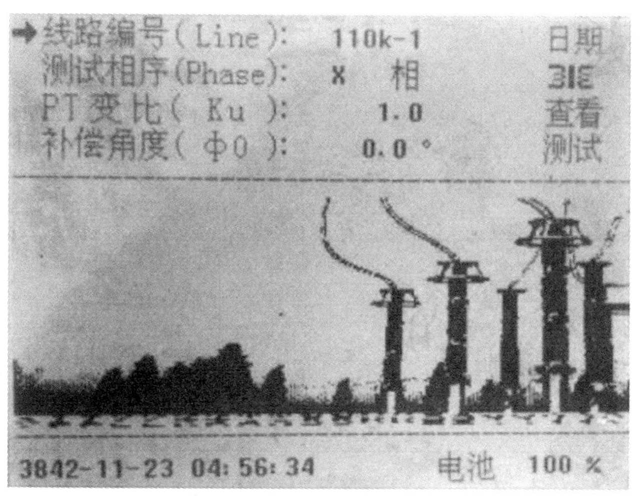

图 12-12　避雷器在线监测仪泄漏电流检测

④ 选择模式：按“确定”键，光标将会在“PT 二次”“感应板”“无线传输”“同步显示”四种模式之间切换。选择同步显示模式“ ”。

⑤ 测量：当选择到同步显示模式“ ”的时候，移动光标到“测试”上，按“确定”进入测量。

⑥ 打印：测量结束后，打印测量的数据并保存。

（8）泄漏电流试验结果的认定。

① 需要记录测试结果面板数据：I_x、I_r，如图 12-13 所示。

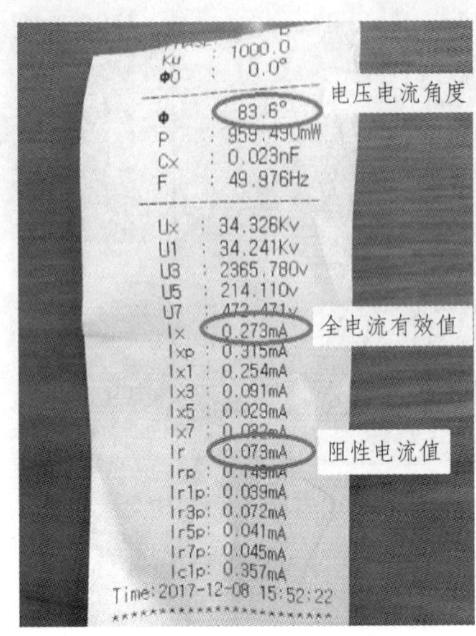

图 12-13　避雷器在线监测仪泄漏电流检测结果

② 结果认定：

计算 I_r/I_x，即阻性电流除以全电流的数值与 1/4 比较。如不大于 1/4 可判断避雷器合格，如大于 1/4 则不合格，应退出运行后对避雷器进行直流耐压试验。避雷器泄漏电流 I_x 在 0.6 mA 以上（干燥天气）、0.8 mA（潮湿天气）以上时，应退出运行后对避雷器进行直流耐压试验。检测过程中发现避雷器泄漏电流 I_x 在大于或等于 1.3 mA 时，避雷器必须立即退出运行。

（9）试验数据保存。

试验完后要及时填写电子版记录（如表 12-4 所示），并保留测试仪打印数据单（写明日期、区间、杆号、T/F）保存不少于一个检测周期，电子版记录长期保存。

表 12-4　避雷器在线试验记录表

序号	线别	车间	工区	区间站场	杆号	安装位置（T/F）	在线监测仪		在线测试仪测试数据		分析结果	
							泄漏电流/mA	计数器读数	I_x/mA	I_r/mA	I_x×25%是否大于 I_r	结论

避雷器的检调作业视频

思考练习题

一、填空题

1. 避雷器不仅可用来防护________产生的高电压，也可用来防护________高电压。

2. 管型避雷器实际是一种具有较高熄弧能力的________。

3. 阀型避雷器由火花间隙及阀片电阻组成，阀片电阻的制作材料是特种碳化硅。这种避雷器和传统避雷器的差异是它没有________。

二、选择题

1. 避雷器用于保护电气设备免受雷击时（　　）过电压危害，并限制续流时间，也常限制续流幅值的一种电器。

A. 高瞬态　　B. 持续
C. 工频　　D. 低瞬态

2、避雷器连接在线缆和大地之间，通常与被保护设备（　　）。

A. 串联　　B. 并联　　C. 混联

3. 避雷器的主要类型有（　　）。每种类型避雷器的主要工作原理是不同的，但是它们的工作实质是相同的，都是为了保护通信线缆和通信设备不受损害。

A. 管型避雷器　　B. 阀型避雷器　　C. 氧化锌避雷器

4. 氧化锌避雷器是一种保护性能优越、质量小、耐污秽、性能稳定的避雷设备。它主要利用氧化锌良好的非线性伏安特性，使在正常工作电压时流过避雷器的电流（　　）。

A. 极小（微安或毫安级）　　B. 极大（千安级）　　C. 一般（安级）

5. 接触网使用的交流无间隙金属氧化物避雷器，内部无间隙，它的电阻片具有优异的非线性伏安特性，本避雷器在正常系统工作电压下，呈现（　　），起到与系统绝缘的作用。当有过电压大电流作用下它便呈现（　　），从而限制了避雷器两端的残压。

A. 高电阻状态　　B. 低电阻状态
C. 导通状态　　D. 断开状态

项目十三 接触网接地装置

任务一 接触网接地的认知

【任务描述】

本任务旨在认识接触网接地，通过本任务的学习，学生应对接触网接地的作用、构成、接地方式和高铁综合接地总体技术要求等有一定的认知，为后续任务的执行奠定坚实的基础。

【任务目标】

（1）掌握接地的定义及作用。
（2）掌握接触网接地的作用、接地方式及构成。
（3）掌握高铁综合接地及其总体技术要求。

【任务内容】

一、接地的定义

接地是指电气设备、杆塔或过电压保护装置用接地线与接地体连接，称为接地。接地的作用除了将一些无用的电流或是噪声干扰导入大地外，最大作用为保护使用者不被电击。衡量接地质量好坏的标准是接地电阻。

接地电阻是指接地体或自然接地体的对地电阻和接地线电阻的总和，称为接地装置的接地电阻。接地电阻的数值等于接地装置对地电压与通过接地体流入地中电流的比值。

二、接触网接地的作用

接触网的地线是起保护作用的，在绝缘子击穿/闪络或严重老化的情况下，如果没有地线，泄漏电流经接地电阻较大的支柱（或隧道壁）入地，且不能使牵引变电所保护跳闸而继续长时间的异常放电，从而烧损悬挂的金属部件而造成大事故。同时泄漏电流经较大的接地电阻也会使接触网非带电部分对地产生高电压而危及人身安全，装设地线可使泄漏电流由地线直接入钢轨，从而降低了接地电阻，泄漏电流增大使变电所保护跳闸而迅速切断泄漏电流，保护了设备和人身安全，同时也为检修人员提供了线路出现故障的信息。

三、接触网接地的分类

接触网接地按作用分为有两类：保护人员和设备不受损害叫保护接地；保障设备的正常运行的叫工作接地。这里的分类是指接地工程设计施工中考虑的各种要求，并不表示每种“地”都需要独立开来。相反，除了有地电信号抗干扰、设备本身专门要求等特殊原因之外，提倡尽量采用综合接地的方案。

四、接触网接地的方式

（1）单独直接接地是指设备直接与接地极相连接，主要用在隔离开关、避雷器及单独支柱处。

（2）通过架空地线接地，是指将需要接地的设备连接到架空地线上，最后集中接地。

（3）接触网接地对电阻值的要求：

单独支柱接地电阻不大于 30 Ω，距离接触网 5 m 内的金属物体、避雷器、隔离开关、架空地线等处的接地电阻不大于 10 Ω。

五、接触网接地的构成

接触网接地由接地体、架空地线、连接部件三大部分组成。

（1）接地体：埋入地中并直接与大地接触的金属导体，称为接地体。在接触网中接地体主要采用单独接地极和综合接地网两种形式。

① 单独接地极：主要安装在隔离开关、避雷器等支柱出等支柱处。

② 综合接地网：综合接地网作为车站牵引供电供电、机电、通信、信号等电气设备所连接的综合接地体。综合接地网的电阻不应大于 1 Ω。

地下车站接地网由人工接地体组成，高架站接地网有人工接地体和自然接地体组成，车辆段变电所接地网由人工接地体和自然接地体组成。

自然接地体是指用于其他目的、可利用作为接地用的、直接与大地接触的各种金属构件、金属井管、钢筋混凝土建筑的基础、金属管道和设备等；人工接地体可采用钢管、角钢、圆钢或废钢铁等材料制成。

（2）架空地线：架空地线一般与接触网同杆架设，采用铝绞线。

（3）连接部件：主要指将需接地设备与架空地线（接地极）进行连接的各种零部件，主要有地线线夹、软铜绞线等。

六、接触网综合接地

接触网综合接地是指将铁路沿线的牵引供电回流系统、电力供电系统、信号系统、通信及其他电子信息系统、建筑物、道床、站台、桥梁、隧道、声屏障等需要接地的装置通过贯通地线连成一体的接地系统。同时该贯通地线也是牵引回流的一个主要回路，从原理上来说，其实就是一个共用接地系统并通过等电位连接构成铁路的一个等电位体。

随着高速铁路的发展，铁路的牵引负荷随之增大，而牵引变电所的回流电流也随之增大。牵引变电所接地系统面临两个严重的问题：第一个问题是回流电流造成地网电位不相等，这种情况一方面会对人身以及设备的安全造成威胁，另一方面将对保护、测量、信号装置造成影响，并有可能引发保护装置的误动或拒动。第二个问题是机车运行时起动、制动等操作造成母线电流波动增大，这种波动产生的电磁信号将对变电所中信号与通信回路造成干扰，也将对保护装置的测量信号造成干扰并影响调度中心与变电所之间的通信，而一般的接地系统不能满足对电磁信号屏蔽的要求。由于传统接地系统存在这些问题，随着牵引变电所综合自动化系统的发展，这些问题表现得更加严重，因此发展综合接地系统成为一种必然的趋势。

七、接触网接地技术要求

1. 接触网接地通用技术要求

（1）接触网支柱和金属支撑装置以及距接触网带电部分的距离不足 5 m 的所有金属结构均须装设地线，所有地线要连接牢固、防腐良好。

（2）接地线有信号轨道回路区段应采用架空地线或者接扼流变压器线圈中性点或连接到接地体。

（3）以下接触网支柱及设备均应作双接地。当有轨道电路时，一个接扼流变压器线圈中性点或者接架空地线（无轨道电路时，通过火花间隙接钢轨）作保护接地；另一个接地极作工作接地。站台或其他人员活动频繁处的钢柱；未架设架空地线的钢柱；隔离（负荷）开关、避雷器等设备的底座。

（4）与接触网同杆架设的架空地线支柱其接地方式应符合设计规定；钢柱和接地线的连接处应露在基础帽外面。

（5）隧道内宜采用集中接地，其架空地线在有轨道电路区段接在扼流变压器线圈中性点（一般 1 200 ~ 1 500 m）或连接到接地体，隧道内接地线应和隧道壁、拱圈密贴（或埋入隧道壁内），并应通过地线卡固定牢固，且与带电体的距离符合设计要求。

（6）接地线地面部分涂防腐漆，地下部分涂防腐油，连接牢固可靠，连接处除锈，并涂电力复合脂。

（7）接触网支柱的上部、下部接地线宜采用截面积不小于 70 mm^2 的镀铝锌钢绞线，接地线平直，无明显弯曲，防锈漆无脱落和漏涂现象，埋入地下部分不小于 100 mm。镀锌地线的镀层完好。

（8）沿支柱敷设的接地线原则上安装在支柱田野侧，上、下部地线应安装在支柱同一侧，并用抱箍固定在支柱上。

（9）距接触网带电体 5 m 以内的金属结构（如桥栏杆、水鹤、天桥、信号机、防护栅等）及隔离（负荷）开关、避雷器、附加导线远离铁路的支柱、无架空地线及回流线区段的零散支柱及行人多的地方和站台上的支柱、回流线两端下锚处、架空地线两端下锚处等均应按设计要求设接地极。接地极的接地电阻值不得大于表 13-1 规定。

（10）接地装置宜采用钢材，接地装置的导体截面应符合热稳定和机械强度的要求。接地极埋入地下深度不低于 800 mm，且呈“一”字排开。垂直接地体应垂直打入，并与土壤保持良好接触；水平接地体应平直，无明显弯曲，地沟底面平整，不应有石块或其他影响接地体与土壤紧密接触的杂物。除接地体外，接地体的引出线应作防腐处理；使用镀锌扁钢时，引出线的螺栓连接部分应补刷防腐漆。

（11）接地线（体）的连接应采用搭接焊，其焊接长度扁钢宽度的 2 倍（且至少三个棱边焊接）或圆钢直径的 6 倍。

表 13-1　接地极的接地电阻值

项　目	接地电阻值/Ω
距接触网带电体 5 m 以内的金属结构	≤10
隔离（负荷）开关、避雷器	≤10
回流线、架空地线	≤10
附加导线远离铁路、站台上的支柱	≤30
避雷线	≤10

（12）接触网上的避雷器的接地极距通信、信号电缆应在 3 m 以上，在地形条件限制达不到 3 m 时，应加绝缘防护，但最小距离不得小于 1 m，接地体扁钢与通信电缆无法避免交叉时，交叉垂直距离不得小于 0.5 m，并应加绝缘防护，交叉角为 90°。

（13）架空地线最大弛度时距地面最低高度：居民区≥6 m，非居民区≥5 m。架空地线与带电体间的距离满足安全距离，注意架空地线附近不得有危树。

2. 高铁综合接地技术要求

（1）在综合接地系统中，建筑物、构筑物及设备在贯通地线接入处的接地电阻不应大于 1 Ω。

（2）对于综合接地接入物必须进行单端接入，不能构成电流回路，尤其是对于电缆外壳，构筑物钢筋均应单端接入，不能形成通路，以免烧损设备破坏绝缘及对构筑物强度产生影响。

（3）电力、接触网等强电设备、设施接地连接线不得进入通信信号沟槽内。

（4）桥梁、隧道、无砟轨道、接触网支柱基础等结构物内的接地装置应优先利用结构物中的非预应力结构钢筋作为自然接地体；当没有结构钢筋可以利用时，可增加专用的接地钢筋；当自然接地体的接地电阻达不到要求时应增加人工接地体；为防止对预应力钢筋的影响，预应力钢筋不应接入综合接地系统。

（5）接地装置通过结构物内预埋的接地端子与贯通地线可靠连接。接地端子直接浇筑在混凝土结构内，表面与结构面平齐。

（6）构筑物内兼有接地功能（含连接）的结构钢筋和专用接地钢筋应满足：接触网短路电流不大于 25 kA 时，钢筋截面不应小于 120 mm^2（或直径不小于 14 mm）；接触网短路电流大于 25 kA 时，钢筋截面不应小于 200 mm^2（或直径不小于 16 mm）。当构筑物内兼有接地功能（含连接）的结构钢筋的截面不满足要求时，可将相邻的二根钢筋并接使用无需改变钢筋的间距（须总截面满足上述要求）或局部更换直径为 14 mm 或 16 mm 的钢筋。结构物内的接地钢筋之间要求可靠焊接，保证电气连接。

（7）接触网单独设置的防雷接地体（极）在贯通地线上的接入点与其他设备在贯通地线上的接入点间距不应小于 15 m。

（8）27.5 kV 电缆、开关、避雷器、架空地线接地电阻值不应大于 10 Ω，零散的接触网支柱接地电阻值不应大于 30 Ω。

任务二　接地装置的检查维护

一、作业准备

1. 人员准备

人员清单，如表 13-2 所示。

表 13-2　人员清单

分工	人数	要求	作业内容
作业人员	2 人 （含互检人）	接触网工；安全等级二级及以上；掌握接地电阻测量技能；熟练掌握作业标准	① 综合接地包含单体设备接地的检修及测量。 ② 电缆接地包含电缆铠装和屏蔽层接地检修及测量。 ③ 避雷线、避雷器接地的检修及测量。 ④ 回流接地装置的检修及测量。 ⑤ 轨回流、地回流状态检修
互检人	1 人	接触网工；安全等级三级及以上；掌握高空作业检修技能；熟练掌握作业标准	对检修作业进行监督，做好相关记录

注：其他作业人员（如接地人员）在此不一一列出。

2. 工具准备

工具清单，如表 13-3 所示。

表 13-3　工具清单

序号	名　称	规格或型号	单位	数量	备　注
1	钢卷尺	10 m	把	1	
2	钢丝刷		把	1	
3	断线钳		把	1	
4	揻弯器		台	1	
5	工具包		个	2	
6	接地电阻测试仪		台	1	
7	铁锹		把	2	
8	短接线		套	1	
9	兆欧表	2 500 V	台	1	
10	接地螺栓专用扳手		把	1	
11	电工工具		套		作业人员人均 1 套

3. 材料准备

材料清单，如表 13-4 所示。

表 13-4　材料清单

序号	名　称	规格或型号	单位	数量	备　注
1	黄油		kg	适量	
2	螺母		套	适量	
3	电力复合脂		kg	适量	
4	接地装置并沟线夹		套	2	
5	接地装置线夹		套	2	
6	接地装置钢筋		kg	适量	
7	扁油刷		个	4	
8	抹布		kg	适量	
9	毛刷		套	2	
10	防锈漆		kg	适量	
11	砂纸		Kg	适量	

二、作业流程图

作业流程图，如图 13-1 所示。

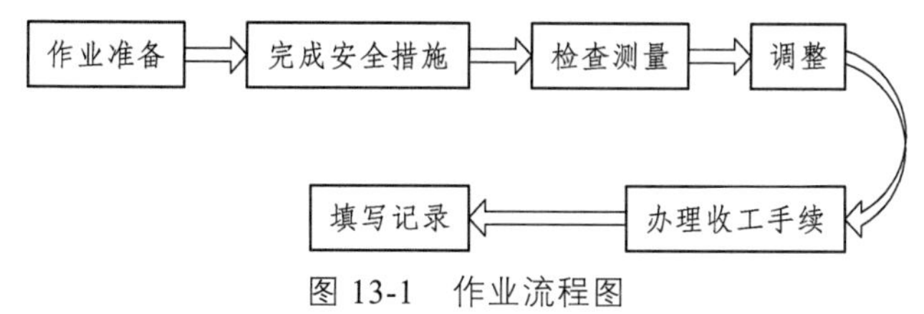

图 13-1　作业流程图

三、检修程序

1. 检修作业方法及标准要求

（1）接触网支柱接地检修内容，如图 13-2 所示。

① 外观检查接地线是否完整、有无丢失，规格型号是否符合设计。

② 接地线有无断裂、损伤锈蚀。

③ 支柱接地端子连接是否良好，有无松动。

④ 与综合贯通地线 T 接点端子连接是否良好、测量接地电阻是否符合规定。

⑤ 是否标有接地标志。

（2）接触网隔离开关接地装置检修内容，如图 13-3 所示。

① 检查接地线与隔离开关底座（或上部接线端子）连接是否良好。

② 接地线规格型号是否符合设计，沿支柱固定是否可靠，有无断股及损伤。

③ 检查接地线与下部中间接地端子、综合贯通地线 T 接点端子连接是否良好；测量接地电阻是否符合规定。

④ 下部中间接地端子、综合贯通地线 T 接点是否标有明显的接地标志，并注明所连接的设备名称。

⑤ 采用接地极设备单独接地时与接地极的连接是否良好，并测量接地电阻是否符合规定。

（a）支柱连接支线及连接点

（b）路基地段接地标志

（c）桥梁地段接地标志

（d）综合贯通地线 T 接点

图 13-2　接触网支柱接地

⑥ 开关机构箱外壳接地线与机构箱、下部中间接地端子、综合贯通地线 T 接点端子连接是否良好，测量接地电阻是否符合规定。

（a）开关本体连接点

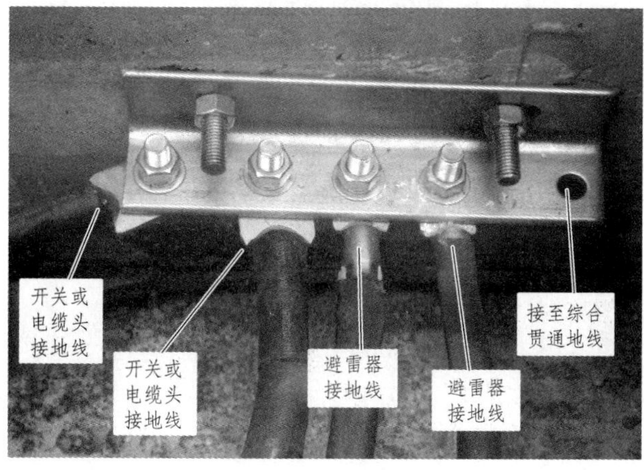

（b）下部中间接地端子

图 13-3　接触网隔离开关接地装置

（3）电缆外铠及屏蔽层接地检修内容，如图 13-4 所示：

① 检查电缆外铠及屏蔽层接地线有无烧伤、断股及损伤。

② 检查电缆外铠及屏蔽层接地线与支架底座（或上部接线端子）连接是否良好。

③ 接地线规格型号是否符合设计。

④ 电缆外铠及屏蔽层红外线测温是否超标。

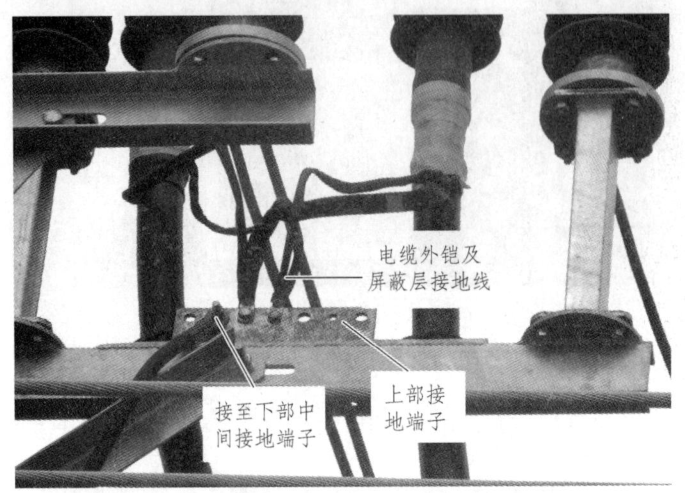

（a）电缆外铠及屏蔽层接地连接点

（b）电缆外铠及屏蔽层接地连接点

图 13-4　电缆外铠及屏蔽层接地

（4）避雷器、避雷线接地检修内容：

① 检查避雷器、避雷线接地线与支架底座（或上部接线端子）连接是否良好。

② 接地线规格型号是否符合设计，沿支柱固定是否可靠，有无断股及损伤。

③ 检查接地线与计数器，计数器外壳与 PW 线连接，计数器外壳与下部中间接地端子或综合贯通地线 T 接点端子连接是否良好，测量接地电阻是否符合规定，如图 13-5 所示。

④ 下部中间接地端子、综合贯通地线 T 接点是否标有明显的接地标志，并注明所连接的

设备名称。

⑤ 采用接地极设备单独接地时与接地极的连接是否良好，并测量接地电阻是否符合规定。

图 13-5　避雷器与计数器、外壳接地连接点

（5）回流装置吸上线与保护线（或回流线）、扼流变中性接线端子检修内容，如图 13-6 所示：

① 吸上线与保护线（或回流线）连接应牢固，检查并沟线夹型号与线型是否匹配，螺栓是否紧固，是否有铜铝过渡措施。

② 吸上线型号及数量是否符合设计，有无损伤。

③ 吸上线与扼流变中性端子连接是否牢固，有无烧伤、断股及过热变色现象。

④ N 线电缆、吸上线及支柱接地线等与信号电缆同沟敷设检修内容：

所有 N 线、吸上线及与综合贯通地线连接各支线，均应避免与信号电缆同沟敷设，无法避免时应采取水泥板、防火泥等可靠的物理隔离措施，上述处所均应揭板检修。

（a）吸上线与保护线的连接

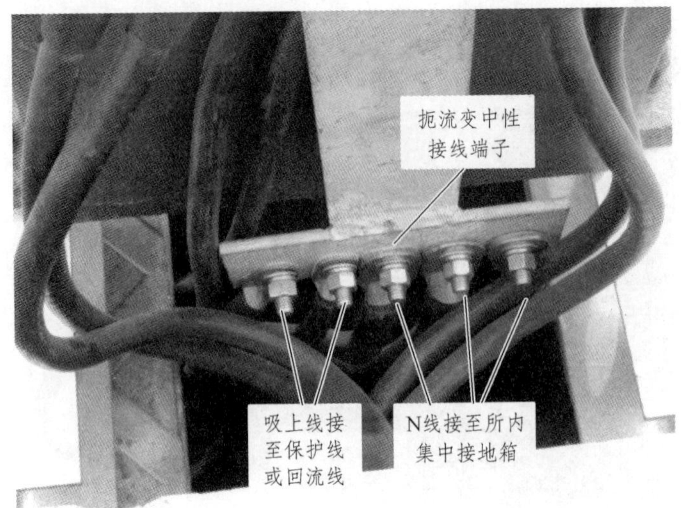

（b）N 线、吸上线与扼流变中性接地端子的连接

（c）N 线、吸上线与扼流变中性接地端子的连接

图 13-6 回流装置吸上线与保护线（或回流线）、扼流变中性接线端子

⑤ 供电线及供电线支柱接地线检修内容：

对供电线杆架空地线集中接地的处所，需检查架空地线两端终端与供电线杆接地跳线是否连接及连接状态。

2. 接地电阻测量方式

（1）接地体接地电阻测量方法（ZC-8、ZC-7 型接地电阻表）。

① 沿被测接地极 E′ 使电位探测针 P′ 和电流探测针 C′ 依直线彼此相距 20 m，且电位探测针 P′ 插于接地极 E′ 探测针 C′ 之间，如图 13-7（a）、（b）所示。

② 用导线将 E′ 、P′ 、C′ 接于仪表相应的端钮。

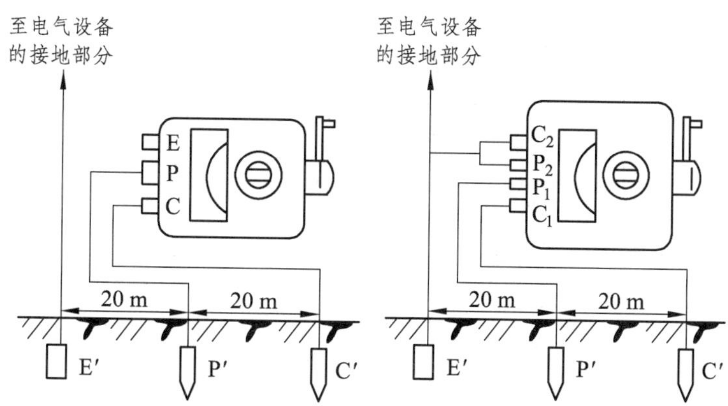

（a）3 端钮接地电阻测量仪的接线　（b）4 端钮接地电阻测量仪的接线

图 13-7　接地电阻测量

③ 将仪表放置水平位置，检查检流计应指在中心线上（即零线），否则可用调零器将其调整指于中心线。

④ 将“倍率标度”置于最大倍数，慢慢转动发电机摇把，同时旋动“测量标度盘”使检流计指针指于中心线。

⑤ 缓慢摇动接地电阻表使检流计的指针接近平衡时，加快摇把的转速，使其达到平均 120 r/min，调整“测量标度盘”使指针指于中心线上。

⑥ 如“测量标度盘”的读数小于 1 时，应将“倍率标度”置于较小标度倍数，再重新调整“测量标度盘”以得到正确读数。

⑦“测量标度盘”的读数乘以“倍率标度盘”的倍数即为所测的接地电阻值。

⑧ 注意事项：当接地极 E′ 和电流探测针 C′ 之间距离大于 40 m 时，电位探测针 P′ 的位置可插在离开 E′、C′ 中间直线几米以外，其测量误差可忽略不计。当接地极 E′、电流探测针 C′ 之间的距离小于 40 m 时，则应将电位探测针 P′ 插于 E′ 与 C′ 的直线中间；当用四钮端（0 ~ 1/10/100）Ω 规格的仪表测量小于 1 Ω 电阻时应将 C2P2 接线端钮的联接片打开，分别用导线联接到被测接地体上，以消除测量时联接导线电阻而产生的误差（如图 13-8 所示）。

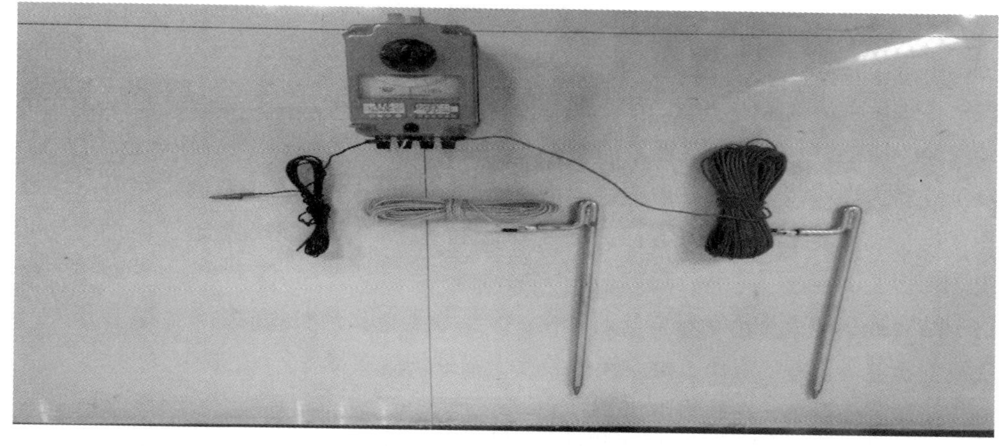

图 13-8　ZC-7 型接地电阻表

（2）钳型接地电阻测试仪（卡流表）s2301 使用方法，如图 13-9 所示：

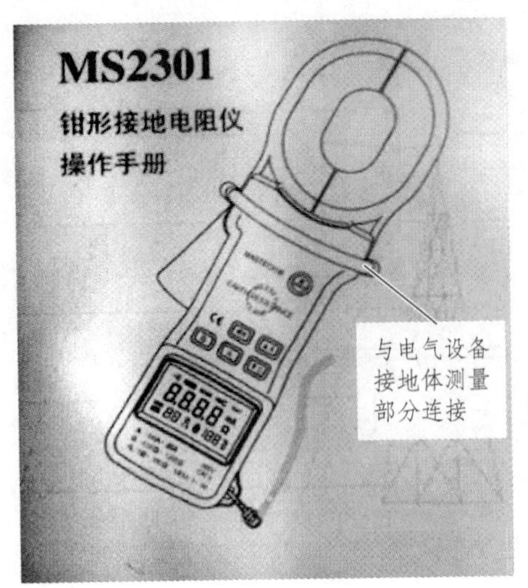

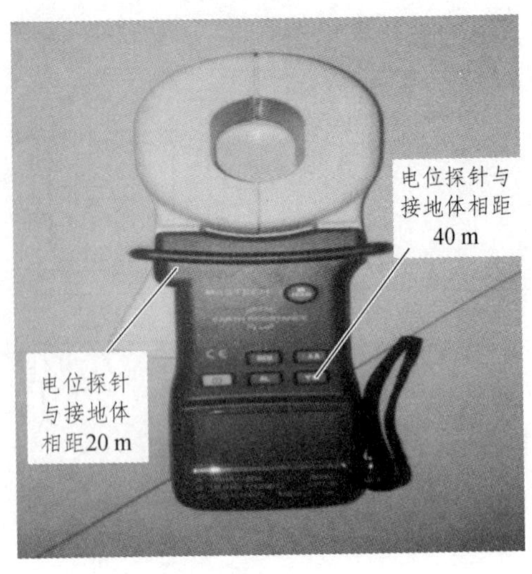

图 13-9　钳型接地电阻测试仪（卡流表）s2301

① 当仪器正常开机后，仪器自动处于电流 A 测量模式，按 Ω 键切换到电阻测量模式。

② 用钳头卡住待测电极或接地棒或将需被测导线放置在卡口中心位置。

③ 若此时显示器上出现“---”和钳头符号“♀”，则表示钳头是开启的，闭合不完全，应按压仪器扳机数次，重新闭合钳头，待钳头符号消失，则进入正常测量状态。

④ 从显示器上读取当前测量值。

⑤ 当显示器上出现杂讯符号“noise”时，表示回路有干扰电流，此时的电阻测量值不准确，需要重新测量。

⑥ 一般情况下接触网支柱、开关、避雷器、吸流变压器及架空接地装置下锚处测量接地电阻时使用钳型卡流表测量，线下供电线支柱使用 ZC-8、ZC-7 型接地电阻表测量。

四、检修技术标准

（1）接触网支柱、隧道埋入件及距接触网带电部分 5 m 以内的所有金属结构均应接地。

（2）支柱下部接地装置应紧贴地面，在行人较多的地方或和旅客站台上，应埋入地下 100 ~ 300 mm。

（3）接地装置应按要求防腐，地上部分应涂漆，地下部分涂防腐油，接地装置所有连接部分均应涂一层电力复合脂，且连接牢固。

（4）隧道内接地装置应和隧道边墙、拱圈密贴，通过接地装置卡箍固定牢固，且与带电体的距离符合设计要求。供电线支柱及接触网支柱的上、中部接地装置连接应正确、牢固、外形美观。

（5）站台或其他人员活动频繁处的钢柱，未架设架空接地装置的钢柱，装有开关、避雷器、吸流变压器等设备的底座，架空接地装置下锚处均应双接地。

（6）接地装置严禁短接轨道电路。

（7）开关、避雷器、吸流变压器及架空接地装置下锚处接地电阻值不得大于 10 Ω；接触网钢柱和距接触网带电体 5 m 以内的金属结构的接地电阻值不大于 30 Ω。

（8）接触网上的避雷器的接地极距通信、信号电缆应在 3 m 以上，在地形条件限制达不到 3 m 时，应加绝缘防护，但最小距离不得小于 1 m，接地体扁钢与通信电缆无法避免交叉时，交叉垂直距离不得小于 0.5 m，并应加绝缘防护，交叉角为 90°。

（9）距接触网带电体 5 m 以内的桥栏杆各部分应连接成整体，然后做接地极。两边桥栏杆均在 5 m 以内的，应分别做接地极，天桥两侧的防护栅亦应分别做接地极。

（10）在综合接地区段，每棵接触网支柱均应与综合贯通接地装置连接。

五、安全注意事项

（1）检修接地装置，一般不得进行开路作业，开路作业时要做好旁路措施，使用短接线先行短接后方可进行作业。

（2）禁止雷、雨、雪、雾天气时对接地装置进行检测、检修。

（3）向土壤打入接地极之前，应进行地下电缆或管路的调查和探测，并开挖 800 mm 深度。

（4）对上部接地装置的检修应按规定办理第一种工作票，在停电点内安排作业。

（5）接地钢筋接续时接续部分应除锈、除漆，接地装置并沟线夹内涂中性凡士林。

（6）作业人员按照规定着装，确认安全带状态，攀登支柱时尽量避开设备且与带电设备保持规定的安全距离。

接地装置的检修作业
视频

思考练习题

一、填空题

1. 接地是指电气设备、杆塔或过电压保护装置用接地线与________连接，称为接地。

2. 衡量接地质量好坏的标准是________的大小。

3. 接触网接地的方式主要有：

（1）________，是指设备直接与接地极相连接。主要用在隔离开关/避雷器/及单独支柱处。

（2）________，是指将需要接地的设备连接到架空地线上，最后集中接地。

4. 接触网接地对电阻值的要求如下：单独支柱接地电阻不大于________Ω（距离接触网 5 m 内的金属物体）；避雷器/隔离开关（架空地线）等处的接地电阻不大于________Ω。

二、选择题

1. 接地电阻是指接地体或自然接地体的对地电阻和（　　）电阻的总和，称为接地装置的接地电阻。接地电阻的数值等于接地装置对地电压与通过接地体流入地中电流的比值。

A. 接地螺栓　　B. 接地线　　C. 接地极

2. 综合接地网的电阻不应大于（　　）Ω。

A. 1　　B. 5　　C. 10

项目十四 接触网附加悬挂

任务一 接触网附加悬挂的认知

【任务描述】

本任务旨在认识附加悬挂，通过本任务的学习，学生应对附加悬挂结构、作用和架设要求等有比较全面的认知，为后续任务的执行奠定坚实的基础。

【任务目标】

（1）掌握接触网附加悬挂分类及特点。
（2）熟悉附加导线技术标准。
（3）掌握附加悬挂安装技术要求。
（4）熟悉附加悬挂线材选用及下锚连接形式。

【任务内容】

一、接触网附加悬挂分类及特点

接触网附加悬挂主要分为供电线、捷接线、并联线、加强线、正馈线、回流线、保护线、架空地线等。

1. 供电线

供电线有时又称馈电线，它是牵引变电所与接触网连接的线路。其作用是将牵引变电所的电能输送到接触网上，一般送至接触网电分相两侧。供电线与接触网同杆架设时位于支柱的田野侧，当有回流线同杆架设时，供电线悬挂在最高处，如图 14-1 所示。

2. 回流线

回流线不仅仅提供牵引电流通道，而且也起到了防止干扰的作用，即回流线中的电流与接触网中的牵引电流大小相等方向相反，空间电磁场相互抵消。

3. 正馈线（AF 线）

正馈线用于 AT 供电区段，AT 供电方式的一个特点是有一根与接触网电压（27.5 kV）相同但反相的正馈线，简称 AF 线，AF 线采用铝绞线，如图 14-2 所示。

图 14-1　供电线示意图

图 14-2　正馈线示意图

4. 保护线（PW 线）

保护线用于 AT 供电区段，保护线经保护跳线与接触网各绝缘子接地端相连，在各个 AT 自耦变压器的中点处和钢轨连在一起。保护线的电压一般为 200 ~ 300 V，短路故障时可达 3 000 V 左右。

5. 架空地线

架空地线与接触网同杆架设，为了防雷及保证人身设备安全，支柱顶部架设了一段架空导线，其直接固定在支架上，并与钢柱相连。

图 14-3　架空地线示意图

二、附加导线技术标准

1. 通用标准

（1）附加线索肩架、底座槽钢（横担）、柱顶肩架等应按设计位置安装，安装牢固，安装完毕呈水平状态，允许偏差为+50 mm。

（2）张力和弛度符合安装曲线的要求，误差不大于±10%。支柱同一侧悬挂为不同线径及材质的导线时，导线的弛度应以其中弛度较大的导线为准。各附加线悬挂点处线夹必须安装预绞式护线条，预绞式护线条应安装在悬挂点中心位置，长度为 600 mm，两端各 300 mm。

张力和弛度：

标准值：符合安装曲线的要求。

标准状态：标准值±6%。

警示值：标准值±8%。

限界值：标准值±10%。

（3）跨越铁路和一、二级公路以及重要的通航河流时，导线不得有接头。不同金属、不同规格、不同绞制方向的导线严禁在跨距内做接头；跨越或接近铁路、公路、电力线、弱电线路、河流时应符合电业部门的有关规定。

（4）一个跨距内一根导线的接头不得超过 1 个。一个耐张段内附加导线接头、断股和补强线段的总数量不得超过以下规定，且接头距悬挂点的距离须大于 500 mm：

耐张段长度在 800 m 及以下者：

标准值：0 处；

标准状态：0 处；

警示值：2 处；

限界值：4 处。

耐张段长度超过 800 m 者：

标准值：0；

标准状态：0 处；

警示值：4 处；

限界值：8 处。

（5）附加导线不得跨越屋顶为易燃材料的建筑物；对耐火屋顶的建筑物也要尽量避免跨越，若必须跨越时，其距建筑物的距离要符合（7）的规定，且跨越的跨距内不得有接头、断股和补强。

（6）附加导线不得有散股、硬弯和烧伤，安装牢固。导线采用钢芯铝绞线时，其钢芯不准折断。铝绞线和钢芯铝绞线的铝线断股、损伤截面积不得超过铝截面的 7%，且载流量和机械强度能满足要求时，可将断股处磨平用同材质的绑线扎紧，绑扎长度超出缺陷部分 30 ~ 50 mm；当断股损伤截面为 7% ~ 25%时，应进行补强；当断股截面超过 25%时，应锯断做接头或更换；损伤、断股标准如下：

标准值：无损伤；

标准状态：无损伤；

警示值：无断股；

限界值：断股。

（7）附加导线对地面及相互间的距离在任何情况下不应小于规定数值，如表 14-1 所示。

表 14-1　附加导线对地面及相互间的距离

序号	有关情况		供电线、正馈线、捷接线、加强线/mm	保护线、回流线、架空地线/mm
1	导线在最大弛度时距地面高度	居民区及车站站台处	7 000	6 000
		非居民区	6 000	5 000
		车辆、农业机械不能到达的山坡、峭壁和岩石	5 000	4 000
2	导线距离峭壁挡土墙和岩石	无风时	1 000	500
		计算最大风偏时	300	75
3	导线跨越铁路时	跨越非电化股道（对轨面）	7 500	7 500
		跨越不同回路电化股道（对承力索或无承力索时对接触线）	3 000	2 000
4	不同相或不同供电分段两导线悬挂点间距离	水平排列	2 400	—
		垂直排列，上方为供电线，下方为供电线或回流线	2 000	—
5	与建筑物间的最小距离	导线与建筑物间最小垂直距离（计算最大弛度时）	4 000	2 500
		导线对建筑物最小水平距离（计算最大风速时）	3 000	1 000

（8）绝缘距离应符合要求，如表 14-2 所示。

（9）当附加导线与接触网同杆合架时，其供电线、加强线、正馈线带电部分与支柱边沿的距离应不小于 1 m；回流线、保护线、架空地线应不小于 0.8 m。不同相或不同供电分段两导线悬挂点间水平距离不小于 2 400 mm，垂直排列时，上方为供电线，下方为供电线或回流线，垂直距离不小于 2 000 mm。

表 14-2　绝缘距离

附加导线类别	标准值	安全值	限界值
供电线、加强线、捷接线、正馈线带电部分距接地体的最小距离	设计值	≥300 mm	≥240 mm
回流线、保护线、架空地线距接地体或桥梁及隧道壁的最小距离	设计值	≥150 mm	≥75mm

（10）并沟线夹、电连接线夹、设备线夹与导线连接面平整光洁，不得有烧伤和损坏，并涂有一层电力复合脂，连接应密贴牢固，螺栓紧固力矩应符合设计要求；肩架安装位置正确、安装牢固、呈水平状态。肩架位置的误差为±50 mm。

2. 单项工艺标准

1）供电线（AF 线）

（1）当供电线采用电缆时，电缆钢索托架安装牢固，钢索规格型号及张力符合设计要求，电缆悬挂点间距符合要求。电缆接头所用的电缆附件规格与电缆一致，主要性能符合相关技术要求。电缆的耐压试验、泄漏电流和绝缘电阻等技术指标符合《电气装置安装工程电气设备交接试验标准》中的规定。电缆终端头的固定方式，接地电阻及带电距离均应符合设计要求。

（2）供电线肩架上（或供电线上）应安装供电臂名称标识牌，安装应牢固可靠，防止因一端脱落短接绝缘子或造成绝缘距离不足。

2）吸上线

（1）吸上线安装位置应符合设计要求。电缆截面应满足回流要求，外露部分电缆护管应无损伤。吸上线埋入地下时，埋深不少于 300 mm。穿过钢轨、桥台时应采取防护措施。

（2）吸上线电缆与回流线（保护线）、扼流变压器（或空心线圈 SVAC）连接处应连接牢固，接触良好，并涂电力复合脂，粘贴试温片。

（3）吸上线电缆沿地面、支柱的敷设必须密贴、牢固。

（4）吸上线与回流线（保护线）连接时，距悬挂点的距离应符合设计要求。

（5）全自动闭塞区段，吸上线下端必须通过扼流变连接，半自动闭塞区段，严禁吸上线下端与钢轨直接相连，宜通过空扼流变进行连接。

3）架空地线安装位置规定

（1）无法安装接地极独立接地的位置，如桥梁钢柱的接地。

（2）轨道电路区段。

（3）独立接地经常被盗的处所。

4）回流线

（1）回流线一般安装在支柱顶部，当遇有信号机、跨线建筑物、隔离开关、避雷器、隧道等无法保证绝缘距离时，采用侧面安装，必要时需降低高度安装。

（2）为保证隧道内外回流线的平顺过渡，隧道口两边的回流线通过肩架安装在线路侧，与隧道的绝缘距离应满足规范要求。

（3）无配线车站在雨棚两端的回流线从田野侧过渡到雨棚预留的横梁顶部，安装时注意平顺过渡，并保证对雨棚、横梁等的绝缘距离。

（4）回流线、跳线肩架和附加导线下锚底座在 H 形钢柱采用孔内安装，在 P350 圆杆上采用孔外安装，安装高度为：回流线肩架和对向下锚抱箍距柱顶 0.2 m 安装，跳线肩架距柱顶下方 1 m 安装，对下锚抱箍距柱顶 0.2 m 安装，跳线肩架距柱顶下方 1 m 安装，对锚处的回流线肩架安装在对锚抱箍下 0.2 m 安装。

（5）H 形钢柱回流线肩架、跳线肩架螺栓均朝 H 形钢柱安装，即螺杆头在 H 形钢柱外侧；P350 圆杆的回流线和跳线肩架螺栓由肩架本体穿向抱箍侧。

（6）硬横梁上的回流线、跳线肩架螺栓由下往上穿。

（7）侧面安装的回流线肩架安装应呈水平状态，适当抬头，施工偏差+50 mm，0 mm。

（8）柱顶支撑绝缘子安装时应保其证槽口方向与回流线方向一致，同时将螺帽拧紧（弹垫靠柱顶侧安装）。

（9）锚段关节双腕臂处需安装跳线肩架，但跳线肩架上的针式绝缘子位置与普通肩架不同。

（10）回流线高度发生变化时，相邻两支柱的高差控制在 500 mm 以内。

三、附加悬挂线材选用及下锚连接形式

（1）回流线和供电线采用 LBGLJ-185/25 标准，额定张力为 10 ~ 12 kN；架空地线采用 LBGLJ-70/10，额定张力为 6.5 kN。

（2）回流线下锚连接形式为：

① 隧道外对向下锚 12 杵环杆+XWP2－70+W－7B 单联腕头挂板+预绞式导线耐装线夹；

② 隧道内对向下锚：Z-7 挂板+350 双环杆+预绞式导线耐装线夹。

任务二　附加悬挂的检查维护

一、作业准备

1. 人员准备

一个作业组（不少于 10 人）。

2. 工具准备

工具清单，如表 14-3 所示。

表 14-3　工具清单

序号	名　称	规格或型号	单位	数量	备　注
1	安全带		条		现场作业人员每人 1 条
2	小绳	10 m	根	1	
3	梅花扳手	19 ~ 24 mm	套	2	
4	力矩扳手	0 ~ 100 N · m	套	1	
5	个人工具		套	1	
6	相机		台	1	

3. 材料准备

材料清单，如表 14-4 所示。

表 14-4　材料清单

序号	名　称	规格	单位	数量	备　注
1	PW 线支座		套	1	
2	软钛不锈钢线	线径为 4 mm	kg	适量	
3	铝绑扎线		kg	适量	
4	开口销		个	10	
5	螺帽	多种型号	个	5	考虑 AF 线悬垂线夹等有螺帽缺失
6	M 销		个	5	

二、作业流程图

作业流程图，如图 14-4 所示。

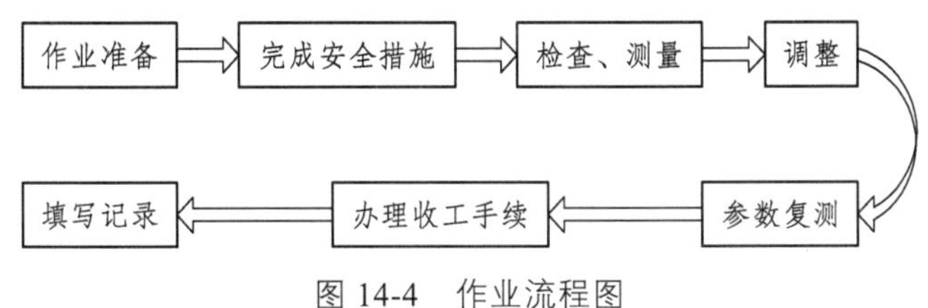

图 14-4　作业流程图

作业人员对特殊地段（AF 线 PW 线对向下锚处，隧道口 AF、PW 线转换处，T 线下锚 PW 线向田野侧撑出处）附加悬挂进行全面检查，其他区段由定位支撑高空作业人员进行目测检查，对锈蚀严重的螺栓、垫片进行更换，互检人负责监督检修作业。

三、检查步骤及要求

（1）检查 AF 线绝缘子是否有破损，绝缘子上的 M 销是否齐全。绝缘子表层面有无异物或脏污。是否有放电痕迹。检查 AF 肩架及 PW 线支座的螺帽是否齐全，螺栓是否紧固。柱顶绝缘子是否有严重偏斜现象，如图 14-5 所示。

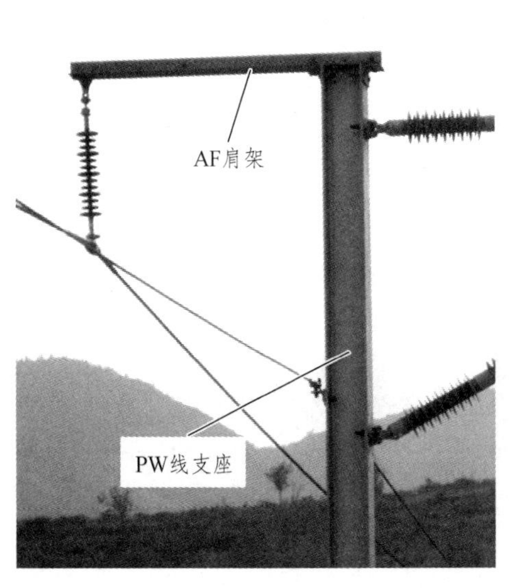

图 14-5　AF 肩架、绝缘子及 PW 线支座

（2）悬垂线夹与绝缘子连接处的螺栓销的螺帽及销钉是否齐全，开口销安装是否符合要求，如图 14-6 所示。

（3）下锚柱支撑处绝缘子螺栓齐全，紧固符合力矩要求，如图 14-7 所示。

（4）AF 线、PW 线下锚处连接销钉处弹簧销更换开口销、安装符合要求。下锚绝缘子有无放电、破损痕迹，AF 线-PW 对向下锚两侧跨距测量两线绝缘距离是否满足技术要求（测量位置为图 14-8 中所标红色位置）。

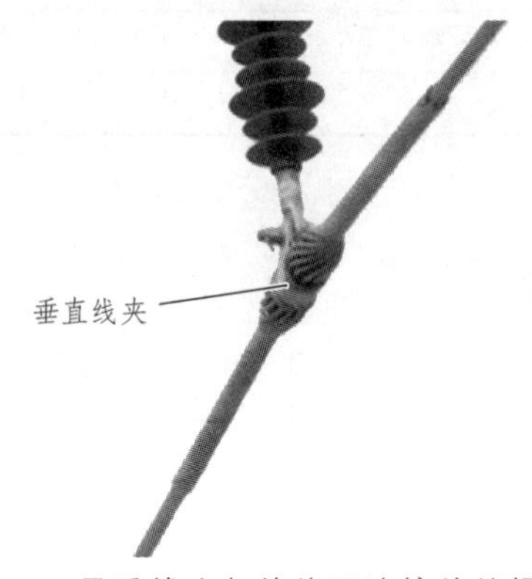

图 14-6　悬垂线夹与绝缘子连接处的螺栓销

（a）对向下锚处

（b）支柱侧面安装

图 14-7　下锚柱支撑处绝缘子

图 14-8　AF 线、PW 线下锚处连接

（5）隧内附加线悬挂点固定情况检查。

① 目测 PW 线支座螺栓紧固情况（由下向上连接顺序为：螺栓、平垫片、肩架本体、平垫片、弹垫片、两个螺母、支座本体）。防滑线是否偏移；隧道口、站场 AF/PW 线转换方向处检查绝缘子是否弯曲、变形、有放电痕迹，线索有无烧伤、放电痕迹，PW 线支座处螺栓连接是否牢固，如图 14-9 所示。

图 14-9　AF 线及肩架、PW 线及支座

② 目测 AF 线在支持绝缘子上的螺栓紧固情况，防滑线是否偏移。目测检查 PW 线支座是否漏装，漏装处所必须进行补装，如图 14-10 所示。

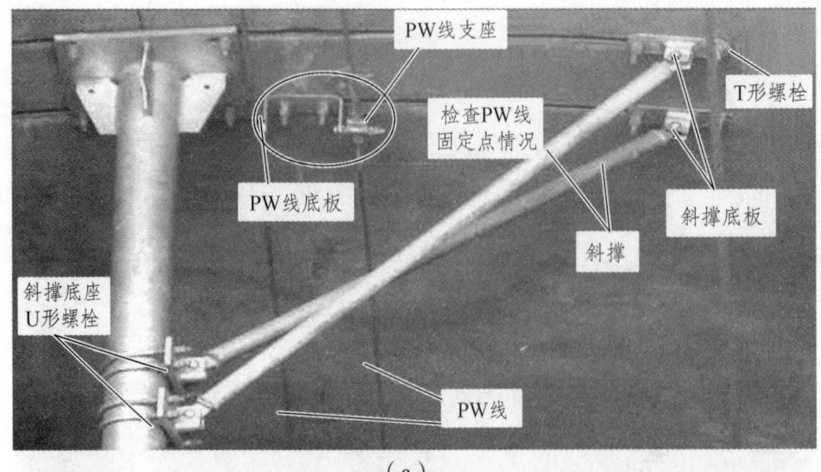

（a）

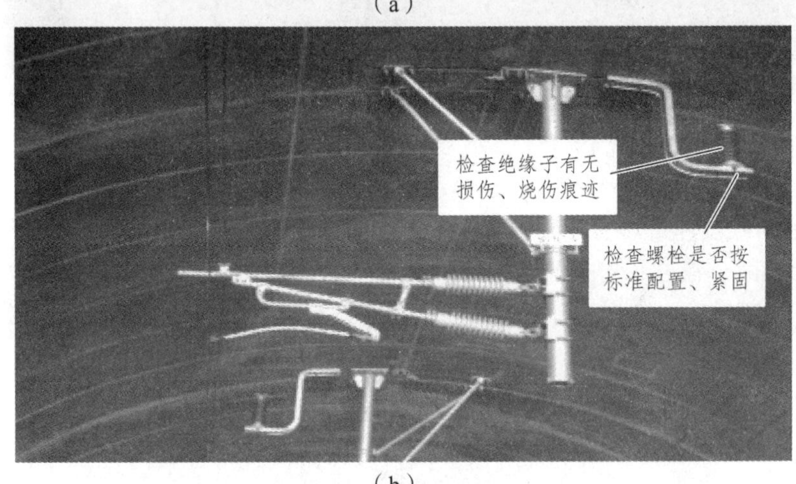

（b）

图 14-10　PW 线的检查

四、附加导线技术标准

（1）附加导线的材质和截面积应满足通过的最大电流和规定的机械强度安全系数。

张力和弛度：

标准值：符合安装曲线的要求；

标准状态：标准值±8%；

警示值：标准值±8%；

限界值：标准值±10%。

支柱同一侧悬挂为不同线径及材质的导线时，导线的弛度应以其中弛度较大的导线为准。

（2）接头及损伤。

① 跨越铁路，一、二级公路，重要通航河流时，附加导线不得有接头。不同金属、不同规格、不同绞制方向的导线严禁直接进行接头。

a. 一个耐张段内接头不得超过 1 个。耐张段长度不超过 150 m 时，严禁接头；超过 500 m 时，接头距悬挂点的距离应大于 500 mm。

b. 一个耐张段内接头、断股和补强线段的总数量不得超过下列规定：

标准值：0 处；

标准状态：0 处；

警示值：2 处；

限界值：4 处。

② 附加导线不得跨越屋顶为易燃材料的建筑物；对耐火屋顶的建筑物也要尽量避免跨越，若必须跨越时，其距建筑物的距离要符合规定，且跨越的跨距内不得有接头、断股和补强。

③ 附加导线不得散股，损伤断股标准如下：

标准值：无损伤；

标准状态：无损伤；

警示值：无断股；

限界值：断股。

④ 铝导线断 3 股及以下时，可用预绞丝接续条或铝绑线绑扎补强，缠绕方向与被接续导线外层绞向一致，绑扎长度超出缺陷部分 30 ~ 50 mm；断 3 股以上时，应重新制作接头或更换。

⑤ 钢芯铝绞线的钢芯断股或损伤时应重新制作接头或更换。

⑥ 钢芯铝绞线与绝缘子或金具的固定处缠绕铝包带时，应密贴缠绕，不得重叠，绕向与导线绕向一致，绑扎长度为 200 mm。

⑦ 附加导线在接头、下锚和补强处所采用预绞丝护线条时，预绞丝护线条的型号、规格应与附加导线材质相匹配，缠绕方向与附加导线绞向一致。接续时，其缠绕长度、机械性能符合设计要求，接续点处导电性能不低于被接续导线。

五、安全注意事项

（1）“两纪一化”等基本安全制度。

（2）严格执行群体作业、专人防护制度，作业人员必须服从防护员指挥，一旦来车能及时撤离线路，防止发生车辆伤害。

（3）严禁脚踩定位器、定位管、接触线。

（4）严禁使用作业车平台将接触线向上顶起。

（5）夜间作业必须严格执行夜间作业劳动安全规定。

（6）作业中应做好工具材料保管工作，不得抛掷工具材料，作业完毕必须工完料清，撤出栅栏外时对工具材料清点一遍。

（7）对发现缺陷的设备进行拍照并在更换后再次拍照确认，设备照片进行存档。

（8）严禁使用钢线卡子。

（9）对供电线等位线夹紧固及遗失情况进行检查并采取防松措施，避免出现等位线夹脱落后线索发生随意摆动、触碰其他设备而引起的危害。

附加悬挂的种类、特点
二维动画

附加悬挂的检修
二维动画

任务三　隧道内吊柱及附属设施的检查维护

一、作业准备

1. 人员准备

一个作业组（不少于 10 人）。

2. 工具准备

工具清单，如表 14-5 所示。

表 14-5　工具清单

序号	名　称	规格	单位	数量	备　注
1	梅花扳手	16 ~ 24 mm	套	2	
2	力矩扳手	0 ~ 100 N · m	套	1	
3	扳手	350 mm	把	2	
4	挂梯		副	1	
5	相机		台	1	

3. 材料准备

材料清单，如表 14-6 所示。

表 14-6　材料清单

序号	名　称	规格	单位	数量	备　注
1	开口销		个	10	
2	防松胶		瓶	1	
3	螺帽	M12/M16	个	各 5 个	
4	划线笔		支	2	

注：其他工具材料在此不一一列出，若有其他需要以当时要求为准。

二、作业流程图

作业流程图，如图 14-11 所示。

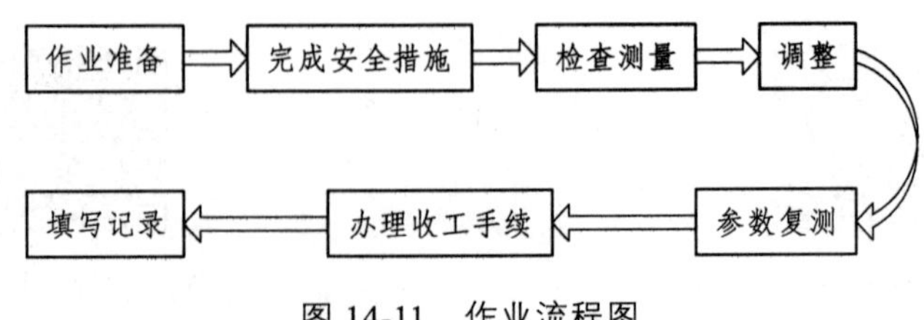

图 14-11　作业流程图

三、检查作业方法及标准要求

1. 隧道内吊柱检查

（1）检查方法：采用挂梯人工检查。

（2）检查吊柱及吊柱斜撑上开口销、螺帽状态是否良好、齐全，开口销角度是否按要求掰开 120°，对锈蚀开口销进行更换，如图 14-12 所示。

图 14-12　吊柱及吊柱斜撑上开口销、螺帽

（3）检查吊柱所有螺杆、螺母是否齐全、是否全部紧固（M16，力矩 70 N · m），并按要求划线，如图 14-13 所示。

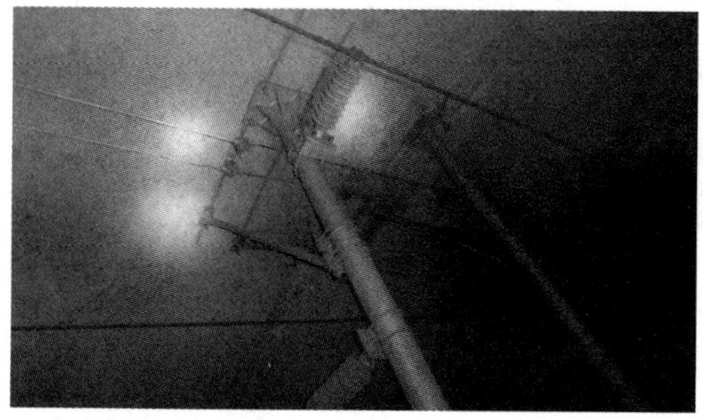

图 14-13　吊柱所有螺杆、螺母

（4）吊柱底座在预埋槽道处 T 形螺栓与槽道是否垂直，螺母是否紧固（M20，力矩 120 N · m）。

（5）按要求对吊柱底座及预埋件所有螺帽紧固件涂防松胶并按要求划线（含 AF 线肩架底板检查要求相同，如图 14-14 所示。

（6）检查隧道吊柱抱箍及其紧固件是否有滑移痕迹。

（7）集中修开展过程对站场、隧道内吊柱下端防滑块状态进行检查，统计记录好数量反馈。

2. 隧道内 PW 线底座检查（图 14-15）

（1）检查 PW 线底座（含隧道口）上所有螺母全部紧固到位（M16，力矩 70 N · m），对锈蚀螺帽进行更换。

（2）检查 PW 线状态是否良好，是否有无损伤、烧伤、断股，尤其注意隧道口处 PW 线下锚连接部位线索状态。

图 14-14　吊柱底座及预埋件所有螺帽

（3）检查底座在预埋槽道处 T 形螺栓与槽道垂直，螺母紧固（M20，力矩 120 N · m），并按要求划线。

图 14-15　预埋槽道处 T 形螺栓

3. 隧道内 AF 线肩架检查

（1）检查方法：定位吊柱旁 AF 线肩架采用人工登杆检查，中间 AF 线肩架用梯车加挂梯检查，如图 14-16 所示。

（2）检查 AF 线是状态是否良好，有无烧伤、断股，复合绝缘子压板内线索状态，压板处螺栓、复合绝缘子固定螺栓等是否紧固到位（M12，Q235A 钢螺栓力矩为 28 N · m，不锈钢螺栓力矩为 44 N · m；M10、Q235A 钢螺栓力矩为 15 N · m，不锈钢螺栓力矩为 25 N · m），绝缘子底座螺栓是否齐全，螺母是否紧固。

（3）线肩架底座在预埋槽道处 T 形螺栓与槽道垂直，螺母紧固（M20，力矩 120 N · m）。

（4）化学锚栓检查状态检查，如图 14-17 所示。

（5）所有紧固件均要求为双螺帽紧固，并涂防松胶，按标准要求划线。

（a）中间 AF 线肩架固定方式

（b）吊柱旁 AF 线固定方式

图 14-16　AF 线固定方式

图 14-17　化学锚栓检查

四、安全注意事项

（1）严格执行“两纪一化”等基本安全制度。

（2）严格执行群体作业、专人防护制度，作业人员必须服从行车防护员指挥，一旦来车能及时撤离线路，防止发生车辆伤害。

（3）严禁脚踩定位器、定位管、接触线。

（4）严禁使用作业车平台将接触线向上顶起。

（5）夜间作业必须严格执行夜间作业劳动安全规定。

（6）对发现缺陷的设备进行拍照并在更换后再次拍照确认，设备照片进行存档。

（7）作业中应做好工具材料保管工作，不得抛掷工具材料，作业完毕必须工完料清，撤出栅栏外时对工具材料清点一遍。

思考练习题

一、填空题

1. 接触网附加悬挂主要分为供电线、________、并联线、________、正馈线、回流线、保护线、_______ 等。

2. 供电线有时又称正馈电线，它是牵引变电所与接触网连接的线路。其作用是将牵引变电所的电能输送到________上。

3. 回流线不仅仅提供牵引电流通道，而且也起到了_______ 的作用，即回流线中的电流与接触网中的牵引电流大小相等方向相反，空间电磁场相互抵消。

4. 正馈线用于 AT 供电区段，AT 供电方式一个特点是有一根与接触网电压相同但______的正馈线简称 AF 线，AF 线采用铝绞线。

5. 保护线（PW 线）保护线用于________供电区段，保护线经保护跳线与接触网各绝缘子接地端相连，在各个 AT 自耦变压器的中点处和钢轨连在一起。

二、选择题

1. 附加导线不得有（　　）、交叉、折叠、硬弯、松散等现象，放线时应同时进行外观检查，发现缺陷和损伤时应及时作出明显标志以便处理，铝包钢芯铝绞线断一股时应截断重接。

A. 断股　　B. 散股　　C. 锈蚀

2. 回流线高度发生变化时，相邻两支柱的高差控制在（　　）mm 以内。

A. 200　　B. 300　　C. 400　　D. 500

3. 回流线与跨线桥底部距离大于（　　）m。

A. 0.5　　B. 1　　C. 2　　D. 3

4. 回流线和供电线采用 LBGLJ-185/25，额定张力为 10 ~ 12 kN；架空地线采用 LBGLJ-70/10，额定张力为（　　）kN。

A. 5.0　　B. 5.5　　C. 6　　D. 6.5

项目十五 接触网应急处置

任务一　高铁接触网设备故障抢修作业程序

一、临时处置

（1）一人模拟路局电调，电话相继通知接触网工区及故障区段邻近的应急值守点：××区间下（上）行××#馈线跳闸，重合失败，故障公里标显示×××km+×××m，故障原因不明。

（2）接触网工区立即响应。

工区值班人员立即将信息相继通知工区负责人、车间、段调。工区负责人拉铃集合，做好出动准备（人员准备、出动车辆确定、应急机料具准备并搬上相应的车辆）。

（3）值守点立即响应。

车站应急值守点派人员登乘动车组巡视（分清上下行及登乘方向），驻站人员迅速出动去行车室进行登记。

（4）工区抢修负责人立即人员到齐报数、简单分工：

必要时工区派两人随汽车立即出动进行网外巡视，与调度联系确定出动方式，其他人员准备抢修所需工具材料，并将工具材料搬上汽车或作业车，做好出动准备。人员机具准备完毕，汽车就立即出动，轨道车出动就提前联系驻站及时办理作业车出动手续并告知。

（5）工区负责人接到登乘人员及网外巡视人员报告故障地点、事故类型、事故破坏影响范围和现场情况，××区间下（上）行线××杆号—××杆号接触网（承力索及接触线同时断线）故障，并及时报告供电调度。

（6）工区抢修人员迅速带齐抢修工具、材料乘坐相应车辆紧急出动，工区负责人担任抢修工作领导人，途中进行具体分工：

抢修人员包括接地线及行车防护人员、发生事故锚段两端下锚（中锚）检查人员、高空操作人及辅助人员，并设置安全措施：停电命令没有下达前，任何人员不得进入断线点 10 m 范围以内；封锁手续若只办理了本线封锁邻线限速，作业组全体人员及料具均不得侵入邻线限界；邻线有动车运行时，驻站联络员应及时告知现场行车防护员及抢修负责人；严格执行上道人员、机具、物品清点制度。

（7）驻站联络员办理好封锁命令后及时通知抢修工作领导人，其内容为：

自接令起××区间上行（下行）线封锁，下行（上行）线限速 160 km/h（具体里程），命令编号，等等。

（8）抢修工作领导人到达故障地点防护栅栏外命令作业人员清点工具材料数量及人数并进入网内。

（9）抢修工作领导人根据事故现场观察情况迅速制订初步抢修方案（采取断线临时拉起，先行供电，动车组降弓通过措施）、安全措施及抢修所需时间（40 min 以内），通过驻站联络员向供电调度汇报，申请停电命令。现场抢修人员各就各位。工作领导人通知防护人员设置防护，通知地线监护进行地线下部连接。

（10）驻站联络员接到供电调度的停电命令（包括发令时间、要求完成时间、停电范围、作业内容、命令编号），并通知抢修工作领导人。

（11）抢修工作领导人接到驻站联络员的停电命令后，通知两端接地线人员按验电接地程序做好接地线及行车防护工作。

（12）抢修工作领导人向抢修作业人员下达抢修作业命令开始：故障点两端向下锚方向检查人员汇报下锚及中锚变化情况（棘轮补偿装置断线制动装置状况，*b* 值数据等）。

（13）将承力索拉起并紧起线索，同时下锚人员汇报下锚补偿装置变化情况（棘轮补偿装置是否恢复作用，补偿绳是否移动，*b* 值变化等情况），线索紧起达到一定标准将紧线机具绑扎牢靠，连接等位线；承力索断线临时恢复完毕。

（14）驻站联络员通知现场行车防护员下行（上行）线动车组接近，现场行车防护员通知抢修工作领导人，抢修工作领导人采取安全措施。

（15）将断线接触线紧起，程序同承力索。测量导线高度达到 5 150 mm 后，检查处理情况达到送电及行车条件，人员下网。

（16）高空作业完毕人员下网后，工作领导人通知撤除两端地线，通知驻站人员消除停电命令。

（17）抢修工作领导人组织人员撤离封闭网并撤除行车防护，人员撤至防护栅栏外后清点人员及剩余工具材料。

（18）抢修工作领导人通知驻站联络员消除，同时申请故障点前后 2 km 本线动车组降弓通过，申请当晚天窗时间恢复设备正常状态。

（19）通知登乘动车组人员联系驻站联络员登乘动车组返回，观察故障点列车运行情况，同时抢修作业人员在防护栅栏外观察故障点 2 ~ 3 趟列车运行情况无异状后所有人员乘车返回工区。

（20）抢修工作领导人组织召开抢修作业收工会，工区负责人布置当晚天窗恢复任务。

（21）抢修作业完毕。

二、天窗处理

（1）报临时计划，申请故障区段设备二次处理天窗；召开方案会，准备工具材料。

（2）出工前列队点名召开开工会，将安全防护措施逐一落实到位。按照天窗作业标准程序实施，驻站联络员按照程序标准办理手续。

（3）现场按标准化作业完成对断线处做好线索接头，技术参数达到标准状态，作业完毕高空作业人员下网清点工具材料，撤除安全防护措施，撤离防护栅栏，清点工具材料，通知驻站消除停电命令和封锁命令，并向行车调度员申请本线消除动车组降弓通过命令，同时申请接触线接头处前后 2 km 限速 160 km/h。

（4）人员返回工区，召开收工会，宣布故障区段设备二次处理（高铁正线接触线不得有接头）天窗作业完毕。

任务二　接触网事故抢修应急处置方案

一、适用范围

（1）适用于接触网专业高速铁路应急抢修及自然灾害、其他事故引起的接触网修复、配合工作。

（2）适用于客专电气化铁路。

二、作业基本要求

（1）抢修作业组成员必须经过高铁从业适应性培训，持证上岗，按照各自的职责和分工，组织、参与接触网故障抢修工作。应急抢修人员要牢固树立全局意识和为运输服务的思想，做到常备不懈，一旦发生故障，迅速出动，快速抢修，尽快恢复供电和行车。

（2）接触网故障抢修应遵循“优先供电”“先通后复”和“先通一线”的基本原则，以最快的速度先行供电、疏通线路并及早恢复设备正常的技术状态。

（3）抢修组成员发现接触网故障和异状，应立即报告行车调度、供电调度、供电段（维管段），并尽可能详细地说清故障范围和损坏情况。

（4）故障抢修开通线路后采取临时降弓方式运行时，故障区段降弓运行时间一般不超过 24 h。

（5）现场抢修组应指定专人负责故障情况及其修复过程的写实（含影像资料），收集并妥善保管与故障相关的零部件等。

（6）在配合铁路交通事故救援时，接触网抢修负责人应服从事故现场负责人的指挥。

（7）当故障范围较大，抢修力量不足时，及时向段申请力量支援。

三、安全风险关键点

（1）车辆撞轧：行车防护措施不到位，人员、机具侵入未封锁线路，人员未撤离盲目开通线路。

（2）触电伤害：人员、机具误触带电设备，跨步电压伤害，消除感应电措施不完备，安全措施不完备造成停电设备开口作业，作业未结束盲目指挥送电。

（3）高空坠落：劳动保护用具、工具材料状态不良或使用不当，受力工具带病使用或人员所处位置不当，操作程序不当造成人身伤害。

（4）物体打击：不按规定穿戴劳动保护用具，违规传递、放置工具材料。

（5）机械伤害：违规操作机械设备，未按规定设置安全防护，操作程序不当加重人身伤害。

（6）应急处置过程不合规：信息反馈不完整或错误，预案选择不合理，登记及开通手续办理不及时。

四、作业程序

（1）工区（值守点）保证足够和胜任的应急抢修人员，抢修工作领导人负责明确各组员分工。

（2）检查抢修工具、材料的准备。保证通信工具、照明工具、应急车辆状态良好、燃料充足，车辆离开工区时要向段安全生产调度指挥中心汇报去向。

（3）预警启动后，根据预警等级，抢修工作领导人安排人员到相关车站掌握列车运行情况。抢修工具、材料上车，抢修组、车辆到规定地点待命，车辆处于热备状态。添乘、巡视检查人员按预案要求检查供电设备运行情况。

（4）抢修人员应优先采取登乘列车的方式出动抢修。登乘人员要本着快速出动、就近上车原则，立即申请要点登乘列车。列车调度员应及时安排停点上下车，车站、公安、列车乘务等相关部门应积极配合，确保抢修人员尽早到达故障现场。

（5）必须上线进行应急处置时，应在双线同时封锁的条件下进行；如必须在 V 形停电条件下作业，需登记邻线通过作业区段列车降速至 160 km/h 及以下后，方可上线。

（6）应急处置时，根据现场情况，抢修工作领导人合理选择抢修预案，准确、及时向供电调度反映现场故障信息和抢修方案，按供电调度批准的抢修方案进行。抢修组成员听从工作领导人统一指挥调动，依照各自分工及预案内容展开抢修工作，驻调度所人员按工作领导人指示要求在列车调度台办理登记封锁及开通、限速手续；需降弓运行时，登记降弓范围。

（7）处置过程中，工作领导人负责做好图像及实物的收集保存工作。

（8）处置结束后，确保现场工具、材料清理干净后，方可撤离现场。

（9）现场抢修人员待接触网送电开通线路后，观察 1 ~ 2 趟列车运行情况（必要时增加观察列车数），并报告供电调度员，取得许可后方准撤离现场。

五、作业标准

（1）抢修指挥权。

① 当故障发生在一个工区的管辖范围内，由工区值班抢修工作领导人担任现场抢修指挥员。

② 当故障跨工区且在一个车间范围内时，由车间故障抢修领导小组或由其指定的胜任人员担任现场抢修指挥员。

③ 当故障跨车间或供电段抢修车列出动到达故障现场时，由供电段抢修领导小组成员或由其指定人员担任现场抢修指挥员。

④ 当故障范围跨供电段或在设备分界附近时，原则上按先期到达故障现场抢修组的组长负责指挥，后期赶到的抢修人员应服从指挥。

当抢修告一段落时，将抢修现场指挥权移交设备属地供电段。先到达的工区（车间、段）负责人为故障抢修现场负责人，变更现场负责人时要通知供电调度员。

（2）抢修原则。

接触网设备故障抢修应遵循“优先供电、先通后复、先通一线”的基本原则，以最快的速度设法先行供电、疏通 线路。必要时可采取迂回供电、越区供电、降弓通过或限制列车速度通过等措施，缩短停电和影响行车时间，并及时进行后续处置，尽早恢复接触网正常状态。

（3）故障判断与查找。

① 供电运行工区接到接触网故障信息后，抢修负责人首先要向供电调度了解跳闸、故障定位、列车运行、现场施工作业、天气、变电所（亭）值班员巡视、试送电、综合视频等信息，综合判断故障地点和类型。必要时通过驻调联络员、列车调度员向供电臂范围内的列车（动车组）司机了解是否有异常情况。可向列车调度员申请，尽快放行接触网抢修列车或安排人员登乘列车（动车组）巡视，尽快掌握故障情况和影响范围。同时将故障信息简要收集、整理后，报告段生产调度。

② 接触网故障查找应以故标指示值为依据，向两侧扩大查找。要按照供电调度员的指令，参考车务、工务、电务、公安等人员反映的情况，结合天气、温度、运行环境等因素有重点地组织查找。

③ 当抢修人员采取上线步行查找接触网故障点时，工作领导人必须确认双线封锁或本线封锁、邻线限速后，方可安排人员上线查找。查找过程中，严禁上道、攀登支柱，发现线索落地，机具、材料上车，列车开行后，加强瞭望，迅速到达故障现场。

④ 复线区段，当故障线路有列车停留时，接触网抢修车辆可通过邻线运行到达故障现场。当故障现场有车辆占用时，接触网抢修人员应视情况登车顶处理，或请求列车调度员尽快安排腾空线路，为接触网抢修作业创造条件。

⑤ 各高铁（供电）车间要根据故障处理需要和现场情况，尽快组织安排快捷、便利的交通工具，确保故障抢修人员和抢修机具、材料安全高效到达故障点。

（4）抢修出动。

① 供电运行工区接到供电调度抢修通知后，应按抢修分工，带齐材料、工具等，15 min内出动。工区值班人员及时将出动时间及相关情况报告供电调度员和段生产调度。

② 轨道车司机及时向列调请求开行抢修列车进入故障区间，抢修负责人快速组织人员、机具、材料上车，列车开行后，加强瞭望，迅速到达故障现场。

③ 复线区段，当故障线路有列车停留时，接触网抢修车辆可通过邻线运行到达故障现场。当故障现场有车辆占用时，接触网抢修人员应视情况登车顶处理，或请求列车调度员尽快安排腾空线路，为接触网抢修作业创造条件。

④ 各高铁（供电）车间要根据故障处理需要和现场情况，尽快组织安排快捷、便利的交通工具，确保故障抢修人员和抢修机具、材料安全高效到达故障点。

（5）事故处理。

（6）开通线路。

抢修作业结束后，应对故障设备涉及范围及整个锚段的接触网技术状态进行检查，确认没有侵入机车车辆限界和受电弓动态包络线的情况，确认符合供电、行车条件方准申请送点、开通线路。

线路开通后，现场抢修组应安排人员登乘巡视检查，有条件的应在线路栅栏外观察 1 ~ 2 趟列车，检查列车通过故障区段情况，确认供电设备正常抢修人员方准撤离现场。

六、接触网常见故障的处理作业内容

（1）接触线断线。

当发生导线断线时，首先应查明断线发生的确切位置，断口两侧的损坏情况，断线波及的范围等情况。

① 导线断线损坏范围较小，断口两侧无较大损伤、变形，可以直接紧线对接。导线严重损伤在一个跨距以内，必须加换一段导线，这时可在地面上先做好一个接头，网上将新旧线紧起后做另一个接头。

② 导线断线损坏范围较大时，可视具体情况确定方案，如果列车惰行可以通过故障区段时，可将接触网脱离接地采取降弓通过的方法，先行送电通车。具体应遵循如下原则：

a. 站场侧线断线，可先将线索紧起，保证咽喉区行车，送电先开通正线。站场正线或区间断线，可将线索紧起，采取降弓通过的办法送电通车。

b. 利用紧线器、葫芦等临时连接方式送电时，必须加装分流短接线，严禁利用受力工具导通电流回路。

③ 导线断线处理后，必须将该锚段全部巡视一遍，特别是中心锚结、线岔、补偿装置、锚段关节等设备，要考虑季节、气温变化时对设备的影响，确定是否可以送电通车。

④ 结合故障发生地点列车通过运行速度，登记列车降弓通过故障区段。

（2）承力索断线。

承力索断线可用紧线工具将承力索紧起后即送电通车，必要时降弓通过。载流承力索或大电流区段非载流承力索必须安装分流短接线。承力索断线抢修后，应对整锚段进行巡视测量，特别要注意中心锚结、线岔、绝缘锚段关节等处是否达到要求。

① 当发生承力索断线时，首先应查明断线发生的确切位置，断口两侧的损坏情况，断线波及的范围等情况。

② 承力索断线损坏范围较小，断口两侧无较大损伤、机械强度满足要求，可以直接紧线进行接头。承力索断线损坏范围较大时，可视具体情况确定方案，如果列车惰行可以通过故障区段时，必要时可将承力索脱离接地采取降弓通过的方法，先行送电通车。

③ 当断线地点下方有列车时，应优先考虑采取临时措施送电，将列车拉走。当断线地点在动车组上方时，作业人员应通过绝缘挂梯上至动车顶部进行断线处理。

（3）支柱折断。

支柱折断是接触网比较严重的故障，一般破坏比较严重，抢修难度大。抢修时一般是临时抢通，降弓通过，正式恢复时重新立支柱。断杆处有附加悬挂，要视具体情况采取措施保证安全距离，恢复送电。

① 锚柱折断。

a. 若相邻两锚段长度不大，可在两转换柱间将两锚段承力索和导线分别合并，合并后要保证张力平衡，必要时可取消一个中心锚结。

b. 如相邻两锚段长度均比较大，不宜延长锚段时，可借助附近容量足够的支柱下锚，但必须注意要上紧拉线。临时下锚可做硬锚，其下锚拉线紧固良好，且在受力方向上。

处理此类故障时必须注意，紧起后的导线高度必须达到规定要求值以上，锚段关节处的过渡要保证受电弓顺利通过，不能保证时要采取降弓措施。两条馈线间的绝缘锚段关节抢修后不能保证绝缘要求的可将其短接。要注意保证电气连接可靠，回路畅通。

② 中心柱、转换柱折断。

利用附近建筑物挑起悬挂，降弓通过。当两悬挂间不能保证规定的绝缘距离时，可暂不作绝缘锚段关节用。

③ 中间柱折断。

a. 直线区段的中间柱折断，接触悬挂高度在规定值以上时，接触悬挂在此处不悬挂，不定位，即可送电。

b. 曲外支柱折断，在保证接触悬挂高度和电气安全距离条件下恢复供电。

c. 曲内支柱折断，清理出线路，挑起悬挂。

④ 软（硬）横跨支柱折断。

硬横跨支柱折断时一般视情况在拆除该组硬横梁及其支撑定位后按以下抢修方案处理。

a. 当软横跨处在直线上时，可拆除该软横跨保证接触悬挂高度在规定值以上即可送电。

b. 当可以封锁侧线股道时，可以在正线外侧立临时抢修支柱，优先保证正线行车。

（4）供电线、加强线断线。

① 供电线断线时，优先考虑甩掉故障的供电线或将供电线脱离接地，越区供电。

② 供电线断线后，不能实行越区供电时，必须将供电线接通。

③ 加强线断线后，将线紧起，采用同型号的线索临时短接，保证电气联结可靠，保证与接触网导电回路的畅通。

（5）隔离开关故障，如图 15-1 所示。

① 隔离开关绝缘件闪络时，擦拭后送电。

② 常开开关故障时，可将引线甩掉送电。

③ 常闭开关故障时，拆除引线将其短接后送电。

④ 远动隔离开关操作失效时，采用当地位操作，若当地位操作失效时，采用（2）和（3）所述办法。

⑤ 使用权不属供电部门的开关处理后要及时通知相关单位并在相关记录上签认。

（6）分段缘器故障。

分段绝缘器故障影响行车但不影响供电时，可采取降弓通过，待天窗点对分段故障进行处理；可视情况降弓通过或停电更换。

图 15-1　隔离开关故障

① 分段绝缘器绝缘击穿。

采用全并联运行方式，上下行并联运行，上、下行分段器绝缘击穿时不影响正常运行，可利用垂直天窗点进行更换。

② 分段绝缘器机械损坏。

a. 检查有无影响受电弓滑行的残骸，让受电弓能正常通过，无法满足时可采用降弓通过的方式。

b. 分段绝缘器接头脱落按断线情况处理。

（7）绝缘子故障。

① 表面因脏污引起闪络，擦拭后送电。

② 内部击穿和严重破损的，必须更换。

（8）补偿绳断线。

补偿绳断线的，一般可将相应线索紧起后临时做硬锚。

（9）关节式电分相故障。

① 当分相关节处发生打碰弓等不影响供电的故障时，采取机车降弓通过的办法。

② 当发生断线、断杆等故障，应尽快争取恢复一组绝缘锚段关节，设置机车降弓区域后送电。

（10）隧道内埋入杆件损坏。

① 个别悬挂点或定位点损坏时，若不侵入限界，且不影响送电的，可暂不处理。否则，降弓通过或停电处理。

② 若必须修复悬挂、定位装置、杆件等，可用铁线将绝缘子固定在原杆件上，恢复悬挂和定位；若埋入杆件整体脱出或已松脱，可用高强度的快干水泥灌注。

③ 对短时间难以修复的故障，可设置无电区或无网区。

（11）接触网设备大面积损坏，不能满足电力机车降弓惰行条件时，可利用开闭所、分区亭、站场两端锚段关节，采取越区供电等措施最大限度减小停电范围，满足列车降弓运行条件。否则，可采取整区间接触网停电，依靠内燃机车牵引方式尽快恢复重点列车运行。

（12）当因覆冰、强风等原因引起接触悬挂舞动时，可根据频率及振幅大小采取限速措施，必要时电力机车停止运行，采取内燃机车牵引过渡措施。雨雪冰冻天气时，工区向段生产调度汇报接触网覆冰情况，供电段可向列车调度员申请开行热滑电力机车。对小面积的接触网覆冰，应设置临时打冰点，随时观察覆冰情况，打冰上线时封锁线路，如图 15-2 所示。

图 15-2　人工上线除冰

（13）开通线路。

抢修作业结束后，应对故障设备涉及范围及整个锚段的接触网技术状态进行检查，确认没有侵入机车车辆限界和受电弓动态包络线的情况，确认符合供电、行车条件方准申请送点、开通线路。

线路开通后，现场抢修组应安排人员登乘巡视检查，有条件的应在线路栅栏外观察 1 ~ 2 趟列车，检查列车通过故障区段情况，确认供电设备正常抢修人员方准撤离现场。

七、其他注意事项

（1）抢修作业可不签发接触网工作票，但必须得到供电调度批准的相应作业命令，并由抢修负责人布置安全、防护措施。

（2）除遇有危及人身或设备安全的紧急情况，供电调度员发布的开工倒闸命令可以没有命令编号和批准时间外，接触网所有的作业命令，均必须有命令编号和批准时间。

（3）发生供电跳闸后，供电段应立即组织人员对接触网设备进行检查，对跳闸原因进行分析；未查找到跳闸原因时，还应利用天窗时间再次组织对接触网设备进行检查，直至查明原因。

（4）进入封闭栅栏防护网内进行抢修作业，人员到达现场，在线路封锁命令下达前，所有作业人员须全部在封闭栅栏防护网外等候。接到封锁命令后，抢修工作领导人方能带领作业人员进入防护网内。

（5）根据故障现场实际和抢修需要，需采取 V 停或间接带电方式抢修作业时，应撤除相关馈线自动重合闸功能，待作业结束后及时消除重合闸命令。

（6）进、出封闭栅栏防护网时对所携带和消耗后的机具、材料数量认真清点核对，不得遗漏在线路或封闭栅栏防护网内。

（7）抢修作业结束，消除停电、封锁命令前，工作负责人全面掌握故障区段设备状态，确认达到接触网送电和开通线路条件后，方可送电、开通线路。

（8）抢修人员根据当时具体情况和地形条件可从“应急作业通道”或申请登乘列车撤离线路。

（9）接触网设备技术状态不能满足列车常速运行时，应采取列车限速措施，由供电设备管理部门在相应车站登记行车条件，待确认接触网设备恢复正常技术状态后，恢复常速。

任务三　接触网临时上线作业

一、适用范围

适用于高速铁路接触网专业临时上线作业。

二、作业基本要求

（1）抢修作业组成员必须持有效证件上岗，安全等级符合上线作业要求。

（2）间接带电作业向供电调度申请撤除作业区段所在供电臂的自动重合闸，作业过程中不得攀登接触网支柱。

（3）作业现场，必须在调度命令允许时间、范围内进行；不允许出现单人单岗作业。

（4）所有作业组成员按规定着装，携带应急处置绝缘用具及攀登工具，夜间作业带齐照明工具。

三、安全风险关键点

（1）车辆撞轧：线路未封锁、邻线未限速条件下，违章上线。

（2）触电伤害：人员误登带电设备，所持长大工具、材料误触带电设备。

（3）人身伤害：不按规定穿戴劳动保护用具，攀爬护网护栏，脚踏尖轨、道岔转辙设备等。

（4）影响行车：遗留料具物品，影响行车安全。

（5）未得到调度命令，臆测行事：违章上线、作业。

四、作业程序

（1）作业前，工作负责人对本次作业进行分工，布置安全措施。

（2）人员到达现场后，按规定设置好驻调度所（车站、动车所）防护，驻调（驻站）防护员按规定在调度所或车站（动车所）《行车设备检查登记簿》上登记，并与供电调度申请撤除异常设备所在区段相对应的供电臂自动重合闸（停电）作业命令，做好登记工作。

（3）工作负责人与驻调（驻站）防护员取得联系后，确认具备作业条件后方可通知作业组成员进入护网或上道口上道，设置现场行车防护后再进行作业（需人员上网作业时按照停电作业进行验电、接地）。严守调度命令规定的作业时间。

（4）作业结束后，清理现场，作业人员、机具、材料全部撤至安全地带后，由工作负责人清点现场无遗漏工具、人员、材料，确认安全良好后，撤除现场行车防护，下道后宣布作业结束，通知驻调（驻站）防护人员消除作业命令，撤除驻站行车防护。

（5）当采用登乘动车组临时作业时，还需得到动车组司机允许上、下车门的作业命令；作业结束及时上车，第一时间通知司机“处理完毕，线路正常，人员、机具全部上车”，减少动车组停车时间。及时向供电调度申请取消撤除重合闸命令，向列车调度申请消除线路封锁命令，开通线路。

五、作业标准及内容

（1）铁路防护栅栏内进行的接触网作业，必须在上下行线路同时封锁，或本线封锁、邻线限速 160 km/h 及以下条件下进行。

（2）在进行接触网作业时，作业组全体成员须穿戴有反光标识的防护服、安全帽。作业组有关人员应携带通信工具并确保联系畅通。在夜间、隧道内或光线不足处所进行接触网作业时，必须有足够的照明灯具。

（3）任何情况下上线巡视，对接触网都必须以有电对待，巡视人员不得攀登支柱并时刻注意避让列车。

（4）必须上道查看设备或作业时，两人必须一人监护，一人作业。

（5）需进入铁路防护栅栏内进行接触网作业的人员，必须在得到驻调度所（驻站）人员同意后方准进入。进、出铁路防护栅栏时，必须清点人员，并及时锁闭防护网门，防止人员遗漏及闲杂人员进入。作业组所有的工具物品和安全用具均须粘贴反光标识，在使用前均须进行状态、数量检查，符合要求方准使用。进、出铁路防护栅栏时对所携带和消耗后的机具、材料数量认真清点核对，不得遗漏在线路或铁路防护栅栏内。核对检查确认过程保存影像资料。

（6）绝缘工具每次使用前，必须认真检查有无损坏，并用清洁干燥的抹布擦拭有效绝缘部分后，再用 2 500 V 兆欧表分段测量（电极宽 2 cm，极间距 2 cm）有效绝缘部分的绝缘电阻，不得低于 100 MΩ，或测量整个有效绝缘部分的绝缘电阻不低于 10 000 MΩ。

（7）遇有雨、雪、重雾、霾等恶劣天气，或空气相对湿度大于 85%时，一般不进行间接带电作业。

（8）间接带电作业人员在接触工具的绝缘部分时应戴干净的手套，不得赤手接触或使用脏污手套。

（9）间接带电作业时，作业人员（包括其所携带的非绝缘工具、材料）与带电体之间须保持的最小距离不得小于 1 000 mm，当受限制时不得小于 600 mm。

（10）作业人员及所携带的物件、作业工器具等与接触网带电部分距离小于 3 m 的远离作业，每个作业地点均要设有专人监护，其安全等级不低于四级。

（11）驻调（驻站）行车防护员应由指定的、安全等级不低于三级人员担任。

（12）在双线区段、枢纽站场进行作业时，应增加设置现场防护员，现场防护员除按规定做好本线防护外，还应监视相邻线路列车运行情况并及时报告现场工作领导人。

（13）作业过程中，驻调（驻站）行车防护员、现场防护员与工作负责人之间必须保持通信畅通并定时联系，确认通信良好。一旦联控通信中断，工作领导人工作负责人应立即命令所有作业人员下道，人员、机具、材料撤至安全地带。

六、其他注意事项

（1）桥面行走注意脚下盖板状态，防止跌倒。

（2）上下动车组时，手把牢靠、脚踏稳准，防止脚下踏空，坠落、跌倒。

（3）联系中断时必须立即停止作业，将作业人员、机具、材料全部撤至安全地带。

思考练习题

一、填空题

1. 接触网红外测温监测人安全等级不低于 ________级。
2. 反射率的采用：铜或铝线表面经过氧化呈现黑色情况下，反射率宜采用________。

二、单项选择题

1. 环境温度采集准确，相对湿度一般不大于（　　），天气以阴天、多云为宜，夜间图像质量最佳，不应在雷、雨、雪、雾、霾、大风等恶劣气象条件下进行作业。

A. 50%　　B. 80%　　C. 85%　　D. 90%

2. 设备缺陷上报处理后，测温人员在（　　）日内进行相关设备的温度复测工作。

A. 1　　B. 2　　C. 3　　D. 5

附　录
高速铁路接触网各岗位作业

附录一　值班员标准化作业

一、目的

本作业是接触网工区值班员一日标准化工作内容、岗位标准和值班制度。

二、工作内容

（1）交接班。
（2）备品管理。
（3）电话接听、传达。
（4）生产计划提报。
（5）资料录入、上传。
（6）信息下载。
（7）值班日志填写。
（8）工区值守。

三、值班制度

（1）值班员值班期间按规定穿铁路制服，佩戴值班标志，不得穿拖鞋或高跟鞋。

（2）值班员不得外出参加作业，必须做好值班工作，及时接听电话，做好电话记录。

（3）严格劳动纪律，坚守值班岗位，履行值班职责，不得以任何理由擅自离岗、换岗，因事需短时离开值班室，必须向工区负责人假，由工区负责人安排符合条件的人员顶岗后，方能离开岗位。值班期间不得锁闭值班室门。

（4）值班室内备品按定置摆放，不得存放与生产无关的物品，室内整洁卫生，无死角。

（5）做好工区值守，严格执行门卫和外来人员登记制度，做好防火、防盗、反恐防破坏工作。

（6）认真进行交接班，做好交接记录，正确填写交接班记录，履行交接班人员签字手续，按规定填写值班日志。

四、岗位标准

（1）交接班：值班员应认真进行交接班，检查、清点值班室备品数量、状态，将计划提报安排和重要事项、各种信息下载、上传要求、未完成工作情况交接清楚，检查工区视频监控装置状态，值班室内整洁卫生，交接完成后在值班日志上签字接班。

（2）备品管理：负责工区对讲机（GSM-R 手持终端）、照明工具日常保管，建立领用记录，做好对讲机（GSM-R 手持终端）、照明工具的发放及登记，及时收回作业使用的对讲机（GSM-R 手持终端）、照明工具并充电，保证电量充足，状态良好，无丢失和损坏。

（3）电话接听、传达：及时接听电话，做好电话记录，对重要信息、通知、指示及时准确传递给工区负责人和车间值班干部。

（4）生产计划提报：每周二 18:00 前按时在综合维修天窗管理系统录入周计划，提前 4 天 18:00 前在综合维修天窗管理系统提报日维修计划。

（5）资料录入、上传：每日工区工作完成后，及时将作业相关情况录入接触网生产管理系统（不含检修记录）；收集作业音视频资料，制作链接代码并上传至管理信息系统；按上级要求及时、认真填写工作相关表格并发电子邮件上报。

（6）信息下载：每天浏览段网，对上级通知、通报、相关要求、轨道车运行揭示命令等下载、登记、归档，并及时通知相关人员。

（7）值班日志填写：将每日工作情况、重要事项等按标准填入值班日志，填写规范正确，笔迹清楚无涂改，日志整洁。

（8）工区值守：对外来人员、车辆进入工区要在门卫记录上做好登记，工区大门要随时保持关闭，工区外出作业后和夜间熄灯休息前锁闭大门（含轨道车专用线大门），对工区院内进行一次巡查。

（9）应急处置：接到设备应急处置信息后，第一时间通知工区值班负责人、值班干部、车间主任，待人员、车辆出动后，及时向供电调度、生产调度汇报通知时间、出动时间、抢修负责人姓名、出动人数等信息，并在值班日志上登记。在事故抢修的时间段内接到上级领导电话、指示时要及时传达给抢修负责人。

（10）迎检工作：遇到上级领导检查工作而工区外出作业时，值班员为工区接待人员，主动向领导汇报工区人员、设备、安全情况，以及当日的作业安排，汇报标准："报告领导，××工区值班员××正在值班，现在工区××带领工区人员在××处作业，欢迎领导光临检查，请指示"。并及时将信息第一时间报告车间主任（值班干部）、工区工长（值班负责人），汇报完毕后按领导指示陪同进行检查。

附录二　工作票签发人标准化作业

一、作业基本要求

（1）工作领导人安全等级不低于四级，并取得高速铁路岗位培训合格证书（CRH），第一种工作票需由车间管理人员担任，配合施工工作票领导人由段指定。

（2）同一张工作票的签发人和工作领导人必须由两人分别担当。

（3）熟悉管内设备分布、供电方式、作业环境及安全风险项点，具备电气化铁道安全常识，了解一定的电务专业轨道电路知识。

（4）工作票必须依据施工日计划签发。

（5）工作票的签发在“供电管理信息系统”中完成。

二、作业程序

（1）施工日计划批复，确认作业范围、作业项目、作业时间及停电馈线。

（2）工作票填写准备工作。

供电分段示意图、接触网平面图、作业人员数量及身体状态。

（3）工作票签发。

在“供电管理信息系统”中工作票模块签发相应种类工作票。接触网一、二、三种工作票开具完成后，打印一式两份。

（4）工作票审核。

工作票签发完毕，交由工作领导人、车间、段进行三级审核。

（5）工作票交付工作领导人。

工作票审核完毕，工作领导人、发票人分别在对应签字栏内签字。签字完毕后，将一份交工作领导人、一份工作票签发人自己保管。

（6）工作票保存。

工作票一式两份，一份由发票人保存，一份交工作领导人，所有工作票保存时间不少于12个月。

三、作业内容与要求

（1）工作票必须在工作前一天签发，（最晚在作业前6小时交给工作领导人），由工作领导人、车间、段三级审核，确认无误后工作领导人在相应空格内签字。

（2）工作票填写准备工作。

① 了解公布的次日施工日计划及配合计划批复情况。

② 根据作业计划安排、查阅接触网图纸、检修计划及生产任务完成情况、未处理的缺陷记录等，拟定作业内容和范围。

③ 了解次日人员在岗情况和人员安排；充分了解作业组人员身体及精神状态良好。

（3）工作票签发。

在“供电管理信息系统”中签发，接触网一、二、三种工作票开具均一式两份，一份交工作领导人、一份工作票签发人自己保管。

① 接触网第一种工作票（白色纸印绿色格和字，纸张规格为A4）的填写要求：

a. 工区：按实际全称进行选择。

b. 接触网第一种工作票的右上角，应加盖有“上行”“下行”或“V形”（多线并行区段，按V形对待）印记，垂直天窗在工作票右上角加盖“垂直”印记。

c. 工作票右上角“第　号”间注明票号，票号用“××—××”（“垂停”用“××⊥××”）表示，前边“××”表示月份，后边“××”表示工作票序号，“V形”“垂停”均按1、2、3…

顺序分别编号。例如：1 月“V 形”第 1 张工作票，票号为“01—01”，“V 形”第 2 张工作票，票号为“01—02”；1 月第 2 张“垂停”工作票应为“01⊥02”。

d. 封锁范围：按批复的施工（维修作业）日计划封锁（占用）范围填写。

e. 作业范围（作业地点）一栏应写明××区间××站××股道上行线或下行线××号杆—××号杆。站场、区间等名称要使用全称，作业范围有明确公里标的，须注明起、止公里标（例如：×××km×××m 至×××km×××m）。

f. 作业内容：天窗作业计划内容+（填写具体的作业内容），例如：接触网检查测量作业（缺陷处理）。

g. 发票人：填写发票人姓名（工作票签发人使用账号登录系统自动生成）。

h. 发票时间：填写工作票签发时的年月日时分，使用阿拉伯数字填写，例如：2017 年 01 月 25 日 10 时 00 分（距施工日计划作业时间前 6 小时以上）。

i. 工作票有效期：填写工作票生效时间（距施工日计划作业时间前 6 小时以上）至结束时间（预计收工会结束时间之后），不得超过 3 个工作日。

j. 工作领导人和安全等级：填写本次作业工作领导人的姓名及安全等级，例如：

姓名：张三丰

安全等级：（4）级。

k. 作业组成员姓名及安全等级：填写本次作业的作业组成员姓名和相应的安全等级，汽车司机在（ ）中注明“Q”，轨道车司机（ ）中注明“G”。空格应标画“/”，填写不下时，应附页填写。总人数填写到共计栏，包括工作领导人。（选择后系统自动生成）

l. 需停电设备一栏，除写明停电设备的范围外，还应注明停电所亭馈线号及停电卡片号。例如：×××牵引变电所 211 号馈线停电、212 号馈线停电，执行×××号停电卡片，期间×××线×××站（不含）至×××站（含）上、下行线接触网停电；枢纽地区：×××牵引变电所（或开闭所）211 号馈线停电，执行×××号停电卡片，期间×××站×××场××道至××道下行接触网停电。

m. 装设接地线的位置：要写明装设接地线的区间（站场）、行别（股道号）、杆号和设备位置，并在杆号后用括弧注明接地线的编号（跨区域作业的地线需注明工区，例如：“石东网：01 号、石网：01 号”，注：石东网为石家庄东网电工区的简称，石网为石家庄网电工区的简称），最后填写接地线总组数。接地线位置要在封锁（占用）范围内，作业范围外。装设接地线的形式以“网、回、供、AF、PW”等表示。例如：×××站至×××站间上行×××号杆装设网、AF 地线（网 01 号、AF02 号），×××号杆装设网、AF 地线（网 03 号、AF04 号）装设接地线，地线共计 4 组。

n. 作业范围防护措施一栏，要写明驻站防护（非常站控模式、段管线）、现场防护（远端防护员、中间联络员）的设置处所（设置在封锁范围内，作业范围外，明确到杆号），需封闭的线路范围。例如：×××站行车室设驻站联络员、（要令）1 人，封锁（占用）京广高速×××站至×××站间上下行线×××km×××m 至×××km×××m（填写施工日计划中的起止标），×××站至×××站间上行××号杆、下行××号杆处各设现场行车防护员 1 名。

o. 其他安全措施一栏，应根据作业的不同特点，有针对性地提出防范措施，充分体现出作业范围、项目、环境、气候、人员技术素质等差异。多线并行区段作业要有特殊安全防护措施。

p. 变更作业组成员记录：填写作业组成员的增加和退出情况，注明增加人员的安全等级，并重新核算作业组总人数后填记在本栏。由发票人在变更作业组成员记录栏内右下角签字，若发票人不在可由工作领导人签认。工作领导人更换时，必须由发票人签认。例如：增加：×××（4 级） ×××（4 级）；共计：15 人；发票人：×××；退出：×××；共计：12 人；工作领导人（发票人）：×××。

q. 工作票结束时间：按收工会结束时间为准。

r. “工作领导人（签字）”栏在本张工作票交予工作领导人，工作领导人审核无误后签字。“发票人（签字）”栏在本张工作票工作领导人审核无误后签字。

② 接触网第二种工作票（白色纸印红色格和字，纸张规格：A4）填写要求：

a. 工区、作业地点、作业内容、发票人、发票时间、工作票有效期、工作领导人和安全等级、作业组成员姓名及安全等级、变更作业组成员记录、工作票结束时间、工作领导人、发票人签字的填写比照接触网第一种工作票填写。

b. 工作票的编号由月份和序号组成，月份在前，序号在后，中间用“-”分隔，月份和序号使用两位阿拉伯数字填写。例如：1 月第 2 张第二种工作票为第 01-02 号。

c. 绝缘工具状态：写明间接带电作业所使用的绝缘工具的名称、数量、编号、状态等。

d. 安全距离：写明作业人员及非绝缘工具与带电体应保持的安全距离数值（单位为 mm）。

e. 作业区防护措施：写明驻站联络员行车防护处所、现场防护员（远端防护员、中间联络员）位置及行车防护有关安全措施。

f. 其他安全措施一栏，应根据作业的不同特点，针对性地提出防范措施，充分体现出作业范围、项目、环境、气候、人员技术素质等差异。

③ 接触网第三种工作票（白色纸印黑色格和字，纸张规格为 A4）填写要求：

a. 工区、作业地点、作业内容、发票人、发票时间、工作票有效期、工作领导人和安全等级、作业组成员姓名及安全等级、变更作业组成员记录、工作票结束时间、工作领导人、发票人签字的填写比照第一种工作票填写。

b. 工作票的编号由月份和序号组成，月份在前，序号在后，中间用“-”分隔，月份和序号使用两位阿拉伯数字填写。例如：1 月第 1 张第三种工作票为第 01-01 号。

c. 安全措施：写明驻站联络员行车防护处所、现场防护员（远端防护员、中间联络员）位置及行车防护有关安全措施，并根据作业的不同特点，有针对性地提出防范措施，充分体现出作业范围、项目、环境、气候、人员技术素质等差异。

（4）工作票审核。工作票签发完毕，交由工作领导人、车间、段进行三审核。工作领导人对工作票如有疑问，向工作票签发人提出，确认为工作票内容错误时，应将原工作票作废，重新开具工作票，直至工作领导人审核通过并进行签认。工作领导人审核完毕后交由车间管理人员进行审核，车间审核完毕提报段相关科室进行审核。段审核通过后，工作票方准执行。

（5）工作票交接。工作票审核完毕后，发票人最晚应在作业前 6 小时将开具好的工作票交工作领导人，并向其进行技术交底，使其有足够的时间熟悉工作票内容，做好相应准备工作。发票人、工作领导人分别在对应签字栏内进行签字。工作票签发人、工作领导人每人一份。

（6）工作票保存制度。

① 保存时间：所有工作票保存时间不少于 12 个月。

② 保存的工作票必须包含以下部分：

全部两份工作票、施工日计划及配合计划、点外上线计划（第二、三种工作票）、接触网停电作业命令票、接触网倒闸操作命令票、派工单、分工单、预想会记录、高速铁路上线作业登记本、收工会记录、接触网作业车出乘工作票、停电配合通知单（配合作业时）、确认单等。对接触网改造的施工和维修项目，还要有施工（维修）作业组织方案和安全卡控措施。需保存装订的工作票装订顺序：接触网停电作业命令票（接触网倒闸操作命令票）、派工单、工作票、接触网作业车出乘工作票、分工单、预想会记录、施工日计划及配合计划、上道口上线申请表、高速铁路上线作业登记本、停电配合通知单（配合作业时）、施工（维修）作业组织方案和安全卡控措施、确认单、收工会记录等。

四、安全注意事项

（1）工作票未根据施工日计划签发、未交工作领导人审核，易造成超范围施工、耽误天窗。

（2）工作票签发、审核不及时，未在规定时间交给工作领导人，导致作业准备不充分。

（3）作业内容与施工日计划不相符，易造成超范围作业和人身伤害。

（4）地线位置错误或数量不符合《安规》《安全细则》规定，易造成作业人员触电伤害、轨道电路着红光带。

（5）行车防护措施制定不合理，易造成机车、车辆撞轧。

（6）安全措施不到位，易造成人身伤害。

（7）作业组员变更不及时，易造成作业人员分工遗漏和安排工作不合理。

（8）工作票签发人在工作票完成后不签认、废止工作票不加盖“作废”印章，不能掌握工作票完成情况和安全措施执行情况。

（9）工作票字迹不清楚、有涂改，内容有错别字、格式不正确，易造成工作领导人和作业组成员误认，使工作票缺失有效性。

（10）联系方式不明确，易造成现场作业联系不彻底，误听误认。

五、非正常情况处置

（1）当遇到危及人身和行车、设备安全的情况发生时，可不开具接触网工作票，但必须有供电调度批准的调度命令，并由抢修负责人说明相关情况，设备情况、停电、封闭、人员与设备间需要保持的安全距离及抢修时注意的安全事项。

（2）遇有无计划且须在天窗时间内临时上线进行作业时，时间允许的情况下仍需签发工作票。

附录三　工作领导人的标准化作业

一、作业基本要求

（1）工作领导人安全等级不低于四级，并取得高速铁路岗位培训合格证书（CRH），第一种工作票需由车间管理人员担任，配合施工工作票领导人由段指定。

（2）熟悉工作范围内设备分布、供电方式、线路、作业环境及安全风险项点；熟悉作业区段内其他施工维修项目；具备一定组织和应急处置能力。

二、安全注意事项

（1）工作票未审核，易造成作业范围、作业项目与计划不符，导致超范围作业、耽误天窗。

（2）分工不明确、责任不清，易发生人身伤害，设备检修不到位。

（3）安全预想不充分，安全措施布置执行不到位，易造成人身伤害。

（4）准备工作不充分，到岗到现场晚，易造成工作忙乱，侵入未封锁线路、触电人身伤害和耽误列车。

（5）安全措施、监控不到位，易发生高空坠落、触电伤害、人身伤害。

（6）本线、邻线来车防护不到位，易造成机车车辆撞轧，影响行车。

（7）联系不彻底、臆测行事，易发生机车车辆撞轧，触电伤害。

（8）安排工作不合理、不掌握作业进度易造成晚销令。

（9）行车安全监控不到位，易发生交通事故及人身伤害。

（10）作业现场清理不到位，易发生影响线路开通，影响行车。

（11）涉及供电方式改造施工，完善收工前验电环节，防止造成送电接地或形成无电区。

三、作业程序

（1）审核工作票，合理分工。

① 审核工作票（出乘工作票）。

② 作业分工。

（2）手机统一保管。工作领导人指定专人负责手机收取和保管工作。

（3）宣读工作票、安全预想、作业准备。

① 作业组员（含作业车司机）要列队、点名答到。

② 班前安全教育、检查。

③ 作业组分工、及个人安全预想。

④ 工作领导人安全预想总结。

⑤ 料具准备工作，进行出库登记。

（4）申请作业命令。

① 驻调度站联络、要令人员到列车调度台或车站（动车所）行车室向行车调度申请线路封锁（占用）作业命令。

② 向供电调度员核对作业计划，申请停电作业命令。

（5）上线料具清点登记及办理上线手续。

（6）接到调度命令后，作业组员上线、作业准备。

（7）验电、接地。

（8）开工作业及收工。

（9）下线料具清点、核对；办理下线手续。

（10）消除作业命令。

（11）返回工区，召开收工会。

（12）归还工具、材料，进行入库登记。

四、作业内容与要求

（1）审核工作票，作业分工。

① 对接触网工作票中封锁范围、作业内容、作业地点、停电范围、作业时间与作业计划进行核对，是否存在超范围情况；地线位置、防护位置、作业组成员数量及安全等级符合要求；对《出乘工作票》与轨道车运行计划进行进行核对，车号、司机、运行径路是否一致；如有异议及时向发票人提出，审核无误后确认签字。

② 根据作业环境、作业内容、作业范围内设备情况，审核安全措施是否完备。

③ 认真执行工作票放大样和画图讲解明示化要求。

④ 根据工作票作业范围及作业项目，结合作业组人员数量及业务素质等情况，对次日计划工作进行合理分工，填写派工单；明确各作业小组的作业范围、携带安全用具及作业机具数量，作业关键项点及卡控措施。所有作业组员均需在派工单中体现。

（2）手机管理。所有上线作业人员，除作业负责人、工作领导人、驻站员、汽车司机（不上线）持有手机作为联系中断的应急通信工具外，预想会开始前其他作业人员所有手机全部放置于“手机存放箱”内（“手机存放箱”统一放置在工区），由工区指定专人统一负责保管，安全员监督落实。

（3）宣读工作票（出乘工作票）、安全预想。

① 班前安全教育、检查。作业组员（含作业车司机）要列队、点名答到。由安全员检查全体作业组员着装、戴安全帽、带夜间照明工具、穿戴劳保用品，个人工具佩戴齐全，组织进行安全教育，检查作业组成员身体及精神状态是否良好。安全员根据现场作业环境、作业性质、天气状况等有针对性的进行班前《安规》教育及学习相对应的《作业指导书》、事故案例等。

② 工作领导人宣读工作票（出乘工作票）并对作业组员进行分工、发放派工单，并进行重点抽查提问，有条件时，工作票要进行放大样揭示。使用作业车时应掌握车辆编号、司机姓名、联系频道，并在预想会中对《出乘工作票》进行宣读、预想、签认、发放工作。全体作业组员对工作票无疑问后，作业组员对个人分工复诵确认；明确现场联系方式及行车路线，确定上下线作业门位置并携带钥匙。

③ 安全预想。要将本次作业任务和安全措施逐项分解落实到人，个人根据所分配的作业任务进行针对性安全预想后。由工作领导人根据工作票的内容及周围现场作业环境情况，进行安全预想，制定有针对性安全措施，确定重点人及重点岗位，明确控制人及控制措施，针对本次作业制定应急预案。作业组员有疑问时，要向工作领导人及时果断提出，经确认无误后方可执行。

④ 料具准备工作，进行出库登记。根据岗位分工，充分准备各种作业用具，数量、状态满足作业要求，绝缘用具试验良好。检查各组通讯装备，确保状态良好。

（4）申请作业命令。驻站联络、要令人员到列车调度台，或车站（动车所）行车室，分别向行车调度及供电调度员核对作业计划，申请线路封锁（占用）及停电作业命令，及时将批复的作业命令进行有效传达。

（5）上线料具清点登记及办理上线手续。确认各作业组作业的安全用具、工器具数量、状态并在《高速铁路上线作业登记本》上登记，拍照并保存；携带“上线工作证”“作业计划单”“上线申请单”与岗亭值守人员办理上线手续。

（6）人员上线、作业准备。上线手续办理完毕，得到封锁（准许上线）命令后，通知作业组按照封锁时间上线；两端现场防护到达派工单指定位置后给工作领导人进行汇报。

（7）验电、接地。验电：接到停电命令后，通知所有地线监护人员进行设备验电，验电结束后立即向工作领导人汇报。接设地线：工作领导人得到各组地线验电结束汇报后，通知所有地线监护人员装设地线，地线装设完毕及时向工作领导人进行汇报。两端现场防护人员做好行车防护工作。

（8）开工作业及收工。确认所有地线接设完毕、设好行车防护、各项安全措施到位后，向各小组发布开工作业命令。并时刻在现场监控作业安全，把控作业进度和时间。如有特殊原因必须离开作业组时，须指定安全及技术符合要求的人员担任临时监护人，必要时停止作业，并将人员、机具下线。遇有特殊情况，无法按时完成作业，影响送电开通时，合理判断所需延长作业时间，及时通知驻站联络、要令员向调度台办理延点手续。

① 加强联系。工作领导人与各作业小组监护人及驻站联络、要令员加强联系，距供电调度要求完成时间 20 分钟、10 分钟、5 分钟进行联系，与地线监护人距要求完成时间 10 分钟联系确认通信状况；天窗外上线作业时，每 3 ~ 5 分钟与驻站联络、要令员联系一次，确保通信设备状态良好。

② 按规定执行上线作业防护制度，严格执行呼唤应答确认制度，与现场防护员时刻保持联系。天窗点外上线作业时提醒作业组员邻线列车运行情况，作业中邻线有 160 km/h 及以下列车通过时停止作业，邻线有 160 km/h 以上列车通过作业区时，组织作业人员提前下道避车。避车时组织作业人员将梯车、长大工具等平放在本线田野侧安全地带，面向来车方向避车。

③ 监控作业组成员的作业安全，防止作业人员超范围作业。作业前发放登高作业许可证，作业组开工作业。

a. 轨道车作业：使用轨道车作业时，上下轨道车及平台时要听从平台操作负责人的指挥。人员上、下作业平台应征得作业平台操作负责人的同意。接触网作业车移动或作业平台升降、转动时，严禁人员上、下。使用车辆作业完毕后，及时放下防护栏杆，将平台复位；将平台清理干净，锁闭平台防护门。平台操作人与司机加强联系，呼唤应答、配合妥当。

b. 使用梯车作业：使用梯车作业时，检查梯车状态，梯车连接牢固、状态良好，梯车配备防范器。辅助人员数量不少于 3 人，梯车负责人与高空作业人员加强联系，呼唤应答、配合妥当。

c. 攀登支柱作业：监督作业人员攀登支柱前检查安全带状态，检查支柱状态并选择合理的攀登方向，打好安全带后方准进行攀登。作业中正确使用安全带，坚持双绳安全带制度。时刻在场监督作业人员安全，选好站立位置，防止高空掉物砸伤。

④ 作业结束。各作业小组作业任务完成后检查设备状态，确认具备送电条件，对作业现场进行清理，确保工完料净后向工作领导人进行汇报，工作领导人对各小组汇报确停确认。

⑤ 撤除地线。确认各小组全部作业完毕，设备具备送电行车条件后。向所有地线监护人发布撤除地线命令。各小组地线撤除完毕向工作领导人进行汇报。工作领导人对各小组汇报确停确认。

⑥ 清理现场、人员下线。确认各小组全部作业结束后，通知各小组对作业现场进行清理，防止任何物品遗留在现场。现场清理完毕后，对作业用安全用具、工器具、材料进行清点核对。核对无误后人员料具下线，撤除现场行车防护。

（9）下线料具清点、核对；办理下线手续。线路清理完毕、人员全部下线后，清点作业用安全机具、工器具、材料等，与《高速铁路上线作业登记本》进行核对无误后进行下线登记，连同作业组员一并拍照保存。工作领导人确认所有作业组下道后，锁闭上线作业门并拍照，及时与岗亭值守人员办理好下线手续。

（10）消除作业命令。确认人员料具全部下线且清点核对无遗漏，设备具备送电及行车条件、线路具备开通条件后，通知驻站联络、要令人员发布消除作业命令。驻站联络、要令人员向列车调度（驻调度所联络员）及供电调度员办理消除线路封锁（占用）、设备停电作业命令。

（11）返回工区，召开收工会。

作业命令消除后，全体作业组员返回工区。返回工区后，列队点名、召开收工会，作业组员对本次作业安全及完成情况进行汇报，工作领导人对本次作业安全及完成情况进行总结、记录；将工作票、命令票、派工单、分工单、预想会记录、作业批复计划表、上线登记表、高铁上线登记本、收工会等资料进行装订，连同上下线料具影像、作业录音等交由工区统一保管，保存时间不少于 12 个月。

（12）归还工具、材料，进行入库登记。

五、非正常情况处置

（1）联系中断：立即停止作业，并将人员机具撤至安全地带，通过一切手段取得联系。

（2）一旦在作业中发现影响行车安全隐患，不能按时销令，须按规定向供电调度申请延时，并最大限度减少对行车的影响。

（3）作业中突遇雷雨雾大风等恶劣天气，应立即停止作业。遇有雷电时（在作业地点可见闪电或可闻雷声）禁止在接触网上作业。

（4）当发生人员触电伤害晕厥时，应将人员迅速脱离电源，放置在平坦通风地点，采用人工呼吸、心肺复苏等方法开展急救并拨打 120 急救电话。

（5）当遇到其他可能影响行车的情况发生时，先行停止作业，确认作业组成员到达安全位置后，再采取相应措施。

附录四　驻站联络员标准化作业

一、目的

本作业是接触网工区驻站联络员标准化工作内容、岗位标准和作业流程。

二、准备工作

工具材料清单，如附表 4-1 所示。

附表 4-1　工具材料清单

序号	名称	规格型号	单位	数量	备注
1	驻站（所）联络员臂章		个	1	
2	安全合格证		本	1	
3	岗位培训合格证书		本	1	
4	工作证		本	1	
5	对讲机（GSM-R 手持终端）		台	1	
6	笔记本		本	1	
7	签字笔		支	1	
8	命令票		张	1	根据工作票选择命令票
9	橙红色反光防护服		件	1	
10	行车防护记录		张	1	
11	施工登销记委托书		张	1	等级施工时携带
12	天窗点外维修作业计划		张	1	根据当日作业项目携带

三、作业流程

1. 天窗点内作业

（1）提前复核当日下达日班计划作业内容、作业地点是否与实际作业内容相符。

（2）高速铁路进行施工与维修作业时，按规定在参加准备会，作业前 60 分钟在车站（动车所）行车室《行车设备施工登记簿》上登记，采用电子登销记时，要提前录入指纹并确认施工（维修）负责人信息已录入系统。因施工需要转为非常站控模式时，还应通知施工（维修）负责人在车站进行登记。

（3）积极与供电调度、车站值班员（列车调度员）联系，询问“天窗”时间并告之施工（维修）负责人；作业前时刻在运转室（调度所）监控列车运行情况，随时通知施工（维修）负责人。

（4）得到施工（维修）负责人确认做好施工准备、具备开工条件的通知后，分别向供电调度、车站值班员或调度所值班员申请施工。

（5）认真填写命令票，核对列车调度下达的施工调度命令和供电调度下达的接触网停电作业命令准确无误后，将允许开工命令汇报施工（维修）负责人。

（6）作业期间驻站联络员应坚守岗位，不得擅自离开车站运转室，时刻与车站值班员保持联系，监控车站两端及邻线列车运行情况，避免值班员误将电力机车从有电区放入无电区，将其他车辆放入施工区域。邻线来车时及时通知施工（维修）负责人，通知的内容为：列车闭塞、发车、开过来、接近、通过、交会、调车、机车进出以及晚点列车运行情况等并认真填写《行车防护记录》。

（7）驻站联络员、工作领导人、作业现场防护员相互之间每三分钟至少联系一次，驻站联络员要及时通报作业区域两端车站及邻线列车运行情况并随时掌握施工进度，遇作业组工作不能在批准时间内结束时，须提前 20 分钟向供电调度和列车调度申请延长作业时间，经批准后方可延长，并在命令票上注明原因。

（8）施工结束后，按施工（维修）负责人要求分别向供电调度、列车调度消除停电命令和封锁命令，并在行车设备施工登记簿上签字。

（9）驻站联络员按规定填写行车防护记录，作业结束后交回工区与“接触网工作票”统一保存。

2. 天窗点外作业

（1）凭设备管理单位批准的天窗点外维修作业计划，提前60分钟到在车站《行车设备检查登记簿》上登记，车站值班员签认。

（2）作业期间驻站联络员必须坚守岗位，不得擅自离开车站运转室，时刻与车站值班员保持联系，监控本站调车情况，两端来车情况和邻线来车情况，将车辆动态情况提前、及时通知施工（维修）负责人，通知的内容为：列车闭塞、发车、开过来、接近、通过、交会、调车、机车进出以及晚点列车运行情况等并认真填写行车防护记录。

（3）维修作业结束后，按车站值班员要求办理销记手续。

3. 应急抢修作业

（1）驻站联络员须在行车设备检查登记簿上登记。登记时要登记到达时间，在确认故障现象后，登记故障设备停用时，应同时登记影响范围等内容，如危及行车安全需立即抢修时，应按有关要求办理。

（2）认真填写命令票，核对列车调度下达的调度命令和供电调度下达的停电作业命令准确无误后，将允许开工命令汇报工作领导人。

（3）在抢修过程中，积极承担供电调度与工作领导人之间的联系，及时将供电调度（或上级领导）指示精神传达给工作领导人，并将现场抢修进度和需协调解决问题不间断向供电调度汇报。

（4）作业结束后，按工作领导人要求分别向供电调度、列车调度消除停电命令和封锁命令，按车站值班员要求办理销记手续。遇特殊情况有限速、降弓等开通限制条件时，应在车站办理相关登记手续。

四、安全风险点

（1）驻站联络员必须携带相关有效证件并佩戴标志，穿戴橙红色反光防护服。

（2）停电作业开始后，驻站联络员要坚守岗位，思想集中，不得离开所在车站运转室，应时刻与车站值班员保持联系。

（3）驻站联络员应按规定填写命令票，并注意与工作领导人、调度员对话时坚持呼唤应答和内容复诵核对。

（4）施工作业完毕，但未达到正常放行列车条件时，驻站联络员应在行车设备检查登记簿上登记行车限制条件；在设备达到正常放行列车条件后，及时销记。

（5）多个单位同时作业时，谨慎销记，防止误销记。

（6）严格遵守登记站的站车秩序和行车控制室的相关规定。

五、驻站联络员标准化作业流程图

驻站联络员标准化作业流程见附图4-1。

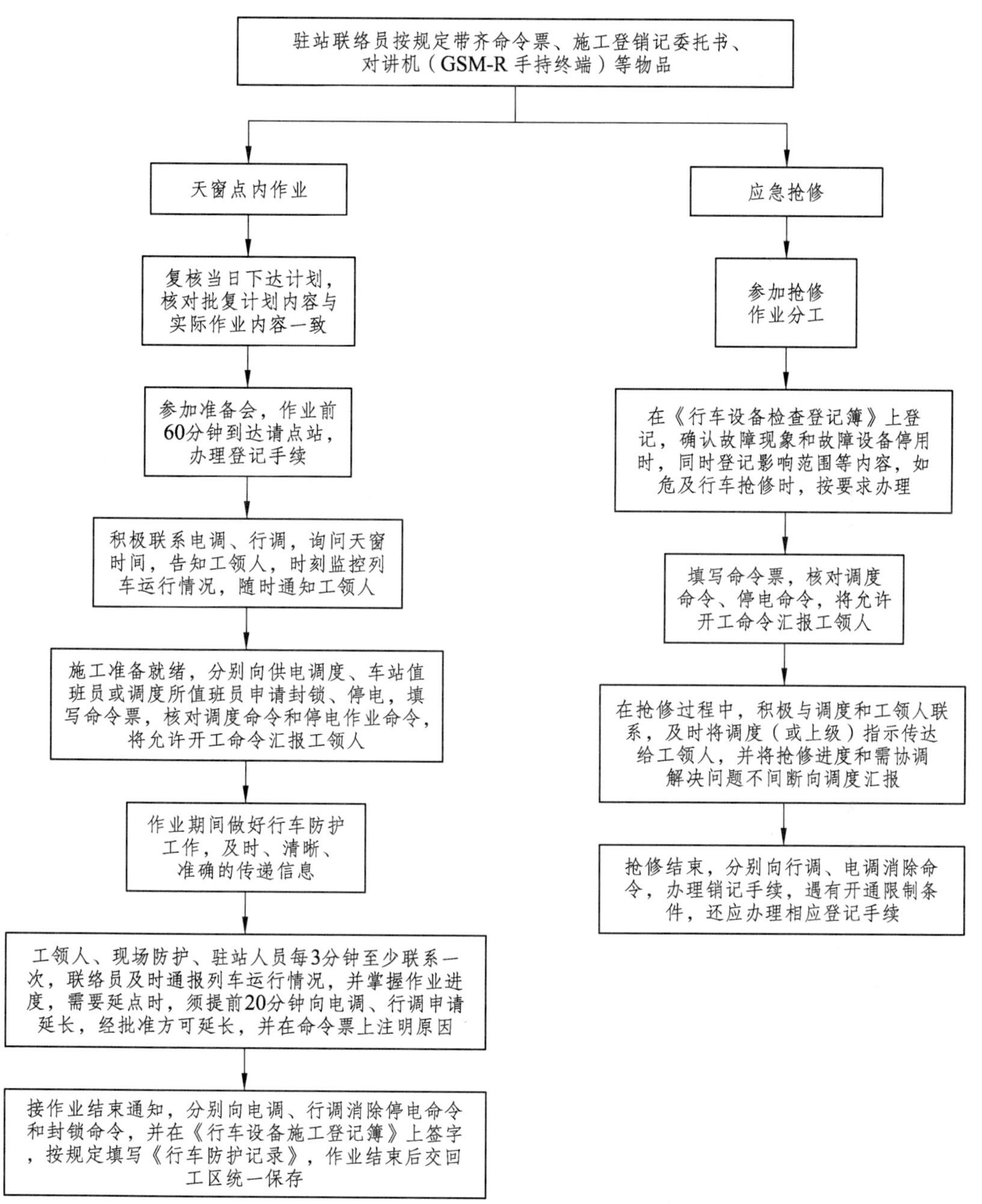

附图 4-1　驻站联络员标准化作业流程

附录五　现场防护人员的标准化作业

一、作业基本要求

（1）要求安全等级三级及以上人员担任，并取得高速铁路岗位培训合格证书（CRH）。

（2）经防护员培训考试合格，取得二级及以上防护员证方可担任防护员。

（3）防护员必须熟悉管内设备、站场线路及信联闭设备知识、安全防护设置标准、常用的行车术语、信号显示意义、防护备品用途、防护方法、各种作业的程序和特殊情况下的应急处理知识。

（4）《高速铁路上线作业登记本》中所登记物品及作业人员进行上、下道前拍照存档。

二、安全注意事项

（1）出库未检测、试验绝缘工具状态，易造成触电伤害，影响作业。

（2）未检查通信用具状态，易导致联系不畅、中断联系。

（3）未确认防护位置（接地线杆号），已导致防护不到位、带电接地线造成触电伤害、红光带。

（4）未及时联系、联系不畅，易造成误接、误撤、延误时间危及人身、缩短作业时间。

（5）监护不认真、履责不到位，易发生触电、接触不良、违反程序等人身、设备伤害。

（6）侵入限界、臆测行事、未正确显示防护信号，易发生机车车辆撞轧、触电伤害。

三、作业程序

（1）听取工作票、参加预想会。

（2）准备作业用安全、防护用具等并做好出库登记。

（3）上线前料具清点登记拍照。

（4）上线作业准备。

（5）作业区段按照规定距离设置现场防护人员，可兼任地线监护人。

（6）防护及昼、夜间升、降弓规范标准。

（7）监护地线人员撤除地线，终止行车防护。

（8）清理作业现场，清点工具、材料数量、状态核对。

（9）锁闭栅栏门，办理下道手续。

（10）参加收工会。

（11）归还作业用具及防护用品等进行入库登记。

四、作业内容与标准

（1）听取工作票、参加预想会。

认真听取工作票（出乘工作票）及分工（派工）单，熟知作业地点、内容、停电范围及防护、地线位置。根据工作岗位风险项点进行安全预想。

（2）准备作业用安全、防护用具等并做好出库登记。准备对讲机（GSM-R 专用手机或定位手机）、防护喇叭、防护信号旗（夜间为信号灯）、黄色安全帽、臂章、最新列车时刻表、夜间照明工具等并确保状态良好。携带作业工作证、上线派工单、防护员上岗证、现场防护员岗位安全风险提示卡。监督地线人员准备地线用安全用具且试验状态良好，数量满足作业需要。

（3）上线料具清点。到达现场后，上线作业开始前，与工作领导人、驻站（调）防护员、远端防护员要进行对讲机通话性能试验。与地线人员共同清点作业用安全用具，在《高速铁路上线作业登记本》上登记并拍照。

（4）上线作业准备。接到工作领导人命令后，进入作业区段，由安全路径行走至防护位置，并确认防护位置与派工单一致，通知工作领导人，开始进行防护工作，确认防护站立位置，任何情况不得侵入限界。防护时不得影响列车正常运行。每 3 ~ 5 分钟与驻站防护员联系一次，确保联系畅通。与驻站（调）联络员、其他防护员、工作领导人之间联系时要首先呼唤对方姓名，并通报自己姓名，姓名必须用全称。兼任地线监护人时，与地线人员共同确认接地杆号，监督地线人员做好验电接地准备工作。按照验电、接地程序执行。

（5）作业区段按照规定距离设置现场防护人员，防护人员担当行车防护同时可负责监护接触网停电接地线状态。

① 在复线区段进行 V 形天窗作业时，除按规定做好本线行车防护外，还应监视邻线列车运行情况并及时报告工作领导人，邻线来车时，防护旗卷起，信号灯关闭。严格执行双线避车制，避车位置要距钢轨头部外侧不小于 2.5 m，设有避车台（洞）的桥梁（隧道）须进入避车台（洞）避车。

② 作业人员到达作业现场需穿越线路时，必须同驻站防护员取得联系，确认无列车通过，并执行“一站、二看、三指、四通过”和“手比、眼看、口呼”制度。不同作业组分别作业时，不准共用行车防护人员，在未设好行车防护前不得开始作业，在人员、机具未撤至安全地点前不准撤除行车防护。

③ 现场防护员作业时要集中精力、坚守岗位，认真、及时、准确地进行联系和显示各种信号，有车通过时及时通知工作领导人。

（6）防护及昼、夜间升、降弓规范标准。

① 降弓手信号：昼间——左臂垂直高举，右臂前伸并左右水平重复摇动；夜间——白色灯光上下左右重复摇动（如附图 5-1 所示）。

附图 5-1　降弓手信号

升弓手信号：昼间——左臂垂直高举，右臂前伸并上下重复摇动；夜间——白色灯光作圆形转动（如附图 5-2 所示）。

附图 5-2 升弓手信号

② 停车信号：要求列车停车。昼间——展开的红色信号旗；夜间——红色灯光（如附图 5-3 所示）。昼间无红色信号旗时，两臂高举头上向两侧急剧摇动；夜间无红色灯光时，用白色灯光上下急剧摇动（如附图 5-3 所示）。

附图 5-3 停车信号

③ 现场防护员在担当防护任务时，要坚守岗位，思想集中，必须做到“五不准”：不准擅自离岗；不准与他人闲谈；不准以蹲、坐、卧姿进行防护；不准接打与防护无关的电话；不准参与作业。

（7）清理作业现场，清点工具、材料核对。得到工作领导人命令后撤除地线及行车防护工作。做好防护用品检查确认工作，清理作业现场，严禁遗留任何物品。兼任地线监护人时，监督地线人员做好地线撤除及现场清理工作。

（8）锁闭栅栏门，办理下道手续。人员及安全用具下线后，清点安全用具，与《高速铁路上线作业登记本》进行核对，无误后在《高速铁路上线作业登记本》上进行下线登记并拍照留存。及时锁闭上线通道门并拍照。

（9）参加收工会。返回工区后，参加工后总结会，总结、分析作业过程中存在的问题。对本次作业情况进行总结汇报。对作业中存在的问题总结并制定整改措施。

（10）归还作业用具及防护用品等进行入库登记。与地线人员共同将作业用具及防护用品等归还，并对使用情况进行说明。

五、安全应急处置

（1）有列车、车辆进入封锁作业区段，应立即拦停列车，并及时通知工作领导人、驻站防护员。

（2）通信联系失败时，应立即采取避车措施，并通过其他手段尽快和作业组取得联系。

（3）当接撤地线人员发生触电伤害时，立即用绝缘工具使触电者脱离电源，发生昏厥时用人工呼吸、心肺复苏等方法进行急救并及时拨打120急救电话。

附录六　地线监护人员的标准化作业

一、作业基本要求

（1）要求安全等级不低于三级，中级工、取得二级防护员证及以上担任，并取得高速铁路岗位培训合格证书（CRH）。

（2）防护员必须熟悉管内设备、站场线路及信联闭设备知识、安全防护设置标准、常用的行车术语、信号显示意义、防护备品用途、防护方法、各种作业的程序和特殊情况下的应急处理知识。

（3）熟练掌握接撤地线的操作程序。

（4）《高速铁路上线作业登记本》中所登记物品及作业人员进行上、下道前拍照存档。

二、作业程序

（1）听取工作票、参加预想会。认真听票，清楚个人分工、地线接撤杆号、防护位置。根据担任工作进行安全预想。

（2）准备作业用安全、防护用具等并做好出库登记。个人工具、劳保用品佩戴齐全，做好地线、验电器、绝缘手套的检测、试验工作，检查通信器材及防护用品良好，料具状态、数量满足作业需要。

（3）上线料具清点。上线前对所携带的安全用品、绝缘用具进行清点登记。

（4）作业准备。上线后确认接地、防护位置，做好准备工作。

（5）监护地线人员验电、接地。

（6）监护地线人员撤除地线。

（7）清理作业现场，清点料具数量、状态核对。

（8）锁闭栅栏门，办理下道手续。

（9）参加收工会。

（10）归还作业用具及防护用品等进行入库登记。

三、作业内容与标准

（1）听取工作票、参加预想会。

认真听票，清楚个人分工、地线接撤位置及安全注意事项，如有疑问及时提出。根据担任工作对作业中存在的安全风险进行针对性安全预想。

（2）准备作业用安全、防护用具等并做好出库登记。个人工具、劳保用品佩戴齐全，检查地线人员所准备的工具材料是否齐全。做好地线、验电器、绝缘手套的检测、试验工作，检查通信器材及防护用品良好，料具状态、数量满足作业需要。绝缘工具检查、检验，参考《接触网岗位类（地线连接员）作业指导书》。

（3）上线料具清点。

① 达指定上道位置处，清点上线工具、材料，并在《高速铁路上线作业登记本》中进行上线作业前的登记、核对、作业组人员共同拍照等工作。

② 未接到准许上线命令前禁止人员、机具进入防护栅栏门内。

（4）作业准备。得到工作领导人准许上线命令后，监督地线人员携带地线、验电器、绝缘手套等上线。

① 到达接地位置后与地线人员共同确认接地线杆号与工作票、派工单相符，确认周边环境满足作业要求。

② 停电前做好防护，监护地线人员在接到工作领导人验电命令后，监督地线人员在有电设备上进行验电器试验，并将验电结果向工作领导人汇报。

（5）监护地线人员验电、接地。

① 得到工作领导人接设地线命令后，监护验电及接撤接地线。认真履行监护人员职责和检查确认制度，监护地线操作人员按规定程序验电和接撤地线，监护地线状态可靠。验电、接撤地线工作必须在得到工作领导人的命令后，进行分步操作。

② 不得从事与监护无关的其他工作。

③ 如因特殊情况必须离开时，应由工作领导人指定安全等级合格人员代替其监护作业。

④ 邻线有车通过时禁止接撤接地线并按要求避让列车。

⑤ 检查确认通信工具状态良好，与工作领导人加强联系，联系时要首先呼唤对方姓名，并通报自己姓名，姓名必须用全称。联系确听、确认、呼唤应答，不得臆测行事。

（6）监护地线人员撤除地线。接到工作领导人撤除地线命令后，检查线路及设备符合供电行车条件，监督地线人员撤除地线。地线撤除完毕及时向工作领导人进行汇报。

（7）清理作业现场，清点料具数量、状态核对。地线撤除完毕，监督地线人员认真清理现场，对所携带的安全用具进行清点核对，严禁任何物品遗留。

（8）锁闭栅栏门，办理下道手续。现场清理完毕，下线后再次对携带的安全用具、物品进行清点核对，确认无误后在《高速铁路上线作业登记本》上进行下线登记并拍照留存。及时锁闭上线通道门并拍照。

（9）参加收工会。返回工区后，参加工区收工会，对本次作业情况进行总结汇报。对作业中存在的问题总结并制定整改措施。

（10）归还作业用具及防护用品等进行入库登记。与地线人员共同将作业用具及防护用品等归还，并对使用情况进行说明。

四、安全注意事项

（1）出库未检测、试验绝缘工具状态，易造成触电伤害，影响作业。

（2）未检查通信用具状态，易导致联系不畅、中断联系。

（3）未确认接地线杆号、钢轨未打磨，易导致带电接地线造成触电伤害、红光带、接触不良。

五、安全应急处置

（1）发生通信联系不畅，通过各种联系手段尽快与工作领导人取得联系。

（2）当发生误停、送电及验电器报警或地线异常时立即通知工作领导人。

（3）停电后对停电设备进行验电时验电器报警。接地线人员及时与监护人确认，通知工作领导人；工作领导人联系确认设备已停电，需再次对设备进行验电。

（4）当发生人员触电伤害时，立即用绝缘工具使触电者脱离电源，发生昏厥时用人工呼吸、心肺复苏等方法进行急救，并及时拨打 120 急救电话。

附录七　接、撤地线连接人员的标准化作业

一、作业基本要求

（1）安全等级不低于二级，取得高速铁路岗位培训合格证书（CRH）。

（2）熟练掌握接撤地线的操作程序。

二、作业程序

（1）听取工作票，参加预想会。

（2）准备地线，做好绝缘测量，检查验电器状态良好。

（3）上线料具清点登记。

（4）作业前准备。到达现场，与地线监护人员共同确认杆号。

（5）验电、接地。

（6）撤除地线，清理现场。

（7）下线料具清点登记。

（8）参加收工会。

（9）归还作业用安全用具。

三、作业内容与标准

（1）听取工作票，参加预想会。

① 认真听取工作票，清楚作业范围、内容及安全注意事项，如有疑问及时提出。

② 参加预想会，根据个人分工，对作业中的安全风险进行正对性预想。

（2）准备地线，做好绝缘测量，检查验电器状态良好。按照分工准备作业地线、验电器、绝缘手套并进行绝缘摇测。

① 绝缘手套检验良好，充气试验无漏气，如附图 7-1 所示。

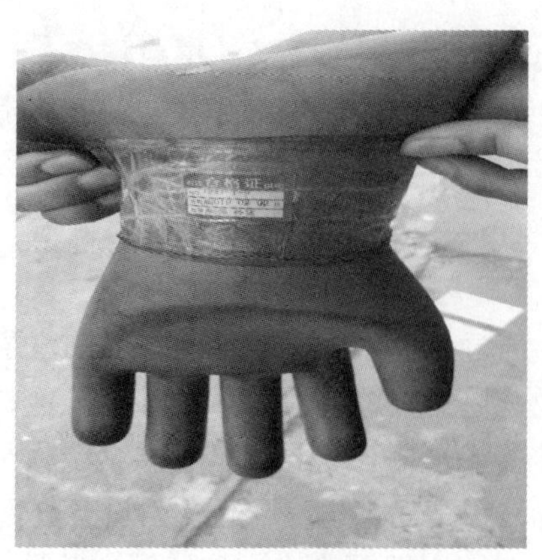

附图 7-1 绝缘手套充气试验

② 使用与接触网同相同等电压等级的验电器，自检时声光信号显示正常。

③ 核对地线编号与工作票相符，检查地线绝缘杆有无损坏，并用清洁干燥的抹布擦拭有效绝缘部分后，用 2500 V 兆欧表摇测地线绝缘杆（验电器操作杆），分段测量（电极宽 2 cm，极间距 2 cm）有效绝缘部分的绝缘电阻，不低于 100 MΩ，或测量整个有效绝缘部分的绝缘电阻不低于 10 000 MΩ。做好检查准备工作，个人工具、劳保用品佩戴齐全。

※摇表的检查

【开路试验】在摇表未接通被测电阻之前，摇动手柄使发电机达到 120 r/min 的额定转速，观察指针是否指在标度尺“∞”的位置（如附图 7-2 所示）。

【短路试验】将端钮 L 和 E 短接，缓慢摇动手柄，观察指针是否指在标度尺的“0”位置（如附图 7-3 所示）。

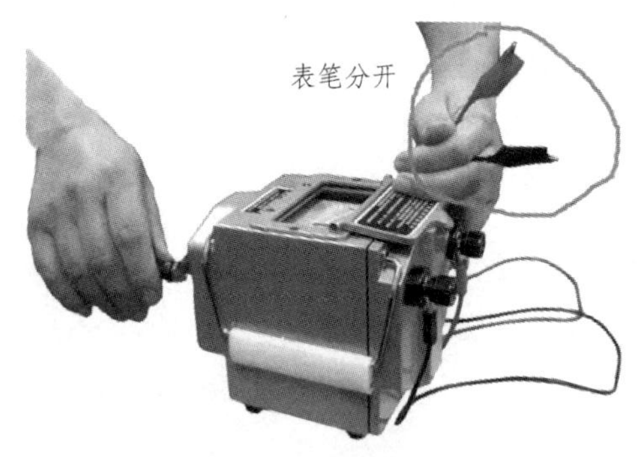

附图 7-2 开路试验

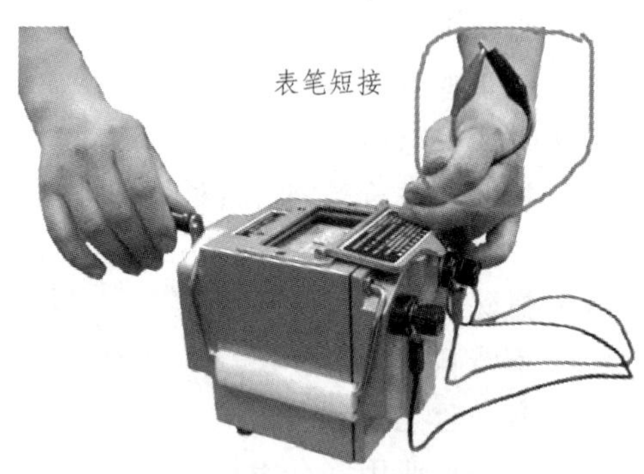

附图 7-3 短路试验

（3）上线料具清点登记。

① 达指定上道位置处，清点上线工具，并在《高速铁路上线作业登记本》中进行上线作业前的登记、核对、作业组人员共同拍照等工作。

② 未接到准许上线命令前禁止人员、机具进入防护栅栏门内。

（4）作业前准备。到达现场，与地线监护人员共同确认接地线位置与工作票、派工单相符，确认周边环境满足作业要求。做好验电、接地准备工作。

（5）验电、接地。

① 接到监护人验电命令后，戴好绝缘手套，利用验电器对需停电设备进行验电，并将结

果向监护人汇报。

② 接地线前对钢轨进行打磨。先将接地线接地端先行安装，再将另一端与被停电的设备相连，撤除接地线时，顺序相反。接地端安装时需安装牢固，接触良好，地线接好后，要采取防风摆措施，任何情况下不得侵入邻线限界。

③ 接、撤地线时，应有两人进行，一人监护一人操作，操作人两脚并拢站于道心，人体不得触及接地线，邻线有车通过时暂停接、撤接地线，待邻线列车通过后，继续进行操作。

④ 使用短杆地线，地线不得侵入行车限界。

⑤ 地线使用接地针时，在安装回流线接地线时，接地针接在混凝土支柱宽面侧；钢支柱接在支柱宽面侧距底角基础不大于 50 mm 的范围内，防止因打入接地针时伤及地下进入设备。接地针应安装牢固，插入地下深度不少于 600 mm。

⑥ 需登杆装设接地线时，接地线人员应先打好安全带再进行操作。

⑦ 在有轨道电路的区段作业时，两组地线应接在同一侧钢轨上，且不应跨接在钢轨绝缘两侧。必须跨接在钢轨绝缘两侧时，应封锁线路。地线穿越钢轨时，必须采取绝缘措施。

（6）撤除地线，清理现场。接到监护人撤除地线命令后，戴好绝缘手套将地线撤除，地线撤除完毕向监护人汇报。监护人及时向工作领导人汇报撤地完毕。地线人员做好地线整理，清点作业用安全用具数量，清理现场，防止遗漏，与监护人一起下线。

（7）下线料具清点登记。携带作业用安全用具下线后，与《高速铁路上线作业登记本》进行核对，确认无误后登记并拍照留存。

（8）参加收工会。返回工区后，参加收工会。对本次作业情况进行分析汇报，对作业中存在的问题总结并制定措施。

（9）归还作业用安全用具。将作业用安全用具归还，并对用具状态向工管员说明。

四、安全注意事项

（1）出库前未按要求检查绝缘工具状态；测量绝缘电阻；易造成触电伤害。

（2）未按要求检查测试验电器状态；易造成触电伤害。

（3）现场未确认接地位置、核对接地线杆号；易造成接错接地线，发生人身设备安全事故。

（4）未按接地程序进行操作；易发生人员触电伤害。

（5）接地线人员及接地线侵入未封锁线路行车限界；易发生人身伤害、设备损坏。

（6）接地线两端连接不牢，不实或接错位置，易造成感应电伤害。

（7）两组及以上地线短接轨道电路，造成红光带，耽误列车运行。

五、安全应急处置

（1）停电后对停电设备进行验电时验电器报警。接地线人员及时与监护人确认，通知工作领导人；工作领导人联系确认设备已停电，需再次对设备进行验电。

（2）接好地线后遇有风摆，下部应用小绳进行固定防止地线杆侵入邻线限界。

（3）当发生人员触电伤害时，使用人工呼吸、心肺复苏等方法进行急救并及时拨打 120 急救电话。

附录八　小组监护人员的标准化作业

一、作业基本要求

（1）安全等级不低于三级（间接带电作业、距接触网带电部分小于 3 米的远离作业不低于四级），中级工及以上担任；取得高速铁路岗位培训合格证书（CRH）。

（2）熟悉设备运行现状，具备一定组织和应急处置能力。

二、作业程序

（1）听取工作票、参加预想会。熟悉掌握作业项目内容和监护范围。

（2）监护小组成员准备工具、材料；检测、试验其状态符合作业要求；进行出库登记。

（3）到达现场，清点上线工具、材料，办理上线作业手续。

（4）作业准备。到达作业地点后做好作业准备工作，任何人严禁攀登支柱，与设保持规定的安全距离。

（5）开工作业。接到工作领导人下达的作业命令后，发放登高作业许可证。时刻在场监督作业组员作业、工器具及使用车辆作业安全，落实设备类相关作业指导书和标准化的执行。

（6）检修作业完毕，检查作业范围内的供电设备及线路符合送电、行车条件、清理现场；清点本组人员、机具、材料。

（7）下线料具清点登记。下线前对作业用工具材料进行清点，确认无遗漏。与进行认真核对，确认无误，并向工作领导人汇报，作业组员同去同归。

（8）作业结束。人员料具下线后，清点确认无误后在高速铁路上线作业登记本上进行登记，向高空作业人员收回登高作业许可证，锁闭上线通道门并加锁、拍照。向工作领导人汇报本组作业结束。

（9）人员返回，参加收工会。

（10）归还料具，进行入库登记。

三、作业内容与要求

（1）听取工作票、参加预想会。熟悉掌握作业项目内容和范围；所需携带的作业所用机具、材料、通信器材、夜间照明工具等。

① 认真听取工作票，明确作业地点及内容，如有疑问及时提出。

② 确认本小组各作业人员。

③ 根据本组作业任务，根据设备情况、作业方案、所需携带的工具材料进行针对性预想。

（2）工具、材料准备。

① 监督检查本小组作业人员工具、材料准备情况，确保满足作业需要并装车。

② 领取通信工具并检查状态良好，确保现场联系畅通。

③ 领取登高作业许可证、上线作业计划表、上线通道门钥匙。

（3）点前准备。到达指定上道位置后，向工作领导人汇报。组织本组人员对上线工具、材料进行清点，并在高速铁路上线作业登记本中登记、作业组人员共同拍照，与上道口看守人员办理上线手续。人员、机具在线路未封锁前严禁侵入铁路防护栅栏内，做好上线准备工作，与工作领导人保持联系。

（4）作业准备。接到工作领导人下达的准许上线命令后，组织本组作业人员携带工具材料上线，及时锁闭上线通道门。到达指定作业位置后，做好作业前的准备工作。所有人员与设备保持规定的安全距离。

（5）开工作业接到工作领导人开工作业命令后，发放登高作业许可证，组织本组人员开始进行设备维修作业。

① 停电作业时，每个监护人的监护范围不超过 2 个跨距，在同一组软（硬）横跨上作业时不超过 4 条股道，在相邻线路同时作业时，要分别设监护人按不同行别监护。

② 当停电成批清扫绝缘子时，可视现场的具体情况设置监护人，但范围不宜过大。

③ 远离作业：作业人员及所携带的物件、作业工器具等与接触网带电部分距离小于 3 m 的远离作业，每个作业地点均要设有专人监护，其安全等级不低于四级。

④ 及时提醒作业人员应注意的安全事项，督导作业人员正确使用脚扣、安全带、安全绳及短接线等。

⑤ 时刻监督作业组员的安全，执行作业指导书和标准化执行情况，做好相关记录。

⑥ 与工作领导人时刻保持联系，掌握停电、封锁时间，把控本组作业进度。

⑦ 临时上线作业时，邻线有 160 km/h 及以下列车通过时停止作业，邻线有 160 km/h 以上列车通过作业区段时，组织作业人员提前下道避车。避车时监护作业人员将梯车、长大工具、轻体用具等顺线路平放在本线田野侧安全地带，面向来车方向避车。

（6）维修作业结束。本组维修作业结束，检查确认设备具备送电行车条件，清点核对所携带的工具材料，清理作业现场，及时回收登高许可证，组织人员料具下线。

（7）下线料具清点登记、办理下线手续。线路清理完毕、人员全部下线后，清点作业用安全机具、工器具、材料等，与高速铁路上线作业登记本进行核对无误后进行下线登记，连同作业组员一并拍照保存。工作领导人确认所有作业组下道后，锁闭上线作业门并拍照，及时与岗亭值守人员办理好下线手续。

（8）作业结束。下线手续办理完毕，及时向工作领导人进行汇报。全体小组作业人员乘车返回工区。

（9）参加收工会。组织小组全体人员参加收工会，对小组本次作业的安全、完成情况进行汇报，对作业中存在的问题进行总结分析，并提出整改建议。

（10）归还料具，进行入库登记。

四、安全注意事项

（1）监护范围大、监护不到位，易发生机车车辆撞轧、高空坠落、触电等人身伤害。

（2）本线、邻线来车防护不到位，易造成人身伤害，影响行车。

（3）中断联系，存在盲目臆测作业安全隐患。

五、安全应急处置

（1）联系中断：立即停止作业，并将人员机具撤至安全地带，通过一切手段与工作领导人取得联系。

（2）一旦在作业中发现影响人身和行车安全隐患，及时向工作领导人汇报。

（3）发生人员触电伤害晕厥时，应将人员迅速脱离电源，放置在平坦通风地点，采用人工呼吸、心肺复苏等方法开展急救并拨打 120 急救电话。

（4）当遇到其他可能影响行车的情况发生时，先行停止作业，确认作业组成员到达安全位置后，再采取相应措施。

附录九　高空作业人员的标准化作业

一、作业基本要求

（1）安全等级达到二级及以上，并取得高速铁路岗位培训合格证书（CRH），根据安全等级进行相应的设备维修作业。

（2）掌握劳动安全用具使用方法；接触网高空作业一般安全知识和技能，能正确使用检修接触网用的工具、材料和零部件。

（3）能够识别、研判、预测作业环境中的危险因素，对存在的危险因素做到防范。

二、作业程序

（1）听取工作票、参加预想会。

（2）准备工具、材料，进行出库登记。准备作业使用的工具、材料其状态、数量齐全、合格，绝缘用具试验良好。

（3）上线料具清点登记。

（4）作业前准备。上线后做好作业前各项准备工作。

（5）开工作业。听从监护人的指挥，所使用的安全劳动用品检查、试验良好，并在接到登高作业许可证后，认真履行安全作业程序，进行高空作业。检修作业落实相关作业指导书和执行标准化；上、下平台应征得平台操作人的同意。

（6）作业结束，清理现场。作业结束后检查设备状态，确认具备送电行车条件。清点作业所用的工具、材料，清理作业现场。将登高作业许可证交还给监护人，使用作业车完毕后，及时放下防护栏杆，并向工作领导人汇报。

（7）下线料具清点、核对。

（8）参加收工会。

（9）归还工具、材料，进行入库登记。

三、作业内容与要求

（1）听取工作票（出乘工作票）、参加预想会。

① 认真听取工作票，清楚作业范围、内容及安全注意事项，如有疑问及时提出。

② 针对作业内容进行针对性预想，清楚作业标准、程序。根据作业可能出现的问题，做好充分准备。

（2）准备工具、材料；进行出库登记。

根据担当作业任务准备所需作业机具、材料，确保状态良好、数量符合作业要求。

（3）上线料具清点登记。

到达指定上线通道门后（使用轨道车登车前），将上线使用的工具、材料进行逐项清点核对，并在高速铁路上线作业登记本中登记，工具、材料及作业组成员一并拍照并保存。

（4）作业准备。得到监护人准许上线命令后，携带作业工具材料到达作业地点，确认作业杆号，做好工具材料的准备、检查试验安全带状态，检查需检修的接触网设备状态等作业前的准备工作。未得到开工作业命令前，人员、机具与设备保持规定的安全距离。

（5）开工作业。得到监护人开工作业命令后，领取登高作业许可证。根据作业方案进行设备维修作业，服从监护人的指挥调动。

① 上线作业及高空作业基本要求。

a. 作业人员作业过程中采取可靠的安全措施，确保作业人身安全。

b. 依据当日检修作业明示表中的内容进行检修，检修中严格执行作业标准化和作业指导书。

c. 正确使用各种安全防护用品，使用专门的用具传递工具、零件和材料，不得抛掷传递。

d. 进行高空作业时，人员不宜位于线索受力方向的反侧，并采取防止线索滑脱的措施。在曲线区段调整接触网悬挂时，要有防止线索滑移的后备保护措施。

e. 高空作业时正确使用安全带、安全绳，并打在安全可靠位置。安全带应按照“高挂低用”的原则使用。

f. 作业人员（包括所持机具、材料等）与相邻带电体的安全距离不得小于 1 000 mm。

g. 按规定正确使用短接线，在接设短接线之前，不得通过人体短接绝缘部件或开口处。

h. 邻线有车通过时停止作业，根据工作领导人或监护人指示下道，并将梯车、长大工具、轻体用具等顺线路平放在本线田野侧安全地带，面向来车方向避车。

i. 作业人员严格执行作业指导书，时刻注意设备各部件受力情况。

② 接触网车梯作业。

坚持“一绳一袋”制度；梯车行进中坚持“一手扶导线”制度；高空作业使用的小型工具、材料应放置在工具材料袋（箱）内，严禁高空坠物；上下呼唤应答、配合妥当。当车梯放在道床、路肩上或作业人员的重心超出工作台范围作业时，作业人员应将安全带系在接触网上。人员在转移过程中，必须严格执行双绳安全带制度，保证时刻有安全带保护。

工作台上的人员不得超过两名。所有的零件、工具等均不得放置在工作台的台面上。人员越出框架时打好安全带，平台上有人时，车梯移动速度不得大于 5 km/h，且不得发生冲击和急剧起停车，通过道岔时注意道岔开合位置，遇大风、曲线移动时要有防止车梯倾倒措施。车梯放倒或移动时不得短接轨道电路。保持车梯的稳定状态。当外轨超高≥125 mm 或风力五级以上时，未采取固定措施禁止登车梯作业。车梯在大坡道上时，应采取防止滑移的措施；当车梯放在道床、路肩上或作业人员的重心超出工作台范围作业时，作业人员应将安全带系在接触网上；车梯在地面上推动时，工作台上不得有人停留，如附图 9-1 所示。

附图 9-1

③ 接触网作业车高空作业。

使用轨道车作业时，上下轨道车及平台时要听从平台操作负责人的指挥。人员上、下作业平台应征得作业平台操作负责人的同意。作业中作业车的移动应听从作业平台操作负责人的指挥。平台操作负责人与司机之间的信息传递应及时、准确、清楚，并呼唤应答。接触网作业车移动或作业平台升降、转向时，严禁人员上、下。V 形作业时，所有人员禁止从未封锁线路侧上、下作业车辆。作业平台应具有平台转向限位装置，作业前应将限位装置打至正确位置，作业平台严禁向未封锁的线路侧旋转。当邻线有列车通过时，应停止作业。使用车辆作业完毕后，及时放下防护栏杆，将平台复位；将平台清理干净，锁闭平台防护门。

作业平台不得超载，平台操作人员按章操作，接触网作业车移动或作业平台升降、转向时，严禁人员上、下。V 形天窗作业车安装有禁止平台转向邻线线路的转向限位装置。外轨超高≥125 mm 区段人员需在作业平台上作业时，作业平台应具有自动调平装置并开启调平功能。

④ 攀登支柱作业。

攀登支柱时手把牢靠，脚踏稳准。使用脚扣时要确认脚扣状态，卡牢系紧严防滑落，有条件时要在攀登前打好安全带，如附图 9-2 所示。

⑤ 使用爬梯、人字梯、挂梯高空作业时，只允许一人登梯作业，安全带不得打至可拆卸设备。梯脚放置平稳，挂梯挂钩有防脱措施，扶梯人员必须采取可靠防倾倒措施。作业人员应先检查梯子是否牢靠；要有专人扶梯，梯子支挂点稳固，严防滑移。

（6）作业结束，清理现场。作业结束后检查设备状态，确认具备送电行车条件。做好作业现场的清理工作，检查工具、材料数量齐全，状态良好。将登高作业许可证交还给监护人，使用作业车完毕后，及时放下防护栏杆，并向工作领导人汇报。

（7）下线料具清点、核对。下线前，清点作业用安全机具、材料等，下线后确认料具全部下线无遗漏后，在高速铁路上线作业登记本进行下线登记，连同作业组员一并拍照保存。

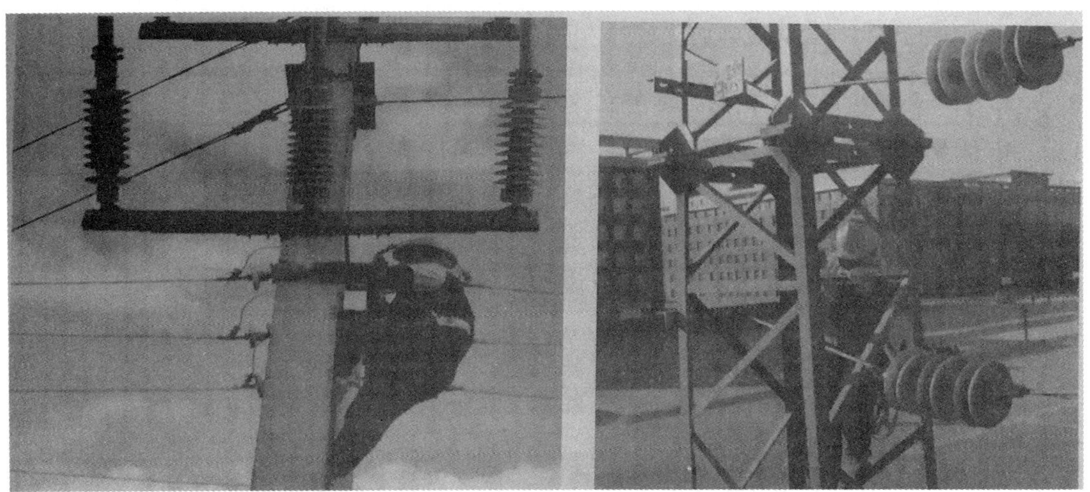

附图 9-2　攀登支柱作业

（8）参加收工会。返回工区后，参加收工会，交回派工单、登高作业许可证、安全风险控制卡等，汇报作业及完成情况。

（9）归还工具、材料，进行入库登记。将作业用工具材料（含旧料）交工管员，并对工具使用情况及材料消耗情况进行说明，并登记。

四、安全注意事项

（1）凡在距离地（桥）面 2 米及以上的处所进行的作业均为高空作业。不参加预想会，严禁参加天窗作业工作；高空作业人员未使用安全防护用品、或抛掷传递，易造成本人或他人伤害。

（2）安全带使用不正确，易发生高空坠落或跌伤。

（3）未正确使用短接线，易造成感应电伤害。

（4）作业地点及杆号不明确，易发生触电伤害。

（5）未听从工作领导人或小组监控人指挥，误登未停电设备造成触电伤害。未经工作领导人或小组监控人许可，私自进行高空作业，易发生人身伤害。

（6）高空作业时，作业人员未分析确认设备受力状态，所处位置不正确，易发生高空坠落或人身轻伤。

（7）高空作业平台操作不当，造成机械设备损坏或触及带电设备及人身伤害。

（8）邻线来车不停止作业，易造成人身伤害、行车事故。

（9）设备检修、作业现场清理不到位，易发生影响线路开通，影响行车。

（10）不按规定正确使用各种机器具，易发生设备、人身、行车事故。

五、安全应急处置

（1）轨道车作业平台失灵：应立即通知司机停机，放下平台栏杆，完后手动复位。

（2）感应电伤害：邻线过车使感应电增大，人体不触及设备，待邻线来车通过后，确认正常，方可作业。

（3）发生人员触电伤害晕厥时，应将人员迅速脱离电源，放置在平坦通风地点，采用人工呼吸、心肺复苏等方法开展急救并拨打120急救电话。

（4）冰、雪、霜、雨等天气条件下，接触网作业用的车梯、梯子、接触网作业车的爬梯和平台应有防滑措施。

附录十　地面辅助人员的标准化作业

一、作业基本要求

（1）地面辅助人员安全等级不低于一级，并取得高速铁路岗位培训合格证书（CRH）。

（2）熟悉电气化铁路作业基本安全知识和铁路行车防护安全的相关要求。

（3）接熟悉触网地面作业的规定和要求。

二、作业程序

（1）听取工作票、参加预想会。

（2）准备作业用工器具。

（3）上线前的准备工作。

（4）上线作业中按规定做好辅助作业。

（5）作业结束下线前的要求。

（6）下线料具清点。

（7）参加收工会。

（8）归还机器具材料等。

三、作业内容与标准

（1）听取工作票、参加预想会。作业前做好检查夜间照明工具、个人工具、劳保用品等佩戴齐全。

① 认真听取工作票（出乘工作票），清楚本组监护人、作业范围、内容及安全注意事项，执行派工单，如有疑问及时果断提出。

② 参加预想会，对作业中存在的风险项点进行研判并进行针对性预想。

（2）准备工具、材料，进行出库登记。

检查作业使用的梯车（直梯、挂梯、人字梯等）、绳索、铁锹、零部件等状态良好；检查工具、材料齐全，确保数量符合作业要求、状态良好；绝缘用具试验良好。

（3）上线前料具清点、登记。

作业组成员将工具、材料放置在限界（防护栅栏门）以外安全地带，人员机具严禁侵入限界，并全部登记在高速铁路上线作业登记本中，工具、材料、作业组成员一并拍照并保存。

（4）上线作业。

得到监护人准许上线命令后，携带登记的作业工具、材料等机器具运输到指定位置，许可开始作业后，按规定做好辅助工作；服从指挥、听从命令，作业中认真履行安全作业程序。

① 严格执行一日作业标准，禁止做与本岗位无关的事情。

② 按规定正确使用各种安全劳保用品，安全帽带要系好。辅助作业过程中严禁人员抬头向上仰望，防止高空坠物伤害。

③ 作业中听从工作领导人（监护人）统一指挥调动。使用车梯进行作业时，应指定车梯负责人，作业中推动车梯应服从工作台上人员的指挥。当车梯工作台面上有人时，推动车梯的速度不得超过 5 km/h，且不得发生冲击和急剧起、停。工作台上人员和车梯负责人应呼唤应答，配合妥当。车梯负责人和推车梯人员，应时刻注意和保持车梯的稳定状态。当车梯在曲线上或遇大风时，对车梯要采取防止倾倒的措施；当外轨超高≥125 mm 或风力在五级以上时，未采取固定措施禁止登车梯作业。车梯在大坡道上时，应采取防止滑移的措施；当车梯放在道床、路肩上或作业人员的重心超出工作台范围作业时，作业人员应将安全带系在接触网上；车梯在地面上推动时，工作台上不得有人停留。梯车辅助人员最少 3 人；抬运梯车同起同落。

④ 使用梯子作业时，要时刻保持梯子的平稳状态。作业人员应先检查梯子是否牢靠；要有专人扶梯，梯子支挂点稳固，严防滑移；梯子上只准有 1 人作业。

⑤ 使用测量工具进行静态测量时，严格执行静态测量作业指导书，正确使用、测量，读数准确、声洪亮，与记录人呼唤应答。爱护测量工具，遵照说明书进行充电，运输规范。

⑥ 严禁机具、材料等短接钢轨；严肃两纪，加强自控、互控、他控，坚持同去同归。

（5）作业结束清点机具、材料、清理线路。

确认全部作业结束，做好作业现场的清理工作；检查工具、材料数量齐全，状态良好。

（6）料具下线清点、核对。

下线后，清点作业用安全机具、材料等，与高速铁路上线作业登记本进行核对无误后进行下线登记，连同作业组员一并拍照保存。

（7）参加收工会。

① 作业结束参加收工会，上交安全风险控制卡等。对本次作业情况进行总结汇报。

② 归还工具材料，进行入库登记。

四、安全注意事项

（1）安全帽未戴或未系好帽带，易发生掉物伤人。

（2）作业时需穿越线路时未执行“一站、二看、三指、四通过”，易发生机车车辆撞轧。

（3）行走岔区脚踏尖轨、在轨面上行走、坐、卧，易发生机车车辆撞轧和人身伤害。

（4）精力不集中，未执行呼唤应答制度，易发生机车车辆撞轧和人身伤害。

（5）不听从监护人的指挥，臆测行事，擅自行动，攀爬支柱，易发生人身触电伤害。

五、安全应急处置

发生人员触电晕厥时，应将人员迅速脱离电源，放置在平坦通风地点，采用人工呼吸、心肺复苏等方法开展急救并拨打 120 急救电话。

参考文献

[1] 于万聚. 高速电气化铁路接触网[M]. 成都：西南交通大学出版社，2002.

[2] 张灵芝. 接触网设备检修与维护[M]. 成都：西南交通大学出版社，2018.

[3] 严兴喜，邓缬，张灵芝. 接触网实训教程[M]. 成都：西南交通大学出版社，2016.

[4] 铁道部劳动和卫生司，铁道部运输局. 高速铁路接触网维修岗位[M]. 北京：中国铁道出版社，2012.

[5] 朱申，谢奕波. 接触网[M]. 北京：中国铁道出版社，2016.

[6] 铁总运〔2015〕362 号　高速铁路接触网运行维修规则[S]. 北京：中国铁路总公司，2015.

[7] 成铁供〔2016〕473 号　成都铁路局高速铁路接触网运行维修实施细则[S]. 成都：中国铁路成都局集团有限公司，2016.